MÉMOIRES

POSTHUMES

DE

ODILON BARROT

III

Paris.— Imp. Viéville et Capiomont, rue des Poitevins, 6.

MÉMOIRES

POSTHUMES

DE

ODILON BARROT

TOME TROISIÈME

DEUXIÈME ÉDITION

PARIS

CHARPENTIER ET Cie, LIBRAIRES-ÉDITEURS

13, RUE DE GRENELLE-SAINT-GERMAIN, 13

1876

Tous droits réservés.

MÉMOIRES

DE

ODILON BARROT

ÉLECTION DE LOUIS-NAPOLÉON

A LA PRÉSIDENCE DE LA RÉPUBLIQUE

C'est dans ces conditions qu'allait se faire, en France, un nouvel essai de république; cet essai devait infailliblement avorter. Il y a des maladies organiques dont on peut retarder le funeste dénouement à force de soins et de bon régime; mais pour la République de 1848, il n'en a pas été ainsi. Aux vices de son organisation sont venues se joindre les imprudences et les inconséquences de conduite. Le dénouement ne pouvait être que fatal.

Nous avons déjà vu comment, après avoir, par une manie insensée d'unité et d'uniformité, concentré tous les pouvoirs dans les mains d'un seul homme, on avait commis la faute énorme de faire de cet homme, au moyen de l'élection directe par le suffrage universel, la personnification des passions de tout un peuple ; comment, en plaçant en face du président une Assemblée unique, on avait organisé un duel dont l'issue ne pouvait être que la mort de l'un des deux combattants et il était facile de prévoir lequel des deux devait succomber. Nous avons aussi fait ressortir comment cette faute s'était aggravée de toutes les tentatives d'ostracisme dirigées contre le candidat redouté, tentatives faites sans ensemble, sans intelligence, sans résolution, et qui ne pouvaient que grandir et fortifier celui contre lequel elles étaient dirigées; nous avons vu, enfin, avec quel étrange aveuglement, Gouvernement et Assemblée, par leur empressement à voter la Constitution et à avancer le jour de l'élection présidentielle, se précipitaient à l'envi au-devant du coup qui devait les frapper: comme s'ils eussent été, eux aussi, impatients d'en finir.

La suite de ce récit n'est que la continuation et l'aggravation de ces fautes. Il semble même que l'aveuglement redouble à mesure que la crise suprême approche, et c'est bien aux hommes d'État de la République qu'on peut appliquer ce vers si souvent cité : « *Quos vult perdere Jupiter dementat.* »

On ne peut cependant pas dire que le général Cavaignac ait succombé sans lutter ; il ne négligea aucun des avantages qu'il pouvait tirer de la possession du pouvoir et de l'action dévouée du monde officiel. Il aurait pu, peut-être, s'en servir avec plus d'habileté ; mais on ne peut pas lui reprocher de n'en avoir pas usé.

Ainsi, M. Dufaure, dans une circulaire adressée à tous les préfets, tout en leur recommandant de respecter et de faire respecter la liberté du suffrage, posait ainsi la candidature du général Cavaignac. « La nation, disait-il, *devait, dans son choix, se confier à un passé sans reproche, à un patriotisme incontesté, à une ré-*

solution mâle, énergique, déjà éprouvée au service de la République, plutôt qu'à de vaines et trompeuses promesses, etc. »

De plus, répondant à une lettre du président du tribunal de commerce de Paris, le même ministre énumérait tous les droits que le général Cavaignac avait, selon lui, d'être préféré à son concurrent. La demande et la réponse avaient été insérées dans le *Moniteur* et publiées dans toute la France.

C'était là assurément une intervention bien modérée et très-légitime du Gouvernement, dans une élection qui importait tant au salut de la République. Hé bien, elle ne trouva grâce, ni auprès des démagogues qui s'étaient montrés, on le sait, si scrupuleux dans leurs circulaires et dans leurs fameux bulletins de la République, ni auprès des bonapartistes, qui devaient bientôt faire de l'intervention du Gouvernement en matière d'élection tout un système politique.

M. Joly, au nom des premiers, M. Jules Favre, comme organe des derniers, portèrent successivement leurs interpellations à la tribune.

L'agitation était grande dans cette société dont les destinées allaient se décider par un seul scrutin. Les clubs étaient en permanence, les discours les plus violents s'y tenaient. M. Ledru-Rollin ne craignait pas d'y faire appel aux armes. Un officier de l'état-major de l'armée ayant assisté à un de ces clubs, le ministre de la guerre, le général Lamoricière, l'avait envoyé à titre de punition dans un bataillon de dépôt. Ce fut là l'occasion des interpellations de M. Joly; il se plaignit des rigueurs du pouvoir contre les démocrates et de l'indulgence qu'on accordait aux agitations bonapartistes. Il dénonçait des rassemblements qui avaient lieu tous les jours à la place Vendôme devant le logement de Louis-Napoléon, rassemblements d'où s'échappaient les cris de : *Vive Napoléon, à bas Cavaignac!* Il s'étonnait qu'on ne les eût pas encore réprimés. Le général de Lamoricière répondit que, « tant qu'il aurait le commandement de l'armée, il ne permettrait pas aux officiers de fréquenter des clubs. » M. Dufaure ajouta que, si les rassemblements de la place Vendôme prenaient un caractère séditieux, qu'ils n'avaient pas encore, il saurait appliquer les lois existantes, et que si ces lois ne suffisaient pas, il en demanderait de nouvelles. Quant aux clubs, il déplora leur violence et se plaignit particulièrement d'un discours qui provoquait ouvertement à la guerre civile; M. Ledru-Rollin, auteur de ce discours, prétendit que l'appel aux armes qu'on lui reprochait n'était que *conditionnel*, et pour le cas seulement où l'Autriche rétablirait le pape à Rome; cette première escarmouche, soutenue seulement par l'extrême gauche, ne pouvait avoir une grande portée.

Mais M. Jules Favre, appuyé par tout le parti bonapartiste, reprend le combat avec cet acharnement qui lui est propre. Il porte à la tribune une foule de petits faits assez insignifiants. C'est un préfet qui, s'adressant aux maires de son département convoqués devant lui, leur rappelle l'importance de l'élection du président et les avertit que le peuple des campagnes a besoin d'être éclairé sur la portée de son vote. C'est un membre du conseil général du Pas-de-Calais qui dit aux maires de son canton : « *Prenez garde, Paris renferme* 300,000 *républicains qui ne souffriront pas que le pouvoir échappe de leurs mains.* » C'est un sous-préfet qui dit à ses maires *qu'il faut empêcher, à tout prix, l'élection de Louis-Napoléon*. C'est enfin la lettre de M. Dufaure au président du tribunal de commerce sur l'élection présidentielle, lettre dénoncée par M. Jules Favre, l'auteur des fameuses circulaires, comme un attentat à la liberté des élections. Chacune de ces dénonciations est accueillie par des cris ironiques des centres : *C'est bien! c'est très-bien! Il n'y a pas autre chose à faire, etc.*, ET VOS CIRCULAIRES ?... Ces circulaires, s'écrie l'auteur, elles ont été faites *pour le triomphe de la République!* on aurait pu lui répliquer : Est-ce la République que vous voulez faire triompher dans ce moment, alors que vous servez la candidature du futur empereur? Après que le tumulte est apaisé, M. Jules Favre reprend la série de ces dénonciations; il parle d'une biographie du général Cavaignac envoyée gratuitement par la poste, à tous les maires, distribuée dans les casernes et dans laquelle était posée cette question : « *Quel homme oserait se porter le rival de Cavaignac? qui apporterait dans la balance les mêmes titres que lui?* et l'Assemblée tout entière de crier : *C'est juste!* Il parle aussi d'une brochure intitulée : *les Prétendants*, d'une autre brochure ayant pour titre : *Documents de l'histoire contemporaine* et des *Guêpes* d'Alphonse Karr, écrits dans lesquels l'un des candidats est, bien entendu, fort exalté, aux dépens de son concurrent; ces citations font peu de sensation; de tous les côtés, on crie à l'orateur : « *Mais les choses ne peuvent pas se passer autrement.* » M. Jules Favre n'est pas plus heureux lorsqu'il déploie sur la tribune une grande affiche dans laquelle le général Cavaignac était représenté à cheval, avec cette inscription : *Sauveur de la République;* des voix nombreuses lui crient : *Cela n'est que vrai!* l'effet de l'attaque était complétement manqué.

Il ne fut pas difficile à M. Dufaure de faire tomber tout cet échaufadage d'incriminations. Il commença par déclarer qu'il n'avait pas à s'occuper de ce qu'avaient fait ou dit des maires, des membres de conseils généraux ou des représentants; qu'ils étaient parfaitement libres de leurs votes, comme de leurs opinions et de leurs influences ; que, quant aux écrits dénoncés, l'un avait été saisi et l'auteur d'un autre destitué; et que bonne justice serait faite de tout ce qui n'était pas l'exercice légitime du droit de discuter et d'apprécier les candidats. Puis, prenant à son tour le rôle d'accusateur, il dénonce les manœuvres du parti bonapartiste dans toute la France. « Qui ignore, dit-il, que partout, dans les campagnes, il y a des agents disant au nom d'un candidat que, si ce candidat est nommé président, non-seulement on n'aura plus à payer les 45 centimes, mais ceux qui les ont payés seront remboursés, que *la dette nationale disparaîtra*, que pendant trois ou quatre ans on n'aura pas d'impôts à payer, et autres absurdités pareilles! Le Gouvernement, placé entre des partisans dont les uns appellent un bouleversement social et les autres l'Empire, ne pouvait rester muet; il a fait entendre sa parole avec fermeté, mais avec modération et décence. » Puis, arrivant à sa lettre au président du tribunal de commerce : « Quoi! s'écrie-t-il, on me demanderait mon opinion sur l'acte qui importe le plus à mon pays, sur un caractère que je connais et que j'honore et qui est calomnié, et je garderais lâchement le silence! Non... si l'Assemblée voulait m'imposer une telle lâcheté, qu'elle me retire un pouvoir que je ne saurais garder à ce prix! »

Ces paroles sont suivies d'applaudissements et de bravos prolongés.

Cependant M. Jules Favre, qui ne lâche pas prise facilement, insiste : « Nous ne sommes, dit-il, ici, ni les uns ni les autres, les hommes de telle ou telle candidature. — Parlez plus franchement, lui répond M. Dufaure de sa place. Nous sommes au contraire, les uns et les autres, les hommes de telle ou telle candidature. » Le général Lamoricière clôt le débat par quelques paroles fermes et rassurantes sur les craintes qui s'étaient manifestées dans le public d'une prise d'armes contre l'Assemblée, au cas où elle choisirait le candidat qui n'aurait pas obtenu la majorité dans le scrutin populaire. « Si les partisans d'un de ces candidats tentaient une pareille attaque, dit-il, Dieu aidant, je leur donnerais une bonne leçon. »

L'Assemblée, après avoir manifesté, avec éclat, ses préférences en faveur du général Cavaignac, reprend son ordre du jour.

En relisant ce débat, on se demande ce que voulaient MM. Jules Favre et ses amis de l'extrême gauche; obéissaient-ils à un scrupule exagéré de légalité, à une sorte de culte fanatique pour le principe de l'indépendance des suffrages et pour la non-intervention des gouvernements dans les élections? qui pourrait le croire, lorsqu'on se rappelle surtout ces circulaires si récentes dans lesquelles ils déclaraient qu'il fallait faire l'éducation du peuple et menaçaient les électeurs de province de la colère du peuple de Paris, s'ils ne votaient pas pour les candidats du Gouvernement! Il faut donc chercher ailleurs que dans les scrupules de la conscience la vraie cause de tout cet étalage de puritanisme électoral. M. Jules Favre et ses amis avaient trop d'esprit pour ne pas comprendre que tout ce qu'ils faisaient contre le général Cavaignac ne pouvait que profiter à son compétiteur, et que ruiner la candidature de l'un, c'était assurer le triomphe de l'autre. C'est donc en pleine connaissance de cause qu'ils favorisaient ainsi la candidature de Louis-Napoléon, en lui sacrifiant celle du général. Mais alors comment comprendre ces hommes, qui, en même temps qu'ils préparaient ainsi les voies à un Bonaparte, se disaient les seuls vrais républicains? où voulaient-ils donc aller? En vérité, plus on examine la conduite de ces hommes, plus on est embarrassé sur le jugement qu'on en doit porter; ils veulent, disent-ils, la République, ils la veulent avec fanatisme et fureur, et ils la fondent sur des institutions qui ne sont pas même libérales ! Ils sont prêts à donner leur vie, s'écrient-ils, pour la République ; et, entre deux candidats dont l'un est républicain sincère, fanatique même, et l'autre héritier tacitement avoué de l'Empire, ils combattent avec violence, avec scandale, le premier, et préparent les voies à l'ambition du second ! comment expliquer une telle énigme ? Les petits ressentiments, les déceptions de l'ambition, les venins cachés contre tout ce qui s'élève, ne suffisent pas seuls à fournir cette explication, et il faut bien la chercher au fond même des opinions de ces hommes, et peut-être nous l'ont-ils donnée eux-mêmes, lorsqu'ils se sont défendus un jour *d'être de l'école libérale.* Mais alors de quelle école sont-ils, grand Dieu !

En présence de la candidature menaçante d'un Napoléon, tous les partisans de la République, à quelque nuance qu'ils appartinssent, auraient dû oublier leurs dissentiments et faire face à l'ennemi commun. Au lieu de cela, nous venons de voir une partie des radicaux, représentée par leurs hommes les plus considérables, combattre la candidature du général Cavaignac, au profit de celle de Louis-Napoléon ; maintenant, c'est la commission exécutive représentée par plusieurs de ses membres qui, après avoir accepté son arrêt en silence dans les journées de Juin, après avoir laissé passer le débat sur l'enquête sans dire mot, s'avise tout à coup, et lorsqu'on l'avait déjà oubliée, de se remettre en scène et d'exhumer avec éclat ses prétendus griefs contre le général Cavaignac. Le moment aurait pu être mieux choisi, il faut en convenir, et pour elle et pour la cause républicaine.

Un exposé historique des événements de Juin, signé de MM. Garnier-Pagès, Ledru-Rollin, Duclerc, Barthélemy Saint-Hilaire et Pagnerre, circulait depuis quelques jours dans le public, exposé dans lequel le général était fortement incriminé ; celui-ci somma, du haut de la tribune, les signataires de cet exposé d'avoir à affirmer et justifier leurs accusations. Le défi fut relevé à l'instant même par M. Barthélemy Saint-Hilaire, un des caractères les plus courageusement honnêtes de notre pays, mais qui, dans cette circonstance, se laissa égarer par un sentiment exagéré de camaraderie politique.

« Bien que n'occupant dans la commission exécutive qu'une position officieuse, dit-il, j'apporte toute mon âme dans ce débat, où l'honneur de mes amis et les intérêts de la vérité sont engagés. » Voici le résumé de l'acte d'accusation en forme qu'il dressait contre le général :

La commission exécutive, à la suite du vote de l'Assemblée qui rejetait la mesure d'ostracisme proposée contre Louis-Napoléon, était résolue à donner sa démission. Elle n'y renonça que sur les instances des ministres, et spécialement du ministre de la guerre, le général Cavaignac, lequel déclara que ce serait manquer à l'honneur que d'abandonner son poste au moment du danger. Le général était donc lié d'honneur envers la commission : il était solidaire avec elle et devait vivre ou mourir avec elle, et cependant qu'est-il arrivé ?...

Après avoir exposé longuement et minutieusement et les ordres réitérés de la commission pour diriger tout de suite des troupes sur tous les points où l'insurrection éclatait afin de l'étouffer à sa naissance, et les refus obstinés du général de déférer à ces ordres précis, M. Barthélemy Saint-Hilaire continue en ces termes :

Ce ne fut que le samedi à midi que le général se décida enfin à agir. *Or, pourquoi tous ces refus et ces retards ? C'est que, depuis quelques jours, il avait conçu l'espérance d'arriver au pouvoir*. Le 23, le général était sûr de l'appui du Palais-National (lieu de réunion des républicains dits politiques) : le général fit dire par un de ses amis, M. d'Adelsward, qu'il était prêt à prendre le pouvoir. Les événements précipitèrent ce complot des partis parlementaires ; on demanda la démission des commissaires, que ceux-ci refusèrent péremptoirement ; on revint à la charge : nouveau refus. C'est M. Sénard qui se montrait le plus pressant pour obtenir cette démission. De son côté, le général poursuivait son système de temporisation ; il refusait au général Damesme un bataillon que celui-ci demandait. «Croyez-vous, disait-il à ceux qui le pressaient, que je sois ici pour défendre les bourgeois de Paris ? je me souviens trop bien de 1830 et du 24 Février ; si les insurgés s'avancent, eh bien ! je leur livrerai bataille dans la plaine Saint-Denis. » C'est dans ce moment que M. Pascal Duprat proposa de conférer tous les pouvoirs au général, et c'est alors aussi que celui-ci se détermina enfin à agir ; mais il leur fallut encore trois grands jours, et Dieu sait quel sacrifice d'hommes pour enlever des barricades qu'il avait laissé s'élever, etc...

Cette accusation faisait planer sur la tête du général Cavaignac la plus odieuse des imputations, celle d'avoir, par calcul, de sang-froid et pour arriver au but de son ambition, laissé verser un sang précieux, tout en compromettant gravement la sûreté de l'État et même l'existence de la société. Ce n'était plus seulement la prévoyance ou la capacité du général, c'était son honneur qui était attaqué. L'Assemblée était péniblement impressionnée par le spectacle de cette guerre intestine. Le général Cavaignac avait écouté en silence cette série d'accusations ; il demande froidement à ses adversaires s'ils ont tout dit, et sur la réponse de Garnier-Pagès qui déclare s'en référer à l'exposé de son ami Barthélemy Saint-Hilaire, sauf les détails que la discussion pourrait produire, le chef du pouvoir exécutif monte à la tribune et commence cette justification qui eut alors, au moins dans le monde parlementaire, un si éclatant et si légitime succès.

L'orateur déclare d'abord qu'il n'accepte pas la lutte avec la commission, ce n'est pas elle, en effet, qui l'attaque; ce sont quelques individus, et il les nomme [1]. Il discute ensuite successivement les chefs d'accusation formulés contre lui et reproduit sur son système stratégique les explications qu'il nous avait déjà données dans le sein de la commission d'enquête.

Ce système n'a pas été improvisé, dit-il, il était depuis longtemps mûri et communiqué à la commission ; je lui avais déclaré formellement et elle l'avait accepté, que j'engagerais mes troupes comme je l'entendrais et surtout que je ne les disséminerais pas, comme en 1830 et en 1848, où deux gouvernements sont tombés pour avoir traité des luttes dans Paris comme des affaires de police et non comme des combats sérieux. Or, en Juin, on conviendra qu'il s'agissait bel et bien d'une bataille. Les généraux qui devaient exécuter mes ordres ont approuvé mon système, que je leur avais préalablement communiqué, comme à la commission : une seule dérogation a eu lieu à ce système, à la place des Vosges, où la troupe, disséminée, séparée de ses communications, a été enlevée. Si une semblable lutte recommençait, jamais je ne m'engagerais que quand je saurais à qui j'ai affaire et que je saurais bien où il faut frapper ; les barricades ne se sont pas dressées successivement, mais en même temps et sur un plan d'avance concerté : si j'avais de suite engagé les troupes çà et là, je les aurais fatiguées et compromises. J'avais fait donner à chaque soldat une réserve de quatre jours de vivres, et c'est avec ces vivres sur son sac qu'il a combattu. Je n'ai pas voulu que le soldat se battît la nuit, pour le faire reposer et le faire manger ; on m'a reproché de n'avoir commencé la lutte régulière que le 24, après-midi. Eh bien! le 23, il y avait déjà 195 soldats de ligne tués ou blessés, et il n'y en a eu que 708 d'atteints dans toute la lutte pendant les trois jours suivants. J'aurais dit que j'étais résolu à livrer bataille dans la plaine Saint-Denis ; j'ai pu en parler comme d'une dernière ressource à

---

1. MM. Arago, Marie, Lamartine se tenaient à l'écart.

ceux qui me demandaient ce que je ferais si j'étais obligé de quitter Paris ; et quant aux propos outrageants qu'on me prête envers les bourgeois de Paris, je n'ai jamais, moi, enfant de Paris, insulté par mes paroles une population à laquelle je dois 140,000 suffrages. Quant à mon absence tant reprochée du Palais-Bourbon, le général de Lamoricière était engagé et demandait des renforts : il se formait sur sa droite, dans le faubourg du Temple, de redoutables barricades : je conduisis moi-même sept bataillons contre ces barricades, qui ne furent enlevées qu'après trois heures d'un combat opiniâtre, et c'est pour cela que je ne suis rentré au Palais-Bourbon que vers sept ou huit heures du soir. Si j'en suis sorti presque aussitôt, ç'a été pour me rendre au ministère de la guerre et y donner des ordres pour l'action du lendemain, en conséquence de ce que je venais de voir par moi-même ; puis, je me suis rendu à l'Hôtel de Ville pour y voir le général Bedeau, qui était blessé, lui amener le général Duvivier, chargé de le remplacer, et m'assurer de l'état des choses sur ce point important ; de là, je me suis rendu à la place de la Sorbonne, où était le quartier général Damesme. Le général était rue de la Harpe, j'y allai : je le trouvai assis sur une borne. Je n'ai donc pas été au ministère, comme on l'a dit, *pour dormir* ; je suis rentré à la Présidence vers deux heures du matin : j'ai voulu, en effet, aller dans ce moment dormir au ministère ; mais un membre de la commission s'y est opposé, et j'ai dormi sur un canapé à la Présidence. Voilà tout.

Le général de Lamoricière lui crie : Et l'artillerie de Vincennes ? et alors il explique qu'il ne prévoyait pas, quand la lutte a commencé, qu'on y brûlerait 2,100,000 cartouches. Il y avait à l'École militaire 300,000 cartouches seulement, ce sont celles que les soldats avaient dans leurs gibernes. Or, cet approvisionnement a fondu comme la neige ; il a donc fallu envoyer à Vincennes. Il explique les détours qu'il a fallu faire, les obstacles qu'il a fallu tourner ou surmonter pour faire arriver le convoi et il justifie ainsi le long retard que ce convoi avait dû subir (neuf heures trois quarts pour l'allée et le retour).

Ces détails, donnés avec une simplicité et une franchise toute militaire, étaient écoutés avec avidité par l'Assemblée, mais l'intérêt redoubla lorsque le général annonça qu'il abordait la partie de l'accusation qui incriminait son honneur :

J'ai plaidé jusqu'à présent sur des faits, dit-il, j'ai fait l'avocat ; maintenant, il s'agit de mon honneur : je vais parler en soldat. Jusqu'au 22 juin, il n'a été fait aucune démarche auprès de moi qui eût un caractère officiel : des communications officieuses m'avaient été faites ; je ne les ai pas laissé ignorer à la commission, tout en l'engageant à rester à son poste. Le 22, à six heures, trois de mes collègues (j'ai oublié leurs noms, c'est une de mes infirmités que mon manque de mémoire) (c'étaient MM. Landrin, Ducoux et Latrade) vinrent me demander si j'étais disposé à accepter le pouvoir ; je leur répondis que je n'entrerais dans aucune commission exécutive, que je devais même les avertir que je me croyais obligé d'informer la commission, dont ils étaient les amis, de leur démarche : vous voyez que je ne jouais pas cartes *sous* table. Lorsqu'il fut question de la démission de la commission exécutive, un de ses membres avait proposé de décider que tous, y compris les ministres, s'engageraient à ne pas rentrer au pouvoir ; je me refusai formellement à prendre cet engagement et déclarai que j'entendais rester libre. Maintenant, suis-je à vos yeux un traître, un ambitieux, qui, pour arriver au pouvoir, a compromis le salut de la société ? Avez-vous de nouveaux faits ? produisez-les : je les discuterai ; vous le voyez, quoique peu fait à ce genre de combat, la force de la vérité m'est venue en aide. Je plaiderai encore ce soir, toute la nuit, s'il le faut (Vive approbation); mais il faudra bien en venir enfin à préciser l'accusation, et alors ce n'est plus l'avocat, comme je vous le disais, c'est le soldat qui vous répondra, et vous l'entendrez ! (Longs applaudissements. — Le général est félicité de toutes parts.)

La force et la noble simplicité de ce langage avaient produit une profonde sensation dans l'Assemblée et dérouté complétement les amis de l'ancienne commission exécutive.

M. Bixio lui-même, l'un de ceux qui avaient encouragé M. Barthélemy Saint-Hilaire dans son attaque, ne monta à la tribune que pour désavouer avec énergie toute accusation contre le général Cavaignac de s'être frayé un chemin sanglant vers le pouvoir et pour déclarer qu'il croyait avec la nation entière qu'il avait sauvé la République et la société; il ajouta toutefois qu'il avait pensé et qu'il persistait à penser encore qu'il eût mieux valu attaquer l'émeute tout de suite et de front avant de lui laisser le temps de s'étendre.

La séance, suspendue à six heures et demie, est reprise à huit heures.

M. Barthélemy Saint-Hilaire remonte à la tribune pour rejeter surtout la pensée d'avoir voulu reprocher au général une trahison; seulement le général a commis, dit-il, des fautes dont la commission seule a supporté la responsabilité : il y avait déjà dans ces paroles une sorte de rétractation que le général déclare ne pas admettre; il en attend, dit-il, une plus explicite.

M. Garnier-Pagès, à son tour, monte à la tribune et, comme il y est accueilli par des murmures, il s'en plaint amèrement : « C'est comme dans l'ancienne Chambre de M. Guizot, dit-il, et cependant si quelqu'un mérite d'être écouté avec calme, ce sont ceux qu'on a forcés de parler malgré eux. » (Parler, cela se peut, mais qui les forçait d'écrire ?) Puis l'orateur résume et concentre tous ses griefs contre le général en un ridicule reproche d'ingratitude. « Vous que nous avions fait gouverneur de l'Algérie, ministre de la guerre, vous ne défendez pas la commission quand elle est attaquée, vous acceptez sa dépouille au premier mot ! »

Ainsi, le véritable crime du général c'était d'avoir consenti à succéder à la commission, et dans quelles circonstances ! Le débat se trouvait, par là, réduit à de bien misérables proportions.

Le général Cavaignac se contente d'opposer à cet étrange reproche d'ingratitude ces paroles dédaigneuses : « Je laisse au pays à apprécier ce que j'ai pu devoir à M. Garnier-Pagès ! » Paroles suivies de l'approbation à peu près générale de l'Assemblée : Un grand et légitime orgueil venait d'écraser une sotte et puérile vanité [1] !

M. Dupont (de l'Eure) proposa l'ordre du jour suivant :

« L'Assemblée, persistant dans le décret du 28 juin 1848 ainsi conçu : *Le général Cavaignac a bien mérité de la patrie,* passe à l'ordre du jour, » et cette proposition est accueillie par l'énorme majorité de 504 voix contre 34.

Le triomphe du général était complet et éclatant. Il avait, sans doute, ressenti cette noble ambition des grandes âmes pour lesquelles le pouvoir reçoit du

---

1. M. Landrin vient confirmer que, lorsqu'il est allé trouver le général pour savoir s'il accepterait le pouvoir, celui-ci avait fait la condition que la commission serait prévenue de cette démarche, et qu'elle l'avait été en effet ; qu'il n'y avait là de complot d'aucun côté, que la commission au bout de deux mois était usée, qu'elle avait perdu la confiance du pays, que ses amis et lui, bien qu'ils eussent contribué à la former, durent reconnaître qu'un pouvoir aussi peu homogène ne pouvait subsister plus longtemps ; qu'ils durent agir en conséquence de cette conviction.

M. Ledru-Rollin eut le triste courage de prolonger ce débat : Où étaient, dit-il, ces 20,000 hommes que le général Cavaignac avait concentrés sous sa main ? on ne les a vus nulle part le 22 juin.

Le général Bedeau lui répond que, lorsqu'en exécution du plan d'avance concerté entre les généraux Cavaignac, Lamoricière et lui, il se rendit à l'Hôtel de Ville, il y trouva neuf bataillons, le 10e bataillon ayant été intercepté par les barricades du pont d'Austerlitz : qu'il eut immédiatement ces forces à sa disposition, que le but principal c'était de couvrir l'Assemblée, la tête et le cœur de la République (que n'avait-il eu la même pensée au 24 février). Le général Cavaignac ajoute que *concentration* ne signifie pas *réunion matérielle* dans

danger même un nouvel attrait, mais il n'y avait rien dans ce sentiment qui pût ternir son honneur.

Ces attaques, venant toutes du même côté, devaient naturellement porter le général à se rapprocher de plus en plus du parti conservateur, et déjà, par l'intermédiaire du général de Lamoricière, quelques démarches avaient été faites pour donner à ce rapprochement une sorte de consécration parlementaire; il avait été convenu que le général, à un jour donné, monterait à la tribune et y ferait un appel solennel au concours des opinions libérales et modérées de l'Assemblée. Je devais répondre à cet appel et promettre le concours demandé. Les rôles étaient ainsi d'avance bien tracés.

Au jour convenu, le général monte, en effet, à la tribune, l'attention et la curiosité générales étaient excitées au plus haut degré ; j'étais prêt à remplir loyalement l'engagement que j'avais pris, lorsqu'à notre grande surprise, le général, au lieu de cet appel net et catégorique qu'il devait nous adresser, s'embarrasse dans une déclamation passionnée, disant qu'il

---

un même lieu, mais troupes tenues disponibles dans des lieux divers et obéissant à un même ordre : que c'est ce qui avait eu lieu les 22 ou 23 juin où les troupes étaient massées à la porte Saint-Denis, à l'Hôtel de Ville, au faubourg Saint-Jacques prêtes à agir. A ce moment, le général est interrompu par la Montagne, qui lui lance le reproche aussi injuste que brutal d'avoir tout sacrifié à sa candidature. Il se retourne vers les bancs de la gauche, d'où partent ces reproches, et, animé d'une vive indignation, il leur jette cette sanglante apostrophe: « Adressez-moi des injures ; et croyez-moi, si je cherchais à me faire des titres comme candidat, je préférerais vos injures à vos éloges ! Vous croyez servir la République, je crois la servir aussi : qui de nous l'aura le mieux servi, le pays en jugera ; et vous, monsieur Ledru-Rollin, vous dites que vous vous êtes retiré de moi, assurément cette séparation existe, et je ne prévois guère qu'elle puisse jamais cesser. » Toute la partie modérée de l'Assemblée, qui voyait avec bonheur se consommer sous ses yeux et d'une manière irréparable cette séparation qu'elle avait si ardemment désirée, accueillait ces paroles avec des applaudissements frénétiques.

accueillerait ceux qui seraient disposés à mourir avec lui pour la République.

Je n'avais rien à répondre à une telle provocation ; aussi, après avoir échangé des regards étonnés avec mes voisins, je restai silencieux sur mon banc. Ainsi avorta cette scène parlementaire, préparée avec tant de soin par les amis du général et dont ils attendaient un heureux effet sur l'opinion.

Le général de Lamoricière, qui avait été le principal agent de ce rapprochement dont il avait calculé l'effet probable sur l'élection prochaine du président, nous disait tristement en passant devant notre banc : « Cavaignac n'a pas dit ce qu'il voulait dire, *la langue lui a fourché.* » N'y avait-il pas plutôt dans l'esprit du général un reste d'hésitation qui, au moment de franchir ce grand pas et de rompre tout à fait avec ses anciens amis, troubla sa pensée et altéra, comme malgré lui, son langage ?

Pendant que les républicains se divisaient et se subdivisaient ainsi en une foule de fractions hostiles, républicains de la veille et du lendemain, républicains politiques et socialistes, jacobins et modérés, etc., etc., donnant au public le triste et scandaleux spectacle de leurs luttes acharnées d'amour-propre ou d'ambition ; pendant que, d'un autre côté, les tentatives de former au sein de l'Assemblée un grand parti compacte des opinions libérales, parti dont le général Cavaignac aurait été le chef et la personnification hautement avouée, avortaient si malheureusement, le parti bonapartiste tenait une conduite toute contraire : il adoptait un candidat unique, sur lequel il concentrait toutes ses influences. Le dernier frère de Napoléon, l'ancien roi de Westphalie, vivait toujours ; lui et son fils se trouvaient même à Paris lors de la révolution du 24 février ; ils y étaient venus avec l'autorisation de Louis-Philippe, sous le prétexte de quelques affaires d'intérêt qui les y appelaient, et leur séjour s'y était prolongé par suite d'une tolérance tacite ; ils avaient donc sur leur cousin Louis-Napoléon une sorte de droit de priorité et de prépossession. Ils s'effacèrent cependant l'un et l'autre devant lui : soit que le vieux roi se fît un scrupule, après avoir porté une couronne, de devenir président d'une république, c'est là du moins le motif qu'il me donna de son abstention ; soit, ce qui doit être plus vrai, que le sénatus-consulte de l'an X qui appelait à succéder à la couronne impériale dans la ligne collatérale Louis-Napoléon, par droit de représentation de son père, l'ancien roi de Hollande, fût considéré comme faisant loi pour la famille : ce qui est certain, c'est que toute compétition bonapartiste s'évanouit devant l'espèce de légitimité impériale de Louis-Napoléon et qu'il fut proclamé candidat à la présidence de la République par tout le parti, au même titre et du même droit qu'il aurait été appelé à succéder à l'Empire : circonstance, il faut l'avouer, fort peu rassurante pour la République !

Ceux des républicains qui, en admettant Louis-Napoléon comme représentant, avaient espéré qu'une fois assis sur le banc de l'Assemblée, ils auraient tous les jours l'occasion de l'interpeller, de l'attaquer et de l'amoindrir, furent déjoués dans leur calcul. Louis-Napoléon n'assistait, en effet, que bien rarement aux séances et lorsque, par accident, il s'y élevait quelque débat à son sujet, ses cousins se chargeaient de parler pour lui. Il savait bien que ce n'était pas là qu'était sa force ; ses chances étaient ailleurs, et il n'en négligea aucune.

En effet, de nombreux agents parcouraient pour lui les villes et les campagnes, répandant partout les promesses les plus extravagantes ; quatre ou cinq journaux créés tout à coup, et sous des titres qui rappelaient l'ancien Empire, se mirent à entonner des hymnes à la gloire de Napoléon; des almanachs napoléoniens furent répandus à profusion parmi les populations; ces menées trouvaient en tous lieux quelques vieux militaires du premier Empire pour les appuyer et quelques commis-voyageurs du commerce pour les propager. Elles étaient, d'ailleurs, singulièrement favorisées par la disposition générale des esprits. La cause bonapartiste, ainsi que nous l'avons déjà dit, avait pour auxiliaires ardents tous ceux qui repoussaient la République, soit par haine de l'anarchie, soit par attachement à leurs intérêts si gravement compromis depuis le 24 février, soit par répulsion contre les hommes que la Révolution avait fait surgir. Elle trouvait aussi un puissant appui dans les ressentiments ou les rivalités qui divisaient les républicains eux-mêmes; elle était forte, en outre, des souvenirs du premier Empire, souvenirs qui, grâce au crible du temps, avaient perdu tout l'odieux dont un despotisme militaire violent et les humiliations douloureuses d'une double invasion les avaient autrefois mélangés pour ne garder que des impressions de grandeur et de gloire, qui, passées à l'état de légende chez le peuple, étaient devenues pour lui une sorte de culte traditionnel.

La cause bonapartiste était aussi grandement favorisée par les démagogues, qui voyaient dans l'avènement d'un Bonaparte le triomphe de l'égalité révolutionnaire. Je me rappelle que, lors d'un voyage que je dus faire dans le département de l'Aisne, comme président du conseil général de ce département, au moment de la plus grande chaleur de la lutte électorale, des groupes d'enfants et d'hommes du peuple entourèrent ma voiture en criant, comme s'ils eussent voulu m'adresser une menace ou un défi : *Vive Napoléon!* C'est que, pour eux, le gouvernement d'un Bonaparte, c'était le gouvernement des hommes du peuple; tandis que toutes les autres dynasties représentaient à leurs yeux le gouvernement des bourgeois et des riches.

Ainsi, les sentiments les plus contraires se réunissaient en faveur de la candidature de Louis-Napoléon : pour les uns, son nom signifiait *ordre, sécurité et même monarchie;* pour les autres, ce même nom signifiait *triomphe du peuple sur les riches, égalité absolue, révolution.* Avec le concours de telles forces, cette candidature ne pouvait qu'obtenir une écrasante majorité.

Le général Cavaignac et ses ministres pouvaient seuls se faire illusion à cet égard : ils comptaient sur le souvenir des services éclatants que le général venait de rendre au pays, mais les peuples oublient vite. Quant à cet instrument de la centralisation administrative sur lequel ils fondaient aussi leurs espérances, ils auraient dû savoir que si la centralisation profite aux gouvernements qui ont de l'avenir, elle ne profite guère à ceux qui ne sont pas sûrs de leur lendemain.

Enfin, la protection accordée avec éclat par le général au Saint-Père, l'hospitalité qu'on lui offrait, l'influence que sa présence exercerait, en France, sur le clergé et sur le monde catholique, étaient pour beaucoup aussi dans les espérances qu'entretenaient encore le général et ses amis. Mais le Pape, au dernier moment, trompa cet espoir; au lieu de venir chercher un refuge en France, il préféra aller demander un asile au roi de Naples, et le ministre de l'instruction publique, que le général Cavaignac avait envoyé d'avance à Marseille pour y recevoir le Saint-Père avec grand appareil, s'en revint à Paris seul et un peu décontenancé.

Un fâcheux incident vint aggraver encore ce désappointement et cela fort inopportunément, car on était à la veille de l'élection et tous les coups portaient. Voici les particularités de cet incident.

Chaque révolution, en France, a ses martyrs à glorifier, ses blessés à relever et à indemniser. La légitimité, en 1814, avait eu ses émigrés à dédommager ; la révolution de 1830, ses combattants de Juillet à récompenser ; il était donc inévitable que la révolution du 24 Février eût aussi à honorer et rémunérer ceux qui avaient combattu ou souffert pour la république. Cela paraissait si naturel que l'opinion générale avait, à cet égard, devancé le pouvoir législatif: une souscription ouverte par de riches banquiers dès les premiers jours de la révolution au profit des blessés des journées de Février avait produit une somme assez importante (près de 2,000,000 de fr.). Lors donc que M. Sénard, alors ministre de l'intérieur, présenta un projet de loi pour régulariser l'emploi de cette souscription et y ajouter, au nom de l'État, une somme de 600,000 francs en rentes viagères, plus un million en capital, le tout à distribuer, à titre de récompense nationale, parmi ceux qui avaient souffert pour la cause de la République ; le principe de ce projet de loi ne fut contesté par personne.

Toutefois, la commission chargée de l'examen de ce projet voulut, avant de faire son rapport, connaître les noms et la position de chacun des *prenant part* à ces récompenses dites nationales, et, en conséquence, elle demanda communication des listes. Or, ces listes avaient été dressées par une commission que le gouvernement provisoire avait désignée quelques jours après la révolution du 24 Février, c'est-à-dire en pleine effervescence révolutionnaire et démagogique. On se fera une juste idée de la composition et de l'esprit de cette commission lorsqu'on saura le nom de son président : c'était le fameux *Albert*. Le travail de distribution et les propositions qu'elle fit ne pouvaient que se ressentir d'une telle origine, et c'est avec une sorte de stupéfaction pour les uns, de secrète satisfaction pour les autres, que les commissaires de l'Assemblée virent parmi les personnes proposées pour des récompenses nationales des individus qui avaient été condamnés à des peines infamantes, pour des vols, des faux, et même des assassinats; le rédacteur de ces listes avait eu l'inconcevable naïveté de mettre à côté des noms de ces individus leurs qualifications et les causes mêmes de leurs condamnations. M. Dufaure était ministre de l'intérieur, lorsque la commission avait insisté pour avoir communication de ces listes, et c'était lui qui, après les avoir reçues de l'Hôtel de Ville, les avait envoyées, sans même en prendre connaissance, au bureau de l'Assemblée.

La Montagne, qui attachait une grande importance à ce que la loi sur les récompenses nationales vînt à discussion et fût votée, importance tout à la fois politique et pécuniaire, ne cessait d'interpeller le gouvernement et la commission pour faire mettre cette loi à l'ordre du jour.

Mais aussitôt que les listes furent dans les mains de la commission et que la rumeur de ce qu'elles contenaient se fut répandue, on vit accourir au bureau où siégeait cette commission une foule de députés empressés à prendre communication de ces listes. La presse s'en saisit immédiatement et le scandale éclata.

Ce fut alors le tour des centres de presser le débat. M. de La Rochejaquelein en prit l'initiative et dénonça le fait à la tribune : l'indignation de l'Assemblée se manifesta aussitôt avec une énergie telle, que M. Dufaure retira instantanément le projet de loi.

Mais la discussion fut reprise le lendemain par M. Sénard, qui ne voulait pas accepter la responsabilité des immoralités de ce projet. Il lui fut facile de s'en dégager complétement en prouvant que les listes ne lui avaient pas été remises et qu'il ignorait absolument ce qu'elles renfermaient lorsqu'il avait présenté le projet de loi. M. Dufaure, à son tour, expliqua qu'il s'était borné, sur les instances de la commission parlementaire, à demander les listes restées entre les mains de la commission des récompenses et qu'aussitôt qu'il les avait reçues il s'était empressé de les transmettre à l'Assemblée sans même en prendre connaissance. Le général Cavaignac repoussa également, aux applaudissements de toute l'Assemblée, une si ignoble solidarité.

Quant à la Montagne, elle éprouvait quelque confusion; toutefois, M. Guinard, le dernier président de la commission des récompenses, essaya de faire tête à l'orage. Il monta à la tribune, d'abord pour se plaindre amèrement de l'indiscrétion qui avait fait connaître ces listes à l'Assemblée et de l'indiscrétion non moins grande avec laquelle on les avait ensuite livrées à la publicité. C'était là, disait-il, *une vraie trahison, une manœuvre du parti réactionnaire contre la République;* ces listes, du reste, n'étaient, d'après lui, que des feuilles informes sur lesquelles on avait copié les écrous comprenant indistinctement les sentences pour délits communs et les condamnations politiques, et par cela même énonçant des faits autres que ceux qui avaient motivé les propositions de la commission. A quoi M. Baroche, en sa qualité de président de la commission parlementaire, répondait que les listes étaient contresignées par le secrétaire de la commission des récompenses, le sieur Rouen; qu'elles étaient donc régulières et authentiques; que c'était avec ce caractère qu'elles avaient été officiellement transmises à la commission de l'Assemblée; que si, conformément aux usages reçus, plusieurs représentants, dont quelques-uns appartenant à la presse périodique, avaient demandé communication de ce document et en avaient pris des extraits qu'ils avaient livrés ensuite à la publicité des journaux, la commission n'avait eu ni le droit ni le pouvoir de les empêcher; qu'il n'était pas vrai que tout ce scandale vint de ce qu'on avait copié sur les listes des écrous indiquant conjointement les condamnations pour crimes communs et celles pour crimes politiques: que, par exemple, les héritiers de *Fieschi*, la sœur de *Lecomte*, figuraient sur ces listes, quoique leurs noms n'eussent été impliqués dans aucune poursuite pour crime commun; que c'était donc bien volontairement et avec discernement que ces personnes avaient été désignées pour participer à des récompenses nationales auxquelles elles n'avaient d'autres titres que ceux qu'elles tiraient d'assassinats, odieux dans tous les temps et pour tous les partis!

La discussion s'envenimait de plus en plus; l'extrême gauche récriminait avec fureur, affectant de prendre le change sur le véritable caractère des reproches adressés à ses amis; elle évoquait le souvenir du milliard des émigrés. Il échappa même à M. Guinard de rappeler qu'il avait été prisonnier de M. Thiers. *Vous vous trompez*, lui répondit celui-ci de son banc, aux applaudissements de toute l'Assemblée, *vous n'avez jamais été mon prisonnier, mais celui de la loi*. Un énergumène de la Montagne demanda une enquête déclarant, de sa propre autorité, *infâme* celui qui avait livré la liste aux journalistes; enfin, l'ordre du jour pur et simple fut voté.

Le seul reproche qu'on pouvait, en toute justice, adresser au gouvernement du général Cavaignac à propos de cet incident, était un peu de négligence; mais la haine et l'esprit de parti ne se satisfont pas de si peu: le lendemain paraissait dans le journal *la Presse* une liste des voleurs ou assassins proposés pour des récompenses nationales, avec cet intitulé imprimé en lettres majuscules: *Pensionnaires du Général Cavaignac*.

C'est ainsi que M. E. de Girardin payait à ce général sa dette de haine et de vengeance pour la suspension et l'emprisonnement, d'ailleurs assez peu motivés, dont il avait été frappé au lendemain des journées de Juin.

M. Dufaure comprit tout le parti que les concurrents du général Cavaignac ne manqueraient pas, à la veille de l'élection, de tirer de ce fâcheux incident, et il sentit la nécessité de déjouer cette tactique. La séance ne s'était terminée qu'à six heures et demie ; c'est à cette heure que l'ordre du jour donnant au gouvernement au moins une demi-satisfaction avait été voté. Comment faire arriver ce vote en même temps que les mille et mille récits passionnés, plus ou moins véridiques, que la correspondance privée allait porter dans les départements? Pour se tirer de cet embarras, le ministre donna l'ordre de retarder le départ du courrier afin que la malle pût emporter tout à la fois et le débat et le vote qui l'avait terminé.

Les bonapartistes, et à leur tête MM. Larabit, Boulay (de la Meurthe), ne manquèrent pas le lendemain de grossir cette affaire outre toute mesure et de la présenter comme un attentat à la liberté des élections. Le retard du courrier avait, disaient-ils, répandu l'alarme dans toutes les populations. En vain, le directeur général des postes rassura l'Assemblée sur ces alarmes prétendues, en affirmant que la plus parfaite tranquillité n'avait cessé de régner partout, et que les retards du courrier par suite d'accidents de route tout à fait étrangers à la politique étaient assez fréquents pour que le fait dont on se plaignait n'eût amené aucune sérieuse perturbation.

Les passions soulevées trouvaient là un aliment auquel elles ne voulaient pas renoncer si facilement : des interpellations violentes s'échangèrent entre les bancs opposés de la Chambre, et le président eut de la peine à rétablir assez de calme pour faire voter la reprise de l'ordre du jour.

Il n'y avait cependant de condamnable dans tout cela que, d'une part, le fanatisme stupide de ces démagogues qui n'avaient pas songé qu'ils déshonoraient leur cause en proposant des récompenses pour des voleurs et des assassins; et, d'autre part, la mauvaise foi des partis qui se faisaient une arme contre le général Cavaignac d'un fait auquel ils savaient bien qu'il était étranger; mais les masses une fois excitées portent-elles dans leur jugement tant de calme et d'impartialité! Une voix s'écria au milieu du tumulte *que chaque nom de voleur ou d'assassin porté sur les listes enlevait* 20,000 *suffrages au général Cavaignac;* sans admettre cette exagération, et sans accorder que cet incident ait eu une influence marquée sur le résultat de l'élection qui était alors assuré, on ne peut cependant que le regretter.

Nous disons que le résultat de l'élection était certain, et, en effet, de jour en jour il devenait plus manifeste que le nom de Louis-Napoléon obtiendrait une éclatante majorité. Le courant, formé des opinions les plus contraires, était devenu irrésistible, aucune influence politique n'aurait pu ni le contenir, ni le détourner. Qu'on ne dise pas que tel ou tel personnage qui a appuyé cette élection en est politiquement responsable. Le résultat était hors de la portée de toute influence privée. MM. Molé et Thiers, par exemple, qui crurent devoir patronner hautement la candidature de Louis-Napoléon par leurs journaux, par leur correspondance et par leurs amis, n'ont mérité pour cela ni reproche ni remerciement; car s'ils se fussent abstenus comme je l'ai fait moi-même, le dénouement eût été absolument le même.

Je ne sais sur quel renseignement le journal *la Patrie* avait annoncé que j'étais chargé par le chef du pouvoir exécutif, c'est-à-dire par le général Cavaignac, de composer un nouveau cabinet. Ce renseignement était complétement inexact. Il est bien vrai que le général m'avait demandé, une vingtaine de jours avant l'élection, une entrevue qui avait eu lieu dans un des bureaux de l'Assemblée; mais ayant reconnu dès les premiers mots que nous ne nous entendions pas sur les conditions fondamentales du pouvoir, la conversation n'avait pas été jusqu'à des ouvertures positives et encore moins jusqu'à des engagements réciproques. Aussi, le *Moniteur* du 18 novembre, rectifiant cette annonce de la *Patrie*, déclarait-il que le ministère existant était résolu à rester au pouvoir jusqu'à la proclamation du président, et à veiller jusque-là sur la sûreté publique.

Des efforts en sens contraire furent faits par quelques-uns de mes amis pour me faire prononcer en faveur de l'un des deux candidats. Je m'y refusai obstinément; je dus même faire insérer des rectifications et des démentis dans les journaux qui s'étaient avancés jusqu'à faire pressentir mon vote. La vérité est que j'éprouvais la même perplexité que tous les amis sérieux de la liberté éprouvaient alors. Nous flottions incertains entre le sentiment des impossibilités qui se rencontraient dans le gouvernement du général Cavaignac et les inquiétudes sérieuses que nous inspirait pour la liberté l'avénement d'un second Napoléon au pouvoir. Dans cette situation d'esprit, notre abstention était d'autant plus facile que nous sentions bien que la solution de ce redoutable problème était tout à fait en dehors de notre influence.

Du reste, le suffrage universel mis une seconde fois en pratique, et cette fois pour une élection unique, s'exerçait avec calme dans toute la France. On ne cite guère d'actes de violence ou même d'essais d'intimidation qui aient eu lieu à l'occasion de cette élection : le public parisien conçut seulement quelques inquiétudes pour le jour de la réception du nouveau Président. Des bruits alarmants circulaient à ce sujet : on disait que le parti vaincu en appellerait à la force brutale du jugement sorti du scrutin. Dans la séance du 18 décembre, M. Marrast fut interpellé ; on lui demanda s'il avait pris les précautions nécessaires pour assurer la libre et pacifique transmission du pouvoir, et le président répondit qu'il s'en fiait entièrement à la loyauté et à la fermeté du pouvoir exécutif existant ; que, d'ailleurs, on n'attendait que l'arrivée des procès-verbaux de quelques départements éloignés, les Hautes et Basses-Alpes, l'Aveyron, le Lot, le Haut-Rhin et la Corse, pour faire le rapport de l'élection.

En effet, le 21 décembre, M. Waldeck-Rousseau, au nom de la commission chargée de dépouiller les procès-verbaux de tous les départements de la France, annonça que sur 7,317,344 suffrages exprimés, Louis-Napoléon en avait obtenu 5,434,226, le général Cavaignac 1,448,107, et M. Ledru-Rollin 370,000. Le restant des suffrages se distribuait entre MM. Raspail qui en avait 36,000, Lamartine 17,000, et autres. En conséquence, Louis-Napoléon, ayant obtenu la majorité des suffrages exprimés, et au delà de deux millions de suffrages, fut, aux termes de la Constitution, proclamé Président de la République. Il prêta le serment prescrit par la Constitution et prononça un discours dans lequel il déclarait : « Qu'il verrait des ennemis de la patrie dans tous ceux qui tenteraient de changer, par des voies illégales, ce que la France entière avait établi : il annonçait qu'animé d'un esprit de conciliation, il avait appelé auprès de lui des hommes honnêtes, capables et dévoués au pays, assuré que, malgré les diversités dans leur origine politique, ils étaient d'accord pour concourir avec l'Assemblée au perfectionnement des lois et à la gloire de la République. » Il remerciait l'administration qui l'avait précédé des efforts qu'elle avait faits pour transmettre à ses successeurs le pouvoir intact. « La conduite du général Cavaignac, dit-il en terminant, a été digne de la loyauté de son caractère. » (Assentiment.) Après ces paroles, le nouveau Président descend de la tribune, et, en passant devant le général Cavaignac pour regagner son banc, il lui tend la main, que celui-ci refuse en affectant de se détourner d'un autre côté : procédé que la prescience de l'avenir pourrait seule justifier.

L'Assemblée restait froide pendant toute cette scène, elle avait pris une part trop vive à la lutte pour ne pas se sentir humiliée et affaiblie par le triomphe de celui qu'elle avait ardemment combattu : Louis-Napoléon n'attendit pas la fin de la séance pour aller prendre possession de l'Élysée-Bourbon. De sages dispositions avaient été prises par le ministre de la guerre pour prévenir toute tentative de violence, et ce grand changement, qui devait avoir une si décisive influence sur les futures destinées de la France, s'accomplit au milieu d'un calme qui ressemblait presque à de l'indifférence.

Le *Moniteur* du lendemain annonçait la formation d'un nouveau ministère. C'étaient M. Odilon Barrot, ministre de la justice, chargé de présider le Conseil en l'absence du Président de la République ; M. Drouyn de Lhuys, au ministère des affaires étrangères ; M. de Falloux, à l'instruction publique et aux cultes ; M. de Maleville, à l'intérieur ; M. Bixio, à l'agriculture et au commerce ; M. Léon Faucher, aux travaux publics ; le général Rulhière, à la guerre ; M. de Tracy, à la marine ; et enfin M. Hippolyte Passy, aux finances. Une nouvelle ère commençait : était-ce le Consulat d'un second Empire ?

FORMATION DU MINISTÈRE DU 20 DÉCEMBRE 1848

Je reprends mon travail, interrompu par la mort de celle qui, associée depuis plus de trente ans à ma vie, m'avait aidé, par son courage, son dévouement à toute épreuve et sa nature si franche et si droite, à en supporter les agitations et les vicissitudes. Me restera-t-il assez de force et de temps pour mener à fin la tâche que je me suis imposée? J'en doute, et cependant je vais essayer.

Je suis arrivé à cette époque de notre histoire contemporaine où ma personnalité a été le plus directement engagée. Je serai donc obligé de parler beaucoup de *moi*, ce qui est toujours assez difficile, lorsqu'on veut éviter le double écueil de l'infatuation ou de la fausse modestie; je tâcherai toutefois d'en parler comme d'un étranger. Il arrive à tout le monde dans la vie d'avoir de ces instants d'impartialité où on se sépare, pour ainsi dire, de soi-même pour se regarder et se juger; je tâcherai de faire durer cette disposition d'esprit autant que mon récit.

Les hommes politiques sont rarement maîtres de leur destinée, moins encore dans notre pays que dans aucun autre. Au milieu de notre société telle que l'ont faite les efforts de la monarchie absolue couronnés par ceux bien autrement puissants de notre révolution, l'individu toujours placé sans appui, sans cohésion, entre les masses et l'État, est alternativement écrasé par l'une ou l'autre de ces forces irrésistibles; il peut s'agiter, mais en vain, le courant des événements l'entraîne.

Toutes mes convictions morales et politiques, j'ajouterai même toutes mes affections me portaient à servir la monarchie constitutionnelle ; j'étais, pour ainsi dire, né avec elle, elle avait eu mes premières et constantes prédilections : non-seulement j'avais foi en elle, mais ma raison se refusait à rien voir de digne, de possible même pour mon pays en dehors d'elle. Je n'avais pas été étranger au choix de la nouvelle dynastie, en 1830 ; j'avais même pu lui donner quelques témoignages irrécusables de mon dévouement, et cependant j'en avais été repoussé comme un ennemi dangereux. Jusque sur la terre d'exil, Louis-Philippe protestait qu'il avait dû abdiquer et qu'il serait encore prêt à recommencer plutôt que de voir le pouvoir tomber dans mes mains ; et voilà que, par la plus étrange fatalité, ce pouvoir m'est en quelque sorte imposé pour une République à laquelle je ne pouvais croire, et sous un Président à qui je ne pouvais me fier.

Voici comment le fait est arrivé et les seuls liens qui me rattachaient aux Bonapartes.

La catastrophe de 1814 m'avait trouvé tout disposé à accepter le bienfait de la liberté. J'ai dit ailleurs quelle fut ma conduite avant et après le 20 mars ; elle était loin de me classer dans le parti bonapartiste. Mais, après la seconde restauration de 1815, la situation était changée : les partisans de Bonaparte étaient alors proscrits ; les cours prévôtales décimaient ceux de ces malheureux qu'avait épargnés le champ de bataille. Je les défendis, je fus assez heureux pour en sauver quelques-uns. De plus, plusieurs membres exilés de la famille Bonaparte invoquèrent mon ministère, les uns pour défendre leurs personnes, les autres pour recouvrer quelques-unes des valeurs sur lesquelles la Restauration avait fait main basse. Je m'y employai avec plus de zèle que d'efficacité. Enfin, après 1830, les bonapartistes, qui trouvent que les institutions libres et le retentissement de la tribune et de la presse ont du bon, alors qu'il s'agit de défendre leurs intérêts, s'adressèrent naturellement à moi, tantôt pour obtenir quelques indemnités, comme l'ex-reine de Naples, sœur de Napoléon ; tantôt pour faire cesser leur exil, comme Jérôme Bonaparte, l'ex-roi de Westphalie, et son fils. Dans toutes ces circonstances, j'avais mis un grand soin à réserver complétement mes convictions politiques et à ne pas laisser supposer que, chez moi, s'opérait cette confusion entre le libéralisme et le bonapartisme : confusion alors trop générale et qui a donné lieu à bien des méprises.

Mes rapports particuliers avec Louis-Napoléon avaient été plus judiciaires que politiques : lorsqu'à la suite de l'attentat de Strasbourg, il s'attendait à être traduit en justice, il me fit prier de le défendre et j'avais accepté ; mais Louis-Philippe ayant jugé à propos de le soustraire à la justice ordinaire et de ne livrer aux tribunaux que ses complices, ma mission se trouva sans objet. Louis-Napoléon m'écrivit une longue lettre d'Amérique en faveur de ceux qu'il avait, dit-il, entraînés, assumant sur lui toute la responsabilité de l'attentat. Plus tard, me trouvant à Londres, je rencontrai Louis-Napoléon dans une maison tierce : j'avais correspondu avec lui, mais ne l'avais pas encore vu : il se nomma, me pressa beaucoup de lui accorder une conférence, me disant qu'il avait des choses importantes à me communiquer. Pressentant de quelle nature étaient ces communications, je rompis la conversation, m'excusai de ne pouvoir répondre à son invitation et lui adressai entre deux portes ces quelques paroles : « Mon prince, nous aurions une conférence de 24 heures, que je ne vous dirais pas autre chose que ce que je vais vous dire en quelques secondes. Vous êtes un prétendant, et, comme tel, entouré d'ambitieux et d'intrigants qui ne manqueront

pas de vous pousser à de mauvaises et folles entreprises. Défiez-vous-en : je ne sais quelle destinée vous est réservée, mais ce que je sais, c'est qu'elle s'accomplira en dehors de vous, et que tous les efforts que vous feriez pour la réaliser par des actes de violence agiraient en sens contraire de votre ambition. »
Et je le quittai. Je n'étais pas revenu en France depuis quinze jours, que j'apprenais la criminelle et ridicule tentative de Boulogne. Cette fois, le gouvernement se décida à traduire le principal coupable et ses complices devant la Cour de Paris, mais cette fois aussi ce fut Berryer, ce ne fut pas moi que Louis-Napoléon chargea de le défendre. De plus, dans l'étrange manifeste qu'il adressa à la France, c'était M. Thiers qui était désigné pour présider son ministère : j'étais passé sous silence ; il m'avait compris et me rendait justice.

Cependant, après six ans de détention à Ham, Louis-Napoléon eut l'idée de s'adresser de nouveau à moi pour obtenir du gouvernement de Louis-Philippe la permission d'aller à Florence fermer les yeux de son père, l'ex-roi de Hollande ; il s'engageait d'honneur à revenir se constituer prisonnier aussitôt qu'il aurait rempli ce devoir pieux. Je dois rendre cette justice à MM. Guizot et Duchatel que je les trouvai très-doux, très-modérés dans cette occasion et même disposés à mettre enfin un terme à un emprisonnement déjà bien prolongé. Mais ils rejetaient, non sans raison, comme ridicule, cet engagement du prince de revenir, à l'imitation de Regulus, reprendre ses fers : ils n'admettaient comme possible qu'une grâce entière et définitive ; ils y mettaient seulement la condition que le condamné la demanderait, et par cette demande ferait acte de reconnaissance et de soumission envers le Gouvernement établi. Cette exigence était naturelle et cependant elle fut trouvée, par le prince, blessante et injurieuse. Vainement je cherchai des formules pour déguiser cette demande en grâce, en la revêtant du prétexte de la piété filiale ; Louis-Napoléon s'entêta dans ses refus : il s'en excusait et m'écrivait que je devais, mieux que personne, *comprendre et pardonner les susceptibilités du malheur :* il était trop clair que le prétendant ne voulait pas abdiquer ; je n'insistai plus. Mais un ami, ancien serviteur de sa famille, attaché au roi, M. Vatout, mon collègue à la Chambre, s'avisa d'un moyen de conciliation. Il fut convenu qu'on supposerait la grâce accordée, et qu'au lieu de remercier le roi pour une faveur demandée, on le remercierait pour une faveur supposée avoir été concédée. Je devais remettre cette lettre au roi, après l'avoir communiquée aux ministres. Je me prêtai à cet expédient, d'ailleurs assez puéril ; la lettre convenue fut écrite par Louis-Napoléon et me fut remise. Je la portai à Louis-Philippe et j'eus avec lui à cette occasion une longue et vive conversation, dans laquelle je cherchai à lui persuader qu'il était d'une bonne politique pour lui de faire cesser un emprisonnement qui, en se prolongeant indéfiniment, finirait par attirer l'attention et l'intérêt sur celui qui en était l'objet ; qu'il était préférable, sous tous les rapports, d'écraser de nouveau et une seconde fois ce jeune ambitieux sous le poids de la générosité royale ; que la circonstance de la mort prochaine du roi Louis, honnête homme, estimé de toute l'Europe, était favorable, et que la grâce paraîtrait être accordée plutôt au père qu'au fils, etc. — Je trouvai le roi inflexible : je fus même péniblement surpris d'entendre sortir de sa bouche des paroles telles que celles-ci : « Vous prenez bien chaudement la défense de ce Bonaparte, monsieur Barrot. Ne savez-vous donc pas que mon cousin, le duc d'Enghien, était bien moins coupable que lui, et cependant comment l'ont-ils traité ? » Je me contentai de répondre que je ne croyais pas que le gouvernement généreux et libéral du roi eût à se régler sur de tels exemples ; je me retirai. — Quinze jours plus tard, le prisonnier de Ham, sous un déguisement, parvenait à s'évader. On sait qu'il ne fut admis à rentrer en France qu'après les événements de Juin. Depuis ce moment jusqu'au temps qui précéda l'élection présidentielle, je n'avais eu avec lui que des communications indirectes et insignifiantes par M. de Persigny. Nous étions donc politiquement libres, l'un vis-à-vis de l'autre : il n'était pas plus engagé envers moi que je ne l'étais envers lui ; lorsque, quatre ou cinq jours avant cette élection, et alors qu'on en connaissait déjà le résultat certain, il me fit faire des ouvertures pour accepter la présidence de son futur ministère ; son choix était, je dois le dire, à peu près forcé. Il ne pouvait s'adresser aux républicains, qui s'étaient prononcés, pour la plupart, avec violence contre son élection ; c'eût été, d'ailleurs, donner un démenti trop éclatant au sentiment conservateur et quasi monarchique qui avait tant contribué au succès de sa candidature ; il ne pouvait davantage prendre ses ministres parmi les personnages politiques qui pendant dix-huit ans avaient alternativement exercé le pouvoir sous le roi Louis-Philippe : ceux-là étaient trop engagés, trop compromis par leurs antécédents avec le précédent gouvernement ; il était, d'ailleurs, douteux qu'ils acceptassent. Quant aux bonapartistes purs et avoués, il ne pouvait pas y penser ; outre que parmi eux il n'aurait trouvé aucune notabilité parlementaire capable de donner quelque autorité à son gouvernement dans l'Assemblée ; et quant à ces ambitieux prêts à tout accepter, le moment n'était pas encore venu pour lui de se passer de répondants, au moins dans le monde politique où il allait entrer et où il n'était connu que par de déplorables témérités.

Il ne fut pas le seul à juger que j'étais, la situation

étant donnée, l'homme forcément désigné ; MM. Molé et Thiers furent aussi de cet avis: ils firent de vives instances pour triompher de mes répugnances. Lorsque je leur objectais qu'ils étaient plus engagés que moi avec le nouveau président, qu'ils avaient voté avec éclat en faveur de son élection, qu'ils se rattachaient en outre à l'Empire, l'un par ses services et ses souvenirs, l'autre par ses travaux historiques et peut-être aussi un peu par ses idées de gouvernement, ils me répondaient que, comme anciens ministres de Louis-Philippe, ils inspiraient une profonde défiance aux républicains même de la nuance la plus modérée ; que leur avénement au pouvoir serait pris pour un signal de contre-révolution et qu'il y avait déjà, dans la situation, d'assez dangereuses complications sans les aggraver encore par la position fausse des personnes ; que je ne rencontrerais pas les mêmes difficultés qu'eux ; que, vis-à-vis des partis les plus avancés, j'avais fait mes preuves de libéralisme, et que, quant aux conservateurs, ils avaient pleine confiance en moi. Ils m'assuraient, d'ailleurs, que, bien que n'étant pas membres titulaires du cabinet, ils ne s'en considéreraient pas moins comme solidaires avec le ministère que je présiderais, et que, *sur un geste de moi, ils seraient toujours prêts à monter à la tribune pour m'appuyer de leur concours.* Tout le parti conservateur, mes amis de l'ancienne opposition constitutionnelle, faisaient chorus avec eux : je dus céder. Un refus persistant et absolu n'aurait pu se justifier que par la résolution prise de rester complétement en dehors de la lutte, — c'est-à-dire de sacrifier à mes convenances personnelles et à un calcul égoïste mes devoirs envers le pays. — Or, le jour où, après le 24 Février, j'avais consenti à rentrer dans une assemblée politique, j'avais fait mon choix entre mes convenances et mes devoirs.

L'événement a prouvé que ceux qui voyaient en moi

l'homme de la situation ne s'étaient pas tout à fait trompés. Seulement, par suite de quelques incidents malheureux, le fardeau s'est trouvé plus lourd que nous ne l'avions tous prévu.

Avant de donner mon acceptation définitive à Louis-Napoléon, je voulus avoir avec lui une explication nette et catégorique ; c'était bien le moins que je connusse la politique que j'allais avoir à défendre, et dont j'aurais à répondre.

Or, voici la conversation qui eut lieu entre le président de la République et moi, un jour où, au sortir de l'Assemblée, nous allions ensemble dîner à Bougival. J'en ai retenu et même consigné alors par écrit les traits principaux :

M. Odilon Barrot. — Il m'est nécessaire, avant d'accepter le concours que vous me demandez, de savoir la politique à laquelle vous voulez m'associer ?

Louis-Napoléon. — Cela est de toute justice. Avez-vous lu mon livre sur le paupérisme ?

M. Odilon Barrot. — Oui, je l'ai parcouru.

Louis-Napoléon. — Eh bien ! n'y avez-vous pas trouvé tout un programme de gouvernement ?

M. Odilon Barrot. — J'y ai trouvé de bons sentiments, mais rien de pratique et d'applicable.

Louis-Napoléon. — Que dites-vous, cependant, de cette idée de prendre les terres vaines et vagues des communes, auxquelles on donnerait des rentes sur l'État en échange, et de distribuer ces terres entre les ouvriers qui surchargent nos villes et où leur agglomération, vous le savez, est pour la société un grand et incessant danger ?

M. Odilon Barrot. — Je dis que cette idée serait, dans son application, non-seulement impossible, mais dangereuse. Votre oncle eut aussi, lui, en 1813, alors que la France était épuisée d'hommes et d'argent, la pensée de prendre les biens des communes, comme ressource extrême ; mais, d'abord, il ne prit que ceux de ces biens donnés à bail et dont le fermage pouvait être remplacé par une inscription de rente sur l'État, ce qui n'apportait pas un grand trouble dans les habitudes des populations des campagnes ; tandis que vous, ce sont les biens restés en nature dans la possession des communes que vous prendriez. C'est la lande et la pâture commune ou le marécage dans lesquels les pauvres envoient leur chèvre, leur vache ou leur âne, que vous vous proposez de leur enlever. Croyez-moi, ne tentez pas une pareille chose : votre popularité n'y résisterait pas ; et quand vous auriez pris possession de ces biens, où trouveriez-vous l'énorme capital nécessaire pour les mettre en valeur? Et enfin, croyez-vous qu'il soit si facile de changer à volonté les mœurs et les habitudes de nos ouvriers et de les ramener aux rudes labeurs des champs, alors qu'ils ont goûté aux plaisirs insouciants et corrupteurs des villes? Vous auriez consommé une criante injustice, soulevé des haines populaires, et cela pour une œuvre impraticable. On peut concevoir et caresser de tels projets dans le cabinet ou dans la solitude, mais il faut bien vite y renoncer comme à des rêves impossibles et dangereux, quand on est placé, comme vous l'êtes, à la tête d'un grand gouvernement.

Louis-Napoléon, après un moment de silence. — Vous pouvez avoir raison sur ce point ; mais, cependant, quand un homme qui porte mon nom est élevé au pouvoir, il faut qu'il fasse de grandes choses et frappe les esprits par l'éclat de son gouvernement.

M. Odilon Barrot. — J'en suis d'accord ; mais il faut s'entendre sur ce qui mérite le nom de *grandes choses* : rendre à notre pays un peu de sécurité et de confiance dans l'avenir ; y rétablir, avec le respect de l'autorité, le culte du droit ; habituer peu à peu les citoyens à faire leurs affaires et à en porter la responsabilité ; enfin, à force de bonne conduite, de franchise et de loyauté, forcer l'estime et la confiance des masses ; faire cesser enfin cet antagonisme qui a existé dans tous les temps entre le peuple et son gouvernement ; rendre ainsi possibles des institutions libres et durables : voilà ce qui serait à mes yeux de la vraie grandeur. Pour un tel but, vous pouvez être assuré de mon plein concours ; si vous parvenez à l'atteindre, vous aurez mérité dans l'histoire une place qui, pour être autre que celle qu'y occupe votre oncle, ne lui sera pas inférieure, au moins dans l'estime des hommes de bien et des vrais patriotes. Je sais que notre nation est artiste, qu'elle vit beaucoup par l'imagination et aime fort les coups de théâtre ; mais il vaut mieux gouverner les hommes par leurs bonnes qualités que par leurs défauts. Pour moi, je serais parfaitement impropre à servir un gouvernement qui, par une mise en scène sans cesse renouvelée, ne se proposerait que d'étonner et de frapper les imaginations ; savez-vous comment je serais tenté d'appeler un tel gouvernement? un gouvernement à la Franconi !.....

Le mot était dur, mais il était juste, et je le maintiens, même aujourd'hui que celui auquel il s'adressait, développant des capacités alors ignorées, est parvenu par la pratique habile et heureuse de cette sorte de gouvernement à devenir, au moment où j'écris ces lignes, l'arbitre du monde. Le succès ne m'éblouit pas: ce ne sera pas la première fois que la Providence aura voulu montrer à la France, par un éclatant exemple, qu'il ne saurait exister de vraie grandeur sans moralité. D'ailleurs, je sentais le besoin de frapper fort afin qu'aucune méprise ne fût possible entre nous: je voulais que Louis-Napoléon sût bien d'avance à quelles conditions et dans quel esprit je consentais à partager avec lui le fardeau et la responsabilité du pouvoir, et qu'il ne s'attendît à aucune complaisance de ma part pour les idées qui dominaient en lui et dans son entourage. Non-seulement il ne se montre pas blessé de ma franchise un peu brutale; mais il en tint compte. Le discours par lequel il inaugurait son administration se terminait par cette phrase qui résumait notre conversation: *Dieu aidant, nous ferons le bien, si nous ne pouvons faire de grandes choses.*

Cependant, malgré les relations affectueuses, je dirai même bienveillantes qui ne tardèrent pas à s'établir entre nous, et que rendirent plus intimes, non-seulement l'habitude de travailler ensemble, mais les dangers courus en commun, je sentais qu'il y avait un abîme entre les idées du Président et les miennes. Doux, facile, plein de distinction et de bienveillance dans ses relations habituelles, parlant peu et sachant écouter beaucoup, à la grande différence de Louis-Philippe, il lui arrivait quelquefois de trahir sa pensée par des jets soudains; mais à la première résistance, il la repliait dans le secret de son âme et paraissait se rendre aux raisons de ses conseillers, — alors qu'il ne faisait qu'ajourner et attendre.

Il ne me fut pas difficile de deviner tout de suite ce caractère tout à la fois entreprenant et réservé et de pressentir que si nous pouvions traverser ensemble et en bon accord des temps de crise, pendant lesquels combattre c'était gouverner, cet accord cesserait aussitôt que le danger ne ferait plus diversion à la contrariété si profonde de nos sentiments et de nos opinions. Mais aussi j'étais bien résolu à regarder ma mission comme accomplie le jour où je verrais l'Assemblée législative installée aux lieu et place de la Constituante. On verra par quelles causes j'ai dû revenir sur cette résolution.

La composition du cabinet ne fut pas moins laborieuse que le choix de son président : il est des temps où le pouvoir a peu d'attraits. Les candidats parmi les hommes considérables n'étaient pas nombreux. Il fallut avoir recours à bien des négociations, faire intervenir bien des influences, avant d'arriver à la composition de ce ministère dont on a pu contester les capacités, mais dont personne ne s'est avisé de nier la haute et parfaite honorabilité.

La pensée qui présida à la formation du cabinet fut celle-ci : L'Assemblée constituante se composait de trois grands partis dont les forces se balançaient à peu près, à savoir : le parti légitimiste, le parti républicain, le parti libéral et constitutionnel. Il parut nécessaire que ces trois partis eussent leur représentant dans le ministère. Le dernier de ces partis devait rester toutefois prédominant. Les ministères de coalition ont leurs inconvénients quand il s'agit d'une action énergique à imprimer au gouvernement, mais lorsqu'il faut surtout résister, ils n'ont que des avantages et c'était notre cas. Le choix à faire dans le parti légitimiste n'était pas sans difficulté, il fallait que le ministre appelé à représenter ce parti eût sa pleine confiance, et cependant qu'il se reliât par quelques côtés aux idées de progrès et de liberté auxquelles un ministère de la république ne pouvait pas ne pas répondre. Ce choix fut heureux : il tomba sur un jeune député de la droite qui, après s'être fait remarquer sous le régime parlementaire par un talent distingué et élevé, avait montré un grand courage dans l'affaire des ateliers nationaux; il joignait à des convictions catholiques très-prononcées des sentiments libéraux incontestés. Je le vis à cette occasion et fus assez heureux pour le décider à accepter ; M. de Falloux fut chargé du département de l'instruction publique et des cultes.

Nous prîmes dans le parti républicain M. Bixio, qui avait donné un gage éclatant à la république et à l'ordre dans les journées de Juin, et chez qui les opinions républicaines ne nous avaient pas paru exclure l'esprit gouvernemental. Tous les autres ministres appartenaient, quoique dans des nuances diverses, au grand parti libéral et constitutionnel. C'était M. Passy, qui, longtemps débattu avec M. Fould pour le ministère des finances, fut définitivement préféré. J'attachais une grande importance à cette nomination, au point de vue de l'intérêt général, parce que nos finances étaient dans un déplorable état et que c'était là qu'une main ferme, expérimentée et surtout pure était nécessaire; au point de vue de ma situation personnelle, parce que si j'avais pris mon parti de tous les dangers politiques qui m'attendaient et si j'étais d'avance préparé aux violences des uns, aux intrigues des autres, j'avais avant tout besoin d'être pleinement rassuré sur les choses d'argent. Cette sécurité, M. Passy me la donnait complète. Je n'ai jamais pensé à tout ce qu'il a fallu en lui de vrai patriotisme et d'abnégation pour se charger d'un tel fardeau, dans un tel temps, et pour accepter, lui deux fois ministre sous Louis-Philippe, les dangers, les solidarités d'un ministère qu'un autre présidait, sans concevoir pour lui la plus haute estime et sans ressentir une vive reconnaissance.

A l'Intérieur, M. de Maleville, qui avait été secrétaire général de ce département sous la monarchie constitutionnelle, nous offrait des garanties d'expérience administrative. De plus, orateur spirituel, d'une parole facile et souvent mordante, il devait nous être d'un grand secours à la tribune : il était d'ailleurs accrédité d'avance auprès de l'Assemblée dont il était un des vice-présidents.

Aux Affaires étrangères, M. Drouyn de Lhuys nous offrait également les mérites réunis d'un orateur plein de finesse et de ressources et d'un homme déjà éprouvé dans les affaires. Il avait été ambassadeur en Espagne, directeur des affaires étrangères sous l'ancien gouvernement, et sa disgrâce sous M. Guizot l'avait en quelque sorte consacré aux yeux du parti libéral. Il présidait dans l'Assemblée le comité des affaires diplomatiques.

Les travaux publics furent confiés à M. Léon Faucher, esprit ardent, absolu, très-honnête et très-courageux, mais cassant et plein d'une confiance en lui-même qui faisait tout à la fois sa force et son danger : ses études économiques et sa haute probité le rendaient propre à ce département.

Restaient les portefeuilles de la Guerre et de la Marine, qui furent confiés l'un au général Rulhières, bon et loyal militaire, incapable de se prêter à rien de ce qui pourrait le moins du monde blesser l'honneur et le devoir ; l'autre à M. de Tracy, un de ces caractères élevés et sans reproche qui donnent un cachet d'honnêteté et de droiture à toute combinaison politique dans laquelle ils entrent ; ancien colonel d'artillerie, il n'était pas recommandé par ses antécédents pour ce département, mais indépendamment de ce que l'expérience a appris que les meilleurs ministres de la marine sont ceux qui n'appartiennent pas à cette arme, M. de Tracy, par ses connaissances variées, son amour du travail et son sentiment profond du devoir, promettait un bon ministre de la marine, et cette promesse il l'a tenue.

Je me réservai le ministère de la Justice qui, bien que chargé de tous les détails de la réorganisation judiciaire, devait me laisser assez de loisirs pour les luttes de la tribune et pour surveiller la marche générale des affaires,

Le ministère se complétait par le choix des fonctionnaires qui se rattachaient le plus directement à l'action du gouvernement ; nous ne voulûmes pas prendre notre préfet de police de Paris dans le monde politique : ces fonctions tout à la fois si importantes et si délicates furent confiées à un homme spécial, au général Rebillot, inspecteur de la gendarmerie, déjà initié par cet emploi dans la police de Paris, et de qui nous n'avions à craindre ni les prétentions personnelles en politique, ni par conséquent des excès de zèle, ou des intrigues. Ce choix s'est trouvé pleinement justifié : M. Rebillot a fait son devoir, tout son devoir, mais rien que son devoir. C'est ce que nous attendions de lui.

La préfecture de la Seine ou mairie centrale de Paris fut confiée, après des débats assez vifs, à M. Berger, ami particulier de M. Thiers et sur les très-vives sollicitations de ce dernier. Il est vrai que les candidats vers lesquels aurait incliné le Président de la République n'avaient d'autres titres que leur dévouement personnel à la famille Bonaparte, et après tout M. Berger, dont l'élection, en 1847, à la mairie du 2ᵉ arrondissement de Paris, avait mis en émoi toute la bourgeoisie, représentait assez bien cet élément municipal qu'il était dans mes intentions d'élever et de fortifier. Le caractère de cet homme a été bien loin de répondre à notre attente : il s'est éteint assez misérablement dans les honneurs du sénat impérial, dont il était le premier à se moquer avec un grossier cynisme.

La place de procureur général fut confiée à un avocat du barreau de Paris, M. Baroche, qui avait déjà pris une place distinguée parmi les orateurs de l'Assemblée constituante ; ardent et toujours prêt à la lutte, il nous parut propre à remplir cette magistrature essentiellement militante, surtout dans les temps de trouble et d'agitation : malheureusement cette ardeur n'était pas réglée par des principes arrêtés et n'était inspirée que par une impatiente ambition. Républicain très-prononcé lorsque la république seule pouvait lui ouvrir la carrière : constitutionnel, libéral, avec nous, il devait devenir l'agent principal et le plus efficace du despotisme impérial, en qualité de président du Conseil d'État.

Un poste beaucoup plus important était à pourvoir : c'était celui du commandement de l'armée qui était réunie à Paris et dont une partie bivouaquait encore sur l'esplanade des Invalides, aux portes mêmes de l'Assemblée ; il n'y eut aucune hésitation entre nous sur ces deux points que l'armée serait conservée dans sa force et son unité, et que le commandement en serait confié au général Changarnier : nous savions la décision de ce caractère. En même temps nous conférions au maréchal Bugeaud le commandement en chef de l'armée des Alpes, avec permission d'établir son quartier général à Bourges. Nous sentions que le premier besoin de la société était d'être rassurée et que notre premier devoir était de satisfaire pleinement à ce besoin.

COUP D'ŒIL SUR LA SITUATION

Telle était la composition de ce ministère qui allait aborder de si grandes difficultés ; difficultés venant de tous les points de l'horizon, de l'extérieur comme de l'intérieur, de l'Assemblée et de ses partis comme du Président lui-même. Jetons un coup d'œil rapide sur cette situation.

À l'extérieur, le monde ébranlé par la révolution du 24 Février commençait à se rasseoir : — l'Allemagne renonçait à son rêve de l'unité germanique; le gouvernement prussien, après avoir triomphé dans les rues de Berlin de l'élément révolutionnaire, avait, par son intervention armée, délivré les petits États qui l'environnaient de leurs gouvernements révolutionnaires. L'Autriche, menacée un instant d'une dissolution générale, s'était raffermie grâce à l'énergie de son armée, et surtout de son vieux général Radetski; elle avait recouvré ses possessions d'Italie, mais elle luttait encore à grand'peine contre les Hongrois insurgés; ceux-ci, enivrés de leurs succès, avaient fait la faute de proclamer leur séparation définitive et absolue de l'empire autrichien. La Russie armée et attentive surveillait ce mouvement et était prête à y mettre la main : dans cette transition d'une crise effroyable au rétablissement de l'ancien ordre européen, tout nous obligeait à veiller, rien ne nous forçait à une action immédiate : alors même que les souverains réussiraient à sortir de leurs embarras intérieurs, nous pouvions être assurés qu'il leur en resterait assez pour n'avoir à craindre de longtemps encore aucune agression sérieuse de leur part. Le seul danger immédiat de guerre était en Italie où notre politique était directement engagée non-seulement par nos intérêts d'influence et de sécurité, mais par la médiation que le général Cavaignac avait consenti à exercer, en commun avec l'Angleterre, dans les affaires de l'Autriche et du Piémont.

Charles-Albert était impatient d'une revanche, et tout faisait prévoir que, soit par désespoir, soit par calcul et dans l'espérance de nous entraîner, il ne tarderait pas à tenter de nouveau la chance des armes.

Vainement, le gouvernement français lui conseillait la prudence et le menaçait même de l'abandonner s'il prenait l'initiative de l'attaque; ces avis, ces menaces même étaient méprisés. D'un instant à l'autre, nous nous attendions à voir le roi de Piémont dénoncer l'armistice, et, selon toutes les probabilités, l'Italie allait encore se trouver une fois le théâtre où la république aurait à faire l'épreuve de ses forces.

A l'intérieur, la terrible leçon de Juin avait profité, mais les haines étaient loin d'être éteintes. Elles fermentaient au contraire avec plus d'énergie que jamais au sein des populations ouvrières, dont une presse désordonnée et les déclamations violentes des clubs entretenaient et exaltaient les ressentiments. Aussi le monde des affaires ne reprenait-il pas confiance : les entreprises industrielles, malgré les besoins de la consommation, restaient languissantes ; le crédit public ne renaissait pas. La rente était déprimée; en outre, de grands désordres s'étaient introduits dans l'administration du pays ; le gouvernement du général Cavaignac avait commencé l'épuration des administrations départementales, mais les ménagements qu'il croyait devoir garder envers les républicains avaient laissé son œuvre bien incomplète. Dans la diplomatie, dans l'armée, dans la magistrature comme dans l'administration, le Gouvernement n'était pas toujours sûr d'être obéi, même par ses agents les plus directs. Nombre de préfets, d'agents du parquet, de diplomates, de généraux même, avaient conservé leurs affinités avec le parti révolutionnaire qui les avait nommés, et dont ils attendaient beaucoup au jour de son triomphe, qu'ils regardaient comme inévitable et prochain. Les ordres de l'autorité étaient partout discutés et fort mal exécutés lorsqu'ils n'étaient pas ouvertement désobéis ; faire cesser un tel désordre n'était ni la moins délicate, ni la moins difficile partie de notre tâche. Dans les réformes qui touchent aux personnes, on est toujours exposé au reproche de dureté : tel agent qui, la veille, est dénoncé par la clameur publique comme dangereux ou incapable, le lendemain de sa destitution devient l'objet d'un intérêt général ; le public ne voit plus en lui que le malheureux privé de son gagne-pain : le cœur humain est ainsi fait. Nous courions aussi le risque, en frappant trop à gauche, de trop verser vers la droite ; tout nous faisait un devoir de garder beaucoup de modération dans ces réformes et de ne pas dépasser la limite de la plus stricte nécessité. Mais les partis ont-ils jamais compris la modération ? Tandis que les vaincus crient à la persécution pour la destitution même la plus justifiée, les vainqueurs crient à la faiblesse et même à la complicité pour les ménagements les plus politiques et les plus nécessaires. On verra plus tard que nous n'avons pas échappé à cette double injustice.

L'Assemblée était la plus grosse et la plus immédiate de nos difficultés ; elle avait été patiente et tolérante sous la commission exécutive ; il n'avait pas fallu moins que les horribles journées de Juin pour qu'elle lui retirât le pouvoir. L'attentat du 15 mai lui-même n'y avait pas suffi. Elle s'était montrée ensuite douce et facile sous la main du général Cavaignac, elle ne l'avait contrarié en rien dans ses mesures de répression même les plus exorbitantes, et l'avait suivi sans aucune hésitation dans sa politique toute pacifique. Lorsque le pape avait été menacé dans sa sécurité, non-seulement elle avait protesté tout d'une voix de ses sympathies respectueuses pour le Saint-Père, mais elle avait voté à la presque unanimité le secours armé que le général destinait à la sûreté de sa personne. Nous ne pouvions pas attendre les mêmes dispositions de sa part, et cela pour deux raisons.

DOUBLE COMMANDEMENT DU GÉNÉRAL CHANGARNIER

La première, c'est que le pouvoir ayant changé de mains, le parti républicain, même dans ses nuances les plus modérées, commençait à craindre sérieusement pour l'existence de la République. La seconde raison, c'est qu'en politique on n'aime pas ses héritiers : l'Assemblée avait eu jusqu'alors pour dépositaires du pouvoir exécutif des clients dont elle disposait ; elle avait désormais en face d'elle un pouvoir qui avait sa force en dehors d'elle et qui était destiné à lui succéder. Par ces diverses raisons, nous ne pouvions guère compter sur ses bonnes dispositions à notre égard. Ajoutez à cela les provocations, les défis incessants du président, et on se rendra compte des dangers de notre situation à l'intérieur.

J'avais alors pleine conscience de ces dangers : aussi, répondant à mes confrères qui venaient me féliciter de mon avénement au pouvoir et me faisaient l'honneur de me rappeler que *j'avais été toute ma vie l'homme du droit;* après leur avoir dit que j'avais besoin d'être aidé par tous les bons citoyens, que la nation française avait trop pris l'habitude de se reposer de toute chose sur son gouvernement, et qu'il était temps enfin qu'elle entrât largement et sérieusement dans la gestion de ses affaires, j'ajoutais avec tristesse : « *Me voici, à l'âge du repos, jeté en pleine tempête politique.* » Cela était plus vrai encore que je ne le croyais alors.

En effet, à peine avions-nous pris possession de nos ministères et pourvu aux nominations les plus urgentes, je descendais de la tribune où je venais d'exposer notre programme politique, lorsque M. Ledru-Rollin commença cette série d'interpellations qui devait remplir et harceler toute notre existence ministérielle. Il avait choisi pour sa première attaque un excellent terrain d'opposition ; il dénonçait à l'Assemblée la mesure par laquelle le commandement des troupes de la première division militaire et celui de la garde nationale de Paris avaient été réunis dans les mains du général Changarnier ; il y voyait tout à la fois une violation de la Constitution et une menace pour la liberté ; il se prévalait contre nous surtout du texte formel de la loi de 1831, laquelle défendait en effet de confier à un officier en activité de service le commandement de la garde nationale, et cela afin de conserver à cette institution son caractère purement civil. Il s'adressait à deux sentiments toujours très-vifs dans une assemblée, le respect de la légalité et la défiance. La situation est périlleuse, s'écria-t-il en terminant son véhément discours : « La liberté et la République sont sous la pression de deux forêts de baïonnettes ! »

Je me gardai bien de nier la violation de la loi de

1831 : elle était flagrante, mais je m'armai des nécessités de l'ordre public :

> Oubliez-vous que l'armée a sauvé Paris, qu'elle est toujours réunie ; qu'il n'y a pas d'armée sans unité de commandement ; qu'attendre, pour pourvoir à cette nécessité, qu'on sonne le tocsin de l'insurrection, ce serait s'exposer, comme la commission exécutive, à être surpris ? Nous ne voulons pas tomber, comme elle, au milieu d'une émeute ni prévue ni réprimée ; nous aimons mieux, en quelque sorte, surfaire l'ordre public que lui laisser courir un seul risque : nous avons devant nous une société anxieuse et profondément troublée, il lui faut une sécurité complète pour qu'elle reprenne à la confiance et à la vie. J'appelle de tous mes vœux le jour où cette concentration de forces ne sera plus nécessaire ; tous nos efforts tendront à le hâter : il est plus rapproché qu'on ne le pense.

Ce discours, commencé au milieu des interruptions violentes de la Montagne, se terminait au bruit des applaudissements de la grande majorité de l'Assemblée. Un ordre du jour motivé sur ce que le ministre reconnaissait à la mesure un simple caractère circonstanciel ne fut pas même admis. L'ordre du jour pur et simple fut voté sans division.

A ces premières interpellations en succédèrent d'autres de M. Bac, sur de prétendues promesses d'amnistie qui auraient été faites, non par le Président de la République, mais en son nom et par ses partisans, pour favoriser son élection. Nous n'étions nullement tenus d'acquitter de pareilles promesses : le langage des partis était encore trop violent pour que le moment de l'indulgence et de la générosité fût venu, et comme la Montagne se récriait et protestait qu'il ne s'agissait pas d'indulgence mais de justice, contestant ainsi à l'Assemblée elle-même l'usage qu'elle avait fait de ses pouvoirs, je laissai au président de cette Assemblée le soin de rappeler que la transportation avait été ordonnée par un décret législatif, et je demandai ensuite si c'était bien le moment, lorsqu'une faction contestait à l'Assemblée ses pouvoirs et lui adressait de telles menaces, de répondre à ces violences par une amnistie qui ne serait prise que pour une concession de la faiblesse et de la peur. Ce langage fut compris et applaudi sur presque tous les bancs de la Chambre. L'ordre du jour pur et simple fut voté à une immense majorité.

Nous étions sortis assez heureusement de ces deux premières épreuves : le grand mot sur la nécessité de la retraite de l'Assemblée n'avait pas encore été prononcé ! Mais pendant que ces choses se passaient dans l'Assemblée, de graves complications survenaient dans nos rapports ministériels avec le Président et menaçaient de dissolution ce cabinet à peine formé.

Louis-Napoléon avait pris possession du pouvoir avec éclat. Il avait passé la revue de l'armée de Paris, revêtu de l'uniforme de général et du grand-cordon de la Légion d'honneur, qu'il avait reçu dans son berceau comme prince impérial. Le spectacle était nouveau et des acclamations enthousiastes de : *Vive Napoléon!* faiblement mêlés des cris de : *Vive la République!* l'avaient accueilli partout sur son passage. Il avait reçu, avec un appareil monarchique, tout le monde officiel à l'Élysée : il n'y manquait que les discours que Louis-Philippe aimait à faire dans cette circonstance, et qui avaient fait place à un silence peut-être plus digne, et surtout moins compromettant. J'avais fait avec le Président de la République une visite dans les ateliers du faubourg Saint-Antoine, et la population ouvrière de ce vaste faubourg s'était pressée autour de lui, avide de contempler le successeur de Napoléon : toutes ces démonstrations populaires l'avaient enivré et le disposaient mal à subir, surtout de la part d'un de ses ministres, une contradiction quelconque.

Ayant fait demander au ministre de l'intérieur d'avoir à lui adresser les cartons dans lesquels se trouvaient les dossiers de l'affaire de Strasbourg et de Boulogne, il essuya un refus motivé, sur ce que ces cartons ne pouvaient être déplacés des archives du ministère, où ils se trouvaient en dépôt. Il s'oublia jusqu'à écrire à ce ministre une lettre plus que hautaine (V. les *Pièces justificatives*) : il s'étonnait, dans cette lettre, que son agent se permît de désobéir à un ordre qu'il lui donnait, et s'exhalait en reproches très-durs contre une telle désobéissance. M. de Maleville, tout ému, m'envoya cette lettre avec sa démission. La nuit était déjà avancée ; je réunis immédiatement mes collègues à la Chancellerie, et, sur la simple lecture de la lettre du Président, nous fûmes tous d'avis que ce n'était pas seulement au ministre de l'intérieur que le Président avait manqué, mais que c'était au cabinet tout entier ; que nous devions nous reconnaître solidaires avec M. de Maleville, et, séance tenante, notre démission collective et motivée fut signée. Je la portai dès le lendemain matin à l'Élysée. Le Président vit tout de suite, à l'air avec lequel je l'abordai, que j'avais quelque communication importante à lui faire, et me demanda le sujet de ma visite si matinale ? Pour toute réponse, je lui remis notre démission collective : après l'avoir lue avec un trouble qui se manifesta sur son visage ordinairement si impassible, il m'exprima sa surprise et sa douleur. « Vous ne devez pas être étonné de la détermination prise par vos ministres, lui répondis-je, si vous voulez bien relire la lettre que vous avez adressée à M. de Maleville ; comment avez-vous pu penser un seul instant que des hommes d'honneur qui ont bien voulu, par dévouement pour leur pays, partager avec vous le fardeau et la responsabilité du gouvernement, consentiraient à être traités par vous avec aussi peu d'égards? Si vous l'aviez pensé, vous auriez commis une étrange méprise, que notre démission fera cesser. » Ma parole et mon attitude étaient sévères, et le Président vit tout de suite la portée de son acte. « Je vous assure, monsieur Barrot, que je n'ai pas eu l'intention de blesser M. de Maleville : j'aurai, dans un premier mouvement, laissé échapper des expressions peu réfléchies : que faut-il donc faire? — Je n'ai pas de conseil à vous donner. Vous savez tout aussi bien que moi quel est le devoir que l'honneur prescrit à celui qui a eu le malheur d'offenser un galant homme. » Le Président écrivit immédiatement une lettre d'excuse et de réparation aussi complétement satisfaisante que l'homme le plus susceptible eût pu la désirer, et me la remit. Mes collègues et M. de Maleville m'attendaient à la Chancellerie ; la lettre du Président parut à tous une réparation suffisante. M. de Maleville en convenait lui-même, mais il déclara qu'il lui serait impossible de servir comme ministre sous un homme qui l'avait méconnu à ce point. Toutes nos instances furent vaines pour le faire revenir sur cette résolution. Nous avions partagé sa susceptibilité dans ce qu'elle avait de légitime, mais nous ne pouvions approuver sa persistance après la réparation donnée. Nous décidâmes donc, en conseil, de retirer notre démission collective. M. de Maleville persista dans la sienne et fut suivi de M. Bixio, qui prétendit ne pouvoir se séparer de son ami. Je reportai au Président le résultat de cette conférence. « Mais que veut donc M. de Maleville, me dit-il, exige-t-il que j'aille lui porter mes excuses en personne ? Je suis prêt à le faire. » C'était porter bien loin le repentir, qui cependant ne put encore désarmer M. de Maleville. « J'aimerais mieux me brûler la cervelle, s'écriait ce dernier, lorsque nous le pressions de se rendre, que de revenir sur ma démission. » Et, le soir même, il quitta Paris pour se dérober à de nouvelles instances.

Ces particularités n'ont aujourd'hui d'autre intérêt que celui de faire ressortir davantage, dans l'homme qui devait un jour avoir entre ses mains les destinées de la France, ce contraste entre la témérité du premier élan de la volonté, et la facilité de la retraite, entre l'excès de l'orgueil et l'absence complète de toute susceptibilité personnelle, contraste qui forme le trait le plus saillant et le plus original du caractère de Louis-Napoléon.

Cet incident eut une influence fâcheuse sur nos affaires.

Son premier effet, et ce ne fut pas le moins regrettable, fut de causer la perte de l'impôt du sel.

En effet, tandis que nous étions exclusivement préoccupés à réparer la brèche qu'avait faite, dans notre cabinet, la retraite de MM. de Maleville et Bixio, la proposition de l'abolition de l'impôt du sel, que cinquante membres appartenant à divers côtés de l'Assemblée avaient signée, venait à l'ordre du jour et se discutait devant le banc des ministres à peu près vide. La commission concluait à la réduction à 10 centimes de l'impôt qui était de 30 centimes. Déjà la taxe des lettres avait été considérablement réduite, et l'impôt du sel, qui avait été d'abord aboli par le gouvernement provisoire, puis rétabli sagement par M. Goudchaux, rentrait dans cet ensemble d'engagements inconsidérés que les partis contractent d'autant plus aisément qu'ils ne répondent pas des conséquences et qu'ils y gagnent de la popularité sans courir aucun risque. Il faut que l'habitude de voir l'intérêt de tous et de chacun dans l'intérêt de l'État soit entrée bien profondément dans les mœurs d'un pays pour qu'on y fasse résolûment la part des nécessités financières, et qu'on ne se montre pas disposé à les sacrifier au désir de capter la faveur du peuple. Cette identification n'est pas encore assez complète chez nous pour que les discussions de budget, même sous l'ancienne monarchie, ne fussent pas toujours très-longues et très-orageuses ; la lutte entre le désir de la popularité et les nécessités gouvernementales s'y reproduisait toujours avec une grande vivacité. L'Assemblée constituante obéissait, en outre, à une influence qui commençait à s'y faire sentir ; elle ne pouvait se dissimuler que sa fin approchait ; l'élection du 10 décembre avait déjà fait sortir de ses mains et de sa dépendance le pouvoir exécutif, et le moment approchait où elle allait être forcée de remettre à d'autres le pouvoir législatif lui-même. Elle cédait donc tout naturellement au désir de se recommander ainsi par ces dégrèvements à la mémoire du peuple.

Cependant tout porte à croire que l'impôt eût été sauvé, si le ministère n'avait pas été empêché de se mêler à la discussion par ce mémorable incident des dossiers et par la crise ministérielle qui en avait été la suite.

M. Passy lutta avec talent et persévérance, mais il était seul ; et il était dans la nature de son esprit, essentiellement éclectique, d'admettre trop facilement la force des raisons de ses adversaires. Cela peut être de très-bon goût en conversation, cela est presque dangereux en politique ; ainsi ce n'était pas un trop bon moyen de sauver l'impôt du sel que de commencer par accorder, comme le faisait M. Passy, *que cet impôt renfermait un vice radical et était frappé d'iniquité dans sa base.* C'était faire une concession d'autant plus dangereuse qu'à bien y regarder tous les impôts de consommation offrent à peu près le même vice, celui de grever principalement les masses ; ce en quoi précisément ils sont, il faut bien le reconnaître, productifs et partant nécessaires. Cette concession imprudente n'empêchait pas le ministre de donner de très-bonnes raisons pour le maintien de l'impôt au moins jusqu'au prochain budget. Il remettait sous les yeux de l'Assemblée le bilan de la République depuis la Révolution, et il prouvait que le découvert à la fin de 1849 serait de 569 millions, indépendamment des déficits qui se produiraient dans les recettes et dans les aggravations de dépenses que l'Assemblée se montrait toujours si facile à voter.

Et c'est en présence d'un pareil découvert, s'écriait-il, c'est dans un des moments les plus embarrassés pour les finances du pays, qu'on veut priver le Trésor d'une recette de plus de vingt millions; vous dites qu'on trouvera d'autres ressources : croyez-vous donc qu'il soit si facile de créer des impôts nouveaux? Citoyens, j'ai pris le fardeau lourd et pénible qui pèse sur moi; j'ai su ce que je faisais ; je n'ai pas ignoré dans quels embarras je pouvais me trouver ; mais j'ai espéré, j'espère encore pouvoir mener à bien cette œuvre si difficile de la restauration de nos finances. C'est à vous de m'aider : j'ai besoin de votre assistance ; je résiste et résisterai à toute diminution de ressources. Si vous me retranchez vingt millions de mes ressources déjà réduites à la plus extrême limite, vous nous jetez sur le terrain des aventures.

M. Goudchaux lui-même, j'aime à lui rendre cette justice, vint très-noblement en aide à son successeur.

Le crédit de la République commence à se fonder (la rente s'était élevée, depuis le 15 décembre, de 74 fr. à 78 fr.), disait-il, aidez-le ; ce que vous pouvez faire de mieux pour cela, c'est de remettre à 1850 le dégrèvement du sel.

La réduction de la taxe du sel de 30 à 10 centimes proposée par la Commission n'en fut pas moins votée par 403 voix contre 360. Mais quand on considère le faible chiffre de cette majorité, et qu'on voit qu'un assez grand nombre de nos amis avaient contribué à la former, on ne peut que regretter de plus en plus l'impossibilité où nous avions été de nous occuper plus exclusivement de cette grave affaire.

Cette réduction avait, sans doute, son importance comme mesure financière, mais elle en avait une plus grande peut-être comme premier échec politique du nouveau gouvernement; elle fut le début de cette série de mesures égoïstes et désorganisatrices par lesquelles l'Assemblée constituante marquait si tristement le terme de ses travaux.

Ainsi, une crise ministérielle, nos crédits et nos finances compromis, le gouvernement mis en minorité dans l'Assemblée : voilà les résultats d'un accès de colère et d'orgueil dans le chef de l'État; ces choses ne devraient arriver que sous les gouvernements absolus.

J'étais enfin parvenu, non sans beaucoup de peines et d'ennuis, à remplir les vides laissés par mes collègues démissionnaires; je m'étais d'abord vainement adressé à deux ou trois de mes amis naturellement désignés, et par leur expérience des affaires et par leur talent de tribune, pour remplacer M. de Maleville; mais j'essuyai partout des refus et nous fûmes obligés, de guerre lasse, de presser M. Léon Faucher de consentir à échanger son portefeuille des travaux publics contre celui de l'intérieur; il ne s'y décida qu'avec une vive répugnance, comme s'il eût eu le pressentiment de tous les déboires qui l'attendaient dans ce nouveau poste.

M Lacrosse, ancien parlementaire et vice-président de la Constituante, fut appelé à le remplacer aux travaux publics, et pour succéder à M. Bixio nous appelâmes un jeune député, M. Buffet, qui tenait une place distinguée parmi nos nouveaux hommes politiques, autant par le sérieux de son talent que par l'honorabilité de son caractère. Au moyen de ce replâtrage, le ministère était reconstitué, mais au lieu de se fortifier, il se trouvait affaibli, surtout dans ses influences politiques: le parti républicain n'y était plus représenté, et au lieu d'un ministre de l'intérieur sympathique à l'Assemblée, nous en avions un dont le courage et le talent ne pouvaient certes être contestés, mais que ses manières et son ton devaient bientôt rendre profondément antipathique à tous les partis.

Je craignais que l'extrême gauche ne s'emparât de l'incident des dossiers pour attaquer violemment le président; si elle eût porté son accusation sur ce terrain, la tentative faite par le premier magistrat de la République de violer un dépôt public, et sa conduite vis-à-vis d'un ministre qui avait eu le courage de défendre ce dépôt, auraient donné matière à bien d'amères et cruelles réminiscences et sur la tentative de Strasbourg et sur celle de Boulogne. Quelle eût été notre position dans un tel débat? elle eût été des plus fausses, nous n'aurions pu ni justifier le président, ni nous joindre à ses accusateurs.

Heureusement la montagne, croyant faire de l'habileté, prit la thèse précisément inverse; c'est le ministère et non le président qu'elle s'avisa d'attaquer.

Nous avions gardé un silence absolu sur cette affaire, et cela par un sentiment qui s'explique facilement, lorsque les journaux jacobins se donnèrent le mot pour attaquer M. de Maleville; dénonçant ce qu'ils appelaient ses susceptibilités exagérées, ils insinuaient que les pièces qu'il avait refusées au président avaient depuis disparu par son fait du ministère. Un M. Germain Sarrut, vieux conspirateur émérite, qui se vantait à la tribune d'avoir subi cent quatorze procès personnels, affirmait le fait dans une lettre signée de lui. Notre ancien collègue fut donc forcé de s'expliquer, il le fit avec une vigueur et une réserve également dignes d'éloge. Il raconta que, le jour même où l'Assemblée allait proclamer le président de la République, les scellés avaient été apposés par les soins de son prédécesseur, M. Dufaure, sur les seize cartons renfermant les dossiers des affaires de Strasbourg et de Boulogne, et que procès-verbal en avait été dressé de la manière suivante :

Par ordre du ministre de l'intérieur, il a été constaté qu'il existait à la direction de la sûreté générale, 1er bureau, seize cartons renfermant des dossiers et des pièces concernant les affaires de Strasbourg et de Boulogne, dans lesquelles a figuré M. Louis Bonaparte. Ces pièces sont (suit un inventaire détaillé). Le jour même où l'Assemblée nationale allait proclamer le président de la République, ces cartons ont été mis sous les scellés et des mesures sont prises pour qu'ils demeurent déposés en lieu sûr au ministère. De tout quoi procès-verbal a été dressé en double expédition, et signé par nous, secrétaire général au ministère de l'intérieur. *Signé* : HERMAN.

J'étais, ajoute M. de Maleville, gardien dépositaire de ces papiers ; je ne pense pas que ce pays puisse être jamais assez malheureux pour avoir un ministre capable de trahir son devoir à ce point de laisser déplacer et disparaître des pièces qui appartiennent à l'histoire et à l'État. (Très-bien ! très-bien !) Et voici maintenant ce que j'oppose aux assertions de M. Germain Sarrut : Sur mon honneur, et à la face de mon pays et de cette Assemblée, quiconque dira que le ministre de l'intérieur, M. de Maleville, a touché à ces papiers, les a vus, les a retenus, en a détourné une pièce et l'a ensuite rétablie, celui-là en a lâchement menti.

M. Léon Faucher, parlant au nom du ministère, déclare qu'il accepte toute solidarité avec M. de Maleville. Des applaudissements prolongés suivirent ces explications.

La montagne aurait dû s'apercevoir, à cette explosion des sentiments de presque toute l'Assemblée, qu'elle faisait fausse route; mais elle avait ses petits Machiavels, politiques profonds, qui avaient résolu de tirer parti de cet incident pour diviser le président et son ministère. M. Dupont (de Bussac) insista pour adresser au ministère des interpellations directes ainsi formulées : Pourquoi M. de Maleville est-il sorti du cabinet? Est-ce parce qu'il a refusé communication au président des seize fameux cartons? Lorsqu'on nous aura répondu, ajoutait-il, nous examinerons *si, constitutionnellement, le président de la République n'a pas le droit de connaître tout ce qui s'est passé dans l'État, et si ce qui ne serait pas refusable au président du Conseil sera refusé au président de la République.* Une telle interpellation, partie d'un tel côté, causa dans l'Assemblée une vive surprise, suivie bientôt d'éclats de rire; le tour avait été deviné.

M. de Maleville crut devoir cependant monter une seconde fois à la tribune, pour ne laisser aucun nuage sur sa conduite, et jusqu'au bout il se montra habile et modéré.

Vous savez, dit-il, et vous l'avez même prévu, de combien de difficultés est entourée dans son application la double responsabilité que la Constitution a établie; ces deux responsabilités, celle du chef de l'État et celle des ministres, sont perpétuellement en contact. (C'est vrai!) Faut-il s'étonner que des dissentiments s'élèvent, que des froissements aient lieu? Mais je serais bien coupable, si je ne déclarais pas bien haut que ce qui pouvait blesser ma juste susceptibilité a été couvert avec le plus honorable empressement. (Très-bien! — Vif assentiment.)

Il était difficile de parler en meilleurs termes d'une circonstance aussi délicate.

M. de Maleville ajouta :

Savez-vous pourquoi l'affaire des seize cartons est devenue un scandale public? Je crois que vous le savez mieux que moi (rires et chuchotements) ; j'ai dû opérer un remplacement indispensable dans la direction de la police. Or, les officieux et les flatteurs viennent plus vite que je ne l'avais prévu : ils vont dans les antichambres, car la République a aussi les siennes, et ils disent au Président : « Votre ministère m'a destitué, je viens vous rendre un bon office ; il y a des cartons, il y a des pièces qui vous intéressent, etc.... » Eh bien ! on m'a demandé communication de ces cartons ; je me suis opposé au déplacement. (Très-bien ! très-bien !) Je crois avoir accompli un devoir impérieux : il n'y avait que ce sentiment qui pût me résoudre à abandonner si vite un ministère dans lequel étaient des hommes avec lesquels j'étais uni depuis quinze ans. (Vive approbation.)

L'ordre du jour, voté sans division et à une immense majorité, vint terminer ce triste incident.

M. Jules Favre eut cependant le courage de le relever quelques jours plus tard, à l'occasion d'un article de journal qui avait commis l'indiscrétion de publier la lettre d'excuse adressée par le président à M. de Maleville. Il dénonça les ministres comme ayant voulu, par cette publication, discréditer la République et son président. « Séparez-vous, s'écria-t-il, séparez-vous de ces hommes, pour vous appuyer sur la République honnête et modérée qui blâme de pareilles indiscrétions. » Cette malice de M. Jules Favre n'était pas plus habile que la tactique de M. Dupont (de Bussac) et n'eut pas un meilleur succès. L'Assemblée constituante avait ses passions, ses faiblesses ; mais elle était foncièrement honnête, et ces petites habiletés lui répugnaient. Je traitai de haut et avec sévérité tout ce machiavélisme de bas étage.

Je commençai par déclarer que nous ne laisserions à personne le soin de défendre l'honneur du gouvernement, que je regardais comme étant au-dessous de la dignité du cabinet de désavouer un fait qui était celui de quelque journaliste obscur ; puis m'adressant à l'Assemblée :

Permettez-moi, lui dis-je, de vous faire remarquer ce que nous faisons depuis quelque temps dans cette enceinte. (Très-bien.) La France a peut-être le droit de nous demander un compte sévère de la manière dont nous remplissons le mandat qu'elle nous a confié et dont nous employons le temps qui nous reste. (Approbation vivement renouvelée.) La situation est grave, on nous le dit, on le répète de toutes parts. Eh bien! depuis que nous sommes aux affaires, pas un seul jour ne s'est passé sans que nous ayons été appelés à cette tribune sur des interpellations, des incidents, des anecdotes indignes de vous et de nous. (C'est vrai! très-bien.)

J'avais rencontré le sentiment de l'Assemblée qui commençait à se fatiguer de cet étrange abus du droit d'interpellation. M. Jules Favre le sentit et se tut. Les habiles de la montagne avaient-ils été encouragés à exploiter l'incident des cartons par quelques négociations secrètes avec l'Elysée, il me serait difficile de répondre à cette question. Il est certain que, depuis le premier jusqu'au dernier jour de sa présidence, Louis-Napoléon entretenait des rapports tantôt directs et personnels, tantôt par intermédiaires, avec plusieurs membres de la montagne; de quelle nature étaient ces rapports, quelle influence ont-ils eue sur les votes de cette partie de l'Assemblée? nous n'en avons rien su et j'avoue que je m'en préoccupais fort peu. Peut-être avais-je tort?

RETRAIT DU PROJET DE LOI CARNOT SUR L'ENSEIGNEMENT

L'Assemblée était évidemment dans un état de crise intérieure; elle se cherchait en quelque sorte. L'élection de Napoléon pour président de la République y avait jeté un trouble général, les partis se décomposaient et se recomposaient sur de nouvelles données ; le parti montagnard ou jacobin essayait, comme on vient de le voir, de s'emparer de la force populaire personnifiée dans le président. Le parti de la République modérée, celui qui, jusqu'à ce jour, avait dominé dans l'Assemblée et gouverné le pays, s'adressait à moi par ses hommes les plus accrédités et m'offrait son concours plein et sans réserve, sous la seule condition que je m'identifierais avec lui et l'aiderais à prolonger l'existence de la Constituante. Les conservateurs de toute nuance, les légitimistes, comme les orléanistes, au contraire, partageant ce sentiment de malaise qui entraînait la société presque tout entière vers un changement, se ruaient contre cette Assemblée et appelaient avec ardeur le terme de son existence.

J'aurais pu ruser avec cette situation, ne me livrer à aucun parti, donner des paroles et des espérances à tous ; je préférai prendre au début une position franche et nette. Je déclarai aux républicains modérés qui m'offraient leur concours que j'étais tout disposé à marcher d'accord avec eux, mais que la Constituante avait accompli son œuvre, et fait son temps ; que pour résister au mouvement des esprits qui appelaient son remplacement, il faudrait entamer une lutte au bout de laquelle étaient des violences, dont je ne me sentais pas capable, et un *long parlement* dont l'Assemblée existante n'offrait même pas les éléments les plus indispensables. Je refusai donc catégoriquement de me soumettre à la condition qu'ils mettaient à leur concours et leur déclarai que j'appuierais, loin de la combattre, la proposition déjà déposée par un membre, M. Rateau, proposition qui avait pour but de fixer le terme de l'existence de l'Assemblée constituante.

A partir de ce moment, nos rapports avec l'Assemblée devinrent difficiles et tendus.

Un projet de loi sur l'instruction publique avait été présenté par M. Carnot; l'œuvre se ressentait naturellement des préoccupations socialistes et démagogiques qui dominaient chez son auteur. La commission parlementaire que présidait M. Barthélemy Saint-Hilaire avait corrigé et presque renouvelé entièrement ce projet; mais M. de Falloux ne pensa pas qu'il pût s'approprier le travail de la Commission pas plus que celui de M. Carnot; il forma une grande commission pour étudier et préparer un nouveau projet; il eut soin d'y appeler des hommes de toutes les opinions, et vint déclarer à l'Assemblée, au nom du gouvernement, qu'il retirait le projet dont elle était saisie. Ce fut l'étincelle qui provoqua l'explosion. A peine le ministre eut-il annoncé le retrait du projet de loi Carnot, que les cris : *C'est un défi! c'est un outrage à notre dignité! c'est une atteinte à notre souveraineté!* s'élevèrent d'une assez grande partie de l'Assemblée : le président de la Commission monte à la tribune et déclare que dessaisir l'Assemblée d'un projet de loi qu'elle avait déclaré organique, comme se rattachant essentiellement à son œuvre constitutionnelle, et cela au moment où toutes les études étaient faites et où le rapport était prêt, c'était manquer à l'Assemblée. Voyant que le débat prenait le caractère d'un conflit de pouvoir, je montai à la tribune, non sans exciter un mouvement d'anxiété chez mes amis qui me voyaient engagé pour la première fois dans une lutte de prérogative avec l'Assemblée. Je m'exprimai ainsi :

Toutes les questions de pouvoir ont une haute gravité; je ne sais rien de plus dangereux que l'incertitude en pareille matière. Il importe que nous sachions qui nous sommes et quels sont les pouvoirs que la Constitution, notre loi à tous, nous donne aux uns et aux autres. (Très-bien!) Ne les exagérons pas ces pouvoirs; mais ne les désertons pas lâchement :

ce n'est qu'à cette condition, et en nous respectant les uns les autres, que nous pourrons conserver notre dignité mutuelle. Que si nous nous contestons déjà nos pouvoirs ; si, reprenant une opinion qui s'est trouvée en minorité dans l'Assemblée, sur l'initiative des lois, vous voulez rétracter les votes qui ont attribué ce droit d'initiative au pouvoir exécutif ; si, après avoir vous-même déterminé l'étendue et l'indépendance de ce pouvoir, vous voulez maintenant n'en faire qu'un ministère subordonné et révocable par le seul fait de votre volonté, alors qu'on le dise franchement, qu'on ait le courage de sa pensée et qu'on accepte la responsabilité de la première atteinte qui aurait été portée à la Constitution que vous venez de voter.

Après ces paroles un peu hautaines, mais calculées pour bien fixer dès nos premiers pas la situation respective des pouvoirs et l'immense changement qu'avait apporté dans leurs rapports l'avénement d'un Président, sorti du suffrage universel, souverain et indépendant dans les limites de la Constitution, je démontrai, en peu de mots, que le ministère n'était pas obligé de défendre un projet qu'il n'approuvait pas ; que le projet Carnot était devenu le nôtre par cela seul que nous étions le gouvernement ; qu'il importait peu que la loi de l'instruction publique eût été classée parmi les lois organiques, que cela n'empêchait pas que le projet ne fût un projet ministériel, que, comme tel, le ministère pouvait par conséquent le maintenir ou le retirer, selon ses appréciations ; que rien ne s'opposait à ce que ce même projet fût repris par un membre ; mais qu'alors il perdrait son caractère de projet ministériel et que nous n'en répondrions plus ; que si on nous demandait pourquoi nous ne faisions pas *nôtre* le projet de M. Carnot, nous répondrions que c'était là une question de conviction et de conscience ! (Rumeurs à gauche. Et *la loi !* me crie la Montagne.)

Je n'ai pas recherché ni désiré la portion de pouvoirs qui m'est échue, dis-je froidement, me tournant vers l'extrême gauche, mais l'Assemblée peut être bien convaincue que je ne la laisserai jamais avilir, ni même amoindrir. Si, lorsque nous venons user à cette tribune d'un droit incontestable, vous nous répondez par un acte de colère, je dis que c'est là un triste symptôme. Je demande à l'Assemblée de respecter notre droit, comme nous sommes bien résolus à respecter le sien. Je m'oppose, en conséquence, pour la dignité de ce pouvoir, qui ne repose que momentanément dans nos mains et que nous devons transmettre intact et digne à nos successeurs, je m'oppose à la proposition d'un renvoi aux bureaux que je considère comme un blâme et comme la dénégation d'un droit qui nous appartient. (Mouvements divers.)

Ce langage était nouveau pour l'Assemblée, elle en fut impressionnée, ainsi que le dit le *Moniteur*, dans des sens bien différents.

L'objet du débat, tout important qu'il était, avait disparu en présence de la gravité de la question de pouvoirs. Vainement M. Dupont (de Bussac), le grand tacticien de la Montagne, essaya-t-il de nouveau de séparer le Président de son ministère.

Quant à moi, disait-il, je le déclare en mon nom et au nom de mes amis : je fais une différence entière et complète entre le Président et son ministère (*A gauche* : Oui, oui, c'est vrai!); le jour où vous avez été nommés, j'ai dit, quant à moi, quelle était votre pensée, et j'ai déclaré que je ne m'y associerais pas; mais je prêterai aide et assistance au président de la République. (*A gauche* : Très-bien!)

Cette tactique, bien qu'elle fût acceptée et applaudie par la Montagne, donnait trop évidemment à faux pour réussir, car l'initiative législative ayant été, malgré une proposition contraire, conservée au Président, quand ses ministres proposaient ou retiraient un projet de loi, ils agissaient nécessairement en son nom et le représentaient ; dès lors, il était constitutionnellement impossible, comme le prétendait M. Dupont (de Bussac), de séparer, dans la présentation ou le retrait d'un projet de loi, le Président de son ministère : aussi l'Assemblée paraissait-elle impatiente de vider l'incident, lorsque M. de Falloux eut la malheureuse inspiration de remonter à la tribune et de demander par forme d'argument *si l'Assemblée avait sérieusement et irrévocablement l'intention de faire cette loi organique de l'enseignement.* Il souleva une tempête de cris : A l'ordre ! C'était, en effet, attaquer l'Assemblée dans son point le plus sensible, en lui faisant pressentir sa fin prochaine, et il était d'origine trop suspecte pour le faire impunément. J'avais été aussi loin qu'une bonne politique le permettait dans la revendication de notre droit. Il y avait imprudence à aller plus loin et surtout à présenter sans nécessité à cette Assemblée déjà troublée et anxieuse la perspective d'une mort anticipée. Le scrutin s'en ressentit, l'adoption de l'ordre du jour pur et simple ne fut votée que par 442 votes contre 302, et M. Pascal Duprat ayant proposé, en vertu de son droit d'initiative, que l'Assemblée nommât, de son côté, une Commission pour préparer la loi organique, le ministère déclara ne pas s'y opposer. La Commission fut en effet nommée, mais son travail n'arriva pas à discussion, la proposition Rateau ayant été votée avant que ce travail fût achevé.

PROPOSITION RATEAU.

Maintenant se vérifiait la prophétie de M. Molé : depuis l'élection du Président de la République, une clameur universelle s'élevait pour provoquer la retraite de l'Assemblée. Les Conseils généraux, à la presque unanimité, en formulaient le vœu. Des pétitions venant de toutes les parties de la France affluaient à la barre; l'Assemblée s'en irritait, et cette irritation était d'autant plus grande, qu'au sentiment de l'orgueil blessé venait se joindre le souvenir des services qu'elle avait rendus, et l'amertume qu'elle ressentait de ce qu'elle appelait l'ingratitude publique. Aussi, aux Conseils généraux, elle répondait par l'organe de ses rapporteurs qu'ils usurpaient un pouvoir qui ne leur appartenait pas; aux pétitionnaires, qu'ils étaient des réactionnaires et des séditieux : elle annonçait hautement qu'elle ne se retirerait jamais devant de telles menaces, et elle avait accueilli par de violents murmures M. Rateau, lorsqu'il était venu déposer sur la tribune sa proposition tendant à faire décréter que l'Assemblée législative serait convoquée pour le 19 du mois de mai.

Les deux Comités de législation et de justice, auxquels cette proposition avait été renvoyée, en proposaient tous deux le rejet : l'un, par l'organe de M. Grévy, motivait ses conclusions sur le texte de l'article 115 de la Constitution, qui ne permettait pas à l'Assemblée constituante de se retirer avant d'avoir fait toutes les lois organiques : répondant à l'objection tirée de la dissidence prétendue entre l'Assemblée et le Président de la République, il niait cette dissidence et donnait en preuve de sa dénégation les nombreux sacrifices que cette Assemblée avait dû faire pour maintenir le bon accord. Il n'admettait pas que le peuple eût élu Louis-Napoléon en hostilité contre l'Assemblée; il s'étonnait que ceux-là qui avaient par leur vote réglé et précipité le choix du Président vinssent maintenant et bien tardivement prétendre que ce choix était incompatible avec l'existence de l'Assemblée. L'autre rapporteur, M. Dupont (de Bussac), reproduisait à peu près les mêmes raisons, mais il y en ajoutait une autre qui, pour être vraie, n'en était pas plus habile. Il fallait, selon lui, protéger l'existence de l'Assemblée pour lui donner le temps de surveiller le Gouvernement, dont la marche et les intentions lui étaient suspectes. Il est inutile de dire que ces rapports, qui répondaient si bien au sentiment d'une grande partie de l'Assemblée, étaient accueillis par de vifs applaudissements.

La lutte était donc flagrante entre l'opinion extérieure et l'Assemblée. La situation du Gouvernement, au milieu de ce conflit, était des plus difficiles ; prendrait-il parti pour l'opinion contre l'Assemblée ou pour l'Assemblée contre l'opinion ? Nous n'avions le choix qu'entre deux dangers : nous aurions pu, il est vrai, nous abstenir de prendre parti, ce qui eût été pour nous beaucoup plus commode ; mais alors la lutte se fût prolongée et envenimée : les passions, déjà trop suscitées dans le sein de l'Assemblée, se seraient encore plus enflammées par la fermentation du dehors. En intervenant au nom du Gouvernement, nous réglions le débat, nous lui donnions une issue légale ; nous lui ôtions le caractère d'une lutte de partis et pour ainsi dire de personnes. Nous détournions, il est vrai, sur nous, non-seulement les colères de l'extrême gauche, ce qui nous importait assez peu ; mais nous nous attirions en outre les ressentiments des républicains modérés, sur lesquels nous aurions aimé à nous appuyer, ce qui avait beaucoup plus de gravité. Mais entre les deux conduites à tenir, la plus dangereuse eût été de se retourner contre l'opinion dont l'élection présidentielle était sortie, et de nous constituer ainsi, et dès notre début, en état de résistance et d'hostilité contre le sentiment irrésistible de la grande masse de la nation. Est-il bien sûr, d'ailleurs, que les républicains nous en eussent tenu compte ? Ceux qui me pressaient de me prononcer pour la conservation de l'Assemblée et me promettaient à ce prix leur entier concours ne promettaient-ils pas plus qu'ils ne pouvaient tenir? Dans la lutte de la gauche contre la droite, ou si l'on veut de la République contre la réaction monarchique, ils formaient un contre-poids nécessaire et précieux à ménager : mais à eux seuls ils n'auraient pu soutenir un pouvoir qui aurait eu tout à la fois à contenir les impatiences de la droite et à combattre les violences de la gauche : la position n'eût pas été longtemps tenable, et après quelques mois passés en efforts impuissants, les deux pouvoirs se seraient trouvés affaiblis et compromis l'un par l'autre : les choses en étaient arrivées à ce point que le terme de l'existence de l'Assemblée ne pouvait plus être indéfiniment reculé; dès lors, il valait mieux, pour tout le monde, le rapprocher que l'éloigner. Ce sont ces raisons qui nous déterminèrent à intervenir à nos risques et périls dans cette mêlée, et à prononcer, en face de cette Assemblée, que je croyais alors toute-puissante, le mot fatal : *il faut mourir!* C'est à moi que revenait naturellement cette triste et délicate mission.

Le débat, qui devait avoir une influence si décisive sur les destinées de la France, s'ouvrit par un discours habile et mesuré d'un représentant, dont le nom est à jamais consacré dans les fastes de notre révolution, M. Desèze, qui, comme organe de la minorité de l'un des comités, vint appuyer la proposition Rateau. Il se fondait sur ce que le décret qui avait déterminé les lois organiques à voter n'était pas, comme la Constitution elle-même, immodifiable autrement que par la voie de révision, et sur ce que l'Assemblée était parfaitement libre de revenir sur ce décret, si l'intérêt public et l'opinion du pays l'exigeaient ; il rappelait que ceux qui repoussaient la proposition reconnaissaient combien la situation était difficile et tendue par la coexistence de deux pouvoirs souverains, dont l'un était une Assemblée constituante jusqu'alors toute-puissante, et l'autre un pouvoir exécutif, dont les attributions constitutionnelles venaient nécessairement limiter cette toute-puissance. « Et, en effet, ajoutait-il, avec les rires approbatifs de la droite, tous les sacrifices que l'Assemblée a dû faire à la concorde ne sont-ils pas autant de preuves que cette concorde a besoin, pour durer, de continuels sacrifices. »

Après lui, M. Pierre Bonaparte, fils de Lucien, cédant à la violence de sa nature un peu sauvage, vint dénoncer à l'animadversion publique les partisans de la proposition. « Il est temps, s'écrie-t-il, d'imposer silence à ces rebelles en révolte ouverte!... » (Exclamations d'un côté ; *oui, oui,* de l'autre). Il termine en disant que si des sacriléges menaçaient l'Assemblée, « heureux celui qui mourrait en défendant le sanctuaire des lois et scellerait de son sang ses convictions et sa foi. » (Bravos à gauche.) Hélas! ce jour de la violation sacrilége du sanctuaire des lois est venu, non du côté où M. Pierre Bonaparte le prévoyait, mais du côté de sa propre famille, et il n'a pas versé son sang, et il n'est pas mort pour défendre l'objet de sa foi. Ajoutons toutefois que si M. Pierre Bonaparte n'a pas été martyr de sa foi, il n'a pas été du moins complice du coup d'État, et qu'il vécut, sous l'Empire, dans une retraite qui l'honore.

M. de Montalembert, après avoir témoigné de tout l'embarras qu'il éprouvait de dire aux gens : *Allez-vous-en*, divise l'Assemblée en trois catégories : ceux qui, sûrs de revenir, consentent volontiers à s'en aller; ceux qui, certains de n'être pas réélus, ne veulent à aucun prix s'en aller ; et enfin, ceux qui n'ont pas de parti pris et qui demandent à être éclairés. C'est à ces derniers qu'il s'adresse, car ils feront la majorité. Il écarte l'argument de l'hostilité supposée entre le Président et l'Assemblée :

> Car l'art des conversions, dit-il spirituellement, a fait de très-grands progrès du côté où il pouvait le moins s'y attendre ; il a vu tout à coup des témoignages de sympathie, des déférences, des adhésions laudatives pour l'élu des conservateurs. Il ne s'en afflige pas, il s'en félicite, au contraire : mais il y a, dans l'élection présidentielle, autre chose que la personne du président : il y a la manifestation d'un puissant courant d'opinion vers ce que les uns appellent la réaction, les autres un retour vers l'ordre, vers une politique modérée. Eh bien! toute la question est ici. Êtes-vous en complet accord avec ce courant d'opinion ? je ne le crois pas... (rumeurs et dénégations à gauche) et plus on le soutiendra et plus le désaccord éclatera. Le pays a eu la fièvre, et, comme les malades, il se retourne dans son lit ; il a déjà essayé de bien des positions : il en est arrivé à désirer une nouvelle Assemblée. A-t-il tort ou raison ? je ne sais ; mais ce que je sais, c'est que ce malade est maître de ses médecins et qu'il a le choix de ses remèdes. (Mouvement.) Vous avez déchaîné ce géant et vous l'avez armé du suffrage universel : il vous dit en ce moment, à demi-mot, qu'il désire un changement (ah! ah!) ; ne le forcez pas à le dire plus haut. (Réclamations à gauche. — A l'ordre! — Grand tumulte.) ... Il y a quelque chose de plus triste que les renversements violents de l'autorité : c'est quand l'autorité diminue, s'étiole, se dépopularise dans les âmes. Sauvez donc le double principe d'autorité et de liberté ; l'erreur et la faute du dernier gouvernement est de s'être trop fié à son droit légal. Que de fois ne l'ai-je pas entendu dire que le mouvement extérieur qui se produisait dans les masses était factice et factieux! Or, ce dédain de l'opinion du dehors, du courant électrique qui avait fini par envelopper toute la nation, a conduit ce gouvernement à sa chute. Ne suivez pas cet exemple, imitez plutôt le général Cavaignac : le plus beau jour de sa vie, ce n'est pas celui où l'Assemblée a déclaré qu'il avait bien mérité de la patrie, ni celui où il se défendit avec une éloquence triomphante ; non, c'est celui où, après avoir géré le mandat qui lui avait été confié, il l'a déposé loyalement, noblement à cette tribune et a été

reprendre sa place de représentant, au milieu des applaudissements, non de ses amis, mais de ses adversaires eux-mêmes. Faites comme lui !... Sachez conquérir la gloire la plus rare, la plus vraiment grande, celle de savoir abdiquer à propos.

Ce discours, plein de raison et de fine ironie, excita l'approbation d'une grande partie de l'Assemblée.

M. Billault crut devoir intervertir les rôles : c'était l'Assemblée qui était en cause, il y mit le ministère. S'il y a eu du malaise dans les esprits, si le pays se prend à douter, et si les affaires s'arrêtent, il faut l'attribuer, selon lui, à l'état de l'administration qui, depuis un mois, est frappée de stérilité.

On se demande, dit-il, comment, avec six millions de voix, avec cette puissance populaire énorme, le doute et l'hésitation existent partout, et alors l'opinion aspire à un changement et se passionne pour un inconnu ; les ennemis de la République exploitent ce sentiment, et à l'aide de cette agitation factice des pétitions qu'ils colportent partout, ils tentent un 15 mai moral. (Très-bien.) Il nous eût fallu, dès le 20 novembre, un pouvoir actif au dehors ; il eût fallu que, pendant le temps qui doit s'écouler entre l'élection du président et celle de l'Assemblée législative, le gouvernement se préoccupât des douleurs et des immenses souffrances du pays, et que, d'accord avec l'Assemblée nationale, il vînt ici poser et résoudre d'urgence des questions qui préoccupent et troublent, à un si haut degré, notre société française..... (*M. Thiers*. — Vous avez le droit d'initiative, pourquoi ne proposez-vous rien vous-même?) ..... Le gouvernement n'en a rien fait. Qu'a fait le ministère depuis un mois ? il a retiré des projets de lois ; il n'en a pas présenté un seul. Cela s'explique : le ministère s'est composé de membres qui n'avaient pas la majorité dans l'Assemblée ; dès lors, il était simple qu'ils n'eussent pas dans cette majorité toute la confiance, tout le laisser-aller qui facilite toute chose dans un gouvernement libre. Cette majorité était cependant disposée à donner son concours. (*Une voix* : Et la loi du sel !) Si, dès le commencement de la discussion de cette loi, au lieu de laisser le ministre des finances lutter seul, le cabinet tout entier se fût engagé, il est probable que les quelques voix qui ont constitué la majorité se seraient déplacées. Vous voulez qu'on croie à la force du gouvernement : le pays ne demande pas mieux; mais, quand il voit se tenir systématiquement en dehors du ministère qu'ils ont concouru à former, des hommes importants dont le passé est considérable et dont la force serait si utile, quelle foi voulez-vous qu'il ait dans cette œuvre? il demande naturellement quelles amères pensées se cachent derrière la situation ambiguë de ces hommes.

Certes, M. Billault avait dans ce discours dépensé tout ce qu'il avait de finesse et d'esprit, et sauf ses doléances sur les horribles souffrances du peuple, réminiscence assez malheureuse de son discours sur le droit au travail, ses traits étaient habilement lancés. Cependant, M. Billault avait le tort de trop se ressembler à lui-même, alors que tout avait changé autour de lui. Son discours était ce que nous appelions sous la monarchie constitutionnelle un discours *ministre*; ménageant le Président, adulant la majorité, rejetant sur l'insuffisance et l'inertie des ministres toute cette agitation maladive qui poussait le pays vers l'inconnu, et, bien entendu, s'offrant comme réunissant ces conditions d'activité, de vigoureuse initiative, de sympathie pour le peuple, d'entente cordiale avec le Président et la majorité qui devaient rendre *toute chose facile* et faire cesser ce malaise général. M. Billault se trompait de date : il y a des situations tellement critiques, qu'elles ne comportent guère ces tactiques ingénieuses et savamment combinées, qui, dans les temps ordinaires, amusent, intéressent les partis et donnent à un député la réputation d'homme d'esprit. En outre, il n'y avait peut-être que M. Billault, dans l'Assemblée, qui eût la pensée qu'il y avait en lui, après son discours sur le droit au travail, les conditions nécessaires pour conquérir la majorité dans l'Assemblée, et ramener le calme et la confiance dans le pays. Quant au reproche adressé à MM. Molé et Thiers de se tenir derrière le rideau, il n'était pas sans vérité, mais il cachait un piége, car, si ces messieurs, le prenant au mot, eussent accepté le pouvoir, tout le parti républicain, et M. Billault en tête, eût crié bien plus fort encore à la réaction monarchique, à la contre-révolution.

Je n'étais pas absolument appelé à la tribune par ce discours : toutefois, il m'offrait l'occasion de faire entendre enfin la parole du Gouvernement sur cette redoutable question, et je la saisis. C'était bien plus qu'un discours, c'était un grand acte que j'allais accomplir. Dans le cours ordinaire des choses, ce sont les assemblées qui déclarent leur désaccord avec le pouvoir exécutif : or, les rôles allaient changer et c'est le pouvoir exécutif qui, par ma voix, allait déclarer son incompatibilité avec l'Assemblée constituante et lui signifier d'avoir à se retirer et de céder sa place à d'autres. Parviendrais-je à envelopper ce congé d'assez de ménagements pour ne pas pousser l'Assemblée à une résistance désespérée, et cependant à y mettre assez de fermeté et de netteté pour ne laisser place à aucune incertitude, à aucun faux fuyant? Certes, la chose n'était pas facile, car il s'agissait de mettre le fer dans une plaie bien vive et déjà bien envenimée. Je pressentais fort bien, en outre, ce que nous préparait de difficultés et de périls la position d'une assemblée qui se survit à elle-même et qui se permet tout, parce qu'elle ne répond plus de rien : aussi abordai-je la tribune avec un grand trouble ; le sentiment du devoir put seul m'aider à le surmonter.

Je commençai par donner satisfaction à la dignité de l'Assemblée, en écartant toute idée de pression extérieure.

L'Assemblée, dis-je, dans la résolution qu'elle va prendre, doit conserver la plus entière spontanéité et ne se préoccuper que d'une seule chose : le bien du pays, le salut de la République ; et quand le gouvernement se croit obligé d'exprimer sa pensée, c'est à ces grands intérêts seuls qu'il obéit. (Très-bien ! — Mouvement.)

Après ce début assez favorablement accueilli, j'adressai un mot de réfutation à l'orateur qui m'avait précédé.

..... Si la question, dis-je, était aussi simple et aussi personnelle qu'elle l'est dans le discours du préopinant ; s'il suffisait, comme il l'a insinué, de changer les ministres pour faire disparaître les difficultés de la situation, en vérité, le remède serait si facile et nous trouverait si disposés à l'accepter, que tout débat serait inutile. Malheureusement, la question est tout autre ; les hommes changeraient, M. Billault siégerait parmi les ministres, que les dangers, pour changer de nature, n'en seraient pas moins grands. (Rires à droite. — Rumeurs à gauche.) Ma pensée a une toute autre portée que celle d'une épigramme personnelle ; je veux dire que, quels que soient les ministres assis sur ces bancs, quelque confiance qu'ils aient en eux et qu'ils inspirent aux autres, de quelque énergie d'initiative qu'ils soient doués ; avec une assemblée qui a accompli son œuvre, dont le terme est marqué, il serait impossible à ces ministres de proposer ces projets à longue portée dont parle M. Billault. Quant à nos rapports avec la majorité, je ne nie pas les honorables efforts qui ont été faits pour établir la confiance entre elle et le nouveau gouvernement ; mais, comme on l'a dit avec esprit, ces efforts mêmes attestent assez les difficultés de la situation : comment en serait-il autrement ? Voilà deux pouvoirs dont l'un était naguère et reste encore aujourd'hui tout-puissant, et dont l'autre, issu du suffrage du peuple entier, est investi par la Constitution d'attributions immenses et porte à lui seul la responsabilité du gouvernement tout entier. Comment faire fonctionner ensemble ces deux pouvoirs, sans frottement ni collision ? La difficulté est grande, et la Constitution l'a elle-même prévue. Lorsqu'elle a eu à régler les rapports de l'Assemblée constituante qu'appellerait une révision, avec le pouvoir exécutif existant, le seul remède qu'elle ait trouvé aux dangers de cette coexistence d'un pouvoir illimité de sa nature avec un autre pouvoir souverain, c'est d'abréger autant que possible une telle situation; et ce remède, c'est précisément celui que nous vous proposons. Le danger auquel le législateur a cru devoir ainsi pourvoir existe pour nous à un bien plus haut degré : vous n'êtes pas, en effet, une simple assemblée de révision éphémère, ne se rassemblant que pour un seul objet, et avertie par la Constitution elle-même de se renfermer strictement dans cet objet. Non, vous avez, réunis dans vos mains, tous les pouvoirs de la société ; vous avez été tout à la fois pouvoir constituant et pouvoir exécutif, et, malgré la sagesse, le patriotisme que vous avez apportés dans l'exercice de cette dictature, il vous est impossible de ne pas vous en souvenir, et ce souvenir suffirait à rendre nos rapports difficiles. Et voyez comme la force des situations domine la volonté des hommes : votre choix, comme votre devoir, est d'accomplir votre œuvre constituante sans vous laisser détourner par d'autres soins ; c'est le vœu exprès de la Constitution. Eh bien! que se passe-t-il depuis que la Constitution est faite? quels sont les débats qui ont rempli vos séances ? quel jour s'est écoulé sans une nouvelle interpellation sur quelques points de l'administration ou de la politique? Vous vous êtes préoccupés bien plus de gouvernement que de constitution; quant aux lois organiques, vous n'en avez pas fait une seule! (A ces mots, un sentiment de colère, jusqu'alors comprimé, éclate dans la gauche ; des cris : A l'ordre le ministre! partent de ce côté. — Allez-vous-en ! me crie M. Portalis avec une grossièreté indigne dans la bouche d'un magistrat, et que, dans tous les cas, le respect dû au nom qu'il porte aurait dû lui interdire. Le président le rappelle à l'ordre : sa fureur redouble et ses voisins le contiennent à grand'peine.) — Voir le *Moniteur*.

Je laissai passer cet orage, et puisqu'on ne me tenait aucun compte de la modération de mes arguments empruntés à la Constitution elle-même, j'entrai plus avant dans le vif de la question et je m'en trouvai bien.

..... Quand je parle de vos préoccupations étrangères à votre œuvre constituante, est-ce que je dis une chose qui soit nouvelle et que n'attestent pas les procès-verbaux de toutes vos séances? Il ne fallait donc pas venir nous dire à cette tribune, comme on l'a fait, que l'Assemblée ne voulait prolonger son existence qu'en défiance du pouvoir exécutif et pour le surveiller ; il ne fallait pas nous faire cet aveu, qu'au fond de votre résistance il y avait la défiance que vous inspire le vote futur du pays! (Réclamations à gauche. — Assentiment à droite.) Eh bien! oui, cette défiance est au fond de la question : je ne vous en accuse pas ; c'est votre patriotisme qui vous égare et vous fait entrevoir le danger là où il n'est pas. (Nouvelle explosion de colère à gauche. Cris : A l'ordre! de ce côté. — *M. de La Rochejaquelein* : Quoi! on ne peut plus parler de patriotisme égaré! — *Le président de l'Assemblée* : Si ces interruptions continuent, je lèverai la séance. — Le calme se rétablit enfin et je continue :) ... Je ne suis monté à cette tribune que pour accomplir un devoir ; mais, si j'avais à lutter à chaque mot contre des susceptibilités que je ne comprends même pas, mes forces n'y pourraient suffire. Si vous ne me permettez pas de dire ma pensée avec respect, mais en toute sincérité, s'il ne m'est pas donné, sans soulever des tempêtes, de vous représenter respectueusement que votre patriotisme vous égare, je prends facilement l'engagement de renoncer à la parole désormais. Je m'imposerais le silence plutôt que de trahir ma pensée. (Très-bien!) Oui, je le répète : c'est la défiance contre l'élection qui s'avance qui pèse sur votre décision ; or, jamais un gouvernement n'a impunément montré de la défiance envers le pays. Rappelez-vous les résistances, les atermoiements apportés à l'élection de cette Assemblée ; alors on se défiait aussi du suffrage universel, on disait que l'éducation du pays était encore à faire (Vif assentiment à droite), et vous savez ce que cela a rapporté à ceux qui manifestaient cette défiance. Rappelez-vous les débats qui se sont élevés plus tard sur l'élection du président de la République ; on cherchait également à éluder, à retarder ce choix qu'on redoutait. Eh bien ! ces hésitations, ces résistances ont porté leur fruit. Ce sont des expériences qui datent d'hier : est-il nécessaire d'une troisième leçon pour vous apprendre que nous sommes tous soumis à un seul juge, le peuple, et qu'on ne gagne rien à contester son jugement ? On ne réussirait, tout au plus, qu'à le passionner. Ah! je vous en conjure, ne commettez pas une telle imprudence: il y va, non de l'existence de quelques ministres, il y va, ce qui est bien autrement important, de la force morale de l'Assemblée, de cette force qu'elle doit emporter tout entière dans sa retraite, avec le souvenir des grands services qu'elle a rendus ; il y va aussi de l'avenir du pays qui est si profondément engagé dans le choix de la future assemblée : il faut que ce choix se fasse dans le calme des passions ; qu'il ne soit pas influencé par la lutte, ni inspiré par la colère, ce qui arrivera infailliblement s'il est contesté, dénoncé d'avance par vous comme devant être funeste à la République. Je voudrais que la question, dégagée de toute passion, se posât ainsi dans toute sa simplicité : *Est-il bon, est-il utile au bien du pays, que l'incertitude continue à planer sur le moment où cette Assemblée sera remplacée par l'Assemblée législative?* Si cette incertitude exerce une influence fâcheuse sur l'état des esprits, sur la marche des affaires, sur la sécurité et la prospérité publiques, ce que pas un homme de bon sens ne saurait nier, alors que l'Assemblée fixe elle-même, dans sa pleine liberté et selon ses convenances, le terme de ses travaux, et par là elle s'honorera une fois de plus par un de ces grands services dont les peuples gardent la mémoire.

Le grand mot était prononcé. C'est sur ce discours que l'Assemblée procéda au vote. La proposition Rateau fut prise en considération par quatre cents voix contre trois cent quatre-vingt-seize. L'Assemblée, on le voit, était nombreuse et la majorité bien faible, mais cette majorité, toute faible qu'elle était, n'en était pas moins décisive ; car s'il est difficile à une assemblée de se proroger contre un mouvement d'opinion tel que celui qui s'était prononcé au dehors, alors même que ce mouvement n'est appuyé dans son sein que par une minorité, à plus forte raison cela lui devient-il impossible lorsque la majorité de ses membres, quelque minime qu'elle soit, vient à sanctionner cette opinion qui commande la retraite.

A partir de ce vote, et en dépit de tous les efforts qui furent faits pour le remettre en question, la dissolution à jour fixe de l'Assemblée constituante fut résolue ; mais en même temps, à partir de ce jour aussi, nous ne devions plus compter sur aucun de ces ménagements que nous avions rencontrés quelquefois dans le parti républicain ; nous entrions dans les phases d'une lutte de désespérés. La situation du ministère devenait des plus périlleuses ; mais celle du pays était dégagée d'un grand danger, et c'est ce qui importait surtout.

FERMETURE DES CLUBS. — LE MINISTÈRE EN MINORITÉ. LA GARDE MOBILE. — CRISE DITE DU 29 JANVIER 1849.

Deux mesures que réclamait impérieusement le rétablissement du bon ordre et de la sécurité publique firent éclater cet orage que nous venions de former contre nous : ces deux mesures étaient la fermeture des clubs et la dissolution de la garde mobile. Par l'une nous attaquions l'anarchie dans son foyer, par l'autre nous lui enlevions une arme sur laquelle elle comptait, non sans quelque raison.

Le gouvernement du général Cavaignac avait bien essayé de soumettre les clubs à certains règlements de police, mais ces agglomérations violentes et tumultueuses s'étaient jouées de toutes ces mesures. La justice avait chaque jour à réprimer quelques nouvelles infractions ; l'audace avec laquelle elles étaient commises annonçait assez que les clubistes, se souvenant que, sous le Gouvernement provisoire, ils avaient reçu la mission de sauver la République, n'étaient nullement disposés à se départir de cette dictature révolutionnaire. Ils traitaient avec la dernière insolence les agents de l'autorité. Il fallait en finir de cette lutte qui exaltait chez les uns des passions dangereuses et entretenait, dans le public, une anxiété permanente. Les clubs, d'ailleurs, ne nous avaient pas débarrassés, ainsi qu'on s'en était flatté, des sociétés secrètes, ils les recrutaient, au contraire, et au jour de l'action, ils en formaient l'avant-garde; ils servaient, d'ailleurs, de lien entre les démagogues de toutes les grandes villes de France, et, quoique toute correspondance leur fût interdite, ils n'en communiquaient pas moins entre eux par des voies souterraines, mais rapides et sûres; à tel point que toute émotion ressentie à Paris se propageait au même instant et avec la rapidité de l'éclair à Lyon, à Marseille, à Bordeaux, et dans toutes les grandes villes de France. Il ne fallait plus songer à pallier un tel danger; il fallait le supprimer et nous n'hésitâmes pas. Le jour où nous portâmes à la tribune le projet de loi qui supprimait les clubs, la Montagne se sentit comme frappée au cœur et poussa des cris de rage. — *Vous êtes des insolents!* criaient les uns; — *Vous violez outrageusement la Constitution*, s'exclamaient les autres. — Un acte d'accusation contre le ministère, signé de quarante à cinquante Montagnards des plus déterminés, fut aussitôt déposé sur la tribune. Comme nous demandions la déclaration d'urgence pour notre projet, une commission fut nommée tout de suite et choisit M. Sénard pour son rapporteur, qui conclut au rejet de l'urgence. Cette conclusion présentée et soutenue par un homme qui était l'organe habituel et le plus accrédité du parti républicain modéré et que recommandaient, d'ailleurs, les services signalés qu'il avait rendus à la société dans les journées de Juin, nous annonçait assez le mouvement d'opinion qui, depuis la proposition Rateau, s'était opéré dans cette partie si importante de l'Assemblée. M. Sénard se gardait bien, comme les Montagnards, comme M. Ledru-Rollin, de crier à la violation de la Constitution; il avait trop d'esprit pour confondre avec le droit de réunion accidentel le club permanent, et il était trop habile tacticien pour ne pas savoir que, dans l'Assemblée constituante telle qu'elle était composée et où les partis extrêmes ne devenaient majorité que par l'appoint d'une certaine quantité d'hommes timides et flottants, ce n'était pas en brutalisant leurs sentiments qu'on les gagnait, mais au contraire en masquant et en tournant les questions. Aussi motivait-il le rejet de l'urgence sur ce que la mesure était trop grave pour ne pas être examinée à loisir; il fallait se donner le temps de vérifier les faits avancés par le ministère; déjà les clubs avaient été réduits de trente-sept à onze, ce qui prouvait l'efficacité de la loi existante, etc. Vainement je fis remarquer que la question de la suppression des clubs était une de celles qui, une fois posées, devaient être résolues immédiatement dans l'intérêt de la paix publique; que quant aux reproches de violation de la Constitution, ce devait être une raison de plus pour décréter l'urgence, car il n'y avait rien de plus urgent dans le monde politique que de réparer une brèche faite à la Constitution.

Vous dites que vous n'êtes pas suffisamment instruits, m'écriai-je; mais l'histoire ne vous répond-elle pas que jamais un gouvernement régulier, républicain ou monarchique, n'importe la forme, n'a pu exister avec les clubs? ou ces réunions sont devenues elles-mêmes fatalement le gouvernement, ou elles ont été dissoutes. Ne les voyez-vous pas en lutte permanente avec l'autorité et la justice? Votre loi de réglementation n'a fait qu'aggraver le danger par le scandale d'une résistance ouverte. Ne savez-vous pas aussi que si le nombre des clubs a diminué à Paris, c'est pour concentrer leurs forces, et que leur organisation et leur influence s'étendent de plus en plus dans toutes les parties de la France ?

Le rapporteur, en me répliquant, se gardait bien de nier les inconvénients et les dangers des clubs, mais il maintenait qu'avant d'arriver à ce remède héroïque de leur suppression, il fallait voir et étudier avec soin s'il n'y avait pas d'autres moyens préventifs à employer efficacement. Le système d'ajournement du rapporteur l'emporta et 418 votants contre 342 rejetèrent l'urgence. Le ministère était ainsi constitué en minorité.

Abandonnés par la majorité sur une question de cette importance, nous dûmes en référer au Président de la République. Un conseil fut immédiatement assemblé et on y examina s'il convenait de changer et le ministère et la politique suivie jusqu'alors, c'est-à-dire de revenir sur les deux grandes mesures engagées, la suppression des clubs et la proposition Rateau. Le Président n'hésita pas sur le parti à prendre ; il déclara que sur ces deux questions l'opinion publique, bien loin d'être en désaccord avec son gouvernement, allait bien au delà; que sous la monarchie constitutionnelle nous eussions pu en toute sécurité en appeler de l'Assemblée au pays au moyen d'une dissolution, mais que ce remède légal nous étant interdit par la Constitution, nous devions tenir plutôt pour le pays que pour une majorité qu'influençait évidemment le sentiment de sa fin prochaine!...

Cet avis fut aussi le nôtre, et il fut décidé que le ministère resterait.

Le lendemain, dans le *Moniteur* du 29 janvier, paraissait l'article officiel et communiqué qui suit :

Le conseil des ministres s'est réuni aujourd'hui à l'Élysée; sur le compte que les ministres lui ont rendu des incidents de la séance d'hier, M. le président de la République a déclaré qu'il n'y voyait aucun motif pour modifier sa politique et que le cabinet pouvait compter sur son appui ferme et persévérant.

Ainsi, le défi jeté par la majorité au pouvoir exécutif était accepté, et, dans ce conflit, l'Assemblée n'avait plus qu'un moyen d'avoir le dernier mot, c'était de recourir à une mise en accusation : elle ne l'osa pas, et céda. Ceux qui, devenus républicains par amour de la liberté, étaient attentifs au fonctionnement de la nouvelle Constitution purent dès lors reconnaître la vérité de ce que je leur avais annoncé dès les premiers jours de la République, à savoir que l'influence parlementaire était et devait être moins prépondérante sous un chef élu et responsable qu'elle ne l'était sous un chef héréditaire et irresponsable. Cette leçon ne devait malheureusement pas être la seule.

L'autre mesure également irritante que nous avions à poursuivre, c'était la dissolution de la garde mobile. On se rappelle que cette institution était sortie toute armée des entrailles de la Révolution; employer à la défense de l'ordre les agents les plus jeunes, les plus pauvres et par conséquent les plus ardents de la lutte révolutionnaire avait été une conception hardie mais dangereuse, quoique les résultats en eussent été, en définitive, utiles à la société. Mais lorsqu'on réfléchissait à combien peu il avait tenu en Mai et en Juin, que les soldats de l'ordre ne devinssent ceux de l'insurrection, on était amené à désirer que le salut de la société ne fût plus livré à de tels hasards. D'ailleurs l'existence de cette garde, qui n'était ni la garde nationale, ni l'armée, qui recevait une paie beaucoup plus élevée que celle de nos soldats et qui cependant ne pouvait être employée qu'à l'intérieur, dont les officiers portaient les titres et les insignes de grades qu'ils n'avaient que provisoirement et étaient exposés, après avoir commandé un bataillon de mobiles, à passer caporaux ou sergents dans la ligne, un tel système formait une anomalie dans notre organisation militaire[1].

Il importait de saisir l'occasion qu'offrait l'avénement d'un gouvernement fort et indépendant pour faire disparaître cette anomalie et replacer toute la force armée sous l'empire de règles communes. Néanmoins, comme ces jeunes gens avaient rendu des services signalés à la société, nous dûmes apporter dans leur licenciement tous les ménagements auxquels ils avaient droit : Ainsi nous commençâmes par réduire les bataillons de vingt-cinq à douze, assurant une prime assez forte à ceux des gardes qui ne seraient pas conservés ; nous éloignâmes de Paris les bataillons conservés afin de les enlever aux influences des clubs et des sociétés secrètes.

Ces conditions de licenciement eussent été probablement acceptées par les soldats, mais les officiers avaient d'autres prétentions ; ils s'étaient habitués à l'idée de conserver les grades qu'ils avaient obtenus par l'élection, prétentions qui, si elles eussent été reconnues, eussent jeté le mécontentement et la perturbation dans tous les cadres réguliers de notre armée. Ces officiers agitèrent les bataillons qu'ils commandaient : une députation d'entre eux vint même à l'Élysée porter des paroles insolentes et menaçantes. Le général Changarnier les fit arrêter sur place ; on vint au même instant nous annoncer que deux bataillons de la garde mobile casernés dans les forts de Saint-Denis s'étaient ouvertement révoltés, qu'ils avaient fermé les portes du fort, se gardaient militairement et se refusaient à

---

1. Le Piémont vient de présenter une situation semblable, lorsqu'il a eu à se prononcer sur les volontaires de Garibaldi. Il a tourné la difficulté en incorporant dans l'armée ces volontaires qui avaient fait deux ou trois campagnes réglées. Ce qui n'était pas le cas pour nos mobiles.

toute communication avec le ministère de la guerre. De leur côté, les clubs et les sociétés secrètes s'empressaient de saisir l'occasion qui leur était offerte ; des adresses incendiaires circulaient dans les faubourgs et les casernes.

Voilà, y disait-on à la garde mobile, la récompense du sang que vous avez versé pour cette société ingrate. On n'a plus besoin de vous, on vous renvoie honteusement : la hideuse misère et le mépris : tel est le prix accordé à votre dévouement. Si la réaction vous désarme, c'est pour avoir meilleur compte de la République. Gardez vos armes et pour défendre la République et pour venger votre honneur, et apprendre à ces ingrats qu'ils n'ont pas impunément abusé de vous.

D'autres circonstances vinrent encore aggraver les dangers de cette crise : le ministre de l'intérieur avait fait fermer d'autorité le local où se réunissait une société dite *de la solidarité républicaine*, vaste association qui, sous prétexte de défendre la République menacée, devait embrasser toute la France ; elle avait déjà organisé ses succursales et ses correspondances dans plusieurs départements ; représentée à Paris par un comité directeur où figuraient un grand nombre de députés de la Montagne et à leur tête M. Ledru-Rollin, elle croyait s'être mise en règle par cela seul que son existence était connue de l'autorité. Une circulaire de M. Léon Faucher n'en prescrivit pas moins aux préfets d'interdire et de poursuivre cette société partout où elle avait des ramifications. M. Ledru-Rollin et ses collègues de la Montagne firent insérer dans les journaux une protestation violente dans laquelle ils déclaraient qu'ils désobéiraient ouvertement aux ordres de l'autorité. Ainsi, la dissolution de la garde nationale mobile se rencontrait avec cette insurrection ouverte des sociétés secrètes et des clubs.

Nous aurions été bien coupables si, voyant se former un tel orage sous nos yeux, nous n'eussions rien fait pour le dissiper. La garde nationale fut appelée sous les armes; des troupes nombreuses avec de l'artillerie furent massées au Carrousel, sur la place de la Concorde, autour de l'Assemblée, et le Président de la République, accompagné du général Changarnier, passa en revue toutes ces troupes, recevant partout des témoignages de vive sympathie dans lesquels les cris de: *Vive Napoléon!* dominaient de beaucoup ceux de: *Vive la République!*

Ces mesures, commandées par la prudence la plus vulgaire, devaient amener de nouvelles complications, et celles-là peut-être plus dangereuses encore que celles qui nous venaient de l'agitation des clubs et des faubourgs.

Le président et le bureau de l'Assemblée, qui n'avaient pas été prévenus de ces mouvements de troupes, furent étonnés et alarmés de se voir tout à coup environnés de l'appareil militaire déployé dans la nuit du 29. M. Marrast invita le général Changarnier à venir lui expliquer les causes de ce déploiement inusité de forces. Le général se contenta de lui envoyer un aide de camp porteur d'une lettre que cet officier se borna à remettre au concierge pour ne pas troubler, disait-il, le sommeil du président.

Pendant que ces choses se passaient à la présidence, la garde nationale se réunissait dans ses quartiers; on y répandait le bruit que l'Assemblée était entourée et menacée dans son existence; deux colonels, ceux de la 4e et de la 3e légion, écrivirent à M. Marrast pour offrir leur assistance à la représentation nationale. Ils s'apprêtaient même à faire marcher leurs légions, devant lesquelles ils péroraient à cet effet, lorsque le général Changarnier les fit arrêter. La nouvelle de cette arrestation fut aussitôt portée au bureau de l'Assemblée et y exaspéra de plus en plus les esprits. M. Marrast m'écrivit une lettre dans laquelle il se plaignait en termes impérieux de cette arrestation et me demandait la délivrance immédiate des colonels arrêtés.

Ainsi se rencontraient en un seul point, et au même instant, tous les éléments de conflagration qui fermentaient au sein de notre malheureuse société. Nous touchions à la guerre civile et cette fois ce n'était pas entre le gouvernement établi et les anarchistes que la lutte allait s'engager, c'était entre les grands pouvoirs de l'État eux-mêmes. D'un côté se trouvait l'Assemblée, ayant pour drapeau la République à défendre et à conserver, et de l'autre, le Président de la République ayant celui de l'ordre à maintenir. Situation mille fois plus dangereuse que toutes celles que nous avions traversées, car entre ces deux pouvoirs ouvertement en lutte, le droit et le devoir eussent été incertains, la masse des bons citoyens eût hésité et la victoire n'eût profité qu'à l'anarchie ou à une dictature militaire.

Je vis tout de suite que pour prévenir ce conflit il fallait commencer par apaiser les susceptibilités du bureau de l'Assemblée; je répondis d'abord au président, M. Marrast, que j'allais m'enquérir des causes de l'arrestation des deux colonels de la garde nationale et que, si ces causes n'étaient autres que leur offre de défendre l'Assemblée, je prendrais sur moi de les faire mettre en liberté.

Je fis plus, je me rendis à la présidence de l'Assemblée, je représentai à M. Marrast qu'il n'y avait eu de la part du général Changarnier qu'un peu de précipitation et nullement l'intention de méconnaître ses attributions comme président de l'Assemblée; que loin de là, nous étions tous prêts à entrer en rapport avec le général que le bureau avait désigné pour veiller à la sûreté de l'Assemblée et à mettre à sa disposition toutes les forces que celui-ci jugerait nécessaires. Je fis entendre à M. Marrast que c'était bien plus encore dans l'intérêt de l'Assemblée que dans celui du gouvernement que je m'efforçais de prévenir un conflit dans lequel la victoire ne pouvait qu'être d'avance assurée au pouvoir exécutif, qui disposait de la force organisée. M. Marrast le comprit et se montra prêt à accepter une conciliation.

Cependant, le lendemain 29, l'Assemblée se réunissait au milieu d'une sourde agitation : à mesure que les membres arrivaient après avoir traversé les troupes massées autour du Palais-Bourbon, ils se racontaient et l'attitude prise par le général vis-à-vis du Président, et la revue passée avec éclat, et les cris de : *Vive Napoléon !* et l'arrestation des deux colonels de la garde nationale. La peur, le fanatisme politique, l'orgueil blessé, toutes les passions qui peuvent remuer fortement une Assemblée, fermentaient et menaçaient de faire explosion. La séance allait dissiper ou faire éclater cet orage; déjà les bancs se garnissaient, les groupes s'animaient, et mes amis m'écrivaient d'arriver au plus tôt et avant que le mal fût devenu irréparable. Plusieurs d'entre eux m'ont avoué depuis que lorsqu'ils m'avaient vu entrer dans l'Assemblée, ils avaient tremblé pour moi et qu'ils regardaient une catastrophe comme à peu près inévitable.

Je n'attendis pas des interpellations, je les devançai : lorsque je montai à la tribune, un de ces silences anxieux accompagné des sourds frémissements qui annoncent les plus violentes tempêtes régnait dans l'Assemblée. Cette disposition des esprits faisait de chacune des paroles que j'allais prononcer comme un signal de paix ou de guerre. C'est la paix, Dieu merci, qui en sortit.

Voici mon discours, tel qu'il est rapporté dans le *Moniteur*.

M. Odilon Barrot, président du conseil. (Mouvement d'attention, profond silence.)

Il est du devoir du pouvoir exécutif d'informer l'Assemblée de certaines dispositions qu'il a dû prendre, sous sa responsabilité, pour assurer l'ordre et la sécurité dans Paris. Le terme assigné pour la réorganisation de la garde mobile de Paris approchait : c'était pour le mois de février. Le gouvernement n'a pas cru devoir se laisser acculer, par cette difficile et importante transformation, à un jour fixe; nous avions pour cela plusieurs motifs, celui d'abord de régler avec plus de liberté ce que nous devions faire pour acquitter la dette de reconnaissance du pays envers la garde mobile, tout en conciliant notre libéralité avec les nécessités du Trésor et les ménagements dus à l'armée régulière; celui, en outre, de composer aux gardes licenciés un petit pécule avec la solde qui leur sera payée intégralement jusqu'au jour fixé par la loi de leur engagement, pécule qui leur facilitera la transition de la vie militaire à la vie civile. La mesure n'en a pas moins causé une certaine émotion dans les bataillons de la garde mobile ; quelques officiers surtout, croyant pouvoir conserver indéfiniment des grades qui, comme tous les grades dans la garde nationale, n'avaient qu'un caractère spécial et purement accidentel, se sont crus blessés dans leurs droits. Cette émotion s'est manifestée dans quelques bataillons par des actes patents d'insubordination ; le gouvernement a dû s'en inquiéter et prendre des mesures pour empêcher qu'un mécontentement, jusqu'alors restreint, n'entraînât toute cette brave et loyale troupe hors de la ligne du devoir. Il n'a pu cependant empêcher que les ennemis éternels du repos public et de la société n'aient cherché... (*le citoyen Bourzat* : c'est le ministère ! — Vives rumeurs à droite. — Le président, M. Marrast, avertit M. Bourzat et le menace, s'il ne se tait, de le rappeler à l'ordre) ... n'aient cherché à exploiter cet incident et à l'envenimer. Nous avons reçu cette nuit un rapport sur certaines communications qui ont eu lieu entre quelques bataillons disposés à s'insurger et une réunion connue pour être le foyer de passions subversives : ce danger, dont je ne veux pas exagérer la gravité, appelle cependant d'une manière toute particulière l'attention du gouvernement. Quand le désordre se présente sous l'aspect d'une attaque violente et directe contre la société, la victoire ne saurait être longtemps douteuse ; mais si les hommes qu'on a vus combattre pour l'ordre, et cela à leur grand honneur, se laissaient égarer par des conseils perfides au point de devenir, à leur tour, les soldats de l'anarchie, alors un trouble profond se manifesterait dans les esprits. Ce danger, il fallait le prévenir à tout prix, non-seulement dans l'intérêt de la société, mais pour l'honneur de ces braves jeunes gens que nous devions tenir à conserver pur et sans tache. (Très-bien ! très-bien !) C'est dans cette intention que cette nuit, et dès que nous avons reçu l'avis de ces premiers symptômes d'insurrection, des mesures ont été prises pour empêcher les passions anarchiques de s'emparer de ces ressentiments accidentels qui sont les résultats plutôt de malentendus que de motifs sérieux et réels. Nous avons agi d'après cette triste et cruelle expérience si chèrement achetée, qu'il vaut mieux, dans de pareilles occasions, *prévenir* que *réprimer*, et que même le luxe des moyens préventifs vaut infiniment mieux que de sanglantes nécessités. (Approbation.) Telle est l'explication de cet appareil militaire inusité qui a frappé vos regards. Aussitôt que le gouvernement a pu entrer en communication avec le président de l'Assemblée, le chef de l'autorité militaire s'est mis à ses ordres, et il n'est personne parmi les agents du gouvernement qui ait eu la pensée de contester cette attribution tutélaire qui confie à votre président le droit de requérir les forces qu'il juge nécessaires à la sécurité de l'Assemblée. Au moment où je parle, M. le Président ayant jugé à propos de désigner un général pour commander la garde destinée à protéger l'Assemblée, ce commandement a été, à l'instant même, agréé par le gouvernement, et le plus parfait accord règne entre le chef militaire ainsi désigné et le général de l'armée de Paris; dans cet accord, croyez-moi, se trouve la meilleure et la plus sûre garantie de l'indépendance et de la sécurité de cette Assemblée. (Sensation.)

Je n'ajouterai qu'un mot à ces explications : il n'y aurait de vraiment menaçant, dans la situation actuelle, qu'une seule circonstance : l'hostilité des deux grands pouvoirs entre eux; circonstance que nos ennemis s'efforcent de faire naître, et qu'ils préparent par toutes leurs machinations; espérances et machinations qui sont encore une fois déjouées, je l'espère. Il a pu exister entre le pouvoir exécutif et telle ou telle partie de cette Assemblée quelques dissentiments spéciaux; mais, je le déclare hautement, il est deux points fondamentaux sur lesquels ces dissentiments ne pourront jamais s'étendre; car mes collègues et moi sommes, sur ces points, bien résolus à marcher d'accord avec l'Assemblée : c'est premièrement la défense de la Constitution que nous avons jurée (Très-bien! très-bien!) et secondement la répression de ces passions anarchiques et antisociales, bien plus menaçantes, bien plus funestes pour la République que ne le seraient toutes les attaques de ses adversaires. (Vive approbation.)

Ces explications données avec simplicité, ces assurances présentées avec calme et fermeté produisirent un effet général et instantané. La tempête s'apaisa comme par enchantement; vainement un des questeurs de l'Assemblée, M. Degousée, avec plus de passion que de tact, insista-t-il pour qu'une réparation éclatante fût exigée du général Changarnier, qui, selon lui, aurait manqué à l'Assemblée dans la personne de son président. M. Marrast, avec beaucoup de bon sens et un vrai sentiment de la situation, déclara que complète satisfaction lui avait été faite et qu'il ne laisserait à personne le soin de revendiquer ses droits s'ils avaient été méconnus. La Montagne, furieuse de cet apaisement, réclamait à grands cris la lecture de la lettre du général Changarnier au président, espérant que les expressions équivoques de cette lettre rallumeraient le feu; M. Marrast se refusa nettement à en donner lecture et cet incident qui nous avait comme fait sentir les premiers feux de la guerre civile se termina paisiblement. L'Assemblée reprit son ordre du jour ordinaire.

Nous en revenions à la discussion sur la première lecture de la proposition Rateau, ce qui nous ramenait sur un terrain encore bien brûlant; aussi l'orage que cette proposition avait préparé ne tarda-t-il pas à renaître avec une nouvelle violence.

Ce fut M. Jules Favre qui reprit la lutte ; il ne fournit aucun argument nouveau, mais il sut donner à ceux qui avaient déjà été présentés la forme la plus perfide :

Se retirer dans les circonstances actuelles, ce serait, dit-il, déserter devant l'ennemi. C'est une infime minorité qui vient insolemment dire : Je suis le pays, retirez-vous, comme ces envahisseurs du 15 mai qui nous disaient : Vous êtes nos commis. L'Assemblée n'est gênante que parce qu'elle défend la République. (Approbation à gauche.) La question est de savoir non si le vaisseau est construit, mais si, au moment de le lancer à la mer et de le livrer à la tempête, les pilotes sont sûrs. (Bravos redoublés.) M. le ministre de la justice a parlé de la position difficile qui résultait de la coexistence du pouvoir exécutif avec l'Assemblée constituante; est-ce qu'il n'a pas passé dix-huit ans de sa vie à des époques les plus glorieuses à soutenir la suprématie des grandes Assemblées? Là n'est pas la question. L'Assemblée suffit aux besoins du pays, mais elle fait obstacle à quelque chose et à quelqu'un. J'ai été favorable à la candidature du Président actuel ; dans cette occasion, je me suis séparé de mes amis. Le vote du 10 décembre a été un vote profondément démocratique; l'Assemblée nationale s'est tournée du côté de l'élu du peuple; voilà toute la moralité de la situation. Aussi le Président de la République vous a-t-il solennellement engagé sa conscience ; puis est venu le ministère; s'il avait fallu des garanties à l'Assemblée, on n'en pouvait imaginer de meilleure que celle du chef du cabinet qui, dans dix-huit ans de luttes parlementaires, avait énergiquement défendu la suprématie des Assemblées, le droit de réunion et tous les autres droits alors en question. (Mouvement, agitation)... Hé bien, le ministre de la justice est venu joindre sa voix à celle de tous les pétitionnaires qui nous somment de nous retirer. Il a déclaré qu'il ne pouvait plus vivre avec l'Assemblée; lorsque le Président avait déclaré qu'il avait confiance, il est venu déclarer, lui, qu'il n'avait pas confiance. Le ministère n'est donc pas avec le Président qu'il désavoue, ni avec l'Assemblée qu'il veut renvoyer.... Le cabinet n'empêchera pas, malgré ses bonnes intentions, qu'on ne murmure autour de lui qu'il a des tendances monarchiques et qu'il en veut à la République. Ses actes d'ailleurs suffiraient à l'accuser : des préfets ont été nommés; ils ont été choisis dans le personnel de cette vieille administration qui a succombé sous le poids de la corruption et le projet de loi contre le droit de réunion n'a-t-il pas fait éclater ses tendances réactionnaires? (Mouvement prolongé.) Ce projet a été pris avec raison pour une provocation : revenez à la République et tout s'arrangera. (Applaudissements répétés. — La séance est suspendue.)

Nous ne donnons que l'extrait de ce discours dans lequel l'orateur développa pendant deux grandes heures tout ce qu'il avait d'habileté; il avait remué les défiances républicaines en face d'une administration composée de vieux éléments monarchiques; il avait sollicité l'orgueil et exploité les susceptibilités d'une Assemblée souveraine, qui ne pouvait guère nous pardonner le congé que nous lui avions signifié. Il avait merveilleusement tiré parti de tous les avantages que lui offrait la situation; il avait obtenu un grand succès, mais ce succès était purement oratoire et tout à fait négatif, car il ne conduisait et ne pouvait conduire à aucune conclusion positive. M. Jules Favre, en effet, espérait-il sérieusement à force d'insistance séparer le président de la République de son ministère, après cette note du *Moniteur* où la confiance qui régnait entre le chef du pouvoir exécutif et ses conseillers avait été si nettement et si solennellement proclamée? Dans tous les cas, son espoir fut de peu de durée; car le lendemain de cette nouvelle tentative, le *Moniteur*, dans un article communiqué, annonçait que le président désavouait de la manière la plus absolue la polémique que le journal *la Liberté* affectait de soutenir contre le ministère et qu'il venait de donner des ordres pour que cette feuille cessât d'être reçue à l'Élysée. Et dans le compte rendu officiel de la revue, la même feuille officielle donnait un démenti formel aux journaux qui avaient prétendu que des cris d'à bas les ministres s'étaient mêlés à ceux de vive Napoléon. M. Jules Favre ne pouvait non plus se faire illusion au point de croire qu'une fois engagé dans cette voie de la dissolution de l'Assemblée, le gouvernement reviendrait en arrière. D'un autre côté, il était homme de trop d'esprit pour se flatter un seul instant que, s'il parvenait à forcer le cabinet à se retirer, c'est à lui ou à ses amis que le président aurait recours pour en former un nouveau. Il savait bien qu'une telle combinaison était de tous points impossible; qu'elle aurait eu contre elle dès les premiers jours et tout le parti conservateur, et de plus tous les amis du général Cavaignac, sans être bien sûre de rallier à elle la Montagne. Et pour ce qui le concernait personnellement, il se connaissait assez pour savoir toute la distance qu'il y a entre une merveilleuse facilité de parole et cette tenue de conduite, cette gravité de caractère, cette autorité de langage qui seules peuvent surmonter les périls d'une situation si complexe et si tendue. Que voulait-il donc? il voulait, comme toujours, se venger et briller: au reste, son discours, comme à peu près tous ses discours, était plutôt une malice qu'un acte politique sérieux. Et, en effet, au moment même où des événements encore palpitants venaient de révéler à toute l'Assemblée de quel point pouvait lui venir le danger d'un coup d'État, il n'était guère sérieux de présenter Louis-Napoléon comme le défenseur du principe républicain et son ministère comme l'ennemi irréconciliable de ce principe; tout l'esprit du monde ne pouvait parvenir à faire accepter par l'Assemblée une interversion aussi imprudente des rôles et des situations.

M. Victor Hugo, qui n'avait pas encore rompu avec le parti modéré, répondit à ce discours par quelques phrases marquées de son cachet :

Qu'est-ce qu'une Constitution, dit-il, c'est une révolution accomplie. Or, peut-on se figurer une révolution à la fois terminée par le vote de la Constitution et se continuant par la puissance de la Constitution; en d'autres termes, le définitif proclamé et le provisoire maintenu; l'affirmation et la négative en présence? (Rires à gauche.) Tout cela se heurte et s'exclut....

La Montagne avait beau affecter de rire, il y avait là plus et mieux que des antithèses. Toutefois, elle croyait avoir eu les honneurs de la journée et elle se pressait d'en recueillir les fruits; elle demandait à grands cris la clôture et le vote. M. Flocon lui-même appuyait cette tactique par des considérations un peu étonnées de se trouver dans sa bouche. « Des journées comme celle-ci, s'écriait-il, coûtent cher à la prospérité du pays; il est urgent d'en finir. » Cependant la clôture n'ayant pas obtenu la majorité, et la proposition du renvoi au lendemain ayant été également rejetée, on vit alors tous les orateurs de la gauche, obéissant à un mot d'ordre, appelés successivement à la tribune, déclarer qu'ils renonçaient à la parole, et, chose étrange, mais qui devait se renouveler plus d'une fois, l'extrême gauche demanda le scrutin secret, avouant ainsi que l'opinion publique la condamnait; elle prenait soin de justifier elle-même ce reproche que nous venions de lui adresser, celui de ne repousser la proposition Rateau que par crainte et défiance de ce même suffrage universel dont elle prétendait tirer son orgine et sa force. Toutefois, malgré cette habileté, malgré ces précautions prises pour abriter les opinions timides sous le voile du scrutin secret, la seconde lecture de la proposition fut votée par 416 votants contre 411, chiffre qui atteste avec quelle opiniâtreté, dans cette lutte désespérée, les positions étaient gardées ou disputées.

Le lendemain 30 janvier, le combat recommençait

avec une nouvelle ardeur ; M. Sarrans demandait une enquête sur la journée du 29 janvier, il reproduisait le fait de la lettre du général Changarnier au président, celui de l'arrestation des deux colonels de la garde nationale; il voyait dans ces faits le principe d'un parti pris d'outrager l'Assemblée, la pensée d'un coup d'État, une conspiration contre la République ; une enquête seule pouvait éclairer l'Assemblée, etc.

Le ministre de l'intérieur, quant à la lettre du général Changarnier, s'en référa à ce qu'en avait dit M. Marrast, et sur le fait de l'arrestation des colonels, il affirma que cette mesure avait été rendue nécessaire par les appels que les officiers faisaient ouvertement à la révolte. Il aurait pu s'en tenir à ces explications sommaires; mais il crut devoir rentrer dans son thème habituel d'attaques contre la Montagne; son ton, son geste, son assurance même, tout en lui était antipathique à une grande partie de l'Assemblée; et, sous sa parole, ce débat vidé la veille se ranima et amena des scènes violentes qui appelèrent l'intervention du président.

Heureusement, M. Marrast quitta son siége de président et vint à la tribune, lire d'abord la lettre du général Changarnier qui, bien qu'assez peu respectueuse, ne contenait cependant pas de refus formel, ni surtout aucun de ces défis que la Montagne s'attendait à y trouver ; il lut ensuite la lettre que je lui avais adressée et dans laquelle je lui disais qu'après information, j'avais acquis la certitude que les colonels avaient été arrêtés non à raison de leurs offres de secours à l'Assemblée, mais par suite de provocations publiques et directes à l'insurrection adressées par eux à leurs soldats. Ces deux documents suffirent pour faire tomber cette supposition de M. Sarrans d'un parti pris d'outrager l'Assemblée, et c'était le point important, car les susceptibilités de l'esprit de corps étaient le seul terrain sur lequel la Montagne et les républicains modérés pussent se montrer et réunir leurs votes.

Nous devions nous regarder enfin comme sortis de cette crise orageuse; mais dans la séance du 31 janvier, le débat reprenait avec une nouvelle passion. M. Marrast, soit sciemment, soit par ignorance, avait pris sur lui de saisir les bureaux de la demande d'enquête formulée par M. Sarrans. Or, l'Assemblée n'avait pas préalablement ordonné ce renvoi, et le procédé du président était de tout point irrégulier. Aussi, la plus grande confusion avait-elle régné dans la discussion des bureaux; plusieurs s'étaient déclarés illégalement saisis et avaient refusé de mettre en discussion la proposition; d'autres n'avaient nommé de rapporteur que sur l'urgence; d'autres enfin avaient discuté le fond de la proposition. Ces irrégularités furent signalées dans la séance générale de l'Assemblée par M. Taschereau, et, après un long débat dans lequel les tacticiens du parti de l'opposition, MM. Stourm, Billault, insistèrent beaucoup pour faire maintenir le renvoi ordonné par le président, il fallut bien, en présence du texte formel du règlement, reconnaître qu'on avait fait fausse route.

Le vrai motif de cette grande insistance qu'on mettait à faire prévaloir le renvoi de l'enquête aux bureaux tenait uniquement à ce que les habiles du parti républicain modéré avaient reconnu que, par sa proposition de mise en accusation des ministres, la Montagne avait placé la lutte sur un mauvais terrain; cette accusation, en effet, n'était pas prise au sérieux par l'Assemblée; ils voulaient donc y substituer la proposition d'enquête, qui allait beaucoup mieux au tempérament de cette Assemblée; ils s'efforçaient de venir ainsi au secours de M. Ledru-Rollin et de couvrir la retraite de cet enfant terrible.

M. Vezin, député assez intelligent, mais souvent trop ardent, siégeant à droite, devina cette tactique et la retourna contre ses auteurs. Il demanda, en termes ironiques, ce qu'il était advenu de la proposition de mise en accusation annoncée naguère à l'Assemblée avec tant d'emphase ? pourquoi lui préférer une demande d'enquête qui était postérieure en date ? l'avait-on abandonnée ? alors il faudrait le dire !

M. Ledru-Rollin, qui aurait préféré sans doute laisser sa mise en accusation suspendue sur la tête du ministère, sans avoir à la prouver, fut bien forcé de s'expliquer. Il déclara qu'il persistait plus que jamais dans ses accusations qui, selon lui, venaient de recevoir une nouvelle force des faits qui s'étaient passés dans ces derniers jours. Alors le président dut mettre aux voix le renvoi de la proposition de mise en accusation aux bureaux. Ce renvoi fut refusé par 458 voix contre 250 ; encore de ces 250 membres formant la minorité, il faudrait retrancher un assez grand nombre de représentants qui, le lendemain du vote, expliquèrent dans le *Moniteur* qu'ils n'avaient entendu voter qu'un simple examen et qu'ils eussent voté autrement s'il se fût agi de préjuger le fond. Toutefois, on ne peut que regretter et même s'étonner de rencontrer parmi les noms de cette minorité celui du président Marrast, dont la conduite, dans toute cette affaire, avait été marquée d'une certaine modération.

Enfin, les interpellations de M. Martin Bernard, membre exalté de la Montagne, à propos de la fermeture du local de la Société de la solidarité républicaine et de l'arrestation de plusieurs de ses membres, vint clore cette série de combats acharnés qui avaient rempli presque toute une semaine.

Nous avons déjà fait connaître cette Société et la mesure de suppression dont elle a été l'objet ; avant

M. Léon Faucher, M. Dufaure avait fait une descente dans le local de cette Société ; mais il s'était trouvé que, ce jour-là, une réunion électorale avait choisi ce même local pour y tenir séance, et ce sont ses procès-verbaux et non ceux de la Société de la solidarité républicaine qui avaient été saisis ; méprise qui avait amené la rétractation de la saisie. L'auteur des interpellations ne manqua pas de se prévaloir de cet incident pour en conclure que la Société, interdite par le ministre nouveau, avait reçu la sanction de l'autorité précédente ; mais la plus simple explication suffit pour faire tomber cet argument, et comme M. Ledru-Rollin, dans un long et véhément discours, s'efforçait d'établir par une discussion de droit que la Société qu'il présidait était légalement autorisée, je me bornai à lui répondre de ma place : « Que, s'il faisait un plaidoyer, ce n'était pas le lieu et qu'il devait le réserver pour les juges saisis ; que, si c'était un nouvel acte d'accusation, il devait le formuler et le soumettre aux formes du règlement. » Ces observations coupèrent court à la discussion et l'ordre du jour fut voté.

C'est ainsi que se termina enfin ce combat acharné qui avait rempli huit mortelles séances ; si les périls avaient été grands, les résultats obtenus n'étaient pas sans importance. Nous avions frappé l'anarchie au cœur, en proposant la suppression des clubs et en lui montrant que nous ne la redoutions pas. Nous avions vis-à-vis de l'Assemblée résolûment établi notre indépendance comme pouvoir exécutif ; nous avions fait disparaître toute incertitude sur le terme de l'existence de cette Assemblée ; nous avions déjoué complétement, et de manière à ce qu'il n'y eût plus moyen de la reprendre, cette tactique qui consistait à diviser le président de son ministère ; et en faisant éclater le parfait accord d'intention et de volonté qui régnait entre les principaux dépositaires du pouvoir, nous avions ajouté encore à sa force. Certes, le ciel n'était pas sans nuage ; nous n'avions pas résolu les difficultés qu'offraient les vices de la Constitution, nous n'avions pas trouvé le secret de concilier cette double responsabilité du président et du cabinet sur laquelle reposait cependant tout le mécanisme du nouveau gouvernement ; nous avions encore à redouter les accès de défiance et de ressentiment d'une Assemblée qui devait inévitablement devenir d'autant plus difficile à manier que sa fin approchait davantage. De plus, les derniers événements nous avaient révélé, chez le président, une persistance dans ses rêves de restauration impériale et une impatience de les réaliser qui appelaient toute notre surveillance [1].

C'était là, malheureusement, un danger inhérent à la situation ; il avait bien fallu prendre la force que le nom de Napoléon et les cinq millions de suffrages accordés à ce nom nous apportaient, avec les conditions qui en étaient inséparables ; la seule chose que nous avions à faire, c'était, ainsi que nous en avions pris l'engagement dans notre programme ministériel, *d'empêcher que cette force ne s'égarât*, et nous y avons réussi, Dieu merci, tant que le pouvoir est resté dans nos mains.

[1]. Toutes les fois qu'il paraissait au conseil avec ses pantalons à bandes rouges, nous échangions, mes collègues et moi, un sourire d'intelligence, et nous nous attendions à quelques-unes de ces propositions qui sentaient l'Empire et dont nous faisions justice à l'instant même.

ÉLECTION DU VICE-PRÉSIDENT DE LA RÉPUBLIQUE.

Vers ce temps, nous eûmes une autre révélation et de la triste imprévoyance de ceux qui avaient fait la Constitution et des arrière-pensées ambitieuses du président.

Nous avions, aux termes de la Constitution, à présenter trois candidats pour la vice-présidence de la République ; c'était là une magistrature que la Constitution avait faite grande par le titre, mais assez insignifiante par les attributions. Le vice-président qui devait, en cas de mort ou d'empêchement, remplacer le président de la République et tenir cette position jusqu'à ce qu'une élection nouvelle eût fait cesser la vacance présidentielle, n'avait, hors ce cas tout accidentel, aucun pouvoir réel ; il était appelé, il est vrai, à présider le conseil d'État ; mais il était exclu de l'Assemblée et du conseil du cabinet. Son influence sur la marche des affaires ne répondait nullement à l'importance de son titre : nous avions pensé cependant que nous ne pouvions présenter à l'Assemblée pour cette haute magistrature que des noms considérables. Quelques personnes avaient d'abord songé à moi et l'entourage du président ne paraissait pas éloigné de ce projet ; mais je déclinai un honneur qui me laissait sans aucun pouvoir de faire le bien, ni d'empêcher le mal. Je proposai au conseil une liste sur laquelle figuraient MM. Arago, Lamartine et je présentai les raisons qui me paraissaient devoir décider le gouvernement en faveur de ces personnages qui avaient donné des gages à la République, sans pour cela appartenir aux partis extrêmes, lorsque le président tira de sa poche un petit papier sur lequel il avait inscrit en tête et comme premier candidat M. Boulay (de la Meurthe), député inconnu et qui n'avait d'autre titre que son origine impériale et son parfait dévouement à la famille Bonaparte. Nous ne pûmes nous empêcher de témoigner que nous ne prenions pas au sérieux un tel nom, pour une telle fonction. Le président, gardant tout son sang-froid, maintint sa présentation qu'il fallut bien accepter. Notre sentiment fut partagé par l'Assemblée; lorsque lecture lui fut donnée du message en tête duquel figurait le nom de M. Boulay, un éclat de rire à peu près général accueillit cette communication; mais c'est d'elle-même que l'Assemblée aurait dû rire et non du président. Celui-ci savait bien ce qu'il faisait alors qu'il préférait pour la vice-présidence, à un personnage de quelque consistance, un homme insignifiant et incapable de lui faire ombrage; laisser au président de la République la présentation des trois candidats pour la vice-présidence, c'était lui laisser la disposition de cette haute magistrature dont les auteurs de la Constitution avaient cependant prétendu faire un contre-poids sérieux à la puissance présidentielle. Il arriva, en effet, que des deux candidats associés à M. Boulay, l'un, M. Vivien, fut repoussé, comme ancien ministre de Cavaignac, par toute la droite et par la Montagne; tandis que l'autre, le général Baraguay-d'Hilliers, trop compromis par ses excentricités conservatrices pour avoir des chances sérieuses (il présidait la fameuse réunion de la rue de Poitiers), n'eut qu'une seule voix; M. Boulay, malgré les rires universels par lesquels son nom avait été accueilli, fut nommé, à raison de son insignifiance même, vice-président à une énorme majorité; Louis-Napoléon avait donc eu raison dans sa combinaison. Mais que dire de ces républicains qui commettaient de telles bévues et ne s'en apercevaient qu'au moment où le fait se produisait sous leurs yeux et alors qu'il était trop tard pour les réparer ?

Dans son humeur contre ce choix qui lui paraissait ridicule, l'Assemblée réduisit le traitement de ce vice-président à un chiffre vraiment humiliant; par là, elle aggravait encore le mal qu'elle n'avait pas su prévenir[1].

Dans le récit des crises successives que notre ministère a eu à traverser, je néglige les petits faits qui, cependant, à raison de l'état surexcité des esprits, devenaient souvent de grosses affaires. Ainsi ne sachant comment classer l'oncle du président de la République, l'ex-roi Jérôme, dans un cadre républicain, nous avions imaginé d'en faire le gardien du tombeau de son frère : nous l'avions nommé gouverneur des Invalides; rien de plus simple en apparence. Eh bien, voilà qu'à la cérémonie de son installation, ces vieux soldats, cédant à l'ivresse de leurs souvenirs, se mettent à crier : *Vive l'Empereur!* De là, de vives interpellations de la Montagne qui me forcèrent de monter à la tribune et de demander l'indulgence de l'Assemblée pour des entraînements excusables chez de vieux soldats.

En outre, nos prédécesseurs nous avaient légué une série de mesures et de lois que nous ne pouvions approuver, d'où naissait, pour nous, la nécessité ou de les retirer, ou de les combattre : tels étaient les projets de lois sur l'instruction publique, sur l'école d'administration, sur l'impôt progressif des donations et successions, etc.; le retrait de chacun de ces projets

---

1. Les calculs et les prévisions du président se sont trouvés justifiés par l'événement : après son coup d'État, bien loin d'avoir à rencontrer les résistances et les protestations du vice-président de la République, il n'eut que la peine de se débarrasser de ses puériles obsessions, et il finit par en faire un sénateur ; digne dénouement de cette comédie républicaine.

provoquait un orage, il semblait que nous enlevions à l'Assemblée un droit acquis alors que nous ne faisions qu'user de la plus légitime des facultés, celle de ne répondre que de ce que nous approuvions.

Enfin le plus triste des legs qui nous avaient été transmis avec le pouvoir, c'était la liquidation de l'arriéré des événements de Mai et de Juin : une masse d'accusés et de transportés attendaient leur sort entassés dans les prisons et les pontons. La Montagne ne manquait pas à chaque occasion de demander à grands cris : *L'amnistie!* C'est, sans doute, une belle chose et souvent éminemment politique que l'indulgence et la générosité dans les guerres civiles; faire appel à ce noble sentiment, c'est toujours un rôle facile; celui d'y résister est, au contraire, toujours pénible et difficile. Ce qui le rendait plus difficile encore pour nous, c'est que le président, avant et même depuis son élection, avait pris une sorte d'engagement envers le parti avancé de la République; ce dont ne manquaient pas de se prévaloir les orateurs de l'extrême gauche. Nous ne pouvions cependant céder sur ce point, nous avions déjà fait et sans y être provoqués tout ce que l'humanité et une saine politique nous permettaient de faire : c'est ainsi que bien que quelques femmes eussent, dans les journées de Juin, renchéri de férocité sur les hommes, cependant nous crûmes pouvoir faire rendre à la liberté soixante-trois de ces malheureuses qui avaient été saisies sur les barricades, et quant aux trois à quatre mille transportés, après avoir successivement réduit ce chiffre à 2,000 environ, en renvoyant dans leurs foyers tous ceux qui témoignaient le moindre repentir, nous demandâmes à l'Assemblée de désigner l'Algérie comme lieu de transportation.

Pendant ce temps, l'instruction judiciaire contre les personnes compromises dans l'attentat du 15 Mai se terminait ; l'arrêt de mise en accusation et de renvoi à la cour d'assises était rendu, le moment était venu pour nous de saisir la haute cour de justice nationale et de mettre pour la première fois à l'épreuve cette juridiction créée par la nouvelle Constitution. Nous présentâmes à l'Assemblée un projet de décret à cet effet, projet qui donna lieu à une longue et vive discussion sur une question de rétroactivité légale. M. Ledru-Rollin et ses amis de la Montagne soutenaient que la loi qui avait institué la haute cour étant postérieure aux faits du 15 Mai, ces faits ne pouvaient être déférés à cette cour sans violer le principe de la non-rétroactivité des lois en matière pénale. A quoi tous les jurisconsultes de l'Assemblée répondaient avec la jurisprudence et la raison, qu'autre chose est la peine qui ne peut jamais, en effet, s'appliquer rétroactivement sur un fait antérieur et autre chose la procédure et la juridiction qui saisissent et règlent nécessairement, à moins de dispositions contraires, toutes les affaires pendantes et non encore vidées. M. Dupin en donnait un motif irréfutable. Comment aurait-on fait, disait-il, pour, après l'abolition des parlements, faire juger par eux des faits antérieurs à leur abolition? Aurait-on fait revivre l'institution parlementaire? Pour cela, aurait-on rappelé de l'émigration les anciens parlementaires pour les faire siéger, et si la mise en accusation des ministres du précédent gouvernement eût été prononcée, auriez-vous ressuscité la Chambre des pairs du roi Louis-Philippe pour juger les accusés? Il est certain cependant que les gouvernements peuvent, par un changement de juridiction, aggraver le sort des accusés autant et peut-être même plus que par un changement de pénalité. Contre cet abus, ce n'est pas le principe de non-rétroactivité qui est la garantie des citoyens; c'est, comme je le disais à l'Assemblée, cette disposition fondamentale de nos constitutions qui défend à tout gouvernement d'enlever les accusés à leurs juges naturels et de les priver de certaines garanties essentielles, telles que la publicité des débats, l'inamovibilité des juges et l'institution du jury. Or, ces trois grandes garanties se retrouvaient au plus haut degré dans la haute cour nationale : la *publicité*, puisque toute la France assisterait au débat; l'*inamovibilité des magistrats*, car la cour se composait de conseillers de la cour de cassation qui, à la différence de ceux des cours d'assises ordinaires, avaient été librement élus par leurs collègues et non désignés d'avance par le garde des sceaux; en outre, le président de cette cour était lui-même élu par ses pairs ; enfin, le *jury* dans toute la plénitude de ses garanties, puisque les conseils généraux des quatre-vingt-trois départements formaient une liste nationale sortie du suffrage universel et sur laquelle le sort désignait les jurés soumis ensuite, à raison de leur nombre, à de plus larges récusations que celles accordées aux accusés dans le droit commun : je fus heureux de saisir cette occasion de rendre une justice éclatante à cette institution qui mérite d'être conservée dans notre législation, à la condition toutefois que les conseils généraux resteront l'expression du choix libre des citoyens.

Après des débats vifs et prolongés, l'Assemblée sanctionna ces différentes mesures, elle rejeta les propositions d'amnistie et renvoya les accusés du 15 Mai à la haute cour d'Orléans. Ainsi se trouva réglée cette partie si pénible de notre mission; nous ne pouvions, malgré nos désirs, aller plus loin dans la voie de l'indulgence, sans encourir le reproche de faiblesse ; ceux qui revendiquaient une amnistie générale et complète, comme ceux qui en auraient profité, étaient, en effet, animés encore de passions trop haineuses et trop violentes pour qu'une telle mesure fût acceptée par les uns et par les autres autrement que comme une concession arrachée à la faiblesse et à la peur. Dans de telles conditions, les amnisties ne sont pas des apaisements et des réconciliations, mais des encouragements à de nouvelles violences.

A côté et en dehors de ces luttes passionnées entre l'extrême gauche et le pouvoir, sur les mesures de répression, se continuait ce petit travail d'intrigue parlementaire poursuivi par les tacticiens de l'Assemblée. Ils avaient choisi le budget comme le terrain le plus favorable à leurs combinaisons, et, en cela, ils étaient assez bien inspirés. En effet, depuis que l'Assemblée avait dû se résigner à envisager le terme fixé à son existence, une sorte de mot d'ordre avait couru sur les bancs. C'était celui-ci : puisque nous sommes obligés de nous retirer, faisons du moins le budget; laissons-y les traces indélébiles de notre politique, que ce soit tout à la fois notre *testament* et notre *justification*. C'est sous l'influence de cette pensée que le comité des finances, où les hommes pratiques et de quelque expérience des affaires avaient la majorité, fut dessaisi, à la suite d'un vif débat, de l'examen préparatoire du budget et qu'une grande commission de trente membres nommés sous l'influence des passions de la majorité remplaça ce comité.

MM. Billault et Stourm crurent que l'occasion était favorable pour présenter un système financier par lequel ils comptaient bien faire sombrer le ministère; il ne s'agissait de rien moins que de faire voter les recettes avant les dépenses et M. Billault expliquait ainsi cette interversion :

> L'impôt, disait-il, est arrivé à sa plus extrême limite, il est de toute impossibilité d'y rien ajouter : lorsque nous aurons décidé le chiffre du *maximum* de notre revenu, il faudra bien y conformer notre dépense et la réduire jusqu'à ce chiffre.

Cela paraissait assurément fort raisonnable au premier coup d'œil; un particulier, tant soit peu sage, ne raisonne pas autrement; il se rend compte de ses revenus et se garde bien de rien dépenser au delà. Mais un État peut-il raisonner de même? il n'est pas plus vrai que l'État doive dépenser tout ce que le fisc peut tirer de la bourse des particuliers par la voie des impôts, qu'il n'est vrai qu'il ne puisse rien dépenser au delà. Il y a, pour les États, des dépenses nécessaires qui ne sont pas subordonnées à la quotité de ses revenus actuels et pour lesquels il doit même au besoin engager l'avenir par des emprunts. Les particuliers meurent et les États ne meurent pas, et cette seule différence en amène une très-grande dans les règles de conduite. Qu'aurait dit M. Billault, avec son système, au gouvernement de la Restauration qui, en 1816, demandait à l'emprunt les moyens d'acquitter les charges d'une double invasion? Lui aurait-il objecté qu'on ne pouvait rien dépenser au delà du produit de l'impôt existant? La Révolution de 1848 n'était pas, sans doute, l'invasion; mais, dans ses résultats financiers, n'avait-elle pas été peut-être plus désastreuse encore? M. Passy fit valoir toutes ces raisons, dans un discours très-fort de logique et d'expérience financière. M. Billault insistait cependant, il faisait le bilan financier de la République et il était peu rassurant; il rappelait que le déficit de l'année était de 213 millions et, grâce aux crédits supplémentaires, s'élèverait infailliblement de 250 à 260 millions, ce qui, joint aux découverts des années précédentes, porterait à près d'un milliard le déficit général; il montrait le revenu des contributions indirectes allant s'amoindrissant de plus en plus, de 12 millions en novembre et de 17 millions en décembre. Dans une telle situation, il faut de toute nécessité, disait-il, trancher dans le vif et réduire fortement les dépenses; on peut retrancher 100 millions des dépenses de la marine et de la guerre, en se prononçant pour un système de paix, 100 millions de l'administration civile en la simplifiant et 100 millions des travaux publics. C'est pour forcer le gouvernement à ces retranchements qu'il faut l'enfermer dans le cadre d'un budget de recettes fixe et impossible à franchir. Ce discours me rappelait ce brave M. Audry de Puyraveau qui, au lendemain de la révolution de 1830, proposait de réduire le budget des dépenses de 700 millions en masse; ce qui ne l'empêchait pas le lendemain, comme n'y manquait pas M. Billault, de pousser à une guerre universelle ce même gouvernement qu'il voulait réduire par ces retranchements à l'impuissance même de vivre.

Aussi, à la suite du discours de M. Billault, un jeune député, M. Rouher, ne put-il s'empêcher de lui adresser cette question malicieuse : *A quand vos interpellations sur l'Italie?* C'est qu'en effet la contradiction entre ces économies poussées jusqu'à l'absurde et cette politique guerroyante était trop choquante pour ne pas frapper tous les esprits impartiaux.

Il fut facile à M. Passy de démontrer que le budget présenté par son prédécesseur et qu'il adoptait dans ses principales dispositions avait porté les économies jusqu'à la dernière limite du possible : qu'ainsi l'armée avait été réduite de 120,000 hommes; que la marine subissait un retranchement de 22 millions, l'administration intérieure, de 22 millions, celle des finances de 11 millions et qu'à aucune époque des réductions aussi fortes n'avaient été opérées ; que ce n'était pas le gouvernement, mais l'Assemblée elle-même qui, par de nouveaux crédits, ajoutait sans cesse aux dépenses; tantôt c'était le ministère de l'agriculture qui, par suite des nouvelles créations, s'était accru de 11 millions ; puis les colonies agricoles de l'Algérie qui ajoutaient au budget

10 millions en pure perte, puis les prêts aux associations d'ouvriers, puis la garde mobile, puis les ateliers nationaux qui avaient grevé le Trésor de plus de 50 millions. Encore si on eût maintenu les impôts existants; mais alors qu'on accroissait les dépenses on tarissait les sources du revenu; on supprimait le cautionnement et la taxe des journaux, on réduisait l'impôt du sel et les droits de poste, on menaçait les impôts indirects, etc... Ces chiffres ne pouvaient être contestés; aussi M. Stourm, l'émule et le collaborateur de M. Billault, essaya-t-il de sortir de ce terrain pour reprendre le thème ministériel et nous reprocher d'avoir été pris en dehors de la majorité. Il ne fit, en cela, que dévoiler assez sottement le secret de cette campagne financière ; et cependant, bien que la proposition de M. Billault n'eût fait que renouveler une pensée déjà plusieurs fois reproduite dans les anciennes Assemblées et toujours repoussée par leur bon sens, elle ne fut rejetée qu'à la très-faible majorité de 397 voix contre 390, tant était entrée profondément dans l'esprit de l'Assemblée cette résolution de laisser, après elle, un budget qui assurât à tout prix sa popularité. Nous verrons cette idée se développer plus tard et prendre les proportions d'un système préconçu de rendre le gouvernement des successeurs impossible.

Les hostilités un instant suspendues ne tardèrent pas à recommencer. Le moindre incident suffisait pour les renouveler et cet incident, l'imprudence de M. Léon Faucher le fit bientôt naître.

Il avait trouvé dans son ministère une correspondance organisée par un sieur Havas qui s'était chargé d'adresser aux préfets une espèce de résumé de toutes les nouvelles importantes du jour, avec des instructions sur la conduite à suivre. Cette correspondance avait un caractère mixte, elle était tout à la fois officielle et officieuse, elle se rédigeait au ministère de l'intérieur et cependant elle était réputée l'œuvre de l'homme qui la signait; c'était un moyen moins compromettant que les bulletins de la République de correspondre avec les agents du pouvoir et de donner, en quelque sorte, une direction à l'esprit public. Il était important cependant d'en surveiller attentivement la rédaction; c'est ce que M. Léon Faucher avait négligé de faire. Il s'était glissé à l'insu du ministre, nous le croyons, puisqu'il l'a affirmé, l'article suivant :

> Le devoir des bons citoyens est d'éveiller par des pétitions respectueuses la sollicitude de l'Assemblée nationale sur les vœux et les besoins du pays : c'est aux hommes modérés qu'il appartient de défendre les institutions républicaines contre l'arbitraire *d'une dictature de jour en jour plus intolérable* et de faire prévaloir le droit contre le régime exceptionnel : Que les pétitions affluent de tous les points de la France pour réclamer incessamment la prompte réalisation du vœu national! Le vote du 10 décembre a un sens que l'Assemblée nationale oublie et qu'il faut sans cesse lui rappeler : la France a voulu sortir du provisoire; que le pays soit bien averti; s'il n'agit pas, s'il ne pétitionne pas avec ensemble; s'il ne dit pas à l'Assemblée de sa voix la plus haute que son œuvre est accomplie, il peut être certain qu'on ne lui donnera pas la satisfaction qu'il demande.

On peut juger de l'impression que dut produire sur l'Assemblée un pareil document, qui représentait le ministère comme donnant le signal de toute cette agitation extérieure qui importunait tant l'Assemblée, et comme dirigeant, par ses agents, la pression contre laquelle elle se débattait; aussi lorsqu'au milieu de la discussion qui se poursuivait assez languissamment sur la proposition d'enquête, dont le rapporteur, M. Voirhaye, demandait le rejet, M. Perrée, directeur du journal *le Siècle*, fit tomber ce document au milieu du débat, l'effet en fut foudroyant. A l'instant même le débat sur l'enquête fut abandonné et de violentes interpellations furent adressées au ministre de tous les points de la salle. Les explications de M. Léon Faucher furent embarrassées ; il consentait bien à répondre, disait-il, des faits et nouvelles qu'il communiquait aux préfets par cette correspondance Havas, mais il ne répondait pas des doctrines, des réflexions ou des conseils qu'il plaisait à l'agent de cette correspondance d'y ajouter. Comme ces explications étaient accueillies par des murmures et que de tous les bancs arrivaient des objections et des dénégations, le ministre, perdant son sang-froid, jette à ses interrupteurs ces paroles fort peu parlementaires, et, dans tous les cas, très-inconvenantes dans la bouche d'un ministre : « Laissez-moi tranquille avec vos interpellations perpétuelles », paroles qui, on le pense bien, n'étaient pas de nature à calmer l'orage.

M. de Falloux n'y réussit pas davantage en rappelant qu'un journal d'Angers qui s'était permis d'insulter l'Assemblée était dans ce moment poursuivi par l'ordre du ministère et qu'il était injuste de vouloir rendre un ministre responsable de journaux qu'il poursuivait et de bulletins qu'il ignorait. M. Perrée, revenant à la charge, affirme que les bulletins par lui dénoncés à l'indignation de l'Assemblée avaient été envoyés sous l'enveloppe du ministère de l'intérieur et avec le cachet du cabinet, d'où il inférait qu'il était impossible que son contenu n'eût pas été connu et n'eût pas reçu la sanction du ministre lui-même avant d'être ainsi expédié aux agents du pouvoir. L'agitation dans l'Assemblée était au comble. — La séance, dit *le Moniteur*, resta suspendue.

M. Léon Faucher, averti du mauvais effet de ses explications évasives, déclare que ce n'est pas lui qui a établi au ministère de l'intérieur cet abonnement de la correspondance Havas, que bien loin de là il a supprimé le bureau de l'esprit public qui y existait avant lui, que maintenant qu'il est averti du danger de cette correspondance, il avisera et que, désormais, il exigera qu'elle ne contienne que des faits et pas de réflexions.

Cette espèce d'amende honorable pour le passé et ces assurances données très-sincèrement pour l'avenir auraient dû suffire à calmer les esprits; mais l'Assemblée était trop excitée pour s'en contenter et M. Perrée, mettant à profit cette disposition, s'empressa de proposer un ordre du jour ainsi conçu : *Attendu que les tendances des ministres inspirent à l'Assemblée une défiance légitime*, etc., *passe à l'ordre du jour.*

Ainsi, à l'accusation de la Montagne, les habiles avaient substitué une demande d'enquête, et voilà que tout à coup, à propos d'un incident dont toute la gravité disparaissait devant les désaveux formels du ministre incriminé, il est proposé un ordre du jour motivé qui était un congé en forme donné au ministère tout entier. Cet acharnement à poser ainsi à toute occasion la question de cabinet me força à intervenir afin de m'expliquer une fois pour toutes avec l'Assemblée sur cette prétention de faire ou de défaire ainsi les ministères à volonté; je m'exprimai ainsi :

Je voudrais une grande netteté dans les positions. C'est une question ministérielle directe qu'on vient de poser incidemment à un autre débat non encore vidé. (Plusieurs membres : Oui, c'est assez clair.) Hé bien, ce que vous faites est chose grave dans la forme et au fond. Dans la forme, quand de pareilles questions étaient posées sous la monarchie, elles étaient solennellement annoncées; les ministres savaient sur quels points ils seraient attaqués ; ils préparaient leurs explications, réunissaient leurs documents, le débat était sérieux et loyal; la solution avait les caractères d'un jugement réfléchi. Ce n'était pas, comme on le propose aujourd'hui, incidemment et par surprise, que de telles questions se vidaient. Voilà pour la forme. Au fond, la question a une bien autre gravité. Vous voulez provoquer la dissolution ou tout au moins la modification du ministère. (Voix nombreuses : Oui, oui, sa modification !) Le moment est donc venu de s'expliquer catégoriquement sur cette question qui se reproduit incessamment ; il faut que tous les voiles se déchirent et que la plus entière franchise préside à un tel débat : la question posée est celle de savoir si, par notre Constitution républicaine, nous avons transporté dans nos institutions actuelles cette pratique de la monarchie constitutionnelle qui permettait à une Chambre de briser dans les mains du monarque et même avant qu'ils eussent fait aucun acte, comme cela est arrivé en 1830, les ministres auxquels il a confié le pouvoir. (Exclamations à gauche. — Agitation vive et prolongée, dit le *Moniteur*.)

Cette agitation était, en effet, très-naturelle, car je venais de me placer sans aucun ménagement dans le vif de la situation.

Si, ajoutai-je, au lieu d'avoir à traiter incidemment cette question redoutable, j'avais à discuter directement et dogmatiquement je ne serais pas embarrassé de démontrer quelle notable différence doivent apporter dans les rapports des assemblées avec le pouvoir exécutif la responsabilité ou l'irresponsabilité de ce pouvoir et la faculté de vider les conflits entre lui et les majorités parlementaires par un appel au pays au moyen d'une dissolution. (Violents murmures et cris : A l'ordre ! partis de l'extrême gauche.) Quoi ! c'est lorsque je vous rappelle les dispositions de votre Constitution qui met l'Assemblée au-dessus de toute dissolution par le pouvoir exécutif que vous faites entendre des murmures et des cris, permettez-moi de le dire, bien inintelligents. (*A droite* : C'est vrai : très-bien ! très-bien !)... Dans les États-Unis d'Amérique, on regarderait comme ridicule et puérile de poser une question de cabinet : pourquoi ? parce que c'est toujours le Président qui est en présence du pays et du Congrès dans le plein exercice du pouvoir exécutif dont il répond. (Une voix *à gauche* : Alors nous aurions bien perdu à la révolution. — L'interrupteur ne se doutait pas que, dans son exclamation, se trouvait renfermée une grande vérité. — Autre voix : Le Président n'est qu'un bras, un instrument. Il n'est pas un pouvoir.)...... Je reprends : Poussez ce système de subordination jusqu'à l'absolu et vous verrez une majorité hostile briser à volonté et selon ses ressentiments et ses caprices tout ministère qui lui déplaira, et cela parce qu'il représentera trop fidèlement la politique du Président; elle recommencera ce jeu jusqu'à ce que les ministres deviennent par le fait ses ministres et cessent d'être ceux du Président de la République : de telle sorte que cette haute magistrature, à laquelle vous avez avec raison assigné une si grande place dans le jeu de vos institutions et que, dans ce but, vous n'avez pas craint de faire sortir du suffrage universel et direct de la nation, ne serait plus, par la plus énorme contradiction, qu'un instrument aveugle et passif sur qui pèserait la responsabilité de tout le gouvernement du pays alors que vous ne lui laisseriez aucune liberté d'action : les partis dominants dans l'Assemblée lui imposeraient une politique qui ne serait pas la sienne et dont cependant il aurait à rendre compte. Le pays tout entier se serait assemblé avec appareil pour se faire représenter au pouvoir par une sorte de mannequin qui n'aurait pas même la liberté de suivre ses opinions. Ah! croyez-moi, ne mettez pas notre jeune République à de pareilles épreuves !....

Les situations devenaient, après cette explication, bien nettes et bien tranchées; l'Assemblée était avertie que le ministère ne se retirerait pas devant un vote de défiance, et cependant, comme pour rendre la leçon plus éclatante, elle ne craignit pas de relever notre défi et de rejeter l'ordre du jour pur et simple à une majorité de 407 voix contre 387.

En réponse à ce vote, paraissait le lendemain dans le *Moniteur* la déclaration officielle suivante:

Les ministres se sont réunis à l'Élysée à l'issue de la séance; il a été décidé qu'ils resteraient à leur poste.

Le conflit était ainsi ouvertement engagé : il s'agissait tout simplement de savoir lequel des deux pouvoirs de l'Assemblée ou du pouvoir exécutif céderait. La proposition Rateau était au fond de ce conflit.

Aussi, dans la séance du lendemain, 5 février, l'Assemblée était-elle dans une grande perplexité et elle commençait à comprendre le vice radical de sa Constitution. Elle avait devant elle un pouvoir qui lui avait d'abord signifié qu'elle eût à se retirer et qui venait de lui déclarer qu'il était résolu, lui, à garder ses ministres et sa politique, même contre les manifestations hostiles de la majorité. Que faire? Ayant rejeté l'ordre du jour pur et simple, elle avait à se prononcer entre deux ordres du jour bien différents qui lui étaient soumis, celui de M. Perrée qui déclarait que les tendances du ministère créaient des dangers à la République et un ordre du jour du général Oudinot qui admettait les explications et les désaveux de M. Léon Faucher. Selon qu'elle adopterait l'un ou l'autre de ces amendements, c'était la guerre ou la paix ; si, en effet, elle se décidait en faveur de l'amendement Perrée, elle ne pouvait s'en tenir là ; car le Président ayant annoncé sa résolution de résister, il fallait mettre en accusation et le ministère et le Président ; alors c'était le commencement d'une guerre civile. C'était le long parlement ou la Convention si l'Assemblée triomphait ; c'était une dictature si le Président l'emportait : il se trouva heureusement dans la majorité, si blessée qu'elle fût dans son orgueil, quelques hommes sages qui reculèrent devant cette extrémité. Le débat fut même beaucoup moins vif que celui de la veille.

M. Flocon fit remarquer, en comparant la note du *Moniteur* du 5 février avec celle du 29 janvier, que c'était le Président qui couvrait son ministère ; tandis que, dans le parlement, c'est le ministère qui parle seul et en son nom, s'isolant du Président. A quoi on lui répond que c'est à l'Élysée et en conseil présidé par Louis-Napoléon que la note avait été délibérée, et la motion s'évanouit comme une fusée qui a manqué son effet. A cette puérile tactique toujours tentée et toujours déjouée, la Montagne ajouta la maladresse d'affirmer des faits inexacts ou dénaturés, tels, par exemple, que l'ordre prétendu donné aux ouvriers de l'arsenal de Strasbourg et aux ouvriers des ports d'avoir à suspendre leurs travaux; c'est M. Dupont (de Bussac) qui affirmait ces faits dont le ministre de la guerre et celui de la marine démontrèrent avec indignation la fausseté. De son côté, M. Léon Faucher renouvela son désaveu de la note de la correspondance Havas; désaveu que, de mon banc, je changeai en un *blâme formel* de la part du ministère.

L'amendement du général Oudinot obtint la priorité et fut voté par 435 voix contre 403; l'Assemblée passa ensuite à la demande d'enquête sur laquelle elle vota l'ordre du jour à une majorité plus forte de 461 contre 359.

A la suite de cette crise traversée d'une manière inespérée, nous retombions dans le débat provoqué par la seconde lecture de la proposition Rateau, et nous devions naturellement nous attendre, de la part de l'Assemblée, à un dernier et suprême effort pour échapper à cette mort à jour fixe à laquelle elle ne pouvait se résigner. Nous devions craindre également que les incidents irritants de la veille et les défis échangés entre les deux pouvoirs ne vinssent encore envenimer ce débat et en rendre le dénouement plus incertain et plus menaçant; c'est le contraire qui arriva, et cela s'explique : devant une résolution ferme et bien arrêtée, les timides et les incertains, qui sont toujours nombreux dans les assemblées et qui vont assez ordinairement du côté où ils sentent la force, cèdent ou capitulent et c'est ce qui se réalisa dans cette circonstance.

Le ministère n'avait plus à se mêler du débat, c'était bien assez d'avoir dit une première fois son opinion sur la nécessité de la retraite de l'Assemblée; plus d'insistance de sa part n'eût fait qu'aigrir les esprits sans aucune nécessité. La discussion se passa donc entre la Montagne et les régions moyennes et modérées de l'Assemblée; c'est un homme tout à la fois libéral et modéré, M. Lanjuinais, qui, par un amendement dans lequel le but principal de la proposition Rateau se retrouvait, mais qui en corrigeait un peu la crudité, rouvrit le débat. Ainsi, au lieu de désigner, comme le faisait la proposition Rateau, un jour fixe pour la retraite de l'Assemblée, l'amendement proposait de procéder immédiatement à la confection, à l'affiche et à la révision des listes électorales et huit jours après la clôture de ces listes d'assembler les colléges électoraux; cet amendement ne laissait pas plus d'incertitude que la proposition Rateau sur le terme assigné à l'existence de l'Assemblée, seulement ce terme sortait de la force des choses et il n'était pas exprimé en un chiffre. La différence, on en conviendra, était bien peu sensible, et cependant elle suffisait à une assemblée réduite à la nécessité d'abandonner la place et ne demandant qu'une capitulation honorable, au moins dans les termes.

La Montagne ne se laissa pas prendre à cette concession qui était plus dans les mots que dans les choses et, bien qu'abandonnée de toute la partie modérée de la gauche, elle voulut néanmoins livrer sa bataille désespérée.

M. Félix Pyat, l'un de ses membres les plus violents et les plus compromettants, fut son organe :

Je viens vous le dire, s'écrie l'orateur en termes brefs et clairs, toute la portée que nous trouvons dans ces propositions dérivées de celle de M. Rateau, car M. Lanjuinais est un *Rateau modéré*.. (Hilarité générale et prolongée, et comme il faut que, même au milieu des orages, l'esprit français se montre par quelque trait : Dites *un Rateau édenté*, crie une voix, et les éclats de rire de redoubler.) Il m'importe peu, poursuit l'orateur, ce que deviendra l'Assemblée, le sort du parti républicain n'est pas attaché à son existence ; seulement, je m'étonne que des ministres qui proclamaient naguère les grands services qu'elle a rendus à l'ordre social, pour la récompenser de ces services, ne veuillent pas même la laisser mourir de sa belle mort: ils lui demandent de se tuer lâchement avant d'avoir rempli son mandat constituant et cela uniquement parce qu'elle veut garder la forme républicaine et qu'elle se souvient de son serment et de ce cri unanime poussé le 4 mai et que Dieu a entendu : *Vive la République!* (La Montagne pousse le cri de vive la République!).... Eux, au contraire, les ministres, ils veulent une restauration en tournant le suffrage universel contre lui-même; ils veulent une assemblée législative qui change le Président en Roi; le Président pour eux, c'est un chapeau, qui attend une couronne. (Rires sur les bancs. — *Une voix* : La tirade est jolie.) Le ministère a tenu un langage qui mène à Vincennes. Il a osé vous dire à vous, seul pouvoir souverain : Vous ne représentez plus le pays, allez-vous-en : il vous a parlé comme Hubert le 15 Mai! c'est un 15 Mai honnête doublé d'un 18 Brumaire modéré. Si nous voulions employer les mêmes moyens que vous et combattre par la violence, nous voterions votre proposition, car après la Législative, la Convention....

La Montagne couvrait d'applaudissements les paroles de ce dramaturge devenu orateur, mais ces applaudissements étaient sans écho dans le reste de l'Assemblée.

M. Barthélemy Saint-Hilaire lui répondit avec le courage du bon sens et du plus pur patriotisme, « que ce que la République avait le plus à redouter, c'étaient les fautes de ses imprudents amis; qu'aujourd'hui le gouvernement n'était plus, sans doute, dans les mains qui avaient préparé la République, mais que ces mains loyales, honnêtes, énergiques, sauraient la défendre puisqu'elles avaient accepté de la servir; que ces ministres, au surplus, en garantissant l'ordre, avaient rendu plus de services à la République que ne le faisaient ses partisans aveugles par leurs soupçons et leurs exagérations. » (Rumeur à gauche.)

M. Pagnerre, autre républicain sensé et modéré, déclara donner sa pleine adhésion à l'amendement de M. Lanjuinais, qui, dans un discours plein de raison, justifia son amendement. « Cet amendement ne fait, dit-il, que substituer, dans l'intérêt de la dignité de l'Assemblée, *une date implicite à une date précise et explicite.* » L'amendement appuyé par M. Dufaure obtint la priorité sur tous les autres à une forte majorité.

Il restait à la Montagne pour compléter sa défaite de provoquer M. de Lamartine à intervenir dans le débat et c'est ce qu'elle ne manqua pas de faire. M. Sarrans, qui avait été tout à la fois un des aides de camp du général Lafayette et un des correspondants les plus assidus de Louis-Napoléon, homme de lettres honorable, mais d'un esprit faux et prétentieux, s'avisa de s'en prendre à M. de Lamartine des dangers de la situation et de l'en rendre responsable :

> Après avoir élevé la République de ses mains, dit-il, l'avoir parée de son génie, le jour où l'orage souffle sur le pays, il la prend et la lance dans l'espace, en lui disant : Tombe où tu pourras, *alea jacta est.* La postérité rendra justice aux patriotiques intentions de M. de Lamartine, elle immortalisera son génie de poëte, mais elle déplorera les ondulations de sa nature et lui contestera les qualités de l'homme d'État....

Ces reproches pouvaient être parfaitement fondés ; mais étaient-ils bien à leur place et était-ce le moment pour les républicains de se jeter à la face les uns des autres de telles récriminations ?

M. de Lamartine, attaqué aussi directement et dans ce qui lui est le plus précieux, son titre d'homme d'État, monte à la tribune et y prononce un de ses meilleurs discours, un de ceux au moins où les arguments et les conclusions se trouvent en accord, ce qui lui arrivait assez rarement.

Sur son fameux mot *alea jacta est*, qu'avait amèrement incriminé M. Sarrans, il répond « qu'il ne craindra jamais de jouer avec le sort quand c'est la France qui tiendra le dé et quand c'est Dieu qui tiendra le sort. » Sur le changement d'opinion qu'on lui reproche il se justifie par la différence des temps. «Il y a deux mois, dit-il, je disais que penser à renvoyer l'Assemblée c'était d'un insensé; mais les circonstances ont été grandement modifiées; il faudrait, pour que l'Assemblée pût continuer à exister, trois conditions : qu'elle fût d'accord avec elle-même, avec le pouvoir exécutif, avec l'opinion; or, aucune de ces trois conditions n'existe », et il le démontre au milieu des murmures de la gauche; sur les dissentiments qui s'étaient élevés entre la majorité et le ministère, il reproduit la doctrine que j'avais émise et qui avait paru aux républicains si téméraire :

Si le Président était obligé, dit M. de Lamartine, d'obéir à l'Assemblée non dans l'exécution des lois, mais dans la moindre variabilité des majorités et de changer ainsi, au moindre caprice d'une majorité, et ses organes et la politique qu'il représente, y aurait-il une personnalité qui pût résister à un démenti si répété, si scandaleux donné à ses propres pensées? Quelle autorité resterait à un homme qui affirmerait la veille et qui nierait le lendemain devant son pays? (Sensation.) Savez-vous ce que vous auriez inventé dans un personnage pareil? vous auriez inventé plus que ces Eunuques du Bas-Empire qui avaient le signe du gouvernement et ne gouvernaient pas. (Rumeurs à gauche.) — Sur le désaccord de l'Assemblée et de l'opinion, il fait acte d'humilité : c'est lui qui s'est trompé sur l'élection présidentielle, c'est le peuple qui a eu raison d'avoir été chercher un nom consacré et d'avoir voulu acclimater la liberté par la gloire. Il termine en rappelant le mot de sa circulaire faite en opposition de celle de M. Ledru-Rollin, lors de l'élection de l'Assemblée : *Donnez au peuple confiance et liberté; il vous renverra la République.* — Quant à l'objection des lois organiques, en fera-t-on quatre, cinq, six ou onze? en vérité, c'est pour moi, vu la gravité des circonstances où nous sommes, une objection du Bas-Empire... Notre mandat n'est plus de faire telles ou telles lois organiques, mais de sauver la République! Ne voyez-vous pas quelle agitation trouble l'Empire tout entier? ne voyez-vous pas cette suspension douloureuse des affaires? ces ouvriers, corrigés de ces doctrines chimériques et ruineuses pour la société, y revenir par la plus funeste des factions, celle de la misère? (Approbation à droite.) Au dehors, ne voyez-vous pas que la République chancelle? entre la diplomatie actuelle et celle du 5 mars, il y a toute l'épaisseur des Alpes. (Mouvement.) Les négociations sont venues après les médiations, les médiations après *l'action* individuelle de la France.... Vous avez sauvé la République par votre élection; vous l'avez sauvée le 15 Mai, en montrant au peuple des représentants dignes de lui; vous l'avez sauvée en Juin, en mêlant votre sang à celui des défenseurs de l'ordre. Hé bien, sauvez-la aujourd'hui par les résolutions que vous allez prendre; il y a des retraites qui gagnent des victoires; il y a des abdications qui sauvent les empires. Nous l'avons compris, nous membres du gouvernement provisoire, quand nous nous sommes pressés de nous retirer devant vous. Imitez-nous, et sauvons ensemble la République. (Marques nombreuses d'approbation. — Sensation prolongée.)

Quand M. de Lamartine proclamait ainsi que le salut de la République était dans la retraite de l'Assemblée, il fallait que la question eût fait un grand pas et que la solution fût désormais bien inévitable. Aussi la majorité de l'Assemblée insistait-elle pour passer immédiatement au vote; mais les rapporteurs des commissions ayant réclamé le renvoi des amendements à leur examen, il fallut bien, aux termes du règlement, accorder ce renvoi et la décision fut ajournée.

Le lendemain, M. Sénard proposa, comme amendement à celui de M. Lanjuinais, de fixer, par un décret spécial, après le vote de la loi électorale, la date de la clôture des listes; il prétendait n'apporter aucun changement à la proposition de M. Lanjuinais, alors que, dans la réalité, il la changeait du tout au tout, puisqu'à une date fixée d'avance par la durée légale des opérations électorales, il substituait une date à fixer par un décret spécial et qui laissait subsister principalement ce danger de l'incertitude auquel nous voulions tous pourvoir. C'est ce que M. Lanjuinais, et, après lui, M. Dufaure démontrèrent péremptoirement, repoussant avec énergie la proposition de M. Sénard qui, disaient-ils, n'était pas un simple amendement, mais à vrai dire une contre-proposition. Ce dernier, voyant sa manœuvre déjouée, jette de côté ses précautions et ses habiletés et produit avec passion sa véritable pensée; il déclare que si le terme à jour fixe doit prévaloir, il préfère assigner ce terme à huit, à quinze jours, que d'attendre les quarante-cinq jours qui sont dans la proposition Lanjuinais. (A quoi, on lui crie de la droite : Faites-en la proposition.) L'orateur, affectant de ne pas entendre ce défi, se jette dans des divagations sur les offres de la majorité au ministère, sur les refus de celui-ci :

Nous trouvions, dit-il, dans ce ministère, des hommes dont le dévouement à la cause de la démocratie avait été assez éprouvé pour que des républicains de toutes les dates pussent marcher avec eux..... Ordinairement, c'est le ministère qui demande le concours de la majorité, elle offrait ce concours et il a été refusé : au lieu de vivre de la même vie, le ministère a préféré se retirer d'elle et la presser de se dissoudre à tout prix. (A *droite* : A la question!) J'y suis, car c'est cet état de choses qui vous oblige à vous maintenir dans votre indépendance et à conserver la liberté de choisir le moment de votre retraite....

C'était, en termes peu déguisés, exprimer la crainte que les élections de l'Assemblée législative ne se fissent sous l'influence de ministres qui n'avaient pas voulu accepter de solidarité avec cette partie de la gauche républicaine à laquelle appartenait M. Sénard.

M. Dufaure fit ressortir tout ce qu'il y avait de personnalité indigne et peu politique dans cette opinion :

Ne parlons pas en ce moment de question ministérielle, dit-il aux applaudissements de l'Assemblée, la question que nous discutons est plus haute et plus grande. L'intérêt du pays nous commande-t-il, oui ou non, d'adopter la proposition de M. Lanjuinais?

Ici l'orateur démontre avec toute la puissance de sa logique que lorsque de telles questions sont posées dans l'opinion publique, il faut les résoudre sous peine de perdre toute autorité morale.

Il y a un an, dit-il (et ce témoignage doit avoir son poids dans les jugements de l'histoire), une opinion se produisait par des manifestations éclatantes : le gouvernement, au lieu d'en tenir compte, s'en est irrité; il y avait dans ces manifestations quelque chose de révolutionnaire, il y avait aussi quelque chose de factice que le gouvernement pouvait dédaigner; mais, au fond, il y avait quelque chose de légitime et de réel, et le tort du gouvernement de cette époque, c'est de s'être borné à s'irriter contre ce qu'il y avait de révolutionnaire, à dédaigner ce qu'il y avait de factice et de n'avoir pas tenu compte de ce qu'il y avait de légitime et de réel. (Approbation. *M. Odilon Barrot*: Très-bien! c'est cela!) Nous en sommes au même point : il y a de la contre-révolution et du factice dans le mouvement actuel de l'opinion; mais il y a aussi, on ne peut le nier, de la réalité et des causes légitimes. En effet, quoi de plus naturel que ceci : nous avons fait une Constitution; elle est à moitié exécutée par la nomination d'un Président; quoi de plus simple que de demander qu'elle soit exécutée dans son ensemble? En attendant, tout souffre, le crédit est suspendu, partout le commerce est interrompu. (Oui, oui; cela est vrai!) La cause de ces souffrances, c'est l'incertitude de l'avenir : c'est que la Constitution n'est pas complétement exécutée;

plus vous attendrez, plus le mal s'aggravera. Déjà les mots de coup d'État se murmurent : les esprits sont dans cette situation anxieuse où ils devaient être lors du 15 Fructidor et du 18 Brumaire : plus vous retarderez l'élection, plus le changement, dans la nouvelle assemblée, sera brusque et prononcé. (Vive approbation à droite.)

Ce discours terminait dignement ce grand débat : les opinions étaient arrêtées et l'Assemblée eût pu passer au vote définitif ; elle permit cependant aux hommes d'affaires de la Montagne, MM. Dupont (de Bussac), Martin (de Strasbourg), Jules Favre, d'épuiser toutes les ressources de leur esprit pour essayer de faire sortir une fin de non-recevoir de l'article 115 de la Constitution, et de faire naître des scrupules constitutionnels chez quelques représentants. Enfin, après une longue et fatigante discussion sur les lois organiques qui seraient mises à l'ordre du jour pendant cet intervalle de *quarante-cinq jours*, discussion dont le résultat fut de réduire successivement cette longue nomenclature de lois organiques au budget seulement, l'amendement Lanjuinais fut voté, par 494 contre 307, près de 200 voix de majorité.

Si on compare cette majorité à celle presque imperceptible qui s'était prononcée sur la première lecture, on peut juger du progrès que nous avions fait, et cela grâce à la politique du pouvoir exécutif qui, dès le principe de la lutte, en prenant une position nette, résolue, sut se faire respecter de l'Assemblée et la convaincre de l'impuissance de ses résistances et de ses colères. Si nous eussions faibli un seul instant ou présenté le plus léger symptôme d'hésitation et de peur, nous étions perdus, et Dieu sait ce qu'il en fût advenu. L'Assemblée se serait prorogée, sans doute, elle aurait absorbé en elle le pouvoir exécutif, mais son existence, dans l'état des esprits, n'eût été qu'une pénible et longue agonie, suivie, selon toutes les probabilités, d'une violente réaction d'opinion qui eût rendu un coup d'État non-seulement facile, mais nécessaire. Les républicains sincères et intelligents n'ont pas à se repentir de s'être enfin séparés de la Montagne dans cette circonstance : leur modération a été une bonne et saine politique, et si la République devait périr un jour, ce n'est pas du moins à une aveugle obstination de leur part qu'on peut l'attribuer.

Quant à moi, je pouvais considérer ma mission comme terminée, car le but principal pour lequel j'avais consenti à prendre le pouvoir était atteint. Plût à Dieu qu'il m'eût été permis alors de rentrer dans la vie privée, j'y aurais emporté la conscience d'avoir rendu un grand service à mon pays, sans aucun amer souvenir.

ADMINISTRATION INTÉRIEURE. — ORGANISATION JUDICIAIRE.

On a pu voir par ce récit que les débats de la tribune, les délibérations du conseil, les préoccupations de la rue, les mille incidents qui, chaque jour, exigeaient mon intervention, me laissaient bien peu de temps pour les affaires ordinaires de mon ministère, et cependant j'avais à réorganiser tout le personnel de la magistrature qui, aux termes de la Constitution, devait recevoir une nouvelle institution. J'avais surtout à m'occuper du ministère public, qui avait beaucoup plus encore que la magistrature assise subi le contre-coup de la révolution du 24 Février : les parquets du gouvernement précédent avaient, selon leur habitude, fait du zèle, ils s'étaient trouvés engagés dans une lutte ardente et passionnée contre la presse militante : les passions contre lesquelles ils avaient sévi avaient triomphé à leur tour le 24 Février, et elles avaient pris naturellement leur revanche. Le ministère public avait été renouvelé à peu près en entier sous le gouvernement provisoire, et plus d'un orateur de club, plus d'un membre des sociétés secrètes était passé des bancs de l'accusé où il était la veille sur le siége du magistrat. Il était impossible de rétablir l'ordre avec de tels instruments : mon premier soin fut d'avertir tous les procureurs généraux, par une circulaire, du changement qui venait de s'opérer dans la direction politique du gouvernement, et d'annoncer la résolution bien arrêtée de ne plus permettre aucune pactisation avec le désordre, de rétablir enfin l'autorité des lois envers et contre tous.

Quant à la réorganisation du personnel, elle offrait de grandes difficultés. J'étais d'avance résigné à m'attirer les clameurs et les haines de la Montagne, en destituant ceux de ses amis qui, en grand nombre, s'étaient glissés dans les parquets ; mais, d'un autre côté, je ne pouvais ni ne voulais faire de la contre-révolution, et je ne pouvais remettre en place, indistinctement, tous les magistrats du ministère public que la révolution du 24 Février avait destitués. Je sortis de cet embarras en laissant à l'écart les plus compromis, soit dans un sens, soit dans un autre, et en changeant de siége ceux qui, au moyen d'un déplacement, pouvaient être enlevés à l'influence de leur passé et rendre encore d'utiles services. Mes choix furent généralement approuvés, et, je dois le reconnaître, je n'ai eu, de mon côté, qu'à me louer du loyal et courageux concours, que, sauf quelques rares exceptions, j'ai trouvé dans la magistrature pendant mon ministère.

Il est vrai que je m'attachais à montrer en toute circonstance que, si nous exigions beaucoup du dévouement de nos agents, nous savions les soutenir et les protéger au besoin avec énergie contre d'injustes agressions. Le meurtre d'un procureur de la République dans une des villes du Midi m'offrit l'occasion d'honorer avec éclat en lui le martyr du devoir. Je présentai un projet de loi pour assurer, à titre de récompense nationale, une pension à la famille de ce magistrat tombé dans l'exercice de ses fonctions, et ce projet fut adopté sans discussion.

Si nous avions à exciter et à soutenir le dévouement des uns, nous avions aussi à contenir le zèle exagéré et souvent très-mal inspiré des autres ; et cela, dans toutes les branches du gouvernement : depuis le plus simple commissaire de police jusqu'aux généraux qui commandaient nos armées. Ceux-ci faisaient des ordres du jour dans lesquels ils se permettaient des excursions dans la politique. Un avertissement sévère du ministre de la guerre leur rappela que ces excursions étaient contraires à leurs devoirs militaires. Le maréchal Bugeaud se faisait surtout remarquer par son intempérance de langage : un ordre du jour adressé par lui à l'armée des Alpes annonçait aux soldats qu'ils eussent à se tenir prêts à marcher contre Paris si des troubles s'y manifestaient, et que, pour être plus à portée, il avait établi son quartier général à Bourges. Dans une réunion officielle, cédant à cette habitude d'excentricité qui le caractérisait et dont sa correspondance avec moi était remplie, il avait été jusqu'à diriger une attaque contre la législation pénale qui admet les circonstances atténuantes et contre les jurés, qui, selon lui, avaient recours trop souvent à ce mode d'atténuation. Ces paroles, publiées dans les journaux, avaient donné lieu à des interpellations de la Montagne, qui m'appelèrent à la tribune. Je n'hésitai pas, bien entendu, à couvrir le maréchal et à le justifier ; mais je l'avertis par lettres de ne plus nous créer de tels embarras.

En outre, quelques officiers durent être punis pour s'être permis d'assister à des banquets ou à des clubs, et des régiments que le socialisme avait travaillés par ses influences furent éloignés de Paris : par ces moyens nous parvînmes à rétablir la discipline dans l'armée.

De grands désordres existaient également dans l'administration, et nous dûmes y pourvoir; quelques exemples éclatants avertirent les fonctionnaires de l'ordre administratif que nous entendions que leurs devoirs fussent par eux pris au sérieux et remplis strictement. La destitution d'un ou deux préfets qui s'étaient permis de se rendre à Paris sans congé fut insérée au *Moniteur* et fut un utile avertissement pour tous les autres agents.

Les pouvoirs municipaux, dont le Gouvernement provisoire avait fait des instruments révolutionnaires, avaient surtout besoin d'être rappelés à l'esprit de leur institution.

Plusieurs conseils municipaux, les gardes nationales de quelques villes furent frappés de dissolution pour n'avoir pas fait leur devoir dans des émeutes.

La presse, qui était en état de provocation incessante à la révolte, appelait aussi des exemples d'une sévérité devenue trop nécessaire : une demande en autorisation de poursuite fut présentée contre le fameux Proudhon, qui, sous prétexte que la majorité de l'Assemblée s'était prononcée dans quelques circonstances contre les actes du gouvernement, s'était permis d'écrire dans un journal que le peuple était délié de tout devoir d'obéissance envers le chef de l'État.

Dans l'ordre matériel, nous reprenions l'achèvement du Louvre, de la rue de Rivoli; nous pressions vivement les travaux des chemins de fer et nous nous préparions à améliorer le sort des compagnies pour relever leur crédit si intimement lié au crédit de l'État.

Le résultat de cet ensemble de mesures fut un retour, sinon complet au moins très-marqué, vers la sécurité et la prospérité : l'industrie et le commerce reprenaient leur activité. Les ateliers se rouvraient à mesure que les clubs se fermaient ; la circulation des capitaux se rétablissait, les impôts se percevaient avec plus de facilité, les étrangers reprenaient le chemin de Paris, et la rente, ce signe de la confiance publique, se relevait progressivement.

Mais ce n'était pas assez de rétablir l'ordre matériel dans la société ; je tenais à marquer mon passage au pouvoir par quelques réformes utiles dans notre législation ; j'instituai à la chancellerie des commissions dans lesquelles j'appelai les hommes les plus éminents et les plus éclairés, pris indistinctement dans tous les partis, et les chargeai d'étudier plusieurs projets dont quelques-uns sont devenus des lois : telles, par exemple, la loi sur l'assistance judiciaire des pauvres et celle sur les modifications du régime hypothécaire.

Une bonne loi sur l'organisation de la justice en France, laquelle rentrait plus spécialement dans mes fonctions, eût suffi à elle seule pour absorber toutes mes pensées et occuper tout mon temps : elle avait été l'objet des méditations de toute ma vie. Appelé pendant ma longue et laborieuse carrière d'avocat à la Cour de cassation à observer de haut et dans leur ensemble tous les rouages de cette vaste machine, mes idées étaient bien arrêtées sur les vices qu'elle présente et sur les profondes modifications qu'il faudrait lui faire subir. J'avais, dans la commission parlementaire chargée d'examiner le projet de réorganisation présenté par mon prédécesseur et dans la commission de constitution, exposé et même fait adopter en partie mes idées sur cette réorganisation : j'ai dit les motifs qui avaient empêché que ces idées ne fussent réalisées. Devenu ministre, j'aurais pu retirer le projet de loi de M. Crémieux, et lui substituer un nouveau projet dans lequel l'extension du jury aux matières correctionnelles et à une partie des causes civiles eût servi de base à une réorganisation complète de la justice en France et à une réforme radicale de notre procédure civile; mais le temps me manquait pour une telle réforme. Ce n'est pas à une République épuisée et expirante que je pouvais la demander; au lieu de faire servir le pouvoir qui était dans mes mains à doter mon pays du plus grand bienfait moral et politique qu'un homme puisse apporter à sa patrie, celui d'une vraie magistrature, je me vis réduit à la triste nécessité de sanctionner l'état de choses existant.

Le Gouvernement provisoire, qui s'était montré si téméraire sur d'autres points, s'était borné dans le projet dont l'Assemblée était saisie à quelques réductions insignifiantes dans le nombre des juges et des tribunaux, réformes misérables, qui ne touchaient pas même au vice radical de l'institution et qui ne valaient pas certainement le trouble qu'elles devaient apporter dans les intérêts et dans les situations des magistrats éliminés.

Aussi, lorsque vint à l'Assemblée la discussion de ce projet, me gardai-je bien de me mêler à toutes ces querelles de détail sur la suppression de telle cour ou de tel tribunal ou sur la réduction des juges dans telle ou telle juridiction: querelles où l'esprit de localité apportait toute son ardeur, mais dans lesquelles aucun grand intérêt public n'était engagé. Je me contentai de réserver pour des temps plus calmes le projet d'une réforme plus complète.

Toutefois, je crus devoir intervenir sur la proposition que faisait la commission de supprimer la chambre des requêtes de la Cour de cassation, parce que le changement proposé ne tendait à rien moins qu'à altérer l'esprit même de cette institution. La commission ne pouvait, en effet, supprimer la chambre des requêtes sans proposer de créer une seconde chambre civile; ce qui amenait le partage des attributions de la cour entre ces deux chambres souveraines et indépendantes l'une de l'autre, et, par cela même, brisait inévitablement l'unité de jurisprudence et pervertissait le principe même de l'institution. Si, au lieu de proposer la suppression de cette chambre et de la remplacer par une seconde chambre civile, la commission eût proposé tout simplement de faire subir à la chambre des requêtes des changements qui l'eussent réduite à n'être qu'une simple chambre d'épreuve, j'eusse appuyé ces conclusions.

La discussion sur les attributions du conseil d'État m'offrit une autre occasion de prendre part au débat. La difficile et importante question des conflits d'attributions s'agitait; les auteurs du projet de loi en discussion proposaient de faire décider par le conseil d'État les conflits d'attributions entre le contentieux administratif et l'administration proprement dite, c'est-à-dire entre le jugement de certaines affaires selon des règles fixes et obligatoires et le règlement des affaires que l'administration est appelée à résoudre discrétionnairement, selon les circonstances et sous sa responsabilité. Je m'opposai à cette attribution : je démontrai que tout pouvoir à qui est donné le dernier mot en matière de compétence devenait, par cela même, tout-puissant, puisqu'il lui était libre d'attirer à lui le jugement de tous les droits et le règlement de tous les intérêts; qu'un tel pouvoir serait d'autant plus redoutable qu'il serait dévolu à un corps irresponsable. Frappé de ces raisons, l'Assemblée renvoya, par un premier vote, la question à une commission qui, par l'organe de son rapporteur, M. de Parieu, proposa une solution diamétralement opposée à la première; elle concluait à ce que ce fût le pouvoir exécutif seul qui décidât souverainement, et sous sa responsabilité, quelles affaires appartenaient à l'administration discrétionnaire et responsable et quelles devaient être jugées par le tribunal contentieux du conseil d'État. Je crus devoir appuyer cette conclusion, bien que dans la discussion précédente j'eusse indiqué le tribunal des conflits comme de beaucoup préférable au conseil d'État pour régler ces compétences respectives. La majorité s'en tint à ma première opinion, et elle eut raison; l'absolu n'est pas plus raisonnable lorsqu'il s'agit d'autorité que de liberté.

L'Assemblée prenait intérêt à ces discussions et les suivait avec une attention qu'elle n'accordait pas toujours aux débats plus irritants de la politique; c'était une trêve entre les partis; moi-même, j'en éprouvais une sorte de soulagement; elles me reposaient des luttes passionnées et me replaçaient, au moins pour quelques instants, dans cette région pure et sereine du droit où la ligne du devoir est toujours nettement tracée et facile à suivre.

RÉVOLUTION A ROME

Nous cheminions ainsi peu à peu vers le mois de mai, ce terme marqué à notre laborieuse mission; jusqu'alors nous avions eu de grandes difficultés à surmonter, mais nous y étions préparés. Nous ne nous étions, en effet, jamais flattés qu'une Assemblée habituée à exercer seule et sans contrôle la toute-puissance se laisserait congédier sans résistance, et que les clubs se dissoudraient paisiblement sans se débattre dans les convulsions du désespoir; mais voilà que, tout à coup, nous arrive de l'étranger un incident qui nous met en présence de complications plus graves, plus dangereuses qu'aucune de celles dont nous avions triomphé.

Au milieu d'une séance remplie par un débat insignifiant, entre le général Cavaignac et le général Changarnier à propos d'articles de journaux, débat dans lequel les susceptibilités et les amours-propres de ces deux généraux avaient été mis en jeu, M. Ledru-Rollin monte à la tribune pour annoncer à l'Assemblée et à la France ce qu'il appelait emphatiquement la bonne nouvelle ; il désignait ainsi la fuite du Pape de Rome et sa retraite à Gaëte après l'assassinat de son ministre Rossi, le meurtre de quelques-uns de ses fidèles serviteurs et un siège de plusieurs jours soutenu dans le palais du Vatican ; le tout suivi de la proclamation d'une République romaine qui, pour premier acte, avait dégradé le chef de la catholicité de tout pouvoir temporel et déclaré fièrement la guerre à l'Autriche. Le gouvernement révolutionnaire de la Toscane s'était réuni à ce nouveau gouvernement, mais le Piémont s'était refusé à le reconnaître. L'orateur s'étonnait que nous ne l'eussions pas devancé dans l'annonce de ces glorieux événements ; il soupçonnait que le gouvernement, loin de se féliciter de cette révolution, se préparait à l'étouffer, non par une intervention directe, qu'il n'oserait pas se permettre, mais par l'intervention indirecte du Piémont : « Cette intervention « jésuitique et qui n'ose pas s'avouer, ajoutait-il, est « convenue avec l'Angleterre, qui l'appuierait par la « présence de ses flottes à Gênes. » Il nous sommait, aux applaudissements frénétiques de la Montagne, de déclarer si ces faits étaient vrais, et *si une intervention détournée et jésuitique était sur le point de déshonorer le gouvernement français.*

Tel fut le commencement de ce débat qui, après avoir si profondément agité les derniers jours de la

République, devait se prolonger jusque sous l'Empire, et l'ébranler pour la seconde fois.

Rappelons sommairement les circonstances qui avaient amené cet événement.

Les troubles de Rome avaient des causes plus anciennes, plus profondes que celles qui avaient agité le nord de l'Italie; elles ne tenaient pas à l'oppression accidentelle de l'étranger, comme à Turin, Milan, Venise, mais aux incompatibilités que le temps et les progrès de la civilisation avaient établies entre la population des États romains et le gouvernement clérical.

Au moyen âge, les peuples non-seulement ne repoussaient pas le gouvernement des prêtres, mais ils le recherchaient. Dans cette société encore à demi barbare, le titre de : *clerc*, ou *prêtre*, signifiait *sagesse, science, moralité*. Aussi, le pouvoir du clergé était-il partout invoqué comme la seule protection qui existât alors contre les abus de la force. Être gouverné par un évêque était non-seulement un bonheur, mais un privilége ; on recherchait l'administration du clergé, comme on avait recours de préférence à la procédure et à la juridiction ecclésiastique, parce qu'elle était plus humaine et plus raisonnable que celle de la féodalité. Mais il est advenu de ces gouvernements ecclésiastiques ce qu'il adviendra toujours de tous les gouvernements théocratiques ; le cours de la civilisation a marché pour les institutions laïques et les a successivement dégagées de la rouille de la barbarie qui les recouvrait, tandis que l'administration et la juridiction ecclésiastiques sont restées immuables comme le dogme avec lequel elles se confondaient. Il est arrivé un jour, et cela était inévitable, où les gouvernements des prêtres et des clercs ont cessé d'être une protection contre les abus d'un régime qui n'existait plus ; conservant, d'un autre côté, leur esprit tracassier et inquisitorial, leurs puériles susceptibilités et leur faiblesse, ils se trouvèrent de beaucoup inférieurs, sous tous les rapports politiques et sociaux, aux gouvernements laïques. Les conséquences de ce fait ne pouvaient manquer de se produire ; les gouvernements cléricaux disparurent successivement, les uns par les vicissitudes de la guerre et par les traités qui se concluent ordinairement aux dépens du plus faible, les autres par des révolutions intérieures. Un seul restait debout au commencement de ce siècle, celui du Pape. C'est qu'aussi cette institution de la papauté, comme puissance temporelle, avait sa raison d'exister et de durer dans une cause bien autrement générale et permanente que dans le besoin des peuples d'être protégés contre des jours passagers d'ignorance et de barbarie ; sans remonter à la fameuse donation de Charlemagne, ni discuter les libéralités de la princesse Mathilde ou la légitimité des conquêtes des Borgia, la domination temporelle des papes sur les États romains dans nos temps modernes puisait sa force et son droit dans cette conviction universelle, qui ne rencontrait guère alors de contradiction en Europe, que l'unité du catholicisme est invinciblement liée à l'indépendance du chef de l'Église romaine comme souverain temporel. Les gouvernements voyaient, en outre, dans l'indépendance des papes une garantie de l'équilibre qu'ils étaient intéressés à maintenir entre eux, équilibre qui eût été rompu le jour où le pape eût été le subordonné de l'un d'eux. En outre, les clergés de chaque grand État catholique de l'Europe trouvaient au besoin dans la papauté un point d'appui contre les entreprises de leurs gouvernements respectifs ; les peuples eux-mêmes avaient un grand intérêt à cette indépendance de la papauté, car elle leur assurait chez eux la séparation des deux pouvoirs spirituel et temporel, ce grand bienfait du christianisme, ce gage précieux de progrès et de liberté.

C'est ce qui explique comment ce pouvoir temporel et souverain des papes s'est maintenu intact au milieu de ses luttes contre l'Empire, de ses guerres contre les différents États de l'Italie, de ses scandales et de ses schismes, tantôt foulé aux pieds, tantôt se redressant et dominant ses ennemis, et a pu arriver ainsi jusqu'à nous, modifié, affaibli, sans doute, mais encore assez puissant pour que nul n'ose y toucher sans craindre d'ébranler le monde. Toutefois, ce gouvernement papal qui, naguère, pouvait se dire la plus vieille et la plus solide monarchie de la terre a subi, à son tour, la loi du temps : déjà amoindri, mutilé, par sa grande lutte contre la réforme, nos révolutions de France ont achevé de le miner.

La première de ces révolutions, celle de 1789, après avoir chassé le pape de Rome, finit par en faire le prisonnier du premier Napoléon ; la seconde révolution, celle de 1830, après avoir provoqué le soulèvement des Romagnes, enfonça les portes d'Ancône, prit possession de cette ville, et fit de la réforme du gouvernement temporel du pape une question européenne.

La dernière, celle de 1848, s'annonçait d'abord sous des auspices plus favorables à la papauté ; Pie IX, qui occupait alors le trône pontifical, soit qu'il fût entraîné par ce courant général des idées qui, à ce moment, portaient les gouvernements comme les peuples vers des institutions libres, soit qu'il sentît que, pour ne pas être emporté par le mouvement, il fallait en prendre la direction, entra résolûment et avec éclat dans la voie des réformes ; il se prononça même contre la domination autrichienne et l'on vit, comme au temps des Guelfes et des Gibelins, les troupes du Saint-Père combattre les barbares étrangers aux cris de : « Vive l'indépendance de l'Italie ! » Aussi, jamais popularité ne fut-elle plus grande à ce moment que celle de Pie IX, non-seulement en Italie, mais dans le monde entier; popularité, hélas! bien éphémère. Les événements devaient reprendre bientôt leur cours naturel et forcé.

On sait comment le roi de Piémont Charles-Albert, après avoir chassé les Autrichiens de la Lombardie jusques et par de là les rives du Mincio, avait été repoussé à son tour, et s'était vu obligé de rentrer dans les anciennes limites de son royaume, sous la protection d'un armistice et de la médiation anglo-française; le Pape, effrayé des excès du parti révolutionnaire en Italie, des menaces d'un schisme en Autriche, et peut-être aussi mécontent des procédés et des vues ambitieuses du Piémont, n'avait pas attendu cette défaite de l'armée piémontaise pour se rétracter, et dans sa fameuse Encyclique du 29 avril 1848 il avait déclaré que, comme père commun des fidèles, ministre de paix et de conciliation, il ne pouvait ni ne devait prendre aucune part dans la guerre engagée entre le Piémont et l'Autriche. Ce revirement politique, suivi bientôt du rappel par le roi de Naples de ses troupes et de la retraite du grand-duc de Toscane en Autriche, laissèrent les passions révolutionnaires sans guide et sans frein dans toute l'Italie. Ces passions s'exaspérèrent par l'humiliation de la défaite et par le désespoir d'une nationalité entrevue et perdue; elles firent explosion à Rome par des insurrections et des violences qui forcèrent le Pape à fuir et à chercher un asile dans les États du roi de Naples.

Telle est la série d'événements qui nous plaçaient, à notre tour, en face du grand et redoutable problème de la conciliation à trouver entre le pouvoir temporel des papes et les besoins de la civilisation moderne. Prendrions-nous parti pour la révolution contre ce pouvoir ou pour ce pouvoir contre la révolution? l'une et l'autre solutions étaient pleines de dangers.

Il faut le dire, les dispositions de l'opinion publique

en France étaient alors toutes favorables au maintien du gouvernement de Pie IX ; aussi, lorsque le général Cavaignac, aux premiers bruits des dangers que courait ce pontife à Rome, avait proposé d'envoyer une brigade à Civita-Vecchia pour le protéger, cette proposition, sauf quelques observations critiques de M. Ledru-Rollin, n'avait rencontré aucune opposition sérieuse, et plus tard c'est avec l'assentiment unanime de l'Assemblée que M. Marrast, son président, avait exprimé les sentiments de respect et de sympathie de la République française pour le Saint-Père ; notre politique était donc d'avance engagée sur cette pente ; mais ce qui nous interdisait absolument de reconnaître la nouvelle République romaine, c'était, d'une part, les antécédents odieux dont elle était sortie, et, d'autre part, les liens de complicité et de solidarité qui s'étaient aussitôt formés entre elle et nos jacobins de France ; raisons parfaitement indépendantes de la question du pouvoir temporel des papes. Au moment donc où M. Ledru-Rollin nous interpellait, il n'y avait encore de résolu dans le conseil qu'une seule chose : c'est que le gouvernement français, à l'exemple du gouvernement piémontais et de tous les autres gouvernements réguliers de l'Europe, se refuserait péremptoirement à reconnaître la République romaine.

M. Drouyn de Lhuys, dans un discours très-explicite sur ce qui avait été résolu par le cabinet et prudemment réservé sur ce qui était encore en question, déclara « que le gouvernement français n'entendait admettre aucune solidarité entre la République française et toutes les insurrections qui éclateraient en Europe ; qu'avant de crier : Vive la république ! il demanderait *laquelle ?* Que la France ne mettrait pas sa fortune à la suite de la Constituante italienne... » Ces déclarations étaient accueillies par les applaudissements de la droite et par les murmures de la gauche. Le ministre ajoutait, sur les conséquences religieuses et politiques de la révolution romaine, qu'il considérait comme un grand mal le trouble qu'elle avait jeté dans toute la catholicité ; que l'Europe s'en était émue et que la France n'y pouvait rester indifférente ; qu'il surgissait de cet événement une question fort délicate, la nécessité de concilier le pouvoir temporel du Pape avec son pouvoir spirituel ; problème difficile et dont on chercherait la solution tant qu'il y aurait dans le monde des âmes et des corps ; que le gouvernement accueillerait avec sympathie tous les plans qui pourraient conduire au rétablissement de la paix et de l'ordre au sein de la catholicité, que *la France choisirait son jour et son heure pour agir*, et que, *lorsque le gouvernement aurait adopté une solution qui exigerait le concours de l'Assemblée*, *des propositions lui seraient soumises par le ministère;* mais que, jusque-là, il demandait la permission de se refuser à toutes explications prématurées. »

Le débat qui s'ouvrit après ce discours, si différent par sa sage réserve de ceux qui, sous le gouvernement précédent, traitaient les questions diplomatiques, offrit cette particularité que le gouvernement du Pape trouva des auxiliaires du côté où il devait le moins en attendre. M. Coquerel, ministre protestant de Paris, après avoir fait l'éloge de Pie IX, déclara « qu'au point de vue de la morale, comme à celui de la politique, si la République française rétablissait le Pape, elle ferait bien. Que, comme protestant, il désirait sans doute la fin de la papauté, mais par le choix libre des convictions et non par des révolutions violentes ; qu'il ne croyait pas qu'un peuple fût capable d'être républicain, quand il inaugurait sa république par un assassinat impuni. » Ces paroles si élevées, si impartiales étaient couvertes par les applaudissements d'une grande partie de l'Assemblée.

Ainsi, l'auteur de l'interpellation pressait l'Assemblée de donner sa sanction à l'avénement heureux et glorieux, selon lui, de la République romaine : le ministère déclarait, au contraire, qu'il n'accepterait jamais aucune solidarité avec cette république, dans laquelle il voyait un grand mal et une dangereuse perturbation pour l'Europe. La question se trouva donc bien nettement posée dès le début entre l'opposition et le gouvernement : la conclusion naturelle et en quelque sorte forcée de ce débat semblait devoir être une proposition déposée par M. Ledru-Rollin sur le bureau aux fins de reconnaître la *République-sœur* qui venait de surgir à Rome. Mais la Montagne sentit que si elle faisait une pareille proposition elle se trouverait en une infime minorité ; et elle n'osa pas relever le défi de M. Drouyn de Lhuys : il lui parut plus commode et plus facile de faire de la déclamation démagogique et révolutionnaire sur cette question que de provoquer une solution nette et tranchée : On verra qu'elle a poursuivi cette tactique jusqu'à la fin, et cela non sans quelques succès.

Quelques jours plus tard, un mouvement des Autrichiens sur *Ferrare* motiva de nouvelles interpellations sur les affaires d'Italie : un membre de la Montagne, M. Buvignier, après avoir dénoncé l'occupation de Ferrare par l'armée autrichienne et les préparatifs faits par diverses puissances pour rétablir les anciens gouvernements à Rome et en Toscane, « demande si le gouvernement qui a refusé de recevoir les envoyés de la République romaine est résolu à laisser s'opérer ces interventions sans y opposer autre chose que la médiation qui se discute à Bruxelles et dans laquelle l'Autriche pose, pour première condition, le maintien des traités de 1815. Il propose de proclamer à nouveau la formule votée le 4 mai : *La France veut l'affranchissement de l'Italie.*

M. Drouyn de Lhuys se borne à répondre que la politique du gouvernement est celle que l'Assemblée a approuvée par ses votes réitérés, celle que tous les gouvernements précédents ont suivie. Cette réponse appelle successivement à la tribune MM. Ledru-Rollin, Lamartine et le général Cavaignac, soucieux de rejeter toute solidarité entre eux et nous. Pour M. Ledru-Rollin, ce n'était pas chose difficile, nous étions placés aux deux extrémités de la politique ; il n'y avait, il ne pouvait y avoir rien de commun entre l'organisation des expéditions de Belgique et de Savoie et la politique que nous voulions pratiquer. Pour MM. de Lamartine et le général Cavaignac, c'était plus difficile ; car s'ils n'étaient pas intervenus dans les affaires d'Italie au profit du Piémont alors que les Autrichiens étaient battus, s'ils s'étaient refusés à secourir Venise qui leur demandait assistance, ils étaient peu autorisés à nous blâmer de ne pas vouloir reconnaître la République romaine.

M. Ledru-Rollin fut violent, mais assez habile :

Qui avait à répondre à la députation de la République romaine? s'écrie-t-il; le ministre des affaires étrangères, le président du conseil, le président de la République. Or, le premier, M. Drouyn de Lhuys, a été le rapporteur du fameux ordre du jour du 24 mai, qui met au rang des premiers devoirs de la France *l'affranchissement de l'Italie*; le second, M. Odilon Barrot, était lié par ses paroles de 1832, alors qu'il disait du haut de la tribune : Que la France ne devait pas permettre qu'entre une nation et son gouvernement s'interpose une puissance étrangère... qu'elle ne pouvait, sans se déshonorer, condamner la Péninsule italienne, foyer de tous les arts, à rester courbée sous le caprice de quelques petits potentats et sous je ne sais quel gouvernement moitié théocratique, moitié despotique; et quant au troisième, le président de la République, qui donc combattait en 1831 à Forli? qui donc voyait son frère mourir à ses côtés dans cette campagne, si ce n'est lui?

Ces rapprochements excitaient les applaudissements de la gauche, peu disposée à tenir compte de la différence des temps et des circonstances.

M. de Lamartine déclare qu'il se sépare des exagérations noblement passionnées de l'orateur qui pourraient égarer le pays; puis il rappelle son fameux programme, et demande si la politique qu'il a dirigée y a manqué; il ne parle, bien entendu, que du Gouvernement provisoire; il ne prend pas la responsabilité de ce qui lui est inconnu; s'il n'est pas intervenu en Italie, c'est que l'Italie ne l'a pas voulu : *Italia farà da se ;* mais ses collègues et lui avaient groupé une armée au pied des Alpes, laquelle, l'arme au bras, n'attendait que le signal; ils étaient résolus à intervenir si le Piémont était envahi. Il n'attaque pas la politique qui a suivi; mais, dit-il, entre cette politique et la nôtre, il y a toute l'épaisseur des Alpes !

De même que M. Ledru-Rollin avait appelé M. de Lamartine à la tribune, celui-ci y appela le général Cavaignac qui, piqué au vif, demande avec aigreur si, lorsque M. de Lamartine avait dit qu'il y avait entre la politique du gouvernement provisoire et celle du général toute l'épaisseur des Alpes : *il avait voulu parler des bandes qui, en effet, sous l'administration du gouvernement provisoire, avaient essayé de passer les Alpes !*

On le voit, les diverses politiques suivies avant nous se dessinaient dans cette revue rétrospective et elles ne s'épargnaient pas les plus amères récriminations. Mais à quoi cela pouvait-il conduire ? Il était bien certain que ni M. Ledru-Rollin ni M. de Lamartine, ni le général Cavaignac n'avaient voulu intervenir activement dans les affaires d'Italie au moment le plus utile et le plus opportun, c'est-à-dire lorsque les Autrichiens étaient battus et se retiraient. Leurs motifs pouvaient avoir été divers : M. Ledru-Rollin n'aurait pas voulu faire les affaires d'une royauté ; M. de Lamartine aurait voulu être appelé ; le général Cavaignac, comme il le disait à son grand honneur, ne voulait pas laisser *glisser la guerre entre ses doigts*, et se croyait d'autant plus obligé de maintenir à son pays les bienfaits de la paix, que, comme soldat, il était plus enclin à recourir aux armes ; il n'en était pas moins vrai que sous ces divers gouvernements la France s'était abstenue ; d'où la conclusion naturelle que nous devions nous abstenir, à bien plus forte raison, de prendre fait et cause pour la République romaine, moins viable que le Piémont et moins intéressante que Venise. Cette conclusion, qui ressortait de tout le débat, fut celle que l'Assemblée adopta, en repoussant les ordres du jour motivés de la Montagne, et en votant l'ordre du jour pur et simple à la majorité de 438 voix contre 341. La politique d'abstention avait alors une forte majorité en sa faveur : nous allons voir plus loin quelles circonstances nous forcèrent à en sortir.

Notre ministère, nous l'avons dit, était une coalition : le ministre de l'instruction publique et des cultes, M. de Falloux, obéissant aux impatiences de son parti et à ses propres convictions, nous pressait vivement de nous prononcer pour la restauration immédiate du pouvoir du Pape à Rome ; il ne laissait guère passer de séance du conseil sans y poser cette question d'intervention. De son côté, le président de la République n'était pas plus insensible que ne l'avait été le général Cavaignac à l'honneur de rendre à la catholicité son chef aimé et révéré. Il ne manquait pas d'ailleurs de conseillers qui faisaient ressortir à ses yeux combien ce rôle de protecteur de la foi catholique pouvait profiter à son ambition et à ses vues d'avenir ; il y avait, en outre, de fortes raisons qui venaient à l'appui de ces influences. Une solidarité s'était établie dès les premiers jours entre nos rouges et les auteurs de la révolution romaine ; nous ne pouvions tolérer sans de graves dangers ces deux foyers qui se correspondaient et s'alimentaient l'un par l'autre. En outre, et au point de vue religieux et même libéral, il était impossible de ne pas voir sans quelque anxiété l'immense perturbation que la dépossession du Pape de sa souveraineté temporelle allait apporter dans tous les États catholiques et particulièrement en France. Le clergé s'était montré favorable à la République ; il n'avait pas encore excité ces défiances et ces ressentiments qu'il a subis plus tard, il n'était plus un obstacle à la liberté et il apportait à la société menacée un grand secours ; le décapiter de son chef, le jeter dans le désespoir quand il montrait tant de bon vouloir, n'était pas chose prudente et politique ; et, d'ailleurs, était-il bien certain que la division des deux pouvoirs spirituel et temporel dans tous les États catholiques ne tînt pas à l'indépendance de la papauté ? et cette indépendance n'était-elle pas elle-même subordonnée à la réunion des deux pouvoirs dans les mains du Pape ? Toutes ces considérations, profondément senties par le public, éloquemment développées dans la presse et à la tribune, étaient bien de nature à faire une vive impression sur nous, et cependant, au moment où MM. Ledru-Rollin et Buvignier nous attaquaient à raison d'une intervention qu'ils supposaient déjà résolue par le gouvernement, cette intervention était repoussée par la majorité du cabinet. Ce n'est pas que nous eussions une grande sympathie pour cette République qui venait de s'inaugurer par de détestables violences, ni même que nous eussions la moindre foi dans sa durée, mais c'était chose grave d'aller nous interposer entre le Pape et les Romains ; bien que nous ne pussions prévoir alors tout ce que nous apporteraient de dangereuses complications la folle jactance des uns et la résistance inerte des autres, nous pressentions bien qu'il ne nous serait pas facile de trouver un terme de conciliation entre eux. Au milieu de toutes ces difficultés, nous attendions, espérant que le temps viendrait en aide à notre politique et amènerait une solution. Les rapports de nos agents nous donnaient d'ailleurs la confiance que l'incendie, concentré désormais dans Rome, s'éteindrait de lui-même. Les événements du Piémont firent évanouir ces espérances.

Le roi Charles-Albert depuis sa première défaite se trouvait dans une situation pleine de dangers et de perplexités. Le parti révolutionnaire, qui lui avait été d'un assez faible secours sur les champs de bataille et qui l'avait outrageusement assailli lors de sa retraite de Milan, se déchaînait en violentes accusations contre lui, et agitait les populations du Piémont; ce malheureux roi eut même un instant la pensée de se retourner contre ce parti; il fit faire à Gaëte des offres d'intervention, qui furent malheureusement repoussées par suite des défiances profondes que ses projets ambitieux mal dissimulés avaient inspirées à la cour de Rome. Ce n'est donc pas sans quelque fondement que M. Ledru-Rollin, averti de cette négociation, avait par anticipation dénoncé l'intervention piémontaise comme imminente; le ressentiment de la défaite, le besoin d'une revanche éclatante et l'espoir d'entraîner la France par un coup d'audace l'emporta; et, malgré les conseils de notre diplomatie, en dépit de nos menaces même de le livrer à ses propres forces s'il méconnaissait ces conseils, Charles-Albert dénonça tout à coup l'armistice et se mit en campagne.

C'est le 12 mars qu'il reprenait les armes, et le 18, six jours après, il succombait à Novare dans une bataille décisive, qui le mettait, lui et son royaume, à la merci du vainqueur. Nous apprîmes presque en même temps et cet acte désespéré et la terrible expiation qui l'avait suivi. Notre agent à Turin nous annonçait par le même courrier et la catastrophe et l'abdication de Charles-Albert en faveur de son fils, le duc de Savoie, jeune prince qui avait fait preuve d'un grand courage personnel dans ces deux malheureuses campagnes, et qui, par cette raison, était très-sympathique au peuple et à l'armée. La municipalité de Turin, redoutant une invasion des Autrichiens que rien ne pouvait plus arrêter, avait supplié notre consul et celui d'Angleterre de s'interposer et d'arrêter la marche des vainqueurs. Déférant à cette demande, les consuls de ces deux puissances s'étaient rendus auprès de Radetsky, et avaient obtenu, sans difficulté, de ce vieux général, de suspendre son mouvement en avant et de consentir même un armistice. Quant à l'évacuation du territoire piémontais, déjà occupé par les Autrichiens, les conditions paraissaient devoir en être très-dures; on ne parlait de rien moins que d'une indemnité de guerre de 200 millions et de l'occupation d'Alexandrie à titre de gage.

A la réception de ces nouvelles, différents partis furent discutés dans le conseil : ordonnerions-nous à l'armée des Alpes d'occuper la Savoie, et à la flotte de cingler vers le port de Gênes pour nous rapprocher du théâtre des événements? L'Angleterre et le Piémont ne faisaient pas d'objections à ce mouvement, et nous nous serions probablement décidés à l'ordonner, si le chargé d'affaires de l'Autriche ne nous eût donné l'assurance que cette puissance était résolue à respecter l'intégrité du royaume de Piémont[1].

1. J'ai su depuis par M. Thiers qu'il s'était trouvé personnellement mêlé dans la négociation qui eut lieu alors entre le président de la République et M. Hubner, alors chargé d'affaires d'Autriche, et qu'il était parvenu à prévenir une rupture, en démontrant au pré-

Restaient cependant encore à régler l'indemnité de guerre et l'occupation d'Alexandrie, questions qui, tout importantes qu'elles étaient, n'exigeaient pas, au moins pour le moment, une démonstration aussi significative que l'aurait été l'occupation de la Savoie par nos troupes.

Dans la séance du 28 mars, après avoir lu les dépêches de notre consul, je fis à l'Assemblée la communication suivante :

> L'armée piémontaise a été battue à Novare; mais son honneur est sauf. Quelque rapide qu'ait été ce dénoûment, il n'était pas imprévu, et bien que, dans cette circonstance, le gouvernement piémontais ait méconnu les conseils de la France, nous n'en sommes pas moins résolus à sauvegarder, avec l'intégrité du territoire piémontais, l'intérêt et la dignité de la France. (Marques générales d'approbation.)

Cette communication, envoyée immédiatement au comité des affaires étrangères, en revint avec la résolution suivante dont M. Bixio fut chargé de faire le rapport :

> L'Assemblée nationale, jalouse d'assurer la conservation des deux plus grands intérêts qui lui soient confiés, la dignité de la France et le maintien de la paix fondé sur le respect des nationalités, s'associant au langage tenu dans la séance du 28 mars par M. le Président du conseil de la République, déclare que si, pour mieux garantir l'intégrité du territoire piémontais et mieux sauvegarder les intérêts et l'honneur de la France, le pouvoir exécutif croyait devoir prêter à ses négociations l'appui d'une occupation partielle et temporaire en Italie, il trouverait dans l'Assemblée nationale le plus entier et le plus sincère concours. (Mouvements en sens divers.)

sident que rien n'était prêt pour la guerre et en faisant peur au représentant de l'Autriche des dispositions belliqueuses de la France et de son premier magistrat.

Cette proposition était parfaitement d'accord avec notre politique; elle nous venait en aide dans nos négociations avec l'Autriche, sans pour cela nous pousser à la guerre; nous y donnâmes notre adhésion.

M. Drouyn de Lhuys, après avoir annoncé que le chargé d'affaires d'Autriche avait itérativement donné l'assurance à la France et à l'Angleterre que son gouvernement *ne retiendrait pas un pouce du territoire piémontais*, déclara « que si la marche des événements, si des faits nouveaux mettaient le gouvernement en demeure de prendre des sûretés, il saurait, soit en demandant une autorisation, soit en usant de celle qu'on semblait vouloir lui offrir, sauvegarder l'intégrité du territoire piémontais, ainsi que l'honneur et l'intérêt de la France ».

Deux opposants bien différents se levèrent contre la résolution du comité : M. Billault et M. Ledru-Rollin. Tous deux, quoique par des raisons diverses, s'accordaient à refuser le concours que le comité nous offrait.

M. Billault avait eu connaissance de deux dépêches autrichiennes : l'une écrite par le prince de Schwartzenberg à l'ambassadeur d'Autriche à Paris, la seconde, en date du 27 du même mois, adressée aux représentants de l'Autriche près les cours de Berlin et de Saint-Pétersbourg. Dans la première, le ministre autrichien déclarait que la médiation anglo-française devait être restreinte aux affaires du Piémont; que les envoyés de la Toscane et des autres parties de l'Italie n'avaient pas à intervenir; que l'Autriche ne repoussait pas l'idée d'un congrès pour les affaires générales d'Italie, mais sous cette condition que ce congrès prendrait pour base de ses délibérations le respect des traités de 1815. La seconde dépêche annonçait que la communication de ces résolutions au gouvernement français avait produit sur le gouvernement une impression légitime, et que les ouvertures faites par M. de La Cour (le ministre de France à Vienne) portaient à croire que l'on était enfin convaincu à Paris qu'entre le programme autrichien et le programme piémontais tendant à l'expulsion des Autrichiens de l'Italie la distance était si grande qu'il n'y avait pas de médiation qui pût la franchir ; qu'ainsi le cabinet de Paris était disposé à laisser de côté la médiation pour y substituer un congrès des principales puissances signataires des traités de Vienne.

Nous nous réjouirions cordialement, écrivait le ministre autrichien en terminant cette dépêche, de voir la France engagée dans une marche politique tendant à une si bonne fin. La bonne intelligence entre les deux cours alliées aurait assez de poids pour faire pencher la balance en faveur d'une nouvelle consécration des principes de justice et de saine politique que le congrès de Vienne avait eu la sagesse d'établir.

Le seul mot des traités de 1815 réveillait tous les ressentiments, toutes les douleurs patriotiques de la France ; il n'est pas difficile de juger de l'impression que fit sur l'Assemblée la lecture de ces dépêches, qui représentaient le gouvernement républicain de la France comme prêt à donner sa sanction à ces traités que la Restauration elle-même n'avait subis qu'avec douleur. Les cris de trahison partirent des bancs de la Montagne, et la droite attendait avec une certaine anxiété les explications de M. Drouyn de Lhuys. Il les donna avec tant de précision et de netteté, avec un tel bonheur et une telle verve que les impressions de l'Assemblée changèrent à l'instant même, et que M. Billault fut réduit à balbutier au milieu de l'inattention générale une nouvelle et cette fois impuissante édition de ses commentaires diplomatiques.

« On vient d'exposer une diplomatie de fantaisie » ;

tel fut le début du ministre, et comme la gauche se récriait bruyamment, il ajoute : « Je dis que les faits apportés à cette tribune sont inexacts, et je vais le prouver. » Après avoir passé en revue la politique de ses prédécesseurs et prouvé que pas plus le Gouvernement provisoire que le général Cavaignac n'avait voulu faire sortir la guerre soit du programme de M. de Lamartine, soit du fameux ordre du jour du 24 mai, il ajoute :

On nous présente comme les complices, les restaurateurs des traités de 1815, sur la foi de deux dépêches publiées dans le *Times*, et dont je ne connais ni les intermédiaires, ni l'authenticité; dans tous les cas, je le répète, les deux faits qu'on fait ressortir de ces dépêches, à savoir que la France aurait abandonné la médiation pour proposer un congrès dans lequel seraient consacrés les traités de 1815, sont parfaitement inexacts. — (Et comme *la gauche criait* : Des preuves! des preuves! le ministre, se tournant vers elle :) Vous me demandez des preuves, dit-il; si celui qui conserve des doutes a la bonté de me le dire, je le ferai entrer dans mon cabinet et je lui démontrerai par des documents éclatants la vérité de ce que j'avance. J'en prends l'engagement avec lui, et je compte sur sa discrétion.

Le citoyen Buvignier : J'accepte!...

Le ministre, reprenant : Je prends acte de votre acceptation.... La France, quand on lui a fait des ouvertures sur les traités de 1815, a dit : *Je ne veux pas mettre la date de 1848 sur les traités de 1815*. A l'égard de la question pontificale, qui, tout le monde le reconnaît, est d'une immense gravité, la France s'entendra avec le plus grand nombre de puissances, parce que plus grand sera ce nombre, plus sera forte la sanction du règlement de cette affaire. Il n'y a rien à cet égard, rien de décidé : *la question reste réservée*. Le gouvernement conserve sa pleine liberté d'action, sauf, le cas échéant, à solliciter le concours de l'Assemblée.

Le général Cavaignac, tout en confirmant ce que M. Drouyn de Lhuys venait de dire de la politique suivie jusqu'alors, crut devoir faire ses réserves pour l'avenir : *Il désirait*, dit-il, *faire une coupure entre le passé et l'avenir*, sans trop s'expliquer sur ce qu'il entendait par ces paroles.

Là se terminait la partie stratégique du débat. Avec M. Ledru-Rollin commença la partie orageuse et passionnée. Il commence par s'étonner que nous nous fassions un mérite de l'évacuation du Piémont, alors que l'Autrichien lui-même déclare qu'il n'en veut rien retenir ; il s'écrie que ce n'est pas là un rôle sérieux et digne de la France, et il ajoute presque aussitôt « que le farouche vainqueur promet d'être modéré, mais qu'à la moindre pulsation, qui battra dans le pays il en profitera pour l'écraser ; que, d'ailleurs, il lui demande plus qu'il ne peut donner, qu'il se fait livrer ses munitions, ses armes de guerre, et s'éternisera dans quelque place forte, etc. »

Ce n'était donc pas une politique si puérile et si dérisoire que celle qui se proposait de protéger le Piémont contre de pareilles exigences. Sur la justification du passé, autre contradiction. Il dit que, si le Gouvernement provisoire n'est pas venu au secours de l'Italie, c'est que l'Italie ne l'a pas voulu par peur de la propagande républicaine ; et plus loin, il affirme qu'au mois de juin l'armée des Alpes avait reçu l'ordre d'entrer *fraternellement* dans le comté de Nice et dans la Savoie et d'occuper ces *provinces* à titre de *séquestre*. On n'avait donc pas besoin du consentement de l'Italie pour agir. Et puis quel étrange assemblage de mots et de choses contradictoires : *Fraternité* et *Séquestre*. C'est bien là le langage et la politique du vieux parti jacobin ! M. Ledru-Rollin quitte ce terrain pour se jeter sur celui des récriminations où il se sent plus à son aise :

Quant à la politique suivie par le général Cavaignac, que

m'importe, s'écrie-t-il dédaigneusement, ce qui a été fait après nous... D'ailleurs, les choses n'ont-elles pas changé? Deux grands faits ne se sont-ils pas produits, la république de Rome et celle de Toscane? et c'est en présence de ces deux faits que vous répondez aux envoyés de ces républiques : Nous ne voulons pas vous recevoir! Ah! il y a un abîme entre vous et nous. (Applaudissements à l'extrême gauche.) Lorsqu'au banquet de Saint-Quentin, M. Odilon Barrot disait que, si l'Autriche intervenait contre le mouvement libéral des populations italiennes, la France prendrait parti pour elles et qu'alors les canons partiraient tout seuls, lorsque MM. Thiers et Guizot reprochaient à M. Molé en termes si outrageants l'abandon d'Ancône, ils ne jouaient donc qu'une misérable comédie?

Le talent oratoire de M. Ledru-Rollin grandissait incontestablement au milieu de ces graves circonstances, mais il ne brillait ni par la souplesse, ni par la variété : l'argument personnel et les réminiscences plus ou moins heureuses du passé en faisaient trop souvent les frais. M. Thiers lui répondit :

Comment! parce qu'il y a dix années j'ai regretté l'évacuation d'Ancône, vous me croiriez obligé aujourd'hui à voter pour une politique qui, si elle est sincère, demande immédiatement la guerre générale. C'est comme si, parce que j'ai été opposant sous le dernier gouvernement, vous me teniez pour obligé d'être aujourd'hui républicain démocrate comme vous l'êtes. La prétention serait extraordinaire. (Rires approbatifs.)

Sur le fond de la question, l'orateur, après avoir démontré que, dans l'état de l'Europe, par suite des liens qui unissent tous les vieux gouvernements et à raison du manifeste de la Russie, la guerre en Italie, ce serait la guerre de UN *contre tous*, adressait cette question à la gauche :

Êtes-vous en mesure de faire une pareille guerre?... l'armée était, en mai, de 378,000 hommes; en juin, de 431,000;

en juillet de 463,000 ; en août, de 498,000 ; en septembre et octobre, de 503,600 hommes ; avec cette dernière force, vous auriez, tout au plus, de quoi fournir une armée de 75,000 hommes sur les Alpes, et une autre de la même force sur le Rhin. Hé bien ! je ne vous crois pas assez insensés pour risquer le pays dans une guerre universelle avec de tels moyens.... Vous avez parlé de l'histoire, et moi aussi je vous traduis à ce tribunal. Quoi ! les Piémontais sont sur l'Adige ; l'Autriche, à moitié détruite, vous offre une occasion unique de réaliser une politique qui, dans un temps régulier, n'aurait eu aucune chance raisonnable ; la fortune des révolutions met devant vous l'affranchissement de la Lombardie, son annexion au Piémont et l'indépendance de la Vénétie avec un archiduc pour chef, des institutions libérales et une armée, des finances vénitiennes, et vous fermez l'oreille et vous rejetez les faveurs de la fortune qui, en ce moment, vous traite mieux que vous ne le méritez !... Voilà les faits : je défie qui que ce soit de les contester. Vous avez eu d'admirables occasions, tantôt pour combattre, tantôt pour traiter : ces occasions, vous les avez perdues, et aujourd'hui vous voulez imposer la guerre à ce gouvernement, que je défends parce qu'il est l'expression de l'ordre : vous lui demandez, quoi ? Quand l'Italie est vaincue, quand l'armée piémontaise qui faisait sa principale force est sinon détruite au moins frappée d'un coup terrible qui l'a démoralisée, quand l'Italie est dans les mains de ridicules et faibles perturbateurs qui n'ont pas su la défendre, quand à l'enthousiasme de l'année dernière a succédé le plus cruel sentiment de déception, vous nous demandez de jeter toute une génération de la France sur les champs de bataille de l'Europe : mais venez donc dire cela sérieusement à cette tribune, ne vous cachez pas derrière les rédactions ambiguës d'ordres du jour motivés....

Ces paroles foudroyantes de vérité écrasaient la Montagne et jetaient la droite dans une sorte d'exaltation. La séance resta suspendue, jusqu'à ce que l'agitation produite se fût calmée.

M. Ledru-Rollin eut cependant le courage de monter à la tribune, et après avoir, par opposition au tableau que M. Thiers en avait tracé, présenté l'Europe comme subissant un vaste ébranlement électrique, craquant de toutes parts et faisant retentir de toutes ses crevasses, de toutes ses fissures des cris formidables d'indépendance et de liberté, il s'écrie :

> C'est dans une telle situation que vous nous dites que les sympathies des peuples ne sont rien. Vous blasphémez! Ah! oui, sans doute, et c'est mon regret cuisant, le Gouvernement provisoire aurait dû à l'instant même déployer nos soldats sur les frontières, non en conquérants, mais en frères; je l'y ai poussé pour mon propre compte; il a dans son honnêteté craint les préjugés contre la France : s'il les eût surmontés, à l'heure qu'il est *il n'y aurait plus un despote, il n'y aurait plus un roi*. Après tout mieux vaut une nation qui se bat qu'une nation déshonorée. (Applaudissements à gauche.)

Après cela qu'on s'étonne que le roi de Piémont ait redouté de tels auxiliaires.

Ce qui dominait dans ce débat passionné, c'étaient les récriminations et les défis réciproques que se lançaient les partis. Je sentis la nécessité de le ramener à son point de départ, et voici en quels termes je m'exprimai :

> Si la question était celle que vient de poser M. Ledru-Rollin, si nous étions condamnés à faire un choix entre la guerre et l'honneur, j'aime à penser qu'il n'y aurait parmi nous ni débat, ni dissentiment possibles. Mais la question est loin de se poser ainsi. Il n'est pas vrai que l'honneur de la France soit engagé, et c'est pourquoi le débat se poursuit depuis deux jours. Quoi! l'honneur de la France serait engagé à réparer les échecs que certains hommes ont fait subir à cette noble cause de l'indépendance italienne? Parce que ces hommes auraient détruit cette fédération imposante d'États libres qui se levaient en 1847 en Italie aux cris d'indépendance et de liberté, opposant des forces régulières à l'ennemi commun et préparant l'avenir par de sages

réformes; parce qu'ils ont compromis par des impatiences criminelles cette admirable situation, vous avez le courage de dire que l'honneur de la France est intéressé et qu'elle doit dépenser ses trésors, verser le sang de ses enfants pour réparer les fautes et satisfaire les impatiences de vos clubistes et de vos démagogues? (*A droite* : Non, non. Vive appprobation. — Rumeurs à gauche.) Non, mille fois non, et, à mon tour, j'en appelle à la conscience de mon pays. Ses sympathies, savez-vous pour qui elles existent? pour le soldat qui est mort courageusement sous son drapeau, servant loyalement son gouvernement sur le champ de bataille; elles ne sont pas pour ces perturbateurs qui, au lieu de se battre, employaient tout ce qu'ils ont de funeste activité à dissoudre l'armée. (*A droite*: Très-bien! trèsbien!)... Les leçons cruelles qui viennent d'être données à l'Italie, elle en profitera, je l'espère. Pour moi, je ne lui dirai pas, comme hier disait un membre de ce côté de l'Assemblée, *c'est la guerre au couteau qu'il faut commencer*. Je lui tiendrai un tout autre langage, je lui dirai : Il est noble, il est légitime de poursuivre ce grand but de l'indépendance nationale; il faut vous y préparer par la pratique de tous les devoirs civiques; il faut d'abord apprendre à respecter le droit, même dans vos adversaires, vous affranchir de ces mœurs d'esclaves qui vous portent à ne connaître que la violence; il faut que ce fruit si précieux de l'indépendance soit mûri sous la bienfaisante influence de ces institutions libres dont plusieurs de vos gouvernements vous avaient dotés et que vous n'avez que trop méconnues : alors vous pourrez engager sérieusement cette grande lutte de l'indépendance. (Mouvement d'approbation à droite.) Vous rappeliez tout à l'heure le souvenir glorieux de nos campagnes d'Italie... Oui, le premier consul est entré en Italie avec la mission de l'affranchir; mais savez-vous ce qu'il a fait, avant tout, pour y parvenir, et c'est là sa principale gloire? il a commencé par y rétablir l'ordre; il a substitué aux stériles agitations des clubs l'action des gouvernements réguliers, et souvenez-vous que si la France est jamais amenée à tirer l'épée pour l'Italie dans des circonstances légitimes et où son honneur serait réellement engagé, son premier devoir et son premier intérêt lui seront tracés par l'exemple que je viens de citer. (Très-bien! à droite.)

Nous n'avons apporté à cette tribune qu'une politique

modérée, parce que nous sommes bien résolus à mettre nos actions pleinement d'accord avec nos paroles. Nous ne voulons pas du séquestre de la Savoie avant de savoir si l'Autriche abusera ou n'abusera pas de sa victoire. Si nous acceptons la résolution de notre comité, c'est parce qu'elle laisse au gouvernement sa liberté d'action, qu'elle ne prescrit aucune prise de possession directe et immédiate : quant à la politique de propagande républicaine armée dont le cri serait : *Mort à tous les rois!* M. Ledru-Rollin a senti lui-même qu'il a eu de meilleures occasions pour de pareilles témérités; elles eussent été mieux placées au lendemain de la révolution du 24 Février, lorsque tous les trônes étaient ébranlés, qu'à ce jour où nous sommes en relations régulières et pacifiques avec les gouvernements de l'Europe. Aussi nous exprimait-il ses regrets *de l'occasion perdue*, et je les crois sincères; mais nous ne sommes pas venus aux affaires pour réparer les occasions perdues et apaiser les regrets de M. Ledru-Rollin, pas plus à l'extérieur qu'à l'intérieur. (Rires ironiques à droite.) Je vois avec peine les dissentiments qu'a fait éclater ce débat. Votre comité diplomatique avait donné d'autres conseils et d'autres exemples. Parmi les membres qui le composent, il y en a plusieurs qui n'approuvent pas habituellement la politique du ministère. Hé bien! ils n'ont pas hésité, et je les en honore, à abdiquer tout esprit de parti; ils ont senti que, dans une question étrangère d'une si haute gravité, il était patriotique d'apporter dans nos négociations avec l'étranger toute la force résultant de notre union. C'est ce noble sentiment qui a inspiré la résolution sur laquelle vous avez voté et peut-être eût-il été digne de cette assemblée de s'y réunir sans débat. M. Ledru-Rollin disait tout à l'heure que nous ne comprenions ni le présent, ni l'avenir : il y a une chose qu'il ne me paraît pas comprendre lui, c'est la force que donnent à un gouvernement la loyauté et la modération. (Assentiment à droite. — Tres-bien! très-bien.)

A la suite de ce discours, la résolution du comité, débarrassée de son préambule et réduite, avec l'assentiment du ministère, à la simple assurance que, *si le gouvernement, pour mieux garantir l'intégrité du terri-*

toire piémontais et mieux sauvegarder les intérêts et l'honneur de la France, croyait devoir prêter à ses négociations l'appui d'une occupation partielle et temporaire en Italie, il trouvera dans l'Assemblée le plus entier concours. Cette résolution fut votée par 444 représentants contre 320.

Le gouvernement autrichien eut le bon esprit de comprendre notre modération et d'y répondre par une politique également modérée. Il réduisit l'indemnité de guerre à laquelle il avait droit, et consentit à évacuer tout le territoire piémontais. La paix fut signée sur ces bases.

Ainsi se termina cette grande et chevaleresque entreprise du roi Charles-Albert : commencée sous les plus brillants auspices, favorisée d'abord par les sourires de la fortune, elle se terminait par un grand désastre et une abdication.

On a beaucoup discuté sur les causes de cet avortement ; les uns l'ont attribué à des mouvements militaires mal combinés, à un défaut de résolution, à un siége inopportun ; pour nous, nous croyons que les fautes politiques y ont eu une plus grande part que les fautes militaires. Le jour où le roi Charles-Albert est devenu l'instrument du parti démagogique en Italie, il s'est isolé de tous les autres gouvernements italiens, il les a rejetés forcément dans les bras de l'Autriche, et il s'est vu réduit à ses seules forces avec l'élément révolutionnaire italien, auxiliaire très-douteux sur les champs de bataille et très-dangereux dans le conseil. Si encore il avait pu appeler la révolution française à son secours ; mais si les révolutionnaires français, ainsi qu'un des leurs qui certes n'est pas suspect, M. Jules Favre, venait de nous le révéler dans le débat, *préféraient les Autrichiens à Charles-Albert*, il était bien permis à celui-ci de préférer *tout* à de tels alliés.

Dans la seconde campagne, cette funeste influence

eut des conséquences encore plus désastreuses. C'est elle qui poussa Charles-Albert à se jeter avec une armée encore démoralisée et désorganisée par ses trop récentes défaites dans cette folle entreprise qui se termina à Novare; c'est elle qui l'isola aussi de l'appui de l'Angleterre et de la France, alors engagées dans la médiation de Bruxelles. Ce malheureux roi, poussé au désespoir, cherchait la mort et n'aspirait qu'à un glorieux suicide; son tort était d'y entraîner son pays; il aura au tribunal de l'histoire pour justification la grandeur du but qu'il poursuivait et l'héroïque courage qu'il a montré personnellement. Mais que dire de ces démagogues qui l'exaltaient et l'outrageaient alternativement, qui criaient si haut et se battaient si mal, qui rejetaient avec tant d'arrogance d'abord tout appui étranger, et qui, plus tard, invoquaient cet appui avec tant d'humilité et d'insolence tout à la fois, mêlant les menaces aux supplications? A eux et à eux surtout appartient la responsabilité de l'avortement de ce noble élan de tout un peuple vers l'indépendance; ils auraient perdu à jamais cette belle cause, s'ils avaient pu la perdre. Mais, comme si la Providence leur eût réservé cette leçon, cette monarchie représentative du Piémont, qu'ils s'étaient efforcés de détruire, soit par leurs conspirations, soit par leurs folles exigences, restait debout, en dépit de tous leurs efforts, seule conquête du passé, seule espérance de l'avenir.

CLUBS — LEURS EXCÈS. — PROJET DE LOI
QUI LES INTERDIT.

Les difficultés qui nous venaient de l'étranger ne faisaient pas diversion à nos dangers de l'intérieur, et, bien au contraire, les aggravaient. On a vu comment avait été accueilli par l'Assemblée notre projet de loi contre les clubs ; le rejet de la demande d'urgence en faisait préjuger le rejet définitif ; de là un redoublement d'exaltation dans ces réunions qui nous fournissaient de nouveaux arguments en faveur de leur suppression totale.

Dans un club qui s'intitulait : *Banquet des Écoles*, se tenaient les discours les plus incendiaires ; les provocations les plus directes à une guerre sociale s'y faisaient en présence d'un public avide de ces impressions. C'est là que M. Ledru-Rollin avait proposé un *toast aux héroïques vainqueurs de février*, qui, disait-il, *étaient portés alors sur le pavois, et qui maintenant étaient enfermés dans les prisons et les pontons!* Le commissaire de police du quartier, en vertu du droit que lui donnait la loi réglementaire sur les clubs pour assister à cette réunion, repoussé, maltraité par les clubistes, avait dû requérir la force publique pour faire respecter son droit.

M. Martin Bernard eut l'imprudence de dénoncer ce fait à la tribune par voie d'interpellation ; il criait à la violation du domicile, à l'attentat contre le droit sacré de réunion, etc., à l'imitation de M. Ledru-Rollin et avec la même bonne foi, il citait mon opinion sur les banquets et prétendait que j'avais flétri la loi de 1790, qui donne aux agents de l'autorité le droit de pénétrer dans tout lieu public et d'y maintenir l'ordre, ce qui m'arrachait cette exclamation de mon banc : « Moi ! flétrir la loi de 1790 ; mais c'est le contraire qui est vrai, je l'invoquais cette loi ; nous revendiquions la présence de l'autorité à nos réunions, comme étant tout à la fois notre titre et notre sauvegarde !... »

M. Pierre Leroux, dans un de ces longs discours mystiques qui laisaient quelquefois douter de sa raison, s'égara jusqu'à dire que *le droit des clubs tenait de la loi divine, qui avait donné aux hommes la possibilité de se comprendre, de s'unir et de s'aimer* [1] *!*

M. Grandin, grand manufacturier d'Elbeuf, homme de sens et de courage, au milieu des objurgations de la Montagne, fait un tableau saisissant de la misère et du désespoir dans lesquels les excès de la démagogie ont jeté les populations.

Dans ma ville, s'écrie-t-il, le dernier recensement du bureau de bienfaisance a constaté qu'on avait trouvé des ouvriers réduits à manger de l'herbe. Hé bien, je vous le dis, ce sont ces clubs dont vous prenez la défense avec tant d'opiniâtreté qui sont la cause du mal. (C'est vrai, vive approbation.)

L'orateur, après avoir cité un article d'un journal socialiste qui prédisait que *l'infâme privilége du capital allait bientôt cesser, et que la démocratie socialiste était pour eux la dernière forme de l'humanité,* poursuit ainsi :

C'est donc le partage que vous voulez, et le partage à la manière de Salomon, par le glaive, puisqu'il ne peut se faire pacifiquement! Pourquoi le gouvernement ne sévit-il pas contre de telles doctrines? S'il croit que la patience et la résignation apporteront un remède au mal, il perd la société !

Ce discours avait allumé les fureurs de la gauche qui, presque tout entière, s'était groupée au pied de la tribune, d'où elle lançait à l'orateur les invectives les plus grossières, parmi lesquelles se remarquait celle-ci : « Vous êtes le compère des ministres ! » De son côté, la droite s'animait et soutenait son orateur.

M. Ledru-Rollin crut l'occasion bonne pour re-

---

1. Il avait organisé dans le département de la Creuse une association qui avait ses presses, ses clubs, ses correspondances, et dont le but n'était pas tout à fait de porter les hommes à s'aimer. On verra plus tard que le pouvoir dut s'en occuper.

prendre ses récriminations contre l'ancien parti de l'opposition constitutionnelle; il cite les discours que MM. de Maleville, Duvergier de Hauranne et moi avions prononcés dans la fameuse discussion de l'adresse de 1847, et il reproduit un petit dialogue entre M. Guizot et moi, à l'occasion du débat sur le droit de réunion. « Prenez bien garde, me disait M. Guizot, si vous étiez assis sur les mêmes bancs que nous, vous feriez comme nous; » à quoi je répondais : *Je vous garantis le contraire.* Je n'accepte pas cette garantie, aurait répliqué M. Guizot. « Vérifier ainsi les soupçons de M. Guizot, s'écrie en finissant M. Ledru-Rollin, c'est à mes yeux le plus cruel des châtiments!... »

La méprise affectée, ou plutôt la fraude oratoire de M. Ledru-Rollin était trop grossière pour que je consentisse à lui en laisser les avantages. Je pris la parole :

Il est souvent dans la destinée des hommes publics, dis-je, d'avoir à combattre successivement pour la liberté et contre la licence. J'ai consacré une partie de ma vie à combattre pour les garanties violées; je ne démens aucun des actes de ce passé. Alors j'avais deux adversaires personnifiés dans deux hommes et, ces deux hommes, je n'ai pas besoin de les nommer, je pourrais encore les rencontrer devant moi. (Applaudissements.) — Quand je combats aujourd'hui contre l'anarchie, bien loin de démentir mon passé, j'y suis fidèle; car c'est encore une manière de servir la liberté. (Très-bien!.. Bravo!..) Oui, quand nous étions en face d'un pouvoir qui nous disait : Vous ne pouvez pas vous réunir sans notre permission, nous lui répondions : « Vous mentez au principe de tout gouvernement libre; vous violez la loi de 1790 qui a solennellement reconnu le droit de réunion, et de plus, alors que vous interdisez ces libres manifestations de l'opinion, vous vous privez volontairement du moyen le plus assuré de connaître et de sonder le mal dans toute sa profondeur. Vous courez les yeux fermés aux abîmes. » Et nous n'avons été que trop prophètes! (Sensation.) Mais aujourd'hui que faisons-nous? Subordonnonsnous le droit de se réunir à une autorisation préalable? Non, nous ne vous demandons qu'une chose, c'est d'avoir, comme nous, en 1847, le courage de vos opinions et de ne pas fuir le regard de l'autorité. (Applaudissements répétés à droite.) Et vous appelez cela de l'oppression, et vous nous accusez d'une honteuse rétractation de nos opinions. Ah! monsieur Ledru-Rollin, vous nous disiez naguère dans un de vos discours qu'aux partis extrêmes il fallait de l'audace, toujours de l'audace. Combien ne vous en faut-il pas pour oser comparer et confondre des positions aussi contraires!...

Je terminai par quelques graves reproches à l'adresse de tous les partis dans l'Assemblée.

Notre devoir, dis-je, se formule en bien peu de mots, et ce devoir n'imcombe pas seulement aux dépositaires momentanés du pouvoir, il regarde aussi tous les citoyens amis de leur pays. Il s'agit d'être bien convaincu que plus il y a de liberté chez une nation, plus la loi doit y être profondément respectée. S'il se rencontre des gens qui s'imaginent que la république a été proclamée pour énerver la force du droit en France, qu'ils reviennent de cette erreur étrange. Quant aux reproches de tolérance excessive et périlleuse que M. Grandin nous a adressés, ces reproches sont injustes; s'il se faisait rendre compte des poursuites entamées, il verrait que la vindicte publique n'est pas restée inerte et résignée comme il le suppose et qu'elle ne manque pas aux intérêts réels et légitimes de la société. Le seul point sur lequel nous différons, c'est que je crois que tout n'est pas fait pour le rétablissement de la sécurité quand on a prescrit quelques procès de presse : j'ai plus de foi qu'il n'en paraît avoir dans cette juridiction du bon sens public qui, pour être officieuse et volontaire, n'en est pas moins efficace..... (Applaudissements prolongés.)

Ce discours produisit l'effet que j'en attendais. Ce violent orage soulevé dans l'Assemblée où les partis semblaient prêts à en venir aux mains, s'apaisa comme par enchantement : quelques amis maladroits, encouragés par l'effet de mes paroles, proposèrent un ordre du jour contenant l'éloge du ministère; mais, sur l'avertissement que je donnai de mon banc que le ministère n'avait pas besoin d'éloges pour avoir rempli le plus simple des devoirs, cet ordre du jour fut retiré : l'ordre du jour pur et simple fut voté sans division.

Ce n'était là qu'une préparation au débat pour la suppression des clubs ; le projet venait à discussion sur le rapport de M. Crémieux qui concluait au rejet du projet comme étant contraire à la Constitution.

Les clubs, disait le rapporteur, sont une institution essentiellement républicaine. La Convention les a abolis, cela est vrai ; mais les sections, un mois après, attaquaient la Convention : que cet exemple vous profite !... etc.

M. Sénard, plus habile que son collègue de la commission, posait autrement la question. Si la distinction, disait-il, entre les clubs et le droit de réunion était possible, nous pourrions admettre le projet ; mais comme, d'après lui, c'était poursuivre une chimère que de vouloir établir une telle distinction, il appuyait le rejet du projet.

Cependant la minorité de la commission ne croyait pas à cette impossibilité prétendue de distinguer les réunions légitimes des clubs et elle formulait un amendement, dans lequel elle essayait de préciser les caractères distinctifs des clubs, amendement auquel le ministre déclarait se rallier.

J'accepte, disais-je, la discussion sur ce terrain. Est-il possible de distinguer entre le club et le droit de réunion, de supprimer l'un, sans détruire l'autre ? Si cela n'est pas possible, comme le droit de réunion est inscrit dans la Constitution, il faudra bien respecter les clubs. Mais s'il était vrai que ce fût une seule et même chose, comment se ferait-il que l'opinion publique, qui s'est montrée et se montre encore si sympathique pour le droit de réunion, fût au contraire si hostile aux clubs. Ah ! c'est que la conscience publique ne s'y trompe pas; demandez à toute la France ce qu'est un *club*: elle vous répondra que c'est une réunion permanente, avec un bureau, une tribune, faisant appel incessamment aux passions du dedans et du dehors; jouant chaque jour une mise en scène politique en quelque sorte sur la place publique où des malheureux qui ne sont pas suffisamment défendus par leur intelligence viennent puiser ces détestables doctrines qui se traduisent bientôt en perturbations sanglantes et entendent jusqu'à l'apologie de l'assassinat : voilà ce qu'est le club. Savez-vous ce qui, dans ces clubs, remue le plus vivement les auditeurs? ce sont les appels aux passions les plus violentes. (C'est vrai!..) C'est entre les orateurs comme une émulation de violence, jusqu'à ce que leur auditoire ressemble à ces hommes qui, faisant abus de liqueurs fortes, finissent par ne plus recevoir de sensation que de cette liqueur de feu qui donne la mort. (Sensation.) Vous leur avez interdit de correspondre entre eux; mais interdirez-vous les journaux, qui se font les échos de leurs ordres du jour et de leurs provocations, et qui, par cela, les relient entre eux? J'ai cru longtemps que ces réunions, avec leur tribune et leur publicité, nous débarrasseraient au moins des sociétés secrètes, hé bien! c'était une erreur de ma part, je la confesse; les clubs sont, en quelque sorte, le vestibule des sociétés secrètes; ils communiquent souterrainement et se complètent les uns par les autres. Si le club, comme on l'a dit, est une institution républicaine, pourquoi n'avez-vous pas mis les clubs dans la Constitution? Pourquoi les avez-vous, comme toute association, subordonnés aux exigences de la sécurité publique? Pourquoi avez-vous laissé à la loi le soin d'en régler le mode et les conditions? Vous avez bien interdit les sociétés secrètes, quoique le droit d'association soit dans la Constitution, pourquoi n'interdiriez-vous pas le club qui est d'un danger plus actuel et plus incessant? Les clubs sont destinés, selon Washington et Lafayette, graves autorités en fait de liberté, à perdre tout gouvernement libre[1]. L'Assemblée Consti-

---

1. Georges Lafayette crut devoir réclamer contre cette affirmation ; il déclara que son père eût voté contre la suppression des clubs, si cette suppression eût entraîné l'abolition du droit de réunion. Et de mon banc je lui répondis que je n'avais pas dit autre chose, et, en effet, je soutenais précisément que le droit ordinaire et accidentel

tuante avait cru, elle aussi, qu'il lui suffirait de réglementer les clubs : qu'est-il arrivé? ce qui arrivera toujours et fatalement, en pareille matière; c'est que cette puissance des clubs s'est jouée des vaines entraves qu'on lui avait données. Le club des amis de la Constitution, d'abord assez modéré, est devenu le club des Jacobins; et la Convention elle-même, après avoir longtemps cédé aux exigences impérieuses de ce club qui la dominait, après avoir consenti trop longtemps à être l'exécutrice de ses œuvres sanglantes, s'est vue forcée de se retourner un jour contre ces maîtres impérieux qui, à chaque concession qu'on leur faisait, disaient : *pas assez!* et poussant le gouvernement toujours en avant à travers les ruines sanglantes, ne se seraient arrêtés qu'au néant. (Vifs applaudissements.) Pour s'affranchir de ce joug, il a fallu livrer une bataille, le sang des citoyens a coulé : devons-nous nous laisser acculer à de telles nécessités? N'est-ce donc pas assez des avertissements du 16 avril, du 15 mai, des funestes journées de juin?... Chacun ici a sa responsabilité : que d'autres acceptent la responsabilité des clubs et de leurs œuvres; pour nous, nous acceptons de grand cœur celle de leur suppression. (Rumeurs violentes à gauche. — Applaudissements à droite.)

La discussion fut close après ce discours : la Montagne, selon l'usage qu'elle ne manquait jamais de suivre dans les questions où elle craignait la pression de l'opinion sur l'Assemblée, demanda le scrutin secret, et, malgré cette précaution, la suppression des clubs fut votée par 378 contre 359 voix.

Ce coup fut vivement ressenti par les opposants : un double scandale se produisit dans l'Assemblée; la majorité de la commission, par l'organe de M. Crémieux, déclara qu'elle cessait de prendre part à la discussion et la gauche se retira en masse. Par cet acte de puéril

de réunion était parfaitement distinct et indépendant du droit de constituer un club. Au reste, le fils du général, en niant la profonde répulsion de son père pour les clubs, eût nié une partie importante et la plus honorable de l'histoire de l'adversaire courageux des Jacobins.

dépit, elle parvint à rendre nul, faute d'un nombre suffisant de voix, le scrutin sur le second article du projet de loi, que la minorité de la commission avait proposé et que le gouvernement avait adopté, cet article réservant le droit de réunion accidentelle pour un objet déterminé. Le scrutin resta ouvert, et enfin quelques opposants sentirent combien cette révolte de la minorité contre la majorité était d'un mauvais exemple et se décidèrent à voter. Il se trouva 614 boules dans l'urne ; nombre rigoureusement suffisant pour le vote, et 464 boules blanches.

Il restait à voter sur l'ensemble de la loi et sur les amendements qui étaient présentés, lorsque M. Ducoux, l'ancien préfet de police de la commission exécutive, républicain ardent, se précipita à la tribune pour dénoncer un comité bonapartiste qui se serait formé et qui exigeait de tous les candidats à la députation le serment de dévouement à la famille Napoléon, c'est-à-dire à un empire électif. Cet incident jeté au milieu d'un débat d'une telle gravité était-il une tactique souvent employée par les partis pour gagner du temps et éloigner un vote qu'ils redoutaient, ou bien l'interpellateur était-il entraîné par l'ardeur de son zèle républicain ? Quoi qu'il en soit, je m'élevai avec sévérité contre cet abus des motions improvisées.

Les interpellations, dis-je, sont un droit pour chaque député, et pour nous c'est un devoir d'y répondre, devoir que nous n'avons jamais éludé ; mais elles sont soumises à certaines règles qui garantissent l'ordre et la régularité de vos délibérations. Si l'on pouvait à volonté interrompre le débat le plus sérieux pour porter inopinément à la tribune ses griefs particuliers ou ses appréhensions, alors vous perdriez toute dignité, toute force et on vous ferait descendre de la haute sphère où vous êtes placés. Si le fait dénoncé a quelque chose de réel, il est d'autres voies que celle qui a été employée pour en saisir la justice qui ne faillira pas à ses devoirs, etc.

M. Ducoux balbutia qu'il était aussi bon juge des convenances que M. Odilon Barrot, et l'incident en resta là.

La discussion reprit avec une nouvelle ardeur sur les clubs. La Montagne s'était ravisée, elle garnissait ses bancs en masse et dès le début un de ses membres, le citoyen Dubarry, parodiant une parole célèbre, vint déclarer au nom de la minorité *qu'il faisait le serment de violer cette loi.* Cependant le principe de la suppression des clubs étant voté, le terrain de la discussion se trouvait désormais bien circonscrit et ne laissait plus guère de prétexte qu'à une guerre de chicane. C'est dans de pareilles circonstances que M. Sénard manquait rarement de déployer son habileté. Il demandait que la loi déterminât les signes auxquels on reconnaîtrait qu'une réunion cessait d'être *accidentelle* pour devenir un club ; il s'efforçait à grands renforts de subtilités de jeter le trouble dans la conscience de la majorité. Je m'élevai avec une certaine impatience contre cette discussion chicanière.

Je considère, dis-je, tous les membres qui prennent part à ce débat, comme recherchant très-simplement la solution de la question posée. Je ne suppose à aucun d'eux le parti pris de chercher des prétextes pour revenir sur les articles votés ; mais je réponds à toutes les difficultés qu'on vient de soulever à plaisir sur les caractères distinctifs du délit, que la loi est suffisamment claire, et à tout citoyen qui déclarerait qu'il lui reste un doute sur ce qu'elle défend et sur ce qu'elle permet, je répondrais que ce doute n'est pas sérieux. — La loi lui dit qu'il peut se réunir *accidentellement,* pour un objet spécial et déterminé, mais qu'il ne peut pas former et constituer un club. (C'est vrai ! Non, non. — Agitation. — M. Coquerel : Ils ne savent pas le français !) Nos lois sont pleines de définitions analogues, et même plus vagues. Par exemple : *le journal politique n'est pas défini.* Il sera toujours facile dans de pareilles lois d'embarrasser un instant la discussion, mais le législateur qui fait une œuvre sérieuse et de bonne foi ne s'arrête pas à de telles difficultés. Il se demande si, dans la définition qu'il donne, il peut s'élever pour la conscience du magistrat ou du juré un doute sérieux ; et quand il est rassuré sur ce point il poursuit sa course. (Marques nombreuses d'approbation.)

Ces paroles mirent un terme à cette petite guerre, et la loi fut votée dans son ensemble.

C'était, après la décision sur la dissolution de l'Assemblée, la seconde et la plus importante victoire que remportait le parti de l'ordre ; on voit combien elles nous furent disputées et à quelles faibles majorités nous les obtenions.

La question des clubs est et sera toujours à la suite des révolutions populaires la plus grande épreuve qu'auront à subir les gouvernements sortis de ces révolutions. C'est que les clubs ne sont autre chose que la révolution elle-même qui se continue. Tout gouvernement qui prétend clore la révolution est donc, et par cela même, obligé de fermer les clubs ; sans quoi, à côté du gouvernement régulier et au-dessus de lui subsisterait toujours le gouvernement révolutionnaire ; il y a, sans doute, quelque difficulté à bien distinguer le droit de réunion qui est indispensable pour la pratique de toute liberté politique, du club proprement dit. Cependant le jugement public ne s'y méprend guère, et le boutiquier dans le voisinage duquel s'établit un club tumultueux, objet permanent de trouble pour le quartier, ne s'y est jamais trompé. Du reste, quand, dans l'appréciation du fait, il resterait quelque chose d'arbitraire et de subordonné aux circonstances, ce ne serait pas une raison pour permettre les clubs avec tous leurs dangers. La définition de tous les délits de la presse comporte également une grande somme d'arbitraire ; et on peut dire de ces délits, que ce sont les circonstances qui les font, et c'est précisément pour cela que le jury en est le juge naturel et pour ainsi dire nécessaire. Ajoutons que, dans une société comme la nôtre, qui est si mal constituée et qui se défend si mal par elle-même contre toute tentative d'usurpation violente, conserver la domination des clubs serait la plus haute folie; ce serait renoncer au gouvernement régulier, et partant à toute sécurité. Je ne peux donc me repentir de la part que j'ai prise à la suppression des clubs; ce n'est pas seulement à la société, c'était à la République elle-même, quoi qu'en ait dit M. Crémieux, que je rendais service.

LOI ÉLECTORALE. — BUDGET.

Il ne restait plus à l'ordre du jour que deux objets, la loi électorale et le budget. Toutes les tentatives faites par la gauche pour intercaler d'autres lois organiques furent vaines, et les préoccupations de l'Assemblée se reportèrent désormais sur ces deux grands intérêts: l'élection de la future assemblée et le budget modèle que la Constituante désirait léguer ou plutôt imposer à ses successeurs.

La discussion de la loi électorale n'offrit guère d'incidents dignes d'être rappelés. Seulement, le suffrage universel fut retiré au soldat en campagne; la logique céda au moins sur ce point à la nécessité, encore ne fut-ce pas sans peine que ce petit triomphe de la raison sur le stupide fanatisme de la logique fut obtenu. Deux propositions, l'une de M. Lherbette, tendant à exclure de la représentation toute personne intéressée, soit comme entrepreneur, soit comme actionnaire dans les fournitures de l'État, et un amendement de M. Pierre Leroux qui créait une indignité contre tout individu condamné pour adultère, furent également introduites dans la loi. La première n'était que la reproduction d'une pareille résolution que nous avions fait passer dans l'ancienne Chambre des députés ; l'autre, qui avait d'abord excité les sourires de l'Assemblée par son excentricité, fut cependant votée comme un de ces hommages faciles, que même les plus corrompus sont toujours empressés de rendre à la moralité publique.

Une troisième proposition de M. Bastiat avait plus de gravité, et celle-là fut rejetée : elle ne tendait à rien moins qu'à créer une incompatibilité absolue entre les fonctions de ministre et la députation ; elle renouvelait ainsi, après une longue expérience, dont les leçons désormais semblaient acquises, la lourde faute commise par la Constituante qui, en mettant en dehors d'elle les agents actifs du pouvoir exécutif, s'était placée dans la nécessité périlleuse d'absorber en elle le gouvernement entier du pays, d'annihiler ainsi la couronne, et par là avait préparé les voies à ceux qui, après elle, ont brisé la monarchie. M. Bastiat cherchait à justifier son amendement à l'aide de cette même fausse logique qui avait égaré les premiers constituants.

> Le pouvoir législatif, disait-il, doit être et rester distinct du pouvoir exécutif; des ministres participant de l'un et de l'autre de ces pouvoirs sont une étrange anomalie qui fait que des ministres se donnent des votes de confiance. En outre, les compétitions des députés aspirant au ministère sont la source des agitations et des révolutions. La monarchie pouvait avoir intérêt à prendre ses ministres dans les assemblées parce qu'ils lui servaient à les diriger; mais dans la république ce ne serait plus qu'une confusion et un danger.

Le rapporteur, M. Charlemagne, répondait à ces

dangereux et spécieux sophismes avec un grand sang-froid :

> En chassant les ministres de l'Assemblée, disait-il, on n'en chasserait pas pour cela les ambitieux et les compétitions de pouvoir, on les transporterait seulement ailleurs. Aimerait-on mieux que les ministres se formassent dans l'Œil-de-Bœuf, sous l'influence d'une maîtresse, comme sous la monarchie ou dans les bureaux du Comité de salut public? et puis voudriez-vous qu'il y eût dans l'État deux pouvoirs *juxtaposés*, mais n'ayant aucun lien entre eux? N'est-il pas utile, nécessaire même que les principaux dépositaires du pouvoir soient imprégnés de l'esprit de cette assemblée? (Une voix : Alors, pourquoi ne nomme-t-elle pas le Président?) C'est précisément parce que la Constitution a pris le Président en dehors de l'Assemblée qu'il faut qu'il se rattache au moins à cette assemblée par ses ministres.

M. Saint-Gaudens appuie M. Bastiat; il prétend que, si les ministres sont en dehors de l'Assemblée, ils en jugeront mieux les débats. D'ailleurs, selon lui, il n'est pas nécessaire à la marche des affaires que le pouvoir législatif et le pouvoir exécutif soient d'accord, et le ministère actuel en fournit la preuve. Enfin, le système proposé fonctionne depuis soixante ans aux États-Unis qui s'en trouvent bien.

M. de Lamartine mit cette fois encore son éloquence au service du bon sens. Il ne méconnaît pas les dangers des coalitions parlementaires; mais il y a un danger plus grand, c'est d'abaisser les pouvoirs et de les condamner à se mouvoir au milieu des médiocrités. Il pose ce dilemme : ou les hommes capables s'éloigneront de l'Assemblée, dans la vue du ministère, ou ce sera le contraire, ce qui est plus probable : dans un cas, c'est l'Assemblée qui est appauvrie; dans l'autre, c'est le pouvoir exécutif qui est abaissé; ou plutôt dans ce dernier cas, il y aurait des ministres de paille que les hommes influents de l'Assemblée dirigeraient ; ce qui est arrivé sous les Girondins. Alors c'étaient les hommes influents de l'Assemblée qui étaient réellement ministres, et Dieu sait si leur compétition pour le pouvoir était moins acharnée et agitait moins la France que sous la monarchie constitutionnelle! On gagne à cette combinaison d'avoir des ministres sans responsabilité, et le pire des gouvernements, le gouvernement de l'anonyme, etc...

Ce discours était sans réplique, et cependant M. Bastiat, avec cette obstination des rêveurs et des solitaires qui ne vivent que de leur propre pensée, insistait et argumentait contre les coalitions qui font arriver au pouvoir des hommes au nom de certains principes fort en faveur dans le peuple, principes qu'ils manquent rarement de désavouer le lendemain du jour où ils deviennent ministres, blessant et scandalisant ainsi l'esprit public par ce scepticisme fâcheux, etc. L'allusion était trop directe pour ne pas m'arracher une réponse que je lui fis de ma place.

L'opinion est plus juste que vous ne le supposez, lui dis-je, elle a plus de discernement que vous ne lui en accordez. Les ministres qui, dans la politique, ont la sagesse de tenir compte des faits et des circonstances ne sont pas pour cela dépopularisés.

Je ne jugeai pas à propos d'entrer plus avant dans un débat sur lequel l'opinion de la majorité était fixée. Il restait cependant à invoquer un argument tiré de la Constitution qui n'avait pas été présenté par les précédents orateurs et qui avait bien son importance.

En effet, les auteurs de la Constitution avaient eux-mêmes senti que, malgré le principe abstrait de la division des deux pouvoirs, il était nécessaire que ces deux pouvoirs pussent communiquer et s'harmoniser au moyen d'un autre pouvoir intermédiaire, participant de l'un et de l'autre ; et ce pouvoir intermédiaire ne pouvait être qu'un ministère collectif et responsable, choisi par le président dans le sein de l'Assemblée. C'était le seul moyen qu'ils avaient imaginé et qui existât réellement, sinon de faire disparaître, au moins d'atténuer le vice radical de cette Constitution, c'est-à-dire le dualisme, et, par suite, les conflits inévitables des deux grands pouvoirs de la République ; ils ne pouvaient méconnaître, et au besoin l'histoire du monde civilisé le leur eût appris, que *tout Gouvernement est un ;* qu'il n'y a guère qu'au Japon qu'il y ait un gouvernement en deux parties, et encore ne connaît-on pas bien le mystère de ce gouvernement à deux têtes ; que là où il y a une représentation vraie, une tribune libre, et une publicité sérieuse, c'est à la tribune que le gouvernement se discute ; que, si le contraire arrive, c'est que la représentation et la tribune sont des fantômes, et que la Constitution a créé un de ces corps législatifs bâtards, vaine décoration que le despotisme imagine parfois pour tromper les peuples. M. de Tocqueville, en faisant, au nom de la Commission, le commentaire de cette partie de la constitution, avait même exagéré le rôle que devait y jouer le ministère responsable : il plaçait dans cette responsabilité ministérielle la garantie de la suprématie du pouvoir législatif sur le pouvoir exécutif. M. Bastiat ne proposait donc autre chose, en isolant le ministère et l'Assemblée, que de retirer de la machine la cheville ouvrière qui en retenait et en faisait mouvoir toutes les parties avec ensemble. Il ne se doutait guère que, dans sa logique inflexible, il rencontrait le moyen que Louis-Napoléon devait employer un jour pour annihiler le pouvoir de la représentation nationale. En effet, lorsque celui-ci fut las du jeu du gouvernement représentatif et qu'il crut que le moment était arrivé, pour lui, de le supprimer à son profit, il choisit ses ministres, d'abord dans les rangs secondaires, puis tout à coup hors de l'Assemblée; il fit précisément ce que l'honnête M. Bastiat proposait, et, à l'instant même, le jeu régulier des deux pouvoirs s'arrêta et ce conflit qui conduisit au coup d'État commença entre eux.

Quant à l'exemple cité des États-Unis, il était bien mal choisi : que pouvait-il y avoir, en effet, de commun entre deux constitutions aussi dissemblables que celle de la République américaine avec sa fédération et notre République avec sa centralisation excessive? Les ministres américains peuvent sans danger être pris hors du congrès parce que le gouvernement n'est pas dans leurs mains; les grandes et principales attributions du pouvoir exécutif sont, les unes réservées aux états particuliers qui forment autant de gouvernements indépendants, les autres confiées à un sénat fédéral; ce qui réduit les fonctions de ministres aux États-Unis à celles de véritables chefs de services. Mais nos démocrates avaient horreur de toute décentralisation, et, en outre, ils avaient repoussé comme monarchique l'institution d'une seconde assemblée; ils avaient voulu d'un gouvernement fort et unitaire, puissamment centralisé; ils l'avaient fait sortir du suffrage populaire pour le rendre encore plus fort; puis ils s'étaient pris de peur et avaient crié bien haut que ce pouvoir ne devait être que le bras, l'instrument passif et aveugle de l'Assemblée; et cependant ils voulaient maintenant qu'il prît ses ministres en dehors de l'Assemblée comme pour mieux rompre tout lien entre ces deux pouvoirs, condamnés cependant à marcher ensemble ou à s'entre-détruire. Que de contradictions!... Et quand on voit que des hommes très-éclairés et très-honnêtes, tels que M. Bastiat, proposent de pareilles énormités, on ne peut que s'en affliger et se sentir humilié.

Après le vote de la loi électorale, le Président

annonça que les élections auraient lieu le 13 mai et que l'Assemblée législative se réunirait le 28. Il restait donc environ deux mois à l'Assemblée constituante pour discuter et voter les lois les plus indispensables à la mise en action de sa constitution. Or, la plus urgente de ces lois aurait été celle sur la responsabilité des ministres; puisque la constitution avait fait du conseil des ministres un troisième pouvoir destiné à jouer le rôle important de médiateur entre les deux autres pouvoirs, il était donc bien important de définir la responsabilité propre à ces ministres et de préciser en quoi elle différait de celle du Président de la République; de déterminer enfin comment l'une et l'autre de ces responsabilités seraient converties en garanties sérieuses pour le bon gouvernement du pays et pour la sécurité des institutions républicaines. Le problème n'était, sans doute, pas facile à résoudre, mais plus les difficultés étaient grandes, plus il eût fallu s'en occuper sérieusement. Or, nous n'eûmes sur ce sujet si délicat qu'un rapport de M. Crémieux qui est un vrai modèle de rhétorique creuse et d'imprévoyance politique : on y règle, avec un soin minutieux, la procédure de la mise en accusation soit du Président, soit des ministres; on n'y oublie qu'une seule chose, à la vérité, fort peu importante : c'est d'assurer l'exécution des actes de poursuite et de pourvoir à l'exercice provisoire du pouvoir exécutif dans l'intervalle qui s'écoulerait nécessairement entre l'accusation et la condamnation du président de la République : l'Assemblée ne donna pas suite à ce projet et elle fit bien.

La loi d'institution nouvelle de la magistrature n'était pas moins urgente; elle fut également éludée. La Constitution exigeait expressément qu'une nouvelle institution fût donnée aux juges. Par une de ces bizarres combinaisons des partis qui les fait quelquefois voter ensemble, quoique par des motifs diamétralement opposés, il se trouva que les conservateurs qui voulaient le maintien de la magistrature telle qu'elle était sous le gouvernement précédent, et les radicaux qui craignaient que je ne fisse des choix qui ne leur conviendraient pas, s'accordèrent pour le maintien du *statu quo*. M. Jules Favre se rencontrait cette fois avec M. de Montalembert : il fut décidé à la presque unanimité que la nouvelle institution serait donnée en masse et par la loi même à la magistrature telle qu'elle existait. Je me gardai bien de m'opposer à cette solution qui me débarrassait de la partie la plus difficile et la plus compromettante de mon ministère, celle qui touchait aux personnes : solution que j'aurais demandée moi-même, d'ailleurs, si je n'eusse été enchaîné par le texte même de la constitution : l'Assemblée pouvait seule se permettre ce sans-façon avec lequel elle traitait son œuvre.

BUDGET. — COMPTE FINANCIER DES DÉPENSES DU GOUVERNEMENT PROVISOIRE

Restait le budget auquel l'Assemblée paraissait vouloir consacrer de longues discussions; ce qui obligeait M. Passy, l'année financière étant près d'expirer, à demander des crédits provisoires. Il portait dans les dépenses les frais de représentation de la Présidence pour 600,000 francs : sur quoi grande rumeur de la montagne qui nous accusait, avec plus de violence que de tact et de justice, de vouloir rétablir le luxe de la monarchie.

Il n'est pas aussi facile de changer les mœurs d'une

nation que ses institutions : le chef de l'État, qu'il s'appelle Roi ou Président, n'en est pas moins pour les nations étrangères, comme pour le monde si nombreux de fonctionnaires et d'agents de tous rangs, et pour les souffrances de toute nature la représentation vivante de la France; toutes les misères s'adressent à lui comme à la source obligée des soulagements : le traitement de 600,000 francs établi par la Constitution était évidemment insuffisant pour une telle mission. Heureusement, M. Marrast, beaucoup moins étroit dans ses idées d'économie que ses amis les démocrates, avait déclaré dans son rapport. que les frais de représentation n'étaient pas compris dans ce traitement de 600,000 fr. et qu'une somme égale de 600,000 fr. pourrait être accordée pour ces frais, ce qui nous aida, après un long et assez scandaleux débat, à faire voter par l'Assemblée le chiffre de 1,200,000 francs, chiffre trouvé bien insuffisant encore par celui qui, dans le rôle de président de la république, ne voyait qu'une préparation à l'Empire et qui, par caractère autant que par calcul ambitieux, connaissait bien la puissance de l'argent sur les hommes et le prodiguait avec une grande facilité.

Cette question d'argent, qui nous plaçait entre les exigences incessantes du président et les parcimonies de l'Assemblée, a été pendant toute la durée de notre ministère un grave sujet d'embarras : les douzièmes provisoires furent votés par une assez forte majorité.

C'est au moment où allait commencer la discussion du budget que fut déposé et communiqué à l'Assemblée le rapport de M. Ducos sur les comptes de la gestion financière du gouvernement provisoire. Ce document fit une vive sensation dans l'Assemblée et dans la France entière, et ce n'était pas sans raison. Ce rapport, en effet, en présentant le solde, en chiffres, de tous les actes de ce gouvernement, en faisait ressortir d'une manière saisissante les désordres, les corruptions et les violences. C'était la contre-épreuve, et en quelque sorte la confirmation, par les résultats financiers, de tous les faits que notre enquête avait déjà fait connaître.

Ainsi, après quelques détails sur les traitements assez considérables que les membres de ce gouvernement avaient cru devoir s'allouer (deux cent mille francs à répartir pour deux mois et demi environ), traitements que quelques-uns d'entre eux avaient même cru pouvoir d'abord cumuler avec celui de ministre, le rapporteur faisait le calcul des fonds secrets de police employés par MM. Ledru-Rollin, de Lamartine et Marrast. M. Ledru-Rollin, du 24 février au 11 mai, avait dépensé, en fonds secrets, 841,867 francs; dans l'emploi de cette somme figuraient les 123,000 francs remis aux quatre à cinq cents délégués envoyés dans les départements pour y préparer les élections et dans les régiments pour y semer l'indiscipline. M. Ledru-Rollin avait d'abord cherché à dissimuler cette destination dans son compte ministériel sous le titre de : *Secours à des ouvriers renvoyés de Paris;* mais notre enquête politique et les déclarations de Longepied avaient déjoué cette supercherie. La Commission proposait le rejet de cette dépense comme illégale et immorale; les sommes employées pour la triste campagne de *Risquons-tout,* en Belgique, pour la tentative sur *la Savoie* étaient également déguisées dans le compte rendu en secours à des ouvriers ou à des étrangers retournant dans leur pays. Le rapport entrait aussi dans quelques détails curieux sur les allocations accordées aux commissaires de toute espèce que M. Ledru-Rollin avait envoyés dans les départements pour y remplacer l'administration de la monarchie. Leur indemnité était de 40 francs par jour, plus les abonnements et les frais extraordinaires; ce qui faisait, pour chacun de ces républicains austères, un traitement supérieur à celui des anciens préfets, et ce qui n'empêchait pas ceux de ces commissaires qui avaient dans leur circonscription plusieurs départements de cumuler autant de traitements qu'ils avaient de départements à surveiller.

Un sieur Bergeron (l'un des prévenus dans la tentative d'assassinat du Pont-Royal) avait, au moyen de ce cumul, reçu 5,040 fr. pour deux mois de traitement dans les deux départements de l'Aisne et de la Somme. — Il avait reçu, en outre, une somme de 21,000 fr. dont il refusa de justifier l'emploi et dont l'allocation était, par cette raison, rejetée par la commission : cette somme aurait été employée, selon les conjectures du rapporteur, à combattre mon élection dans le département de l'Aisne. Il faut convenir que c'était grever la république d'une dépense bien inutile. Un sieur Faugeat, commissaire extraordinaire dans l'Alsace et la Lorraine, avait reçu 12,440 fr. pour cinquante-trois jours de fonction et, ce qui est caractéristique, il était accompagné par un huissier qui suivait à la piste ce proconsul au milieu de ses splendeurs et de ses ovations populaires, et épiait le moment de le saisir pour dettes. Dans la Haute-Saône, le commissaire portait naïvement dans ses dépenses une somme de 500 fr. donnée à un candidat pour acheter son désistement; dans la Seine-Inférieure, 2,214 francs avaient été employés pour surveiller le prince de Joinville, qui serait descendu, selon le commissaire, momentanément sur les côtes de la Normandie. Enfin, des sommes importantes avaient été touchées par M. Marrast, pour surveiller le préfet de police et son collègue, M. Ledru-Rollin. MM. Garnier-Pagès, Pagnerre, Adam, pour justifier cette dépense, signalaient les dangers dont les conspirateurs menaçaient le gouvernement, et témoignaient avoir vu les barils de poudre préparés et même la dalle enlevée pour faire sauter l'Hôtel de ville, avec tout le gouvernement. Puis venaient les 10 millions engouffrés en quelques jours par les ateliers nationaux; puis le million dépensé en pure perte pour cette puérile et ridicule fête de la concorde imaginée par M. Ledru-Rollin; puis enfin, les réclamations de la compagnie du chemin de fer du Nord qui, sur l'ordre du gouvernement, avait voituré jusqu'à la frontière belge les bandes de l'expédition de *Risquons-tout* et demandait 43,140 fr. pour ces frais de transport; somme que la commission refusa d'allouer. C'est ainsi que toutes et chacune des mesures immorales, perturbatrices et révolutionnaires de ce gouvernement venaient se traduire en chiffres impitoyables aux yeux de la France indignée. Si nous avions attendu une satisfaction et une vengeance pour les tribulations que les énonciations de notre rapport nous avaient values, nous n'aurions pu la désirer ni plus complète, ni plus éclatante que celle que nous donnaient ces chiffres.

C'était, il faut en convenir, une triste introduction à l'examen du budget de la République. Ce budget, nous ne l'avions ni préparé, ni présenté, mais nous l'avions adopté, n'ayant rien de mieux à faire dans la situation donnée. M. Goudchaux, qui en était l'auteur, s'était efforcé, à l'aide de quelques impôts nouveaux et de forts retranchements sur les dépenses, de rétablir enfin ce fameux équilibre que les gouvernements poursuivent, annoncent même avec ostentation et atteignent si rarement. Les quatre ou cinq cents millions de déficit, qui se rapportaient au passé, avaient été se fondre dans la dette flottante qui, au 24 février, s'élevait à la somme énorme de près d'un milliard (960,371,596 fr.) Mais cette dette elle-même, grâce au remboursement forcé des dépôts des caisses d'épargne et aux bons du Trésor convertis les uns et les autres en rentes sur l'État, au cours du jour, avait été diminuée de tout ce dont la dette consolidée s'était accrue ; la position financière n'était donc pas désespérée, à la condition toutefois, d'une part, que la tranquillité et le crédit qui s'y rattache seraient maintenus, et d'autre part qu'on ne retrancherait rien aux ressources existantes. Or, l'Assemblée avait déjà violé cette dernière condition par maints votes et notamment le jour où elle avait décrété la réduction de l'impôt du sel ; malheureusement elle ne devait pas s'arrêter là.

Le budget avait deux espèces d'assaillants, les montagnards et les tacticiens. Les montagnards commencèrent leur assaut par la proposition de M. Chavoix, homme de convictions sincères, mais d'un esprit étroit et fanatique. Cette proposition ne tendait à rien moins qu'au remboursement des 45 centimes ; cet impôt, qui avait été si inopportunément jeté sur la masse des petits propriétaires au lendemain d'une République dont ils attendaient bien plutôt un soulagement qu'une surcharge, était, pour le parti républicain, comme un remords. Ils attribuaient à ce malheureux impôt, et, en cela, ils n'avaient peut-être pas tout à fait tort, la défaveur avec laquelle nos campagnes avaient accueilli le nouveau gouvernement et les forces que la réaction avait puisées dans ce sentiment. Ils regardaient donc la restitution de ces 45 centimes et comme une dette envers le peuple, et comme un acte éminemment politique. Ils auraient bien voulu faire peser cette restitution sur la classe des riches exclusivement, mais en présence des dispositions de l'Assemblée, ils n'en eurent pas le courage et la proposition de M. Chavoix se bornait à demander le remboursement des 45 centimes au moyen de rentes sur l'État, c'est-à-dire de charger le grand livre de la dette publique des frais de cette mesure. Il ne fut pas difficile à M. Passy de montrer que le Trésor était la bourse de tous et que ce qu'on proposait était tout simplement de verser d'une caisse dans une autre. M. Goudchaux ajouta cette considération qui ne pouvait manquer de produire son effet sur tout le parti républicain, qu'en ordonnant la restitution de cet impôt, c'était en reconnaitre l'illégitimité et mettre ainsi en question la Révolution elle-même. La proposition fut rejetée à une immense majorité.

Le parti des tacticiens attaquait le budget par d'autres moyens. M. Billault n'avait pas oublié sa malencontreuse proposition sur l'interversion des deux budgets des dépenses et des recettes, ni surtout l'espèce d'engagement qu'il avait pris de démontrer que les dépenses pouvaient être réduites de trois cents millions au moins. En conséquence, renchérissant sur la commission qui avait déjà fait subir aux dépenses publiques de notables retranchements, il proposait, lui et ses amis, de réduire les budgets de la marine et de la guerre dans des proportions telles que ces deux grands services en eussent été complétement désorganisés. Ils rencontrèrent heureusement des adversaires dans leur propre parti. Le général de Lamoricière s'opposa énergiquement à ce qu'incidemment à une question de finances on désorganisât les cadres de l'armée. « Les cadres, disait-il, sont la vie de l'armée, l'épée de la France, ce n'est pas le temps de la briser. » « On peut réduire l'effectif de l'armée, ajoutait M. Charras, mais pas briser les cadres.... » Ce n'était pas, en effet, simplement une réduction dans le nombre des soldats formant l'effectif que réclamaient et la commission et ceux qui renchérissaient sur elle : c'étaient 4 régiments de ligne, 4 régiments de cavalerie, 5 escadrons de guides, 2 régiments d'artillerie, les gendarmes mobiles, 11 compagnies du train et une compagnie des ouvriers du génie, dont ils réclamaient la suppression totale, en sus des 160,000 soldats à renvoyer dans leurs foyers, ce qui aurait réalisé une économie de quarante millions sur le service de la guerre, mais complétement désorganisé l'armée. Le rapporteur de la commission et les membres de la gauche qui appuyaient ces retranchements alléguaient pour les justifier que le gouvernement français était d'accord avec celui de l'Autriche, dans les affaires d'Italie, qu'il n'y avait donc plus à se préoccuper des nécessités de la guerre. Sur quoi je ne pouvais m'empêcher de protester de mon banc, par cette exclamation : *Singulier accord!..* et, en effet, si nous n'étions pas plus disposés que ne l'était l'Autriche à reconnaître la République romaine, nous étions bien loin de nous entendre avec elle, sur les conditions auxquelles le gouvernement du Saint-Père serait rétabli, et, sur ce point, nous étions plus près d'un conflit que d'une action commune. C'est, au reste, ce que M. Mauguin faisait ressortir en disant « que le pape serait infailliblement restauré parce que la République romaine avait été d'avance tuée à Novarre, à Palerme, à Livourne, mais que l'Autriche affectant la domination de l'Italie devait y rencontrer l'influence de la France et que l'occupation de Civita-Vecchia ne serait que le commencement de la lutte. » Il en concluait, avec grande raison, que ce n'était pas le cas de désarmer. M. le général Cavaignac acheva la déroute des assaillants en faisant observer que la suppression des cadres soulevait une question d'organisation de l'armée qui serait plus convenablement traitée dans la loi organique qui devait être bientôt discutée. Cet ajournement auquel le ministre de la guerre ne manqua pas de donner son assentiment fut voté sans opposition. Les cadres furent ainsi sauvés.

Il restait à se prononcer sur le renvoi dans leurs

foyers de 145,000 soldats, renvoi demandé par la commission, appuyé par toute la gauche. C'est M. de Lamartine qui se chargea de combattre cette proposition.

Les ministres passent, dit-il, mais les intérêts de la France sont permanents; changez la main qui tient l'épée de la France, mais ne la brisez pas. Car, lorsque vous l'aurez brisée dans les mains de vos adversaires, elle sera brisée pour tout le monde.

Le général de Lamoricière à ces considérations générales ajoutait une observation toute pratique.

Cinq mois se sont déjà écoulés, fit-il remarquer, pendant lesquels l'infanterie était de 361,000 hommes; pour arriver à la moyenne de 209,000 hommes que propose la Commission pour toute l'armée, il faudrait ramener cette infanterie, pour les sept mois qui restent à courir, au chiffre de 176,000 conscrits, car la réduction ne pourrait s'opérer que sur les plus anciens.

Cette observation parut décisive, la réduction de l'effectif fut repoussée comme l'avait été la suppression des cadres, à une immense majorité, et par contre l'économie prétendue s'évanouit comme un rêve.

Les choses se passèrent à peu près de la même manière pour la marine, cet autre gros prenant part dans le budget. Sous le gouvernement précédent, la marine avait joui d'une grande faveur dans notre opposition, et cela se comprend; pour nous, c'était l'arme la plus essentielle de la civilisation, et de plus, elle ne nous inspirait aucune inquiétude pour la liberté. Nous avions donc fait de continuels efforts pour mettre cette arme sur un pied respectable et nous n'avions reculé devant aucun sacrifice pour atteindre ce but. L'opposition républicaine, animée de sentiments tout différents, proposait de fortes réductions qui eussent non-seulement arrêté le développement commencé, mais qui auraient réduit la flotte à une complète impuissance. Il se trouva heureusement dans l'Assemblée un sentiment patriotique qui se révolta contre cette désorganisation et qui maintint les chiffres des dépenses votées sous la monarchie. L'opposition avait cependant réussi à faire passer une réduction insignifiante dans les dépenses des bureaux à la majorité d'*une* seule voix, et encore cette majorité était-elle due à des doubles votes : méprise ou fraude que se permettaient trop souvent certains membres de l'Assemblée. Après un nouveau vote, une majorité de plus de *soixante voix* se prononça en faveur du rejet de la réduction. Le budget de la marine comme celui de la guerre sortit donc intact de cette épreuve.

Nous ne fûmes pas aussi heureux pour le double traitement du général Changarnier qui lui était accordé à raison de ses commandements. La commission avait saisi cette occasion de se prononcer sur l'illégalité et les dangers d'un double commandement, et elle avait proposé, en conséquence, la suppression d'un des deux traitements. Vainement on fit remarquer que la question était bien grosse pour être ainsi tranchée indirectement par un vote financier. L'Assemblée ne tint aucun compte de cette objection et se donna le plaisir, à une assez forte majorité, de satisfaire tout à la fois et ses rancunes contre le général Changarnier, et ses vues économiques. Pour parer ce coup inattendu, nous présentâmes immédiatement un projet de loi qui suspendait pendant six mois l'exécution de la loi de 1832 dans sa disposition sur l'incompatibilité du commandement de la garde nationale avec tout autre commandement actif dans l'armée. On verra plus loin ce qu'il advint de ce projet.

Après les votes sur l'armée de terre et sur la marine,

le champ laissé aux partisans des réductions était bien restreint; il n'y avait plus pour eux qu'à glaner quelques-unes de ces pauvres économies dont les malheureux commis font toujours les frais, sans un grand soulagement pour les contribuables. Nous ne suivrons pas l'Assemblée dans ces discussions de détail fort peu intéressantes : des incidents vinrent parfois cependant passionner tout à coup ces discussions et leur donner une portée politique. Ainsi, M. Goudchaux ayant rappelé à la tribune les difficultés financières qui l'avaient assailli en 1848, s'était fait honneur à juste titre d'avoir repoussé les conseils qu'on lui avait donnés alors de se tirer d'embarras par une banqueroute. M. Ledru-Rollin, à qui on pouvait attribuer ces conseils, somma l'orateur de désigner la personne qui les lui aurait donnés. M. Goudchaux, après s'être refusé à révéler le nom de la personne qui, dans son cabinet, lui avait parlé de cet odieux expédient, se vit enfin forcé par l'insistance de ses anciens collègues et de toute la gauche, de nommer M. Fould. Là-dessus grande exaltation sur les bancs de la Montagne : M. Fould nia le fait. Une autre révélation à la charge d'un M. Delamarre, banquier, fut dénoncée à la tribune. Celui-ci n'était pas d'avis de la banqueroute, mais il proposait un étrange moyen d'y suppléer : il offrait au ministre des finances d'appeler dans son cabinet les principaux capitalistes de Paris et de ne les en laisser sortir que lorsqu'ils auraient signé l'engagement de verser dans le trésor public la somme de... Deux ou trois séances furent remplies de ces inutiles retours sur le passé.

M. Ledru-Rollin et ses amis triomphaient, d'avoir pu rejeter sur le monde de la finance qui leur était si hostile l'odieuse pensée d'une banqueroute, et cependant ils ne nous apprenaient rien de bien surprenant, lorsqu'ils nous révélaient que, dans ces moments de panique générale, il s'était trouvé, même dans les rangs des conservateurs, des hommes qui, ayant perdu la tête, avaient eu cette funeste pensée, et malgré les dénégations embarrassées de M. Fould, on crut généralement à la vérité de l'assertion de M. Goudchaux. Mais pour n'avoir pas prononcé le mot de banqueroute dans un document public, M. Ledru-Rollin était-il affranchi du reproche qu'il adressait à ses adversaires? et, par exemple, lorsqu'il se proposait de créer *quatre milliards de papier-monnaie*, qu'il aurait jetés tout à coup sur la place, ne faisait-il pas bien plus que de conseiller la banqueroute? ne la rendait-il pas inévitable?

Enfin, la discussion du budget, souvent interrompue par de graves incidents, dont nous allons rendre compte, se termina par un vote imprévu que nous ne pouvons juger trop sévèrement. Un article additionnel fut tout à coup proposé au budget des recettes. Il était ainsi conçu :

A partir du 1er janvier 1850, l'impôt sur les boissons sera aboli ; d'ici à cette époque, il sera présenté à l'Assemblée nationale un projet de loi pour le remplacement de cet impôt.

Et cet article, grâce à la fatigue générale, fut voté, presque sans discussion, par 293 voix, contre 259.

C'est là ce que les républicains, même modérés, appelaient le testament de l'Assemblée nationale, et ce que l'histoire, plus impartiale, appellera à bien plus juste titre son déshonneur. Et, en effet, comment qualifier cet égoïsme coupable autant qu'inintelligent, qui portait cette assemblée expirante à rendre le gouvernement impossible à ses successeurs. Dans l'espoir de reconquérir dans les masses un peu de popularité, elle ne craignait pas de désorganiser les services même les plus indispensables. Et puis, que dire, que penser de ces hommes qui, la veille, au lendemain d'un vote par lequel, en désarmant la France, on la condamnait à une complète impuissance, s'indignaient de la pusillanimité de notre politique, nous reprochaient avec outrage de ne pas faire la guerre à l'Europe, pour sauver la République romaine, et nous mettaient en accusation, pour nous être refusés à jeter notre pays dans les folies d'une guerre de propagande universelle. Un des membres de la gauche, de caractère et d'opinions d'abord assez modérés, mais que la peur de la réaction monarchique avait jeté dans une sorte de délire, M. Guichard, nous donnait assez naïvement l'explication de ce triste phénomène.

C'est au Gouvernement qui a pu abaisser la France, disait-il, dans la discussion du budget, que nous refusons les hommes et l'argent ; mais à d'autres ministres et quand il le faudra on accordera, au besoin, pour l'honneur de la France, — 800,000 hommes !....

Nous n'avions certes pas besoin de cet aveu pour être convaincus que la politique d'une grande partie de l'Assemblée était entièrement subordonnée à une question de personnes. Avec le général Cavaignac ils étaient entièrement pacifiques ; avec nous, horriblement belliqueux ; avec les hommes de leur bord ils ne marchandaient aucune mesure de répression, fût-ce même la transportation en masse. Avec nous, la plus légitime mesure de sûreté était une occasion de batailles acharnées ; cela pouvait être un bon calcul, nous en doutons cependant ; mais ce n'était certes ni de la loyauté, ni surtout du patriotisme.

INTERVENTION A ROME.

Des incidents imprévus firent bientôt oublier le budget : le principal de ces incidents fut la détermination que le cabinet prit d'intervenir activement dans l'affaire de Rome.

Il n'y avait plus moyen d'éluder et d'ajourner la solution de cette affaire. Après avoir eu raison du Piémont, à Novarre, et sévèrement châtié la révolution toscane à Livourne, l'Autriche se préparait à faire subir à la République romaine le même sort. Déjà elle avait pris possession de Bologne, et nos agents nous annonçaient que le comte de Wimpfen s'avançait à la tête d'un corps d'armée autrichien sur le territoire des États romains, accompagné de monseigneur Bedini, légat du Pape, et précédé d'une proclamation dans laquelle ce général déclarait « qu'il conduisait ses troupes à Rome pour y rétablir le gouvernement papal, renversé par une faction perverse ; qu'il espérait que le peuple se montrerait soumis, qu'autrement il userait de mesures sévères, etc. » (Extrait de l'ouvrage de Farini.)

En même temps nous arrivait de Gaëte, où se tenait une conférence des puissances catholiques, la nouvelle que cette conférence avait enfin résolu d'opérer la restauration du Pape par la force des armes. Déjà, et en exécution de cette résolution, une armée napolitaine se disposait à marcher sur Rome.

Le moment était donc venu pour nous de prendre un parti : notre responsabilité était grande, car ce parti, quel qu'il fût, devait avoir sur les destinées de la France, et peut-être sur celles du monde civilisé, une immense influence.

Placer la République romaine sous notre sauvegarde, en nous armant du principe de non-intervention, cela ne se pouvait ; car cette République avait eu la folle témérité de déclarer la guerre à l'Autriche et d'envoyer même contre elle quelques légions qui, aux premiers coups de fusil, étaient revenues en toute hâte à Rome et n'en avaient pas moins été couronnées de lauriers. C'était donc comme alliée, comme sœur, ainsi que le disaient nos démocrates, que nous aurions eu à protéger la République romaine ; c'est-à-dire que nous aurions fait pour elle ce que ni nos prédécesseurs, ni nous, n'avions voulu faire en faveur de Venise, qui avait bien d'autres droits à nos sympathies. C'était courir des chances de guerre universelle pour un gouvernement qui, dans notre opinion, n'avait, par lui-même, aucune condition raisonnable de durée ; et quels auraient été nos auxiliaires dans cette guerre ? bien loin de pouvoir compter sur le concours d'aucune des puissances catholiques, dont les représentants entouraient le Saint-Père, nous devions nous attendre à les avoir toutes contre nous, dans une guerre où nous aurions blessé toutes leurs convictions religieuses. Quant aux autres puissances, elles étaient ou engagées avec l'Autriche, comme la Russie, par exemple, qui s'apprêtait à intervenir activement en Hongrie, ou résolues à garder la neutralité, comme la Prusse et l'Angleterre. Nous n'aurions eu avec nous que la révolution romaine, et ce qui restait des bandes de la jeune Italie. Or, le roi de Piémont avait déjà fait la cruelle expérience de ce qu'on pouvait attendre d'un pareil auxiliaire ; pour nous, qui luttions avec tant de peine contre cet élément démagogique dans notre pays, il y aurait eu folie à entrer en tiers dans cette espèce de solidarité qui s'était déjà établie entre nos Jacobins de Paris et leurs frères et amis de Rome, et cela pour avoir ensuite à répondre de toutes leurs témérités ou à réprimer leurs violences; pouvions-nous, enfin, pour une telle cause et avec de tels auxiliaires, jeter notre France dans une guerre où les chances de la victoire étaient peut-être autant à redouter que celles d'une défaite? pas une voix dans le Conseil ne fut pour cet avis, et bien qu'il ait pu convenir depuis au Président de la République ou à ses amis de rejeter sur ses ministres la responsabilité de notre intervention à Rome, la vérité est qu'il voulait cette intervention plus que moi et bien avant moi, seulement, par d'autres motifs que les miens. Le jour même où notre résolution fut arrêtée dans le Cabinet, je fis à l'Assemblée la communication suivante :

Citoyens Représentants,

Lorsque nous vous avons informés des derniers événements dont l'Italie a été le théâtre, l'Assemblée nationale a pressenti la nécessité où la France pourrait se trouver d'occuper temporairement une portion du territoire de la Péninsule; c'est de votre initiative qu'est émanée l'autorisation donnée au Gouvernement de prendre une telle mesure dans le cas où il la jugerait utile. Depuis le vote que je viens de rappeler, la situation encore incertaine à cette époque s'est fortement caractérisée. L'Autriche poursuit les conséquences de sa victoire : elle pourrait se prévaloir des droits de la guerre à l'égard des États plus ou moins engagés dans la lutte qui avait éclaté entre elle et le roi de Piémont. Le contre-coup de ces événements s'est fait sentir dans l'Italie centrale. Les informations qui nous arrivent annoncent dans les États romains une crise imminente : la France ne peut y rester indifférente. Le protectorat de nos nationaux, le droit de maintenir notre légitime influence en Italie, le désir de contribuer à faire obtenir aux populations romaines un bon gouvernement fondé sur des institutions libérales : tout nous fait un devoir d'user de l'autorisation que vous nous avez accordée. Il nous serait impossible d'entrer dans plus de détails sans compromettre le but que nous avons en vue. En pareille circonstance, *une part doit toujours être réservée aux éventualités;* mais, ce que nous pouvons vous affirmer, dès à présent, c'est que, du fait de notre intervention, sortiront d'efficaces garanties, et pour les intérêts de notre pays et pour la cause de la vraie liberté. Le Gouvernement croit nécessaire de constater, avec précision, la nature et la portée du vote qu'il demande à l'Assemblée nationale : déjà investi par elle d'un mandat dont il apprécie l'importance, il n'y renonce pas et ne demande pas qu'elle lui en donne un nouveau; il regarderait comme indigne de lui, comme contraire à ses devoirs, toute démarche par laquelle, changeant la position qu'on lui a faite à dessein, il essayerait de couvrir sa responsabilité de celle de l'Assemblée. En venant aujourd'hui vous demander le crédit qui lui est indispensable pour assurer l'exécution du mandat qu'il a reçu, il reste, il veut rester pleinement responsable des conséquences qu'il entraînera. Sa responsabilité ne cesserait que le jour où le refus de ce crédit, en le réduisant à la nécessité impérieuse de rester inactif en présence des événements qui vont s'accomplir, lui prouverait que l'Assemblée a entendu annuler son vote du 30 mars. — Suit le projet : Article 1er. Il est ouvert au ministre de la guerre, au titre de l'exercice 1849, un crédit extraordinaire de 1,200,000 francs pour subvenir au surcroît de dépenses qu'exigera l'entretien sur le pied de guerre pendant trois mois, du corps expéditionnaire de la Méditerranée.

Cette communication fut reçue par l'Assemblée au milieu d'un silence vraiment solennel. Comme je demandais l'urgence, une commission fut aussitôt choisie pour faire son rapport dans la séance même. Les trois partis qui divisaient l'Assemblée nationale s'y trouvèrent représentés à peu près dans une égale proportion. C'étaient, pour les conservateurs, MM. Thiers, Duvergier de Hauranne, Aylies et Laissac; pour l'extrême gauche, MM. Schœlcher, Pascal Duprat, le général Subervic, Grévy et Germain Sarrut; pour les républicains modérés, qui formaient entre les autres partis une sorte de tiers parti, c'étaient MM. le général de Lamoricière, Dufaure, Sénard, Freslon et Ferdi-

nand de Lasteyrie. Si on ajoute à ces noms celui de
M. Jules Favre, qui semblait garder, sur cette question, une sorte de neutralité, mais qui, dans la réalité,
était en parfait accord de sentiments avec la Montagne, il était évident que le parti des républicains
modérés ferait la majorité.

Appelés, M. Drouyn de Lhuys et moi, dans le sein
de la Commission, nous y trouvâmes cette préoccupation assez générale que notre intervention à Rome
était chose convenue et concertée avec les puissances
catholiques et même avec l'Autriche. Nous dûmes donc
insister surtout sur ce point, que notre action à Rome
était et resterait exclusivement française; que nous
étions libres de tout engagement quelconque avec
d'autres puissances : nous donnâmes en même temps
communication des lettres et dépêches de nos agents
restés à Rome, qui nous annonçaient qu'une réaction
s'y opérait dans les esprits, et que l'intervention de la
France serait reçue comme un bienfait. Comment ne
le serait-elle pas, ajoutions-nous, puisqu'elle a pour
objet de sauver de la liberté romaine ce qu'on en peut
sauver, et de préserver cette population des violences
qui suivraient infailliblement une restauration faite en
dehors de notre influence.

Sur ces explications, la majorité de la Commission
se prononça en faveur du crédit demandé, et M. Jules
Favre fut choisi comme rapporteur. C'est dans la séance
de nuit que les conclusions de ce rapport furent débattues. Le rapporteur prenait acte de notre déclaration, que le gouvernement était dégagé de toute
solidarité avec d'autres puissances, et que le but de
l'intervention était, en nous interposant entre l'Autriche et Rome, de terminer par un arbitrage, *appuyé,
au besoin, par la force des armes,* les différends qui divisaient la Péninsule; qu'enfin, notre drapeau allait flotter en Italie, « pour qu'à son ombre l'humanité fût

respectée et la liberté au moins partiellement sauvée. »
Tout cela était, en effet, parfaitement d'accord avec
nos intentions, mais le rapporteur ajoutait : « Que la
pensée du gouvernement n'était pas de faire concourir les armes de la France au renversement de la République romaine, » et ce dernier point demandait
explication. Non, sans doute, tel n'était pas le but de
notre intervention, mais tel pouvait en être le résultat, si les Romains, au lieu d'accepter notre arbitrage,
s'avisaient de le refuser, et M. Jules Favre le pressentait lui-même lorsqu'il parlait dans son rapport d'*arbitrage appuyé, au besoin, par la force des armes.*

Au reste, la discussion eût dû suffire à prévenir
toute équivoque à cet égard.

M. Emmanuel Arago m'ayant posé ces deux questions : « Le drapeau français ira-t-il se placer à côté
de celui de l'Autriche? la France est-elle résolue à
respecter, dans tous les cas, la souveraineté du peuple
romain? » Je lui répondis catégoriquement, en premier lieu, que l'action du gouvernement français était
parfaitement indépendante du gouvernement autrichien, et qu'il ne serait pas nécessaire d'aider ce gouvernement à détruire la République romaine, que
nous n'aurions qu'à la laisser faire ; il ne nous demandait pas autre chose. En second lieu, que nous ne
voulions pas reconnaître la République romaine, que
la présence du nonce à Paris annonçait assez quel
était, pour nous, le souverain reconnu des États Romains ; que les partis devaient avoir la franchise et le
courage de leurs opinions; que ceux qui pensaient que
la République française devait s'unir et se solidariser
avec celle de Rome devaient proposer ouvertement
et franchement la reconnaissance de cette république ;
que déjà cette proposition avait été faite, mais aussitôt retirée; qu'on pouvait la reproduire.

Au lieu de relever ce défi, les montagnards préféraient m'écraser de leurs clameurs et de leurs outrages : C'est de la *trahison!* s'écrie l'un, M. Buvignier; c'est *de la lâcheté!* ajoute avec encore plus d'amertume un autre, M. Deville. La droite entière répond à ces injures par des cris : *A l'ordre!* Le président rappelle les interrupteurs à l'ordre; mais ceux-ci se révoltent contre son autorité, et un M. Bruys répète avec un accent de fureur que c'est de la *trahison et de la lâcheté!* L'Assemblée presque entière se lève d'indignation, la séance reste suspendue. Lorsque le calme est rétabli, je termine en déclarant que nous n'entendions pas nous renfermer dans une politique d'abstention, que l'Assemblée, en nous autorisant à occuper une partie du territoire italien pour sauvegarder les intérêts et l'honneur de la France, nous avait tracé d'autres devoirs, et que nous saurions les remplir.

M. Ledru-Rollin, fixant le sens de mes paroles, s'écrie, aux applaudissements de la gauche :

M. Barrot a dit que, si les intérêts de la France l'exigeaient, le pape serait restauré! Voilà les fils des vainqueurs de Lodi, de Castiglione qui vont combattre, non pour la liberté des peuples, mais devenir, eux, les fils des héros, les soldats du pape!... Ah! le pays se soulèverait tout entier à cette idée! Il a marché un instant derrière M. Odilon Barrot, lorsqu'en 1831, il soutenait la Chambre contre une menace de coalition; aujourd'hui, c'est avec nous que le pays marche, lorsque nous repoussons la honte d'une intervention pour restaurer le pape, etc...

M. le général de Lamoricière, dans un discours aussi spirituel que sensé, fit justice de cette déclamation, et rappela l'Assemblée au sentiment des réalités.

La bataille de Novarre, dit-il, a été le Waterloo de l'Italie; l'Autriche a pour elle les droits de la guerre et de la victoire contre la République romaine... Les Autrichiens sont en ce moment à Florence, à Bologne, à Ferrare ; l'approche des Autrichiens ramènera bien plus sûrement le pape à Rome que celle de 12,000 Français. Mais alors vous savez ce qui arrivera si la restauration se fait par les baïonnettes autrichiennes : une réaction complète, des proscriptions à Rome et la perte de l'influence française en Italie. Quant à l'hypothèse du soulèvement général des Romains contre les Français, je ne l'admets pas, car il était plus naturel de se soulever d'abord contre les Autrichiens, et la bataille de Novarre n'aurait pas eu des résultats si déplorables; c'est quand les Romains sont sous les pieds de l'ennemi qu'ils ont provoqué, qu'ils viennent nous dire : *Tirez-nous du mauvais pas où nous nous sommes mis!...* (On rit.) Et depuis quand la France, de par sa constitution, est-elle obligée de se poser comme le chevalier errant de la liberté des peuples qui ne peuvent pas la conserver ? Il y a lieu d'abord à occuper Civita-Vecchia, au nom de la France, et si on apprend que l'Autriche marche vers Rome, le Gouvernement *sera autorisé à l'y précéder*, afin de sauver du naufrage, sinon la République romaine, au moins la liberté et l'influence de la France. (Vive approbation à droite.)

La discussion avait été close sur ce discours, lorsque M. Schœlcher, voulant dissiper le dernier nuage qui restait encore sur la signification et la portée du vote, nous adressa cette question :

Si le gouvernement français fait marcher ses troupes sur Rome et que la République romaine ne veuille pas recevoir nos troupes (rires ironiques à droite), que fera le gouvernement ? Rétablira-t-il le pape sur son trône temporel, malgré la volonté du peuple romain ?

Notre réponse à cette question était dans l'affirmation que j'avais itérativement portée à la tribune, que nous ne voulions ni reconnaître la République romaine ni nous abstenir ; ce qui impliquait inévitablement, comme l'avait fait remarquer M. Ledru-Rollin, notre intervention forcée. M. Schœlcher l'aurait, d'ailleurs, trouvée cette réponse dans la déclaration du rapporteur, que *notre arbitrage serait appuyé, au besoin, par la force des armes :* aussi gardâmes-nous le silence sur cette interpellation. La question, reproduite une seconde fois avec une nouvelle insistance, rencontra le même silence sur le banc des ministres ; d'où M. Schœlcher tira cette conclusion à laquelle nul d'entre eux ne s'avisa de contredire, que, dans le cas où les Romains repousseraient notre intervention, cette intervention serait appuyée par la force des armes ; cette conclusion était même forcée ; car, de tous les partis à prendre, le moins admissible, celui qui eût soulevé d'indignation et de dégoût toute la France, les conservateurs aussi bien que les montagnards, c'eût été d'assister l'arme au bras à l'exécution des Romains par les Autrichiens, les Espagnols ou les Napolitains, et cela parce que quelques fanatiques auraient repoussé notre arbitrage ; si telle eût dû être notre attitude, il eût été bien inutile de nous voter des soldats et des canons.

Au reste, l'hypothèse qu'avait prévue M. Schœlcher, celle du refus de notre arbitrage par les Romains, n'était admise par aucun des côtés de l'Assemblée, et la Montagne elle-même ne doutait pas à ce moment qu'au seul bruit de notre intervention armée, la population romaine ne renonçât à sa république et ne se jetât dans nos bras, et il en serait, en effet, arrivé ainsi, sans les provocations et les encouragements de nos jacobins de France, et sans les maladresses, ou si l'on veut, les malheurs de nos agents à Rome.

C'est après ce débat, qu'une très-forte majorité, 395 voix contre 283, se prononça en faveur du crédit destiné à notre intervention.

Le succès de l'entreprise tenait en grande partie à la rapidité de son exécution ; il fallait agir sur les esprits, les étonner et surtout ne pas donner à la résistance le temps de s'organiser. Il y eut donc un peu de précipitation dans les mesures qui la préparèrent. Et d'abord, le chef de l'expédition manquait de quelques-unes des qualités que sa mission, autant et peut-être plus politique que militaire, aurait exigées. Le général Oudinot, dont je puis parler avec d'autant plus d'impartialité que je contribuai à le faire désigner pour chef de l'expédition et que j'ai pour lui une haute estime et une vieille amitié, ne laissait rien à désirer sous le rapport de l'honneur et du courage; il portait un beau nom militaire, avait servi avec distinction dans les grandes campagnes de l'Empire et plus récemment en Algérie, et, de plus, il venait de commander l'armée des Alpes, où il s'était fait remarquer par une grande intelligence des détails du service et par ses soins pour les soldats; mais il manquait de coup d'œil et de décision. Il faut dire aussi que les instructions qui lui furent données par le ministre des affaires étrangères étaient plutôt de nature à l'égarer qu'à le diriger dans cette situation si difficile et si complexe qu'il allait aborder; elles trahissaient une grande impatience d'en finir de la République romaine, tout en recommandant au général de ne marcher sur Rome qu'autant qu'il paraîtrait y être appelé par le vœu de la population. Celles données par le ministre de la guerre étaient un peu plus explicites; elles prescrivaient au général de s'arrêter à Civita-Vecchia et d'y attendre les nouveaux ordres du gouvernement; mais ce texte avait été modifié dans le conseil; l'ordre de s'arrêter à Civita-Vecchia avait été remplacé par un référé aux instructions du ministre des affaires étrangères, qui n'avaient cependant pas été délibérées.

Il est remarquable que, ni dans l'un, ni dans l'autre de ces documents, il n'était fait la plus légère mention de la question catholique, qui, à vrai dire, était au moins pour le parti conservateur la principale cause de l'intervention. C'est dans l'instruction adressée à nos deux ambassadeurs de Rome et de Naples, MM. d'Harcourt et de Rayneval, qui se trouvaient alors auprès du pape à Gaëte, que cette question était traitée.

Le pape, y était-il dit, n'est pas seulement le chef d'un gouvernement de troisième ordre, il est encore, il est surtout le chef de l'Église catholique ; ces deux titres ne sont pas unis en lui par le pur effet du hasard. Sa souveraineté temporelle, construite en quelque sorte pièce à pièce, dans le cours des siècles, moins par les moyens ordinaires qui fondent les États que par la politique et la générosité des princes et des peuples dévoués au catholicisme, lui a été donnée précisément pour le mettre en mesure d'exercer son autorité spirituelle avec cette haute indépendance, cette dignité qui peuvent seules la rendre efficace ; renverser cette base, c'est porter une atteinte sérieuse à une institution dont toutes les nations catholiques ont le droit de revendiquer l'intégrité, parce qu'elle est la clef de voûte de leur religion... Nous ne prétendons pas que le peuple des États de l'Église ait le devoir de se sacrifier à l'intérêt des autres peuples... Ce que nous disons, c'est qu'il faut concilier ces intérêts également respectables ; ce qui ne permet pas d'abandonner aux passions d'une seule des parties intéressées la solution des questions qui y sont engagées : d'où il résulte qu'invoquer en cette circonstance le principe de la non-intervention, ce serait en faire une application erronée. *Il faut que le pape soit rétabli dans l'indépendance et le degré qui lui sont absolument nécessaires* pour le libre accomplissement de ses devoirs spirituels; c'est là ce que le catholicisme tout entier, ce que le monde civilisé a le droit d'exiger ; *il faut, en même temps, que les populations des États de l'Église soient mises à l'abri du retour du détestable régime qui a été la cause première de toutes les calamités de ces derniers temps...* La France ne pourrait accorder son concours à aucune combinaison qui, en restaurant le pouvoir du Saint-Siége, ne contiendrait pas en faveur du peuple romain des garanties de liberté raisonnable, de bonne administration et de clémence, etc.

Le 20 avril, le général Oudinot nous écrivait de Marseille :

Je suis arrivé ce matin à Marseille ; j'ai tout lieu de croire que nous pourrons prendre la mer dimanche matin ; mais je n'ai pas encore reçu les instructions du ministre des affaires étrangères. J'attends M. de la Tour-d'Auvergne qui doit les apporter. (Il les reçut le même jour.) — J'ai l'honneur de vous transmettre l'ordre du jour que je donne au corps expéditionnaire ; les pensées en sont empruntées au discours de M. le Président du conseil. Voici l'ordre du jour, ainsi conçu :

Soldats !

Le gouvernement, résolu à maintenir partout notre ancienne et légitime influence, n'a pas voulu que les destinées du peuple italien puissent être à la merci d'une puissance étrangère ou d'un parti en minorité. Il nous confie le drapeau de la France pour le planter sur le territoire romain, comme un éclatant témoignage de nos sympathies... Vous prendrez en toute occasion pour règle de conduite les principes d'une haute moralité ; par vos armes, par vos exemples, vous ferez respecter la dignité des peuples. L'Italie vous devra ainsi ce que la France a su conquérir pour elle-même, l'ordre dans la liberté.

Marseille, 20 avril 1849.

Général Oudinot.

Cette phraséologie avait au moins le mérite de ne rien engager et de ne rien compromettre.

L'expédition devait se composer de trois brigades d'infanterie représentant un effectif d'environ 12,000 hommes ; de 18 bouches à feu et de 250 chevaux ; plus 16 pièces de siége et deux compagnies du génie. Ces troupes devaient être transportées en Italie successivement et par deux convois différents : le premier convoi composé du *Labrador*, l'*Orénoque*, l'*Albatros*, le *Christophe-Colomb*, le *Parama* et le *Sané* et des corvettes à vapeur le *Véloce* et l'*Infernal*, commandé par le contre-amiral Tréhouart, partit en effet de Marseille ; le 26 le général Oudinot nous écrivit de Civita-Vecchia, qu'il occupait, la dépêche suivante :

Toutes les mesures étaient prises pour un débarquement de vive force ou pour un siége en règle de la place. Le conseil de guerre de Civita-Vecchia a écouté les conseils de la prudence, et nous ne saurions trop nous en louer au point de vue de l'humanité. L'Assemblée romaine, qui avait ordonné au gouverneur de Civita-Vecchia de résister, m'a envoyé, hier au soir, le ministre des affaires étrangères, avec une protestation contre ce qu'elle appelle une invasion ; l'espèce de menace dont ce document est empreint n'a pas lieu de m'effrayer. Je fais, au contraire, partir pour Rome avec M. Safi (le ministre romain) le capitaine Fabas, mon officier d'ordonnance ; il déclarera à l'Assemblée (elle est en séance depuis trois jours) *que je suis résolu à entrer à Rome, en ami ou en ennemi...*
J'ai besoin d'avoir très-promptement pour réserve les troupes de la troisième brigade; le dénûment complet de cavalerie me fait grand défaut. Toutefois, je me rends garant que le drapeau français sera porté d'une main ferme dans les États-Romains.

Le général nous annonçait aussi qu'un délégué du Pape s'était présenté pour prendre possession de Civita-Vecchia, mais qu'il l'avait éconduit et qu'il maintenait les droits d'occupation de cette ville par l'armée française.

Pendant ce temps que se passait-il à Rome ? la première nouvelle du départ de notre expédition y avait causé une grande agitation : accepterait-on l'intervention française, la repousserait-on par la force ? Le gouvernement romain et la population étaient partagés entre ces deux opinions ; sur trois des Triumvirs, deux inclinaient en faveur de l'arbitrage de la France ; mais le troisième, Mazzini poussait à la résistance, et comme il avait pour lui les passions révolutionnaires, bien autrement énergiques que les velléités pacifiques des modérés, il l'emporta.

Le 24 avril, l'Assemblée romaine, qui s'était constituée en permanence, déclara « qu'elle protestait, au nom de Dieu et du peuple, contre cette intervention inattendue; elle annonçait son ferme dessein d'opposer la force à la force et rendait la France responsable de toutes les conséquences. Elle décida que cette protestation serait portée par le ministre des affaires étrangères accompagné de Sterbini au général Oudinot à Civita-Vecchia. »

Le lendemain 25, le Comité de surveillance publique adressa à tous les cercles de l'État la proclamation suivante :

> Notre gouvernement et le peuple *ne croient pas aux paroles amicales de la France*, et nous nous préparons tous à résister : l'Assemblée a déjà protesté; le gouvernement a pris les mesures pour la défense du pays. Courage, et aux armes! les Romains ne veulent plus de roi et encore moins du gouvernement des prêtres.
>
> *Signé* : STERBINI, *président.*

Puis vint le décret qui mettait hors la loi les envahisseurs; puis l'organisation d'une Commission, dite des Barricades, enfin un recours à tous les vieux moyens révolutionnaires contre l'intervention de la France.

Que restait-il à faire au général Oudinot, dès qu'il avait la certitude que notre arbitrage était repoussé? marcher immédiatement et sans perdre un seul instant sur Rome afin de mettre à profit le premier trouble des esprits et l'hésitation des partis; ou s'il croyait à une résistance sérieuse, attendre l'arrivée de sa réserve et de son artillerie de siège qui ne pouvaient tarder à débarquer; il ne devait, dans aucun cas, s'exposer à un échec dont les contre-coups pouvaient être si funestes en France. Il ne fit malheureusement ni l'un, ni l'autre : après avoir perdu deux jours précieux en vains débats avec les envoyés romains, il partit de Civita-Vecchia le 28, sans attendre sa réserve et son parc d'artillerie. Il commit en cela une imprudence dont les conséquences furent fatales. Cette imprudence s'aggrava de quelques accidents malheureux. Au même instant où notre escadre entrait dans le port de Civita-Vecchia, un millier de chasseurs Lombards y entrait aussi, se rendant à Rome; le général qui pouvait les retenir se contenta d'exiger d'eux leur parole qu'ils n'entreraient pas dans cette ville avant le 4 mai, espérant qu'à ce jour tout serait terminé. La parole demandée fut donnée sans hésitation, mais violée presque aussitôt, comme il était bien facile de le prévoir : débarqués sur un autre point du littoral, ces Lombards entraient à Rome le 28; Garibaldi y était entré la veille à la tête d'une légion de 1,200 fantassins et de quelques cavaliers. Ces recrues étrangères, formées des débris des volontaires qui avaient combattu à Novarre, c'est-à-dire de tout ce qu'il y avait de plus passionné, de plus fanatique dans le parti dit de la *jeune Italie*, achevèrent ainsi d'exalter les passions et l'orgueil de ce peuple romain déjà si disposé à s'exagérer sa force. A partir de ce moment, toute hésitation cessa dans la population : les plus timides, ceux-là même qui, la veille, nous ouvraient les bras, prirent les armes et coururent aux barricades ou aux remparts.

Cependant, les agents que notre ambassadeur avait laissés à Rome et l'officier envoyé dans cette ville par le général Oudinot, ou mal informés ou trompés par leurs désirs et leurs illusions, pressaient l'arrivée du général, l'assurant qu'il serait reçu à bras ouverts. Cela pouvait être vrai le 22 et le 23; cela ne l'était plus certainement le 24, et cela était tout à fait faux le 28, jour du départ du général.

Le 29 avril, l'expédition campait à Castel-Guido, distant de quatre ou cinq lieues de Rome : elle n'avait rencontré jusque là aucune hostilité et la confiance du général était entière. Il envoya son fils, le capitaine Oudinot, avec une escorte de quelques chasseurs à cheval en reconnaissance : mais un officier revint bientôt annoncer que les Français avaient été accueillis aux avant-postes à coups de fusil; deux chasseurs avaient été démontés, et l'un d'eux fait prisonnier. La confiance du général n'en persistait pas moins; le 30, il était avec ses troupes sous les murs de Rome : arrivant par la route de Civita-Vecchia, il se trouvait sur la rive gauche du Tibre. Or, de ce côté du fleuve, la ville est fortifiée par une enceinte bastionnée, tandis que, de l'autre côté, elle n'a qu'une simple muraille. Le plateau sur lequel est construit Saint-Pierre de Rome forme un des saillants de cette enceinte bastionnée; c'est un des points les plus forts de la place; c'est cependant vers ce point que le général dirigea sa troupe. Telle était la persistance de ses illusions sur la disposition des Romains à notre égard, qu'il prit d'abord le tocsin qui, à la vue de nos soldats, appelait la population romaine aux armes pour des signes de réjouissance en notre honneur. Mais bientôt des décharges de mousqueterie et d'artillerie le détrompèrent, et il fallut se résoudre à combattre.

Une vieille carte de la ville indiquait une ouverture dans cette partie du bastion qui est en face de l'église de Saint-Pierre; sur la foi de cette carte surannée, le général dirigea, vers cette ouverture, un bataillon de la brigade Molière; mais la porte qui avait existé en effet, autrefois, était depuis plus de vingt ans murée et remplacée par une terrasse de vingt ou trente pieds d'élévation. Nos braves soldats viennent se briser contre cet obstacle où ils sont écrasés par le feu des remparts. Ils n'ont d'autre parti à prendre que de se jeter à droite dans un pli de terrain qui les protège contre le feu de l'ennemi et de rester dans cette position jusqu'à la fin de l'action.

Désespérant de surmonter cette résistance inattendue, le général dirigea la brigade Vaillant vers la gauche, sur la porte Angelica, près Ponte-Molle. Mais, au lieu de faire un circuit, cette brigade, pour arriver plus tôt à son but, prit une route directe qui longeait les remparts pendant l'espace d'un mille ; elle se trouva ainsi exposée, à une portée de deux cents mètres environ, à l'artillerie romaine qui, la prenant en flanc et en écharpe, l'obligea de se replier après avoir essuyé des pertes sensibles, entre autres celle du capitaine Fabas, officier de mérite, le même que le général Oudinot avait envoyé aux Romains en parlementaire : deux pièces de campagne furent démontées.

Un autre mouvement avait été dirigé sur la droite, du côté de la porte Saint-Pancrace. Le commandant Picard avec son bataillon, après avoir repoussé quelques tirailleurs, s'était avancé jusqu'à quelques mètres de cette porte, n'attendant que le succès de l'attaque principale pour pénétrer plus avant; il ne s'aperçut pas que, pendant qu'il tiraillait, un corps assez considérable de soldats romains, masqué par l'aqueduc de l'Acqua-Paula qui longe la Villa Pamphili, s'était glissé derrière sa troupe, qui se trouva ainsi enfermée entre un ennemi très-supérieur et les remparts : au moment où il songeait à se dégager de cette position dangereuse, le feu cesse tout à coup du côté des assiégés; des cris d'allégresse se font entendre, et des hommes porteurs de bannières blanches viennent au-devant de nos soldats, leur criant que tout est fini, que les Français et les Romains sont frères et qu'ils n'ont plus qu'à entrer dans la ville pour prendre leur part de la joie générale. Le commandant Picard, n'entendant plus le canon et n'ayant pas conservé de communication avec le gros de l'armée, se laisse abuser et consent à entrer dans Rome au milieu des fausses démonstrations d'allégresse qui l'entourent; à peine entré, la porte se referme sur lui : il est fait prisonnier avec toute sa troupe ; il avait eu le double tort de s'avancer trop et surtout de ne pas entretenir ses communications avec le reste de sa brigade.

Le général Oudinot qui, après ces malheureuses tentatives, s'était enfin décidé à ordonner la retraite, reprit son campement de la veille à Castel-Guido, sans être suivi ni inquiété par la garnison de Rome.

Le 3 mai, le télégraphe nous transmettait la dépêche suivante datée du jour de l'action, 30 avril; elle se réduisait à ces quelques mots :

> Nous avons trouvé ici une résistance beaucoup plus vive que nous ne pouvions le supposer. Nos troupes se sont battues admirablement, mais n'ayant aucun matériel de siége et l'ennemi se battant derrière ses murs, il était impossible de l'entamer. Je reste en position à Castel-Guido, à quatre lieues de Rome.

Dans d'autres circonstances, cet échec eût été d'une faible importance; mais dans la situation de la France, c'était un très-gros événement; d'une part il exaltait les Romains et les encourageait à la résistance, de l'autre il réalisait les prévisions de nos montagnards et fournissait un nouveau texte à leurs violentes accusations : en outre et jusque sur les bancs des conservateurs il répandait la douleur et l'humiliation : nous devions donc nous attendre à voir se soulever contre nous les passions qui agissent le plus énergiquement sur les assemblées : le fanatisme et l'orgueil blessés.

Une circonstance fâcheuse et qui aurait pu être facilement évitée vint encore aggraver les dangers de cette situation. En même temps que nous recevions cette dépêche si laconique et si insuffisante du général Oudinot, nos montagnards, mieux servis que nous, recevaient une masse de lettres de leurs amis et correspondants, lesquelles ne manquaient pas d'exagérer notre échec et d'en faire un véritable désastre. Ces lettres circulaient sur tous les bancs ; on les lisait avec avidité ; elles donnaient des détails que les uns accueillaient avec tristesse, les autres avec une joie mal dissimulée. Tous s'étonnaient que le gouvernement ne fût pas en mesure de fixer les esprits par une communication officielle, et cependant nous ne pouvions saisir l'Assemblée avant de connaître par une dépêche officielle les détails de l'affaire et surtout sans être bien fixés sur la nature et l'étendue de nos pertes. Or, cette dépêche n'arrivait pas. C'est à peine si j'étais cru lorsque, pressé par les plus vives interpellations, je répondais que le gouvernement n'avait encore reçu aucun rapport détaillé. Nos adversaires ne manquaient pas de répandre le bruit que nous avions reçu ce rapport, mais que nous n'osions pas le produire parce qu'il était trop désastreux : l'orage grossissait ainsi d'instant en instant ; je doute que jamais ministre ait passé par de telles angoisses, et, en vérité, je me sentis soulagé, lorsque dans la séance du 8 mai, je vis M. Jules Favre se précipiter à la tribune et donner le signal de la lutte.

Comme rapporteur de la commission, il aurait dû garder quelque réserve et quelque modération. Eh bien ! jamais sa parole n'avait eu plus de fiel.

Je le dis avec douleur, s'écrie l'orateur, je le dis avec la rougeur au front, le sang français a coulé, il a coulé pour le pape, il a coulé pour l'absolutisme ; que la responsabilité en retombe sur les imprudents qui nous ont joués, car nous l'avons été ! (Acclamations et applaudissements prolongés à gauche.) J'ai été trompé, et l'Assemblée l'a été avec moi, par la parole d'honneur donnée dans le sein de la commission, réitérée en pleine Assemblée, que l'expédition n'avait pas pour but d'attaquer la République romaine... L'Assemblée, je l'espère, prendra en mains cette déplorable affaire ; il faut qu'elle intervienne pour imposer son autorité et sa volonté, et, puisque cette volonté a été si malheureusement exécutée par le ministère, elle ne doit plus avoir confiance qu'en elle-même. Le moment est suprême ; *cette Assemblée va finir* ; si elle ne prend pas immédiatement un parti de vigueur, notre nom sera traîné dans le sang et la boue. Que l'agent qui a si malheureusement conduit cette expédition soit immédiatement rappelé, et qu'une personne soit envoyée (un ou plusieurs représentants ne seraient pas déplacés dans cette mission) pour aller porter à l'Italie autre chose que des protestations de fraternité suivies de fusillades et d'exécutions. — Avisez, prenez un parti vigoureux, patriotique, mais, de grâce, prenez-en un. *Que ce parti émane de vous, et ne le laissez pas accomplir par d'autres.* (Vives et nombreuses approbations.)

Il était facile, à travers ces violences de langage, de saisir la pensée et le but réel de M. Jules Favre, il voulait profiter de l'occasion pour pousser l'Assemblée à ressaisir le pouvoir qui lui échappait ; de là, cette proposition de renvoyer les ministres, de destituer le général Oudinot, d'envoyer des représentants à l'armée, et cela ne tendait à rien moins qu'à prolonger l'existence de la Constituante et à la transformer en Convention ; aussi, négligeant les personnalités dirigées contre moi, m'attaquai-je directement à la vraie pensée de l'orateur.

Relativement à la destitution du général Oudinot, il nous serait facile, dis-je, de jeter du haut de cette tribune à notre agent un désaveu inique, et d'aplanir ainsi beaucoup de difficultés. Quant à moi, je ne sais pas sortir ainsi d'embarras; je ne me montrerai pas facile ni prodigue en désaveux contre un général dont je ne connais pas encore toute la conduite, et je ne choisirai surtout pas le moment où ce général aurait été malheureux ou trompé. (Mouvement.) Quant aux mesures conseillées à l'Assemblée par M. Jules Favre, tout ce qui, dans ces mesures, pourrait tendre à éclairer les faits et à édifier les représentants sur la nature et la portée des actes de l'autorité, non-seulement j'y donne mon plein assentiment, mais je l'appelle avec impatience. (Très-bien!) Il n'en est pas de même de ces mesures au moins étranges qui tendraient à transporter à l'Assemblée l'action gouvernementale et politique; à cet égard, je ne dirai qu'un mot : je n'entends pas élever de vains et puérils conflits de pouvoir, mais j'ai la profonde conviction que l'Assemblée saura respecter la Constitution; elle reconnaîtra que, si elle peut accuser le pouvoir, elle n'a pas le droit de le déplacer. (Très-bien! très-bien!)

Cette déclaration, faite d'un ton qui annonçait une résolution bien arrêtée de la part du pouvoir exécutif de ne pas se laisser dépouiller de ses attributions légitimes, semblait devoir terminer le débat puisque nous ne contestions nullement la nomination d'une commission pour prendre connaissance des faits et des documents; l'opposition ne l'entendait pas ainsi; elle s'était promis des résultats plus décisifs de ce débat et comme toujours, par ses maladresses et ses violences, elle ne parvint qu'à provoquer une réaction en sens contraire dans l'Assemblée.

Dans une lettre adressée à M. Flocon, après des détails ridiculement exagérés sur nos pertes, le correspondant qui se qualifiait d'ami et d'élève de M. Flocon avouait *que Rome, en ce moment, regorgeait d'aventuriers qui allaient partout où il y avait bataille et que ces hommes-là pourraient bien résister plus longtemps qu'on ne croyait....* »

M. Drouyn de Lhuys ne manqua pas de prendre

acte de cet aveu qui enlevait à la résistance des Romains ce caractère de spontanéité et de volonté nationale qui aurait pu seul la rendre respectable.

Enfin, la commission fut nommée, et comme la précédente, composée dans les mêmes proportions des représentants des trois partis qui divisaient l'Assemblée. M. Jules Favre était remplacé par M. Sénard, dont la passion avisée et contenue était bien autrement dangereuse pour nous, que la déclamation un peu vagabonde et assez souvent maladroite de son confrère.

Le rapport que présenta M. Sénard était bref; il se bornait à rappeler, « que si le gouvernement ne s'était pas engagé à défendre la république romaine, il avait déclaré qu'il n'entendait pas non plus l'attaquer. (Comme on voit, c'était toujours la même équivoque.) D'où il concluait que l'expédition n'avait pas été conforme à la pensée dans laquelle elle avait été conçue et il proposait à l'assemblée *d'inviter le gouvernement à prendre sans délai les mesures nécessaires pour que l'expédition d'Italie ne fût pas plus longtemps détournée du but qui lui était assigné.* »

M. Drouyn de Lhuys aurait peut-être dû se borner à montrer tout ce que cette proposition avait de vague et de perfide : mais il crut devoir lire à la tribune, à titre de justification, les instructions qu'il avait données au général Oudinot et l'impression que fit cette lecture fut loin d'être favorable ; ainsi que je l'ai dit, ces instructions manquaient de netteté et de franchise. Elles trahissaient la volonté bien arrêtée d'en finir avec la république romaine et n'osaient pas l'exprimer ouvertement ; elles poussaient et retenaient tout à la fois le général ; elles lui traçaient une conduite timide et fausse ; elles en faisaient une sorte d'agent provocateur, en lui disant d'encourager les honnêtes gens à faire une contre-révolution et en lui recommandant en même temps de ne s'avancer qu'autant qu'il *paraîtrait* appelé.

Ces instructions auraient dû se borner à ce peu de mots :

> En présence des événements qui vont s'accomplir à Rome, la France ne peut ni ne veut rester spectatrice indifférente et passive; elle doit prévenir un dénouement qu'elle aurait ensuite à déplorer. Son honneur, comme son intérêt, lui fait donc un devoir de s'interposer pour régler ce dénouement et stipuler au nom de la liberté et de l'humanité. C'est assez dire que l'arbitrage que nous allons exercer est forcé et que si, ce qui n'est pas à prévoir, il était contesté ou rejeté, la France est résolue à l'imposer par la force de ses armes.
>
> Vous notifierez cette résolution à Rome en même temps qu'à Gaëte et au commandant de l'armée autrichienne, etc.

Je crois que ce langage eût été tout à la fois plus digne, plus conforme à la pensée avouée de l'expédition et qu'il nous eût épargné bien des orages.

Ce ne fut pas sans quelque surprise qu'à la lecture de l'instruction de M. Drouyn de Lhuys, je vis qu'il avait plutôt traduit sa pensée et celle de la partie du conseil qui faisait du rétablissement du pape le principal objet de l'expédition, que celle que j'avais exprimée dans l'Assemblée et qui était d'empêcher par notre arbitrage forcé qu'une réaction violente et sans condition ne s'accomplît à Rome. Il n'y avait, sans doute, qu'une nuance entre ces deux opinions, mais cette nuance suffisait pour que l'instruction parût être en désaccord avec nos paroles à l'Assemblée. Je me trouvais dans un très-grand embarras, placé dans cette alternative ou de désavouer mon collègue ou de garder le silence. C'est ce dernier parti que je pris, regrettant plus que jamais de n'avoir pas donné suite à ma première pensée qui avait été de voir moi-même les instructions avant leur envoi[1].

1. Bien qu'il eût été convenu dans le conseil, que les instructions

M. Drouyn de Lhuys sentit lui-même combien était fausse la situation que lui faisait ce document, et pour se justifier il fut réduit à se rattacher fortement à ce passage où il recommandait au général de ne se présenter à Rome *qu'autant qu'il y serait appelé*. M. Sénard ne se donna pas même la peine de le suivre sur ce terrain.

Les instructions, dit-il, nous ont paru s'écarter des déclarations faites à la tribune et des résolutions arrêtées par l'Assemblée. Non, le général ne s'est pas éloigné des instructions qu'il a reçues ; ce sont ces instructions qui se sont écartées des affirmations qui nous avaient été faites et de la pensée de notre vote.

Et cela n'était que trop vrai.

En vain M. Drouyn de Lhuys insista-t-il et attaqua-t-il les conclusions du rapporteur dans leur point vulnérable, c'est-à-dire dans ce qu'elles avaient de vague et d'indéterminé.

Soyez plus précis, disait le ministre. Veut-on que l'armée se mette au service de la République romaine et que le gouvernement envoie à l'expédition française l'ordre de rétrograder et de rentrer dans les murs de Civita-Vecchia ?

Le reproche était fondé, et le rapporteur ne répondait que d'une manière excessive, et cependant, c'est à raison même de ce qu'elles avaient de vague et

données au général seraient la traduction fidèle des pensées que nous avions exprimées dans l'Assemblée, cependant après la séance qui s'est prolongée dans la nuit, et avant de me coucher, il me vint un remords ou un pressentiment et je me rendis, quoique la nuit fût déjà assez avancée, au ministère des affaires étrangères pour y prendre communication de ces instructions dont je sentais l'importance. Malheureusement le ministre s'était retiré et un veilleur de nuit seul était là, pour me recevoir. Je dus donc renoncer à mon projet et le lendemain les instructions partaient sans avoir été ni communiquées, ni délibérées en conseil.

d'incertain, que les conclusions du rapporteur convenaient à l'Assemblée. Il est si commode de blâmer une conduite, sans indiquer ce qu'il y a à faire, de satisfaire ses ressentiments et ses calculs sans se compromettre et de placer ses adversaires dans une impasse où ils ne pourraient ni avancer, ni reculer, gardant pour soi le triste avantage de les frapper dans tous les cas, soit qu'ils avancent, soit qu'ils reculent. Aussi 328 voix contre 241 se prononcèrent-elles pour l'ordre du jour, proposé par M. Sénard. Cette fois, toute la République modérée vota avec l'extrême gauche.

Nous avions du moins réussi à sauver les attributions du pouvoir exécutif, mais notre politique avait été condamnée, car dans la résolution de l'Assemblée il y avait, tout à la fois un blâme sur le passé, et une recommandation impossible pour l'avenir.

Nous aurions pu, sans doute, bien embarrasser M. Sénard et ses amis, en donnant notre démission et en rejetant sur eux la responsabilité de l'exécution du programme qu'ils nous imposaient. Placés entre l'honneur du drapeau français, qui, ils le reconnaissaient eux-mêmes, défendait de rétrograder et la Constitution qui d'après eux, également, interdisait d'avancer contre Rome, qu'auraient-ils pu faire? dans des temps ordinaires nous nous serions donné le plaisir de cette facile vengeance. Mais pouvions-nous, par notre retraite, donner raison à M. J. Favre et fournir à cette Assemblée expirante l'occasion de ressaisir une puissance conventionnelle que la montagne eût dirigée? nous ne le pensâmes pas. Le *Moniteur* annonça le lendemain à la France, avec une certaine affectation, *que le Président de la République maintenait son ministère et lui continuait sa confiance.* Nous étions dans notre droit et nous cédions aux nécessités de la position; mais ces défis successifs et répétés ne nous en faisaient pas moins une situation très-tendue, vis-à-vis de l'Assemblée ; nous avions une affaire à terminer très-difficile en elle-même et grandement compromise dès son début, nous étions enchaînés dans notre action par une résolution ambiguë, espèce d'arme à deux tranchants, destinée à nous frapper dans tous les cas, et nous étions en outre en face d'une majorité défiante, anxieuse, hostile, qui, loin d'éviter les conflits, les recherchait parce qu'elle y trouvait tout à la fois une satisfaction à ses ressentiments et la vague espérance de ressaisir le pouvoir et de proroger son existence.

Gagner du temps afin d'atteindre ce terme qui devait bientôt mettre fin à la lutte en faisant disparaître un des combattants ; jusque-là éviter autant que possible les débats irritants, et par un mélange de fermeté et de condescendance, éloigner tout prétexte à des mesures extrêmes et désespérées de la part de l'Assemblée, telle était la seule ligne de conduite à tenir. Malheureusement cette politique de modération et de patience avait peu de faveur dans les hautes régions du pouvoir et dans les rangs de la majorité.

MISSION DE M. DE LESSEPS. — LETTRES. — ORDRES DU JOUR
NOUVEAUX CONFLITS.

Nous résolûmes de faire un nouvel essai de conciliation à Rome. Mais tout en donnant cette preuve de déférence à l'Assemblée, nous profitâmes de la suspension d'armes qu'allait entraîner la reprise des négociations pour envoyer au général Oudinot tous les renforts en hommes et en artillerie dont il avait besoin. Nous connaissions trop les hommes à qui nous avions à faire à Rome pour ne pas nous préparer à vider la question par la force aussitôt que les moyens pacifiques auraient été de nouveau reconnus impuissants.

La nouvelle négociation que nous allions entamer était hérissée de difficultés, il s'agissait non-seulement de faire entendre raison à des fous furieux, mais de donner un peu de courage à cette partie inerte de la population qu'on appelle Juste-Milieu, et qui, à Rome, moins que partout ailleurs, n'était capable d'une vigoureuse initiative. Il fallait, en outre, faire comprendre à la papauté la nécessité de séculariser un peu plus son gouvernement, afin de le rendre possible. A qui confierions-nous une aussi délicate mission? Il y avait en ce moment à Paris un diplomate, M. de Lesseps qui, sous le gouvernement de Louis-Philippe, s'était fait un certain renom de courage et de libéralisme en protégeant à Barcelonne, où il était consul, et nos nationaux et les Espagnols eux-mêmes contre les mesures extrêmes d'Espartero. Après la révolution de février, il avait été chargé par le gouvernement provisoire de représenter la France à Madrid, il possédait par conséquent la confiance de nos républicains modérés et semblait ainsi réaliser toutes les conditions que nous cherchions dans notre nouveau négociateur. De plus, il avait le grand mérite d'être sous notre main et de pouvoir être envoyé sans retard à Rome. Il fut donc agréé par l'unanimité du conseil, et ce choix fut approuvé dans toutes les parties de l'Assemblée. Quant aux instructions qui lui furent données, elles différaient peu de celles précédemment remises à nos autres représentants; seulement comme il devait se mettre en rapport direct avec les chefs de la République romaine, il lui fut encore plus expressément recommandé de « se garder avec soin de tout ce qui pourrait ressembler à une reconnaissance explicite ou implicite de cette République et d'éviter dans les arrangements particuliers qu'il aurait à conclure avec eux, toute parole, toute stipulation propre à éveiller les susceptibilités du Saint-Siége. Sur le but même de la négociation, il était dit que ce but était tout à la fois de soustraire les États de l'Église à l'anarchie qui les désolait et d'empêcher que le rétablissement d'un pouvoir régulier n'y fût compromis par une aveugle réaction, et que tout ce qui hâterait la fin d'un régime destiné à périr par la force des choses aurait pour effet naturel de rendre ce but plus facile à atteindre. Il était, d'ailleurs, recommandé à M. de Lesseps de se concerter, pour tout ce qui aurait quelque gravité, avec MM. d'Harcourt et de Rayneval et de vivre en bonne intelligence avec le général Oudinot.

Comme on le voit, nous ne changions rien au fond de notre politique. Le Pape était toujours, pour nous, le seul et légitime souverain des États de l'Église : il n'y avait de nouveau qu'un négociateur envoyé à Rome et autorisé à s'aboucher directement avec les chefs de la République romaine à la condition toutefois de ne pas reconnaître cette République.

Malheureusement M. de Lesseps avait emporté de Paris des impressions peu conformes à l'esprit de ces instructions ; soit par suite de ses relations politiques avec le parti républicain, soit à raison de la fausse idée qu'il s'était faite des forces de l'avenir de nos démagogues de France, ou même, comme il l'a prétendu, sous l'influence des paroles qu'il aurait reçues du président de la République lui-même dans son audience de départ, il se permit de changer complétement la ligne de conduite que nous lui avions tracée. Sa mission n'en eut pas moins cet effet de nous faire gagner du temps et peut-être nous aurait-elle donné le moyen d'atteindre sans de nouveaux orages le terme des travaux de l'Assemblée, si une série de provocations qu'on aurait pu s'épargner ne nous avaient, sans nécessité, rejetés dans la voie des conflits.

La première de ces provocations fut une lettre que le président de la République crut devoir écrire au général Oudinot, à la date du 8 mai et dont voici le texte :

> Mon cher général,
>
> La nouvelle télégraphique qui annonce la résistance imprévue que vous avez rencontrée sous les murs de Rome m'a vivement peiné. J'espérais, vous le savez, que les habitants de Rome, ouvrant les yeux à l'évidence, recevraient avec empressement une armée qui venait accomplir chez eux une mission bienveillante et désintéressée. Il en a été autrement, nos soldats ont été reçus en ennemis, notre honneur militaire est engagé, *je ne souffrirai pas qu'il reçoive une atteinte; les renforts ne vous manqueront pas.* Dites à vos soldats que *j'apprécie leur bravoure, que je partage leurs peines; qu'ils pourront toujours compter sur mon appui et sur ma reconnaissance.*

Rien de plus simple et de plus légitime, prises en elles-mêmes, que ces paroles du chef de l'État à une armée qui venait de subir un échec et dont le moral avait besoin d'être relevé : et quoique cette lettre n'eût pas été délibérée en Conseil, il est probable que, si elle nous eût été soumise, nul d'entre nous n'y eût fait la moindre objection; mais, en politique, les paroles comme les actes reçoivent leur sens de la position respective des partis et il faut convenir que, par sa date, par son contenu, par les antécédents du président, cette lettre pouvait bien être prise pour une réponse et même pour une protestation contre la résolution du 7 mai. Aussi dès qu'elle fut connue, et elle le fut dès le lendemain, un orage éclata au sein de l'Assemblée : « Quoi, disaient les membres de la majorité, c'est au lendemain du jour où nous blâmons le gouvernement d'avoir fait la guerre à la République romaine, où nous le rappelons à l'esprit dans lequel nous avons voté l'expédition, qu'il annonce insolemment à l'armée qu'il va lui envoyer des renforts et affiche ainsi publiquement le mépris qu'il fait des volontés de l'Assemblée!... » C'est M. Grévy qui se fit l'organe de ces susceptibilités. Ce représentant était un des chefs accrédités de la gauche modérée. C'était donc la même majorité qui avait voté la résolution du 7 mai, qui nous demandait compte du défi qu'elle voyait dans la lettre du président de la République, ce qui donnait déjà au débat une assez grande gravité.

M. Grévy m'adressa ces deux interpellations :

« La lettre émanée du président de la République est-elle un acte du cabinet? cette lettre est-elle destinée à inaugurer une politique contraire à celle conseillée par l'Assemblée? »

A ces questions, je répondis :

Que la lettre du président de la République, en tant qu'elle portait à nos soldats un témoignage de vives sympathies et des encouragements, exprimait un sentiment partagé par tous les ministres; mais que n'ayant pas été délibérée en conseil, elle n'était pas un acte du cabinet; qu'elle ne pouvait dès lors être considérée comme modifiant en aucune manière la politique tracée par nos instructions : que depuis la résolution du 7 mai, le seul acte du cabinet était l'envoi de M. de Lesseps à Rome avec des instructions tracées dans un esprit conforme à la pensée de l'Assemblée. J'ajoutai que le télégraphe nous annonçait que des dépêches renfermant probablement le détail des opérations du général Oudinot étaient arrivées le 7 à Toulon et allaient nous parvenir; qu'il convenait donc d'ajourner la suite du débat jusqu'à ce que l'Assemblée, qui avait peut-être à regretter d'avoir dans son vote précédent devancé la connaissance des faits, pût cette fois se prononcer en pleine connaissance de cause.

M. Grévy ne s'opposait pas à cet ajournement; mais M. Ledru-Rollin ne voulait pas laisser refroidir l'animation qu'avait excitée dans l'Assemblée la lettre du Président, et peut-être aussi était-il impatient de ressaisir des mains de la gauche modérée la haute direction de ce débat; il insista pour la continuation de la discussion et lui imprima aussitôt la violence de son caractère.

Passant par dessus la tête des ministres et prenant à partie le Président de la République :

> Comment, dit-il, vous écrivez cette lettre cinq jours après la dépêche télégraphique; vous attendez cinq mortels jours pour féliciter le général Oudinot, et c'est le lendemain du vote de l'Assemblée que, venant démentir, effacer ce vote, vous déclarez que vous enverrez des renforts ! Citoyens, agir ainsi, c'est déchirer votre décision, trahir la République. (Vive approbation à l'extrême gauche et sur divers bancs.) Maintenant attendez à demain si vous voulez; ce qu'il fallait, c'était une protestation vigoureuse pour faire bien comprendre au pays que le premier magistrat qu'il a mis à sa tête ne conserve ni son honneur, ni celui de la République. (Vive approbation et applaudissements prolongés sur un grand nombre de bancs de la gauche.)

Cette attaque directe contre le Président de la République me faisait un devoir de répondre :

> *Vous avez le droit d'accuser, mais vous n'avez pas celui d'outrager*, dis-je avec vivacité à M. Ledru-Rollin. L'accusation peut, dans certaines circonstances, être l'accomplissement d'un devoir, l'outrage n'est que de la haine ou de la conspiration. (Vive approbation à droite.) Vous nous attribuez le mérite de vouloir couvrir par générosité la lettre que vous venez d'incriminer si violemment; je repousse ce prétendu

mérite. Dieu merci, nous n'en sommes pas réduits a être obligés d'excuser les paroles sympathiques et vraies que le président de la République adresse à des soldats qui ont combattu et versé leur sang sous notre drapeau. (Applaudissements prolongés à droite.) Si nous avons dit que ce document n'était pas un manifeste politique du cabinet, c'est, entendez-le bien, pour l'exactitude des faits et non à titre d'excuse et de justification, car le président de la République avait le droit incontestable de soutenir, d'encourager notre armée, alors surtout que d'autres la provoquent ouvertement à trahir son drapeau. (Marques prolongées d'approbation.)

Ce retour offensif contre la Montagne avait produit un heureux effet. Aussi lorque M. Flocon produisit la motion, concertée avec ses amis, de *déclarer la lettre du Président de la République nulle et de nul effet,* cette motion ridicule fut accueillie par des rires et par le cri à peu près universel : *la question préalable.*

M. J. Favre sentit qu'il fallait couvrir la défaite de son parti, et, reprenant la proposition que je venais de faire, il demanda d'ajourner au lendemain toute décision, vu que l'Assemblée qui serait saisie des documents annoncés pourrait tout à la fois prononcer et sur la lettre du Président et sur la direction donnée à l'expédition de Rome.

Nous avions traversé assez heureusement cette première journée, mais de nouvelles et plus graves complications nous attendaient pour la séance suivante.

Le lendemain 10 mai, dès le début de la séance, le Président, M. Marrast, avertissait l'Assemblée d'un ton solennel que, lorsque le président du conseil et le ministre de la guerre seraient à leur banc, il aurait à leur faire une communication importante. Ces paroles jetèrent l'Assemblée dans un grand trouble ; mille versions diverses couraient sur ce qui s'était passé la veille entre le président de l'Assemblée et le général Changarnier; celui-ci, disait-on, avait péremptoirement refusé les troupes que le Président lui avait demandées pour la sûreté de la représentation nationale; il se serait ainsi constitué en révolte ouverte contre l'Assemblée désormais livrée sans défense à la discrétion de ses ennemis. De là, les propositions les plus menaçantes; les uns voulaient que l'Assemblée se déclarât en permanence; les autres proposaient d'appeler toute la garde nationale à la défense de l'Assemblée; d'autres parlaient d'une adresse au peuple; d'autres enfin formulaient une accusation contre le président de la République et ses ministres. Ces propositions couraient sur les bancs et n'y rencontraient qu'une opposition incertaine et timide. Lorsque j'entrai dans le Palais-Bourbon, je fus frappé, comme je l'avais été au 19 janvier dans des circonstances semblables, de la physionomie de l'Assemblée; ses membres étaient répandus dans les salles d'attente et dans les couloirs en partis groupés, animés et d'où s'échappaient les mots de *trahison* et *d'accusation*. Mes amis paraissaient consternés et ne m'abordaient que pour déplorer ces imprudents défis jetés à l'Assemblée; quelques-uns parlaient même de faire la part du feu et d'abandonner le général Changarnier en expiation au courroux des représentants. Aussitôt que j'eus pris place sur mon banc, le président Marrast fit la communication qu'il avait annoncée.

La veille, pendant la séance, sur la demande d'un grand nombre de représentants, il avait cru, dit-il, devoir réquérir le général commandant la brigade qui campait sur l'esplanade des Invalides de renforcer de deux bataillons la garde de l'Assemblée. Or, cette réquisition transmise par un des questeurs, le général Lebreton, délégué à cet effet, avait essuyé un refus de la part du général Laforêt, qui, mandé dans le cabinet du président, aurait dit, pour toute explication : « qu'il ne connaissait que son général en chef, que, par conséquent, il n'avait pas cru devoir obtempérer aux ordres qui lui arrivaient directement du président de l'Assemblée, alors que ces ordres n'étaient pas confirmés par son général. » Le général Changarnier, mandé à son tour chez le président de l'Assemblée, se serait contenté d'y envoyer un aide de camp, porteur d'une lettre dans laquelle le général, sans dénier les droits de l'Assemblée, demandait que les réquisitions que le président aurait à adresser aux différents commandants de troupes passassent par son intermédiaire. Qu'une telle prétention était de tous points inadmissible, qu'en conséquence il s'était adressé au président du conseil, lequel s'était empressé d'exprimer ses vifs regrets de ce malentendu. M. Marrast demandait à M. le président du conseil et à M. le ministre de la guerre s'ils avaient autorisé par un ordre quelconque cette désobéissance des généraux aux ordres du président de l'Assemblée, s'ils entendaient contester de près ou de loin les droits formels de réquisition qui sont dans le décret du 11 mai, et en outre, comme il y avait eu désobéissance formelle, il demandait qu'une punition exemplaire fût infligée sans délai à ceux qui s'en étaient rendus coupables, punition de nature à servir d'exemple au reste de l'armée. De plus, il demandait au ministre de la guerre, après avoir pris l'avis du bureau, de vouloir bien mettre à l'ordre du jour et faire afficher dans les casernes les articles 6 et 7 du décret du 11 mai. (Marques d'approbation.)

Ma position était embarrassante, je ne pouvais méconnaître les droits de réquisition du président de l'Assemblée nationale, et cependant je ne voulais pas livrer les généraux qui avaient refusé d'obéir à ces réquisitions. Je m'en tirai tant bien que mal, en proclamant bien haut que le droit était incontestable, mais qu'à moins de circonstance extraordinaire, le Président ferait bien de concilier l'exercice de ce pouvoir exorbitant avec les règles de la discipline et de la hiérarchie militaires. Je transformai ainsi la question d'attribution constitutionnelle en une simple question de conduite et d'opportunité, et par ce moyen je reprenais mes avantages. M. Marrast avait à se reprocher d'avoir agi assez légèrement dans cette circonstance, car malgré l'animation du débat de la veille, il n'y avait rien dans la situation qui exigeât l'appel par le Président, par voie directe et à titre d'urgence, d'un renfort de troupes pour la sûreté de l'Assemblée. C'est là que je plaçai les motifs d'excuse et les causes d'atténuation pour la désobéissance des généraux ; ce qu'il importait, c'était, au moyen de cette reconnaissance du droit de l'Assemblée et de cet apaisement donné à ses craintes et à son orgueil blessé, de rompre l'alliance qui s'était momentanément formée entre la Montagne et les républicains modérés. J'y réussis et le ministre de la guerre m'y aida beaucoup en répétant à plusieurs reprises, avec l'accent d'une franchise toute militaire, qu'il déplorait l'incident, qu'il donnerait des ordres pour faire afficher dans les casernes les articles de la loi qui donnait au président de l'Assemblée le droit de requérir la force armée. Les questeurs se déclarèrent satisfaits ; M. Marrast lui-même, qui d'abord réclamait *une punition exemplaire*, se trouva désarmé ; et sans insister sur sa première proposition, il mit aux voix l'ordre du jour pur et simple qui fut voté par une forte majorité.

Ainsi se termina ce débat qui s'annonçait sous de si menaçants auspices ; mais ce n'était que le second acte d'un drame qui devait, comme presque toutes nos crises politiques, avoir ses trois journées, et la dernière ne fut pas la moins violente.

Au moment même où nous étions aux prises avec les attaques furieuses de la Montagne, le général Changarnier adressait aux généraux qui étaient sous ses ordres la lettre suivante :

« Mon cher général,

« Vous avez remarqué dans les journaux la lettre du président de la République au général Oudinot ; faites que cette lettre soit connue de tous les rangs de la hiérarchie militaire. *Elle doit fortifier l'attachement de l'armée au chef de l'État, et elle contraste heureusement avec le langage de ces hommes qui, à des soldats français placés sous le feu de l'ennemi, voudraient envoyer pour tout encouragement un désaveu !...* »

Il était impossible de signaler avec plus d'audace le triple but de la lettre du Président qui était de capter la faveur de l'armée, de l'irriter contre l'Assemblée et d'afficher le plus profond mépris pour les résolutions parlementaires. Il y avait donc dans cette lettre tout ce qui pouvait soulever une tempête ; M. Ledru-Rollin n'était pas homme à laisser échapper une telle occasion.

Depuis hier, dit-il, la question italienne a pris des proportions nouvelles ; un document que je promets à votre étonnement, je pourrais dire à votre indignation, vous prouvera quel lien étroit existe entre la conduite tenue à Rome et celle qui est tenue depuis quelque temps en France. Vous y verrez un plan arrêté, un système tout entier de contre-révolution ; c'est la République qu'on médite d'étouffer au dehors comme au dedans... (Vive approbation à gauche.) L'orateur, après avoir lu la lettre du président au général Oudinot, s'écrie : Ministres ! si vous avez ignoré cette lettre outrageante pour la majesté de l'Assemblée, donnez votre démission, autrement vous êtes les complices ; le complot contre la République, la conspiration des royalistes contre les patriotes, se revêt d'une façon bien plus éclatante dans un autre acte dont une accusation prompte, énergique, peut seule faire raison. C'est là que vous verrez à n'en plus douter le défi jeté à cette Assemblée... (Il donne lecture de la lettre du général Changarnier qui est suivie d'exclamations de colère de la gauche, et il continue ainsi :) Citoyens, d'autres pourraient faire ici des phrases... moi, je vous demanderai simplement : êtes-vous des hommes ? la main sur le cœur, avez-vous le sentiment de votre dignité ; si vous l'avez, répondez à un insolent défi par un acte d'accusation, ou bien comme hommes, commme représentants, disparaissez, car vous avez l'opprobre au front! (Applaudissements à gauche.) Quoi ! voilà qu'on vous reproche de jeter un désaveu à nos soldats sous le feu de l'ennemi, qu'on vous montre comme les ennemis de l'armée, qu'on vous désigne à ses baïonnettes! au profit de qui? au profit d'un prétendu chef de l'État, c'est-à-dire, d'un simulacre impérial ou royal. (A gauche : très-bien! très-bien!)... La conspiration contre la République n'est plus une question. Voyez ! le 29 janvier, que fait le commandant en chef? il environne l'Assemblée de troupes, sans ordre du président : on le demande, il est trop occupé, il envoie un officier d'état-major. On crée pour lui un commandement spécial qui met 300,000 hommes dans ses mains : c'est une véritable dictature, elle est contraire à la loi, nous en demandons la suppression : le gouvernement ne cède pas. Une question d'argent se présente ; sous cette question palpitait la question politique; on repousse le crédit, le gouvernement ne s'incline pas, puis arrive la lettre du président, puis la lettre de ce prétorien qui vient déclarer que votre volonté n'est rien, que la volonté du chef de l'État est tout; et vous, vous vous taisez! Et la République n'est pas menacée? c'est la contre-révolution, ou la lumière n'est plus la lumière! (Assentiment à gauche.)... Président et ministres doivent être mis en accusation, et c'est à quoi je conclus. Pour la question italienne, si vous êtes convaincus maintenant que ces femmes, ces enfants qui aiguisent leurs couteaux, que toutes ces classes qui combattent à Rome comme un seul homme sont un peuple libre comme vous, il vous reste un devoir à remplir, c'est de faire à l'Assemblée de Rome une adresse où vous lui direz : « Nous reconnaissons votre République, on vous a fait la guerre malgré nous, soyons frères et cicatrisons nos blessures communes. » (Vive approbation et applaudissements sur plusieurs bancs de la gauche.)

M. Ledru-Rollin avait cru le moment favorable pour frapper ces deux coups décisifs, savoir : l'accusation de tout le pouvoir exécutif et la reconnaissance de la République romaine, c'est-à-dire la guerre civile au dedans et la guerre universelle au dehors : il s'abusait. Pour de telles témérités il aurait fallu un autre peuple, une autre assemblée et même une autre opposition. M. Ledru-Rollin se souvenait trop de la Convention, du Comité de salut public, de la terrible énergie et du sombre fanatisme de 1793, il ne tenait pas assez de compte de la différence des temps et des situations ; il oubliait trop vite qu'il avait devant lui une nation qui venait de goûter trente années de prospérité et de sage liberté et qui, après tout, n'était attaquée, ni menacée par aucune puissance étrangère ; il oubliait que la grande majorité de l'Assemblée qu'il s'efforçait d'entraîner ne s'était ralliée à la république que par raison, que la minorité même de cette Assemblée, malgré ses faux airs de la Montagne, n'en avait dans la réalité que les cris et les fureurs apparentes, mais n'en était, au fond, qu'une très-pâle contrefaçon. Trompé par des mécontentements, des accès de mauvaise humeur qui se trahissaient en paroles amères, M. Ledru-Rollin crut pouvoir tout demander à cette assemblée ; il dépassa son tempérament. S'il eût gardé plus de mesure, il eût probablement réussi à surprendre un nouveau vote de blâme contre nous et à rendre notre position de plus en plus difficile. Je m'aperçus de sa faute et je me hâtai d'en profiter.

Le moment est trop grave, dis-je, et les actes comme les paroles emportent une trop grande responsabilité pour que je ne comprime pas les sentiments même les plus légitimes qu'ont excités en moi les paroles que vous venez d'entendre : quoi, c'est à la suite du conflit malheureux dans lequel le sang de nos soldats a coulé sous les murs de Rome, qu'on nous propose de reconnaître la République romaine : je ne discute pas une telle proposition : il suffit de la présenter à une assemblée telle que celle-ci, pour qu'il en soit fait justice à l'instant même. (Vive approbation à droite. — Rumeurs à gauche.) J'ai le droit d'exiger qu'une proposition directe, positive, de cette reconnaissance soit formulée et soumise à un vote solennel : il est facile en effet de se livrer à des déclamations passionnées à l'occasion de l'échec de nos armes, et de l'aggraver avec une telle insistance qu'on ne craint pas de révéler le sentiment qui est au fond de ce débat. Oui, on nous le fait trop voir, cet échec est, pour un certain parti, comme une bonne fortune. (Violente interruption à gauche.)

Plusieurs membres. — A l'ordre ! à l'ordre !...

Un montagnard. — M. le président, nous demandons le rappel à l'ordre du ministre, il nous insulte ; qu'il désavoue ses paroles !...

Autre montagnard. — C'est une lâcheté !...

M. Emmanuel Arago. — C'est une infamie !...

M. Mie. — Les malheurs publics ne sont une bonne fortune que pour les traîtres...

M. Flocon. — Je demande formellement le rappel à l'ordre du ministre. — Oui, oui, crie la Montagne en masse, nous le demandons tous. (Interruption prolongée.)

On voit, à ce paroxysme de colère dans lequel mes paroles avaient jeté l'extrême gauche, que le coup avait frappé juste ; il y a de ces situations où l'audace c'est le salut. Je savais que j'avais affaire à des furieux qui, si on ne les contenait rudement, allaient perdre le pays ; aussi, sans rien retirer de mes paroles, je continuai ainsi :

Vous avez d'étranges notions du juste et de l'injuste ; quelle idée vous faites-vous donc du droit que donne une légitime indignation à l'homme à la face duquel vous jetez tous les jours l'accusation du crime de trahison ? (*A gauche :* oui, oui, vous trahissez !)

M. Flocon. — C'est comme accusé que vous parlez !

Ah ! je sais bien que pour un certain parti, et devant un certain tribunal, que je récuse, être accusé, c'est être condamné. (Voix à gauche : Vous l'êtes ! — Exclamations et vives protestations à droite.) Mais, Dieu merci, nous avons d'autres juges : notre juge d'abord, c'est la loyauté de cette Assemblée que vous ne parviendrez pas à égarer. (*A droite :* très-bien ! — Rumeurs à gauche.) Ensuite notre juge souverain et en dernier ressort, c'est celui dont la délibération est déjà commencée, et qui, dans quelques jours, nous aura tous pesés dans sa balance et nous fera connaître sa volonté suprême. (Vives et longues acclamations à droite. — *A gauche* : Défendez-vous, vous êtes accusé.)... Me retournant vers la gauche : Vous êtes bien peu patients, Messieurs, oh! vous le seriez davantage, si vous aviez plus de confiance dans ce grand verdict du pays qui se prépare et vous seriez plus modérés, si vous preniez plus au sérieux les accusations que vous dirigez incessamment contre cette politique à qui on ne pardonne pas d'avoir rétabli quelque ordre et quelque sécurité dans le pays. (Rires ironiques à gauche. — Applaudissements à droite.)

M. Clément Thomas. — C'est vous qui avez fait cette situation qui nous conduit à la guerre civile, et si l'Assemblée ne nous sauve pas, vous verrez ce qui arrivera demain !...

Cette menace venait à propos pour justifier et fortifier mon attaque. Aussi, m'adressant à l'interrupteur, d'une voix contenue, mais gravement accentuée, je lui dis :

Vous voulez bien nous donner un avertissement, ce n'est pas le seul que nous ayons reçu. Oui, nous le savons, on n'attend qu'un prétexte pour recourir de nouveau à la violence. (Plusieurs membres à l'extrême gauche : Oui, oui, c'est vous!)

M. Clément Thomas. — Voulez-vous me permettre d'expliquer ma pensée ?...

... Oui, lui répondis-je, que tous les voiles soient déchirés et que nous sachions de quelles violences on nous menace pour demain. Si je prenais à la lettre les paroles de M. Clément Thomas, la discussion devrait être interrompue à l'instant même, car elle ne pourrait décemment continuer sous le coup d'un tel défi, d'une telle menace. La guerre civile, au moment où le peuple tout entier va exercer le droit de suffrage le plus universel que législateur ait jamais conçu ! mais ce ne serait pas seulement l'acte le plus criminel, ce serait l'acte le plus stupide...

M. Clément Thomas. — Je suis de cet avis, mais à qui la responsabilité ?

... La responsabilité, savez-vous sur qui elle retombe ? sur ces hommes qui ont proclamé leur mépris pour le suffrage du souverain, elle retombe sur ceux qui, alors que cette Assemblée n'était pas encore nommée, protestaient déjà contre elle, cherchaient à la dégrader avant qu'elle fût née, et quelques jours après venaient audacieusement la violer dans cette enceinte. (Applaudissements à droite.) La responsabilité, elle appartient à ceux qui, lorsque le peuple entier s'est assemblé pour désigner le chef du gouvernement de la République et en faire pour ainsi dire sa personnification, ont traîné cet élu du peuple dans toutes les infamies de la diffamation et de l'outrage. (*A droite* : Très-bien. Voilà la vérité.) Ils sont responsables ceux-là qui, tous les jours, par tous leurs organes et de toutes les manières, prennent à tâche de dégrader celui que le peuple a honoré. (Nouvelles et vives marques d'approbation.) Ce sont ces hommes qui, se jouant du suffrage universel, pleins de mépris pour la grande et légitime souveraineté de la nation, ne reconnaissent d'autre Dieu que leur orgueil et leurs passions et s'effrayent à bon droit du jugement que la nation va porter, veulent prévenir ce jugement à tout prix. (Bravos, applaudissements à droite.) La guerre civile, vous nous en prêtez la pensée ! Ah ! si votre reproche avait la moindre apparence de raison, ce n'est pas un acte d'accusation, mais un brevet de folie que vous devriez nous lancer. Jugez au moins vos adversaires d'après cette notion vulgaire, mais sûre de leur intérêt. Nous ne sommes cependant pas tous des insensés ? pourquoi songerions-nous à une guerre civile à la veille de cette solennelle manifestation de la volonté nationale dans laquelle, vous le savez bien, nous avons, nous, une foi profonde et complète : il y a, je le reconnais, dans le jugement du peuple quelque chose de saint et de mystérieux ; téméraire serait celui qui voudrait préjuger ses décisions, autrement que dans l'intimité de sa conscience ; mais enfin nos espérances et les appréhensions de nos adversaires sont assez notoires. Eh bien, j'en appelle au bon sens de cette Assemblée, au jugement du peuple entier : sont-ce ceux-là qui ont pleine foi dans le droit et dans son exercice régulier qui peuvent être soupçonnés de vouloir en appeler aux violences ? (Vive approbation à droite.)

Les rôles étaient changés ; je n'étais plus l'accusé, mais l'accusateur, et l'accusateur écouté : la Montagne était silencieuse, quoique frémissante. Mais ce n'était là qu'une partie de ma tâche. Après avoir contenu et dompté la partie violente de l'Assemblée, il fallait apaiser les scrupules et les susceptibilités du parti modéré, et j'y consacrai le reste de mon discours. Je continuai en ces termes :

... Rien ne m'affecterait plus douloureusement que, je ne dis pas un motif sérieux, mais même un simple prétexte qui pourrait créer un conflit entre les grands pouvoirs de la République, car rien ne troublerait plus profondément les consciences et ne serait plus propre à jeter la confusion dans les esprits sur le droit et le devoir. A mes yeux, il ne pourrait pas se commettre de plus grand crime politique que de faire naître un pareil conflit. (Approbation à droite.) En outre, je reconnais qu'une Assemblée qui, comme celle-ci, a dans ses mains les destinées d'une grande nation, doit porter haut le sentiment de sa dignité. (Très-bien.) Elle ne doit jamais permettre qu'un pouvoir quel qu'il soit y porte atteinte, et plus ce pouvoir serait élevé, plus sa susceptibilité serait grande et légitime. (Très-bien! très-bien.)... Aussi lorsque la lettre du président de la République au général Oudinot a été publiée, m'en suis-je vivement préoccupé (Écoutez, écoutez); et lorsque, par un commentaire inexact, on a voulu en faire ressortir la pensée d'un conflit, me suis-je empressé de m'élever contre ce commentaire et de déclarer que cet acte n'enchaînait nullement la politique du cabinet, qui n'en avait pas délibéré, qu'il n'était pas autre chose que l'expression toute individuelle des sympathies du chef de l'État pour nos soldats qui avaient besoin d'entendre une voix amie venant leur apporter des encouragements et des consolations sur la terre étrangère, et, ce que j'ai dit, je le maintiens. Ce matin j'ai appris par une communication du président de l'Assemblée, que cette lettre avait été communiquée dans les casernes; cette publicité en tant qu'elle a pour objet de faire savoir à tous nos soldats que leurs camarades qui sont en Italie, combattant pour l'honneur du drapeau, ne seront pas abandonnés par le gouvernement, me parait dans cette mesure tout à fait légitime; mais ce qui serait à mes yeux tout à fait en dehors des devoirs militaires et ce qui appelle des explications de la part du général qui a signé l'ordre du jour signalé, c'est une phrase qui s'y remarque et dans laquelle il semblerait qu'on veut donner à la lettre du président de la République un caractère politique qu'elle n'a pas. Des explications devront être données sur ce point : la ferme volonté du gouvernement est de ne pas permettre, alors que, dans sa pensée, le salut du pays est dans l'union des deux grands pouvoirs de la République, que l'on se permette, en contradiction avec sa politique, de troubler cette union. (Vive approbation.) Il ne permettra pas qu'on lui suscite à lui, dont l'œuvre est déjà si difficile et si laborieuse, de nouveaux obstacles et de nouveaux embarras. (Sensation prolongée. — M. de la Rochejaquelein : C'est la loyauté même.)

Après avoir ainsi fait la part à tout le monde, je revins à l'objet principal du débat, l'affaire de Rome.

... Je ne reviendrai pas, dis-je, sur un débat terminé par un vote de l'Assemblée, ma position serait trop difficile. Je rencontre ce que je respecte le plus, le vote d'une majorité de cette Assemblée qui a déclaré qu'il fallait faire rentrer notre politique dans les conditions qu'elle avait assignées à l'expédition d'Italie ; d'où la conséquence que cette politique en aurait dévié ; par quels actes et dans quelle mesure ? la résolution de l'Assemblée ne le dit pas ; remettre en question cette décision, ce serait m'insurger contre l'Assemblée ; je ne le veux pas. (Très bien ! très-bien !) Seulement, et je ne me permettrai que ce mouvement intérieur de ma conscience, je sais bien et je sens profondément que ce que l'Assemblée a voulu je l'ai voulu aussi, et que ce que je veux encore est ce que veut l'Assemblée. (Très-bien ! très-bien !) Or, ce que la majorité et le gouvernement veulent, ce n'est certes pas de reconnaître ce gouvernement de Rome qui nous a accueillis à coups de canon, quand nous nous présentions en arbitres bienveillants. Au reste la question a été enfin posée, et j'espère que, cette fois, elle sera résolue par un vote : c'est bien le moins, si les deux républiques doivent confondre leurs destinées, que l'Assemblée le décide par un scrutin exprès et exempt de toute équivoque. (Approbation sur plusieurs bancs.) Est-ce à dire, parce que nous ne pouvons ni ne voulons reconnaître la République romaine, que nous soyons disposés pour cela à nous laisser détourner de nos voies et à oublier le caractère libéralement protecteur que nous avons entendu dans l'origine donner à notre intervention? nullement : nous ne rendrons pas responsables des populations entières des résistances d'un parti aveuglé par ses passions et entraîné par des étrangers. (A *droite* : très-bien! très bien!) Cette discussion s'est trop prolongée, il est grand temps d'arriver aux conclusions formelles qui doivent la terminer, nous avons eu peut-être le tort de ne pas nous y attacher assez exclusivement et d'accepter trop facilement la lutte sur le champ des généralités déclamatoires. Nous avons accepté une mission difficile et dangereuse, celle de nous interposer à Rome entre des passions ennemies et de leur imposer une conciliation raisonnable; il devait nous arriver ce qui ne manque jamais d'arriver en pareille circonstance : nous devions infailliblement tourner contre nous les deux parties contendantes; mais plus nos difficultés sont grandes, plus nous avons le droit d'exiger de cette assemblée qu'on ne les aggrave pas encore par des équivoques. Que ceux qui veulent que nous sortions de cette situation juste milieu, et ici je prends le mot dans sa plus noble acception, celle qui veut dire que nous nous sommes placés entre le despotisme et l'anarchie, que ceux qui voudraient nous entraîner et rejeter notre politique en dehors de ces voies de modération et de bon sens, aient le courage de formuler leur opinion, ainsi que nous l'a promis M. Ledru-Rollin, et de provoquer un vote formel de cette Assemblée. (Très-bien! très-bien! — Le ministre reçoit les félicitations d'un grand nombre de ses collègues.)

On m'a beaucoup loué pour ce discours, dont la première partie n'était qu'un dialogue passionné avec la Montagne, et la seconde un appareil posé sur les blessures que le Président et le général Changarnier avaient faites à la dignité de l'Assemblée. Le président même, que je n'avais pu cependant couvrir qu'en blâmant ses imprudences, voulut bien m'en témoigner par lettre sa reconnaissance. On a voulu y voir une grande habileté : toute cette habileté prétendue n'avait cependant consisté qu'à dire la vérité à tous avec une certaine fermeté. Il est vrai, et on l'a dit bien souvent, qu'il n'y a rien de plus habile que la droiture.

Quoi qu'il en soit, le résultat fut excellent; et ce débat sur les affaires de Rome, si fort envenimé et par l'humiliation de nos armes et par les défis échangés entre l'Assemblée et les chefs armés du pouvoir exécutif, débat dans lequel l'orgueil national blessé, le fanatisme républicain alarmé, l'esprit de corps irrité, avaient amassé tant d'éléments incandescents et qui pouvaient dégénérer en un conflit où le gouvernement et la société même eussent été mis en péril, et où la liberté eût certainement péri, se termina pacifiquement, par un ordre du jour pur et simple qui, malgré les nouvelles déclamations violentes de M. Ledru-Rollin, malgré les attaques perfidement renouvelées de M. Jules Favre, malgré et peut-être à cause de la communication maladroite de la correspondance des frères et amis de Rome, fut voté par 329 voix contre 292, après que toutes les autres propositions eurent été préalablement repoussées. J'ajouterai, pour être juste, que nous fûmes aussi redevables de ce résultat à l'honneur militaire engagé dans cette lutte, et dont les généraux Bedeau, Le Flô, et mon collègue M. de Tracy, se firent les éloquents organes. Le fanatisme jacobin fut réduit encore cette fois à s'abaisser devant la religion du drapeau; cette crise fut la dernière que nous eûmes à traverser à l'occasion de l'affaire de Rome, dans l'Assemblée constituante.

Le lendemain de ces trois terribles journées paraissait dans le *Moniteur* la note suivante, dans sa partie officielle :

M. le président du conseil ayant annoncé à la tribune qu'il demanderait des explications à M. le général Changarnier, sur son ordre du jour, ce général s'est empressé de lui déclarer qu'il n'y avait pas eu d'ordre du jour à l'occasion de la lettre du président de la République. Il s'est borné, en sa qualité de commandant des forces réunies de la Ire division militaire, à porter à la connaissance des chefs de corps cette expression de la sympathie du président de la République pour nos braves soldats. Il l'a fait avant les débats auxquels cette lettre a donné lieu dans l'Assemblée et le jour même où les journaux la signalaient à l'attention publique. L'honorable général a ajouté qu'il ne comprenait pas qu'on eût pu voir dans cette simple lettre d'envoi une offense à l'Assemblée, *dont il respecte les droits et les prérogatives*, comme étant ceux d'un des grands pouvoirs de l'État et à laquelle il a l'honneur d'appartenir.

Cette espèce de réparation fut acceptée telle quelle; il est probable que si l'Assemblée n'eût pas été aussi près de son renouvellement, elle ne s'en fût pas contentée, car les Assemblées pardonnent rarement à qui leur a fait peur une fois; et le vote par lequel, sur le rapport de M. Grévy, elle rejeta notre projet de loi qui prorogeait les pouvoirs exceptionnels du général Changarnier pendant quelques mois, prouve assez qu'elle gardait contre lui toutes ses peurs et toutes ses rancunes.

DÉMISSION DE M. LÉON FAUCHER, MINISTRE DE L'INTÉRIEUR.

Mais une autre victime était réclamée par la colère des républicains : cette victime était M. Léon Faucher. Si le général Changarnier faisait peur à l'Assemblée, M. Léon Faucher l'agaçait et l'irritait. Ce dernier, on se le rappelle, n'avait été appelé au ministère de l'intérieur que malgré ses instinctives répugnances, et à défaut d'autre ; il sentait lui-même qu'il était peu propre à des attributions qui exigent surtout une certaine habileté dans le maniement des hommes et des Assemblées. Son caractère, ses manières, sa personne, tout en lui était antipathique à la grande généralité des représentants de tous les partis : il avait exaspéré les hommes de la gauche par ses défis incessants, par l'affectation avec laquelle il remplissait chaque jour les colonnes du *Moniteur* de ses rapports de police contre le parti républicain, rapports assez souvent inexacts. Il avait mécontenté une grande partie de la droite par la raideur de ses formes, et en revendiquant à tous propos et avec une hauteur quelquefois voisine du ridicule, les droits et l'autorité de son ministère ; il était ainsi parvenu à être un objet de répulsion pour tous, et ses rapports avec l'Assemblée devenaient de plus en plus difficiles. Les faits les plus insignifiants en eux-mêmes prenaient de la gravité lorsqu'il y était personnellement engagé.

Ainsi, M. Léon Faucher avait cru pouvoir réintégrer dans leurs fonctions quelques anciens préfets du gouvernement du roi Louis-Philippe ; en cela il n'avait fait que suivre un exemple que lui avait donné M. Dufaure, et même M. Sénard. L'administration chez nous est devenue une véritable science, et on n'improvise pas plus des préfets qu'on n'improvise des médecins ou des jurisconsultes. Il fallait donc bien, puisque la République conservait l'ancienne administration avec tous ses rouages, toutes ses complications, il fallait bien, pour faire marcher cette machine, reprendre, au moins en partie, les hommes qui l'avaient étudiée et longtemps pratiquée : rien n'était plus raisonnable et même plus inévitable. Mais plusieurs de ces préfets ainsi replacés avaient été antérieurement admis à la retraite, quoique n'ayant pas trente ans de service ; et ministres et Conseil d'État, par un sentiment d'équité qui se comprend très-bien, s'étaient montrés d'autant plus faciles dans la liquidation de la retraite de ces fonctionnaires, et d'autant moins exigeants dans la constatation des infirmités qui seules pouvaient autoriser l'abréviation du temps de service exigé par les règlements, que, destitués brutalement par la révolution du 24 Février, la cessation de leurs fonctions avait été plus brusque et moins volontaire. Ainsi les infirmités constatées, bien que réelles, n'étaient cependant pas de nature à rendre impossible pour eux la reprise de leurs anciennes fonctions, et les ministres, en rappelant à l'activité quelques-uns de ces préfets retraités, avaient cru faire tout à la fois une chose utile, en mettant à profit l'expérience de ces vétérans de l'administration, et même économique, puisque leur retraite ne se cumulait pas avec leur traitement d'activité. Sous l'administration de M. Sénard et sous celle de M. Dufaure, l'opposition s'était bien gardée d'attaquer cet arrangement; mais sous M. Léon Faucher elle se montra impitoyable.

Des interpellations nous furent adressées à ce sujet. Ou les préfets retraités pour infirmités, nous disait-on, étaient réellement infirmes et incapables d'un service actif, et alors pourquoi les avez-vous employés? ou les infirmités n'étaient pas réelles, et alors leur pension de retraite repose sur un mensonge, sur un faux! Plusieurs séances furent employées à vider cet incident, qui ne reposait que sur une équivoque. Les infirmités contractées par les préfets étaient réelles, et avaient été dûment constatées, mais elles n'étaient pas assez graves pour empêcher que ceux qui en étaient atteints pussent encore, au moins pour quelque temps, rendre de bons services à l'État. Le ministre, en les choisissant de préférence à des hommes plus valides, mais novices en administration, n'avait fait qu'un acte intelligent d'administration, dont au reste il ne devait compte qu'au chef de l'État. Comme la gauche proposait de décréter la destitution de ces préfets, je revendiquai les droits du pouvoir exécutif; et après de longs et vifs débats envenimés par une lettre imprudente, et tout au moins inutile, de M. Léon Faucher, dans laquelle il semblait jeter un défi à l'Assemblée, l'incident se termina par une enquête qui nous permit de maintenir nos agents dans leurs fonctions.

Un incident plus sérieux, et dont les suites furent plus fâcheuses pour notre collègue, survint à la suite des trois journées de crise que nous venions de traverser.

Le lendemain du vote qui avait terminé cette crise, le ministre de l'intérieur avait cru devoir en instruire les départements par une dépêche télégraphique datée du 12 mai, neuf heures du matin, ainsi conçue :

> Après une discussion très-animée sur les affaires d'Italie, l'Assemblée nationale a repoussé à la majorité de 329 contre 292, la proposition faite par M. J. Favre, de déclarer que le ministère avait perdu la confiance du pays. Ce vote consolide la paix publique : les agitateurs n'attendaient qu'un vote hostile au ministère pour courir aux barricades et pour renouveler les journées de juin. — Paris est tranquille. — Ont voté contre l'ordre du jour et contre le gouvernement : (Suivent les noms.)

L'impression fut vive dans l'Assemblée lorsque, dans la séance du 15, un membre de la gauche, M. Millard, lut cette dépêche à la tribune, et somma le ministre de déclarer quelle avait été sa pensée lorsqu'il avait associé dans sa dépêche ceux qui avaient voté contre le gouvernement, à ces instigateurs et fauteurs de trouble qui n'attendaient qu'un vote hostile pour courir aux barricades !

M. Léon Faucher, se jetant dans les récriminations, cita un journal rouge de Colmar, dans lequel il était annoncé que *le gouvernement de la trahison était renversé ; que Ledru-Rollin était investi de la dictature ; que M. Odilon Barrot était arrêté, et les autres ministres en fuite.* Et il en conclut qu'il était du devoir du gouvernement de placer la vérité en regard de ces dangereuses et absurdes publications.

Peu satisfaite de cette explication, la gauche entière criait : *Et les noms ! les noms !* C'était là, en effet, le point délicat et difficile à justifier ; aussi M. Léon Faucher éludait-il la question, en protestant contre toute pensée d'avoir voulu associer aucun de ses collègues à ces fauteurs de guerre civile dont il avait parlé ; mais cette protestation ne rencontrait qu'incrédulité, et des cris nombreux de : *Allons donc !...* annonçaient au ministre que son excuse n'était pas acceptée. La droite elle-même était froide et silencieuse.

Je dois dire, déclarait M. Glais-Bizoin, ancien député, que jamais, dans les dix-huit années que j'ai passées dans les anciennes chambres, nous n'avons eu un fait aussi exorbitant : dire qu'une partie de l'Assemblée a voté pour l'ordre, n'est-ce pas dire que l'autre a voté pour le désordre ? Un tel fait eût soulevé la réprobation de toute l'opposition, celle à laquelle appartenait M. Léon Faucher.

Un autre ancien député, M. Marquis, qui votait habituellement avec nous, vint à son tour se plaindre de ce que son nom avait été rangé dans les abstenants, tandis qu'il avait voté pour l'ordre du jour : il ajoutait qu'il n'était parvenu à faire rectifier l'erreur que trop tard ; puis, c'était M. Guichard qui déclarait que l'impression produite dans le département de l'Yonne, qu'il représente, avait été telle, qu'elle avait totalement changé la disposition des élections du jour au lendemain ; et que telle liste de candidats qui la veille était assurée de passer, après la dépêche reçue était devenue impossible. Chacune de ces attaques contre la malencontreuse dépêche était accueillie par les vociférations de la Montagne, qui devenaient de plus en plus violentes.

Enfin, l'auteur des interpellations déposa la proposition suivante :

Vu la dépêche adressée aux départements par le ministre le 12 mai ;
Attendu, qu'en rapprochant les noms des votants de ces mots : *les agitateurs attendaient*, etc..., le ministre a eu évidemment pour but d'influencer les élections, l'Assemblée nationale blâme énergiquement cette manœuvre coupable, etc.

Le général Baraguay-d'Hilliers combat cette proposition et demande l'ordre du jour pur et simple ; mais il n'est pas soutenu.

M. Clément Thomas nous interpelle directement en ces termes :

Je demanderai à M. Odilon Barrot, à M. Passy, à M. de Tracy, à M. Lacrosse et à vous aussi, M. le ministre de la guerre, je demanderai à ces hommes qui jouissent d'une haute considération morale, s'ils peuvent approuver une manœuvre aussi indigne. (Vive approbation à gauche.) Je demande aussi à M. Dufaure, lui qui est reconnu aussi dans le pays comme un homme loyal, de venir ici, de sa parole probe et sincère, flétrir ces actes indignes. Ne serait-ce pas de votre devoir d'annuler des élections entachées de telles illégalités ?...

Il n'y a pas jusqu'à M. de la Rochejacquelein qui ne portât aussi son témoignage contre le ministre.

Je ne saurais mentir à ma conscience d'honnête homme, dit-il, et j'y mentirais, si du haut de cette tribune je ne flétrissais des actes que je regarde comme condamnables au plus haut degré. (Vive et longue approbation.)

Cette dernière attaque arracha à M. Léon Faucher cette réponse amère :

Je ne compte pas, moi, s'écria-t-il indigné, une longue suite d'aïeux, je suis d'un sang plébéien ; si je suis quelque chose, je ne le dois qu'à moi-même. J'ai travaillé toute ma vie à me faire un nom pur et honorable, et en fait d'honneur, entendez-vous, je ne reçois de leçon de personne.

M. Léon Faucher avait le droit de se rendre ce témoignage ; mais cela n'empêchait pas que la dépêche télégraphique telle qu'elle était conçue, et avec les noms des opposants, n'eût évidemment pour objet d'influencer les élections.

M. Sénard, en rappelant ce qu'il avait fait aux journées de juin, s'indigne qu'on ait pu le ranger dans la classe des agitateurs.

A chacune de ces attaques répondaient les acclamations de plus en plus violentes de la gauche, tandis que la droite restait morne et silencieuse ; la position du ministère était des plus difficiles ; la mienne en particulier était déplorable. Je voyais exécuter sous mes yeux un de mes collègues, et après l'interpellation qui venait de m'être adressée personnellement, mon silence était sa condamnation. Je me levai, malgré l'insistance de tous mes amis qui me suppliaient de ne pas me commettre dans une cause indéfendable et d'avance perdue ; je n'en persistai pas moins à parler et, prenant avantage de ce qu'en attaquant la dépêche, quelques orateurs avaient en même temps infirmé moralement les élections faites à la suite de cette dépêche, je m'exprimai de la manière suivante :

Une Assemblée qui assiste à des élections par lesquelles elle doit être remplacée, alors que chacun de ses membres se trouve en quelque sorte devant son juge, ne saurait s'imposer une trop grande réserve. (Approbation à droite.) Elle doit s'abstenir de tout ce qui ressemblerait de près ou de loin à une protestation même indirecte contre le jugement rendu sur elle par le pays. Les habiles ont eu beau écarter de l'ordre du jour motivé qu'on vous propose les mots qui semblaient impliquer la condamnation des élections futures[1], cette conséquence n'en résulterait pas moins forcément du vote demandé. Or, il ne peut y avoir deux juges sur la moralité et la pureté de ces élections, et puisque c'est à l'Assemblée prochaine qu'il appartient de les juger, vous n'avez rien de mieux à faire que de vous abstenir...

Je terminai en déplorant ces débats irritants et passionnés qui semblaient devoir se continuer jusqu'à la dernière heure de l'Assemblée, et je la conjurai de se défier un peu plus de ces ordres du jour improvisés qui, tout en troublant le présent, prétendaient infirmer l'avenir.

Voilà tout ce que je pouvais faire pour un collègue contre lequel s'élevait une réprobation à peu près unanime ; je n'aurais pu aller plus loin et essayer de justifier la dépêche en elle-même sans mentir à ma propre conscience, car il m'était impossible de nier qu'il n'y eut eu de la part de ce collègue une manœuvre électorale injustifiable.

519 membres, c'est-à-dire toute l'Assemblée, sauf cinq, votèrent le blâme proposé, et le lendemain, 15 mai, paraissait au *Moniteur*, partie officielle, ce blâme ainsi formulé :

L'Assemblée nationale blâme la dépêche télégraphique du 12 mai, adressée aux départements par le ministre de l'intérieur, et passe à l'ordre du jour.

M. Léon Faucher n'avait plus qu'à nous offrir sa démission, qui fut acceptée.

Ce ministre était, sans contredit, un des hommes politiques les plus dignes d'estime. Comme il le disait lui-même avec un légitime orgueil, il était le fils de ses œuvres ; il avait conquis sa position à force de tra-

---

1. M. Millard avait modifié sa proposition en y substituant les mots : *tenté d'influencer* au texte primitif.

vail et de persévérance. Il avait la probité, la science, le courage et même une parole facile et toujours claire, le tout fortifié d'une grande et peut-être trop grande confiance en lui-même. Que lui manquait-il donc pour exercer une influence légitime sur l'Assemblée? Il lui manquait cette souplesse de caractère et de talent qui permet à l'orateur d'entrer dans la pensée de ses adversaires, ne fût-ce que pour mieux la combattre; cette bonhomie bienveillante qui sait faire accepter même les vérités les plus dures et les dépouiller de toute apparence de haine ou de mépris contre les personnes; cette modestie dans le langage et surtout cet éloignement à mettre sa personnalité en jeu, qui ménage la vanité et l'orgueil, ces grands mobiles de toute réunion d'hommes. Ces qualités ne s'acquièrent guère quand elles ne sont pas innées. Or, mon ami Léon Faucher était bien loin de les posséder: il ne se doutait même pas qu'elles lui manquassent. Il se disait le plus habile des hommes d'État; il portait cette confiance en lui-même jusqu'à la naïveté. Un jour où il avait obtenu un succès de tribune, un de ses amis s'approcha de lui, et, ne craignant pas de forcer un peu l'éloge, lui disait: *Vous venez de nous rappeler Casimir Périer.* A quoi Léon Faucher répondit, avec une admirable assurance: «Oui, il y a quelque ressemblance entre nous, mais il y a cependant cette différence que Périer n'était pas administrateur comme moi!...» M. Léon Faucher sombrait au port. Encore quelques jours, et il se fût trouvé en face d'une autre assemblée mieux disposée pour lui. Nous le verrons reparaître, plus tard, sur la scène politique, toujours avec les mêmes inconvénients, mais aussi avec la même honorabilité de caractère.

DERNIÈRE CRISE DE L'ASSEMBLÉE CONSTITUANTE.

Nous arrivions ainsi de crise en crise au jour même des élections : celles de Paris étaient tristement significatives ; *Murat* sortait le premier et Ledru-Rollin le second du scrutin, l'un, avec 134,825, l'autre, avec 129,000 suffrages. Le *bonapartisme* et le *démagogisme* se trouvaient ainsi associés dans le même triomphe ; était-ce de l'ironie? Non ; et, il faut le reconnaître, c'était l'expression vraie de la pensée des masses, chez qui s'allie très-bien la passion de l'envie et le culte de la force. Deux ministres, M. Passy et moi, étions cependant nommés, mais à des chiffres inférieurs à ceux donnés aux favoris de la démagogie parisienne ; puis venait un pêle-mêle de socialistes, de démagogues et de conservateurs ; Lagrange à côté du général Bedeau, le sergent Rathier à côté du général Cavaignac, le phalanstérien Considérant à la suite du ministre protestant Coquerel, Pierre Leroux en compagnie de Roger (du Nord), le tailleur de pierres Perdiguier entre le général Rapatel, etc. Il était évident que, grâce au vote collectif, les deux listes du parti socialiste-jacobin et du parti conservateur s'étaient à peu près partagé les choix. Cette liste n'était pas moins significative par les noms qu'elle ne contenait pas que par ceux qui y étaient inscrits. Aucun membre du gouvernement provisoire, sauf celui de Ledru-Rollin, ne se trouvait parmi les élus, pas même celui de M. de Lamartine !.. Les deux partis extrêmes, comme pour mieux se battre, avaient supprimé les intermédiaires.

Si les départements eussent donné les mêmes résultats électoraux, l'Assemblée législative n'eût été qu'une arène où les partis, avec des forces à peu près balancées, se seraient livré un combat à mort; mais il n'en fut heureusement pas ainsi. Dans les colléges électoraux de la province, partout où les différentes branches du parti conservateur avaient apporté quelqu'union et quelqu'intelligence, les choix étaient parfaitement rassurants. Mais là où le parti légitimiste, trop confiant dans ses forces, avait donné l'exclusion à des candidats libéraux, il avait réussi à faire passer des choix socialistes. Cela était arrivé notoirement dans quelques départements de l'Ouest et du Midi, en Alsace, dans le Dauphiné, en Provence. Il faut reconnaître aussi que le trouble que cette malheureuse affaire de Rome avait jeté dans les esprits, les prétextes qu'elle avait fournis aux déclamations anticatholiques, ne furent pas sans influence sur le choix de certains colléges; elle nous valut dans l'Assemblée législative une recrue de socialistes sortie des plus bas fonds de la société; pas assez nombreux pour balancer la majorité, ils le furent malheureusement assez pour donner aux débats un caractère de grossièreté et de violence qui ne contribua pas peu à discréditer le gouvernement parlementaire et à préparer sa chute. Ils n'étaient plus assez forts pour créer un péril sérieux et pour inspirer cette peur salutaire qui avait si puissamment servi à discipliner les partis dans l'Assemblée constituante; mais ils l'étaient encore assez et surtout ils criaient assez haut leurs menaces et leurs détestables doctrines pour entretenir au dehors et dans le monde des affaires cette peur aveugle et irréfléchie qui a facilité grandement la conspiration du despotisme.

A partir du jour où les élections commencèrent à être connues, il n'y avait pour l'Assemblée, dont une grande partie des membres ne se trouvait pas réélue, qu'une seule attitude qui fût digne : aplanir les difficultés de la transition, préparer à ses successeurs de meilleurs jours que ceux qu'elle avait traversés ; voilà ce que le devoir et le sentiment de la dignité conseillait à cette assemblée. Elle ne fut malheureusement pas aussi bien inspirée : dès qu'elle vit le pouvoir lui échapper et la vie l'abandonner, elle fut saisie d'une sorte de vertige et compromit dans ses derniers jours l'œuvre d'ordre et de pacification qu'elle avait si glorieusement accomplie par ses premiers travaux.

Ce sentiment désespéré qui, dans l'Assemblée, était contenu par une sorte de pudeur, s'exhalait dans les clubs, dans les sociétés secrètes avec une violence qui nous faisait présager quelque nouvelle insurrection. Tous les soirs, à la même heure, une foule immense se rassemblait sur les boulevards et dans les rues adjacentes, entre la porte Saint-Denis et la porte Saint-Martin. C'était là un signe assuré que les démagogues préparaient une journée. C'est, en effet, de cette manière que s'étaient annoncées toutes les prises d'armes populaires ; des mesures vigoureuses furent dirigées contre ces rassemblements et des arrestations nombreuses y furent opérées. Parmi les personnes arrêtées se trouvaient trois ou quatre représentants que la curiosité ou tout autre motif y avait attirés ; les uns avaient été relâchés tout de suite sur la justification de leur qualité ; les autres, malgré cette exhibition, avaient été conduits et retenus en prison pendant quelques heures. Ils ne manquèrent pas de dénoncer ce fait comme attentatoire à leur inviolabilité. Je déplorai, comme eux, cet incident, tout en rappelant que les curieux, en grossissant les rassemblements, rendaient l'action de la police beaucoup plus difficile, et qu'ils avaient peut-être à s'imputer le désagrément d'avoir été pris et traités comme les factieux. Il fut convenu que, si pareil fait se reproduisait, le député arrêté serait conduit immédiatement au Palais-Bourbon, afin que le bureau de l'Assemblée pût décider et de son identité et des causes de son arrestation.

Dans ce même temps, un autre incident se produisait en province, qui prouvait que la fermentation n'était pas concentrée à Paris. M. Ledru-Rollin et quelques-uns de ses amis s'étaient rendus à un grand banquet organisé à Moulins par les socialistes. On sait que le centre de la France était surtout infecté de cette maladie; la bourgeoisie de la ville avait pris ombrage de cette manifestation : la salle du banquet fut entourée, et, à la sortie, les convives furent accablés d'injures. La voiture dans laquelle M. Ledru-Rollin s'était hâté de monter pour échapper aux menaces dont il était l'objet, avait été criblée de pierres et de coups de baïonnettes. M. Ledru-Rollin, de retour à Paris et à peine remis de son émotion, demandait justice de ces violences. Je m'engageai à la lui faire rendre en termes qui satisfirent toutes les parties de l'Assemblée et M. Ledru-Rollin lui-même.

Tandis que le parti de la révolution s'agitait ainsi et se préparait à quelque tentative désespérée, le parti contraire ne restait pas inactif. Le Président de la République profitait de l'inauguration du chemin de fer de Troyes pour aller, avec grand éclat, recevoir les hommages enthousiastes des populations : l'évêque de Troyes l'encensait et le haranguait, comme s'il eut eu déjà la couronne sur la tête. Une revue de l'armée de Paris était passée dans le Champ de Mars; les cris de *Vive Napoléon!* y éclataient dans tous les rangs des soldats; ceux de *Vive la République!* se faisaient à peine entendre, et, le lendemain, Louis-Napoléon chargeait le général Changarnier de remercier, en son nom, les troupes des sentiments qu'elles avaient manifestés en sa faveur. Ainsi étaient préparées les armes de part et d'autre comme pour une action imminente et décisive.

C'est à l'occasion du manifeste de l'empereur Nicolas contre l'insurrection hongroise qu'éclata dans l'Assemblée ce qu'on pourrait appeler, à juste titre, la crise du désespoir, laquelle fut, Dieu merci, la dernière.

Les Hongrois avaient subi, comme la Pologne, comme l'Allemagne et l'Italie, le contre-coup de notre révolution. Après avoir pris une part principale dans l'insurrection de Vienne et forcé l'empereur de se retirer dans le Tyrol, ils avaient résisté au mouvement de réaction qui avait successivement replacé toutes les autres provinces sous l'ancienne autocratie autrichienne : au milieu des vicissitudes d'une guerre acharnée, nous apprîmes tout à coup que la Hongrie venait de proclamer sa séparation de l'empire autrichien et qu'elle ne combattrait plus, ni pour la liberté commune de l'empire, ni même pour ses franchises traditionnelles, mais pour une indépendance complète et absolue. Tous ceux qui accordaient quelque sympathie à cette cause des Hongrois sentirent la portée de cette faute : placée entre la Russie et l'Autriche, la Hongrie n'avait aucun moyen de se maintenir comme État souverain et indépendant, en face de ces deux colosses. Elle ne l'aurait pu, qu'à la condition d'insurger tous les peuples slaves qui l'entourent, et de former une ligue avec eux ; mais entre elle et ces nations diverses s'élevaient des souvenirs de guerres, d'invasions et de domination oppressive, qui rendaient tous ces peuples hostiles à la cause hongroise ; hostilité que l'Autriche n'avait pas manqué d'exploiter avec de grands avantages, et, d'ailleurs, c'était précisément ce danger qui avait poussé la Russie à intervenir. Nos démocrates ne manquèrent pas de prendre parti pour les Hongrois contre les Russes, et cela se comprend. MM. Sarrans et Joly nous interpellèrent violemment sur ce que le Gouvernement comptait faire pour repousser cette intervention russe.

« L'Assemblée comprendra, disait M. Sarrans, la nécessité de répudier toute espèce de solidarité avec une politique extérieure qui, jusqu'ici, n'a eu d'habile que l'astuce et de passionné que la lâcheté. » C'est dans ce style que ces messieurs de la Montagne adressaient leurs interpellations au Gouvernement.

M. Joly proposa à l'Assemblée la résolution suivante :

> Considérant le manifeste de l'empereur de Russie et les traités intervenus entre la Prusse, la Russie et l'Autriche, comme attentatoires aux principes du droit public proclamés par la Constitution française et consacrés par son ordre du jour du 7 mai, protestant au nom du peuple français contre cette nouvelle coalition qui menace la liberté de l'Europe, invite (Il avait d'abord mis le mot *requiert*, mais sur le conseil du président, il voulut bien adoucir l'expression) le gouvernement à prendre immédiatement les mesures les plus énergiques pour faire respecter le principe de l'indépendance et de la nationalité des peuples partout où elle est menacée. (Approbation à gauche. — A *droite* : Mais c'est la guerre.) Oui, c'est la guerre ! s'écrie l'auteur de la proposition, oui, je veux la guerre plutôt que l'avilissement de mon pays, et que l'anéantissement de ses libertés !

La question se posait ainsi en toute franchise : nous ne pouvions adopter ni le principe, ni le but d'une pareille guerre, et nous n'hésitâmes pas à déclarer que nous repoussions la proposition de M. Joly.

Le général Cavaignac, toujours occupé de chercher une position intermédiaire entre la politique de l'extrême gauche et celle du Gouvernement, déclara ne pouvoir adhérer aux termes mêmes de l'amendement de M. Joly, parce qu'ils renfermaient une déclaration de guerre, mais qu'il en approuvait l'esprit, et que peut-être pourrait-on trouver une rédaction qui concilierait les deux opinions.

Déférant à ce désir, l'Assemblée suspendit sa séance pour laisser au général Cavaignac et à M. Joly le temps d'arrêter une rédaction commune ; mais ils ne purent s'entendre, et, au bout de quelques moments, le général Cavaignac proposait la rédaction suivante :

L'Assemblée nationale appelle l'attention sérieuse du gouvernement sur les événements et les mouvements de l'Europe, et préoccupée de cette situation, tant pour l'avenir de la liberté que pour les intérêts intérieurs et extérieurs de la République, elle recommande au gouvernement de prendre les mesures nécessaires pour les protéger énergiquement.

Rédaction que le Gouvernement n'avait aucune raison de combattre, mais qui était loin de convenir à M. Joly et à ses amis.

Je déclarai alors qu'il me paraissait douteux qu'on pût trouver un moyen terme entre la proposition du général Cavaignac, qui n'était qu'un *non-sens*, puisqu'elle se bornait à recommander au ministère de faire son devoir ; et la proposition de M. Joly qui, de l'aveu de son auteur, était une déclaration de guerre; qu'il nous serait, dans tous les cas, impossible de prendre la responsabilité d'une guerre, dont une autre administration aurait probablement à subir les conséquences. (Donnant ainsi, dans notre personne, une leçon à l'Assemblée.)

M. Ledru-Rollin avoue qu'il veut la guerre et qu'elle vaut mieux que la honte et le déshonneur.

Je vous dis, s'écrie-t-il, qu'il vous faut agir, ou vous êtes la plus misérable Assemblée du monde, ou vous êtes le gounement le plus lâche qui ait jamais existé ; vous livrez l'honneur du pays. (Bravos à gauche.) Pensez à ce qu'ont fait vos pères : le manifeste de Brunswick paraissait le 25 juillet, une portion de la droite ne voulait pas protester contre cette œuvre d'insolence et de folie ; eh bien, dès le lendemain le pays s'ameuta et demanda la déchéance du chef de l'État. Quinze jours après, le 10 août exécutait la volonté du peuple !...

Pourquoi l'orateur s'arrêtait-il en chemin et ne poussait-il pas jusqu'aux atroces journées de septembre?... Voilà quel était le langage de nos démagogues; voilà les perspectives qu'ils nous présentaient.

Je n'y tins pas et je m'élançai à la tribune.

La question, dis-je, s'éclaircit de plus en plus : c'est pour éviter la guerre civile ou plutôt c'est pour la rendre plus inévitable, qu'on veut nous jeter dans une guerre universelle ; le gouvernement, dans quelques mains qu'il doive passer, n'obéira, je l'espère, grâce à la sagesse du pays et à une expérience cruellement achetée, qu'au sentiment réfléchi de l'intérêt de la France ; malgré les menaces qu'on nous fait, il saura conserver sa pleine liberté d'action. (Très-bien ! très-bien !) M. Ledru-Rollin cite mal l'histoire, ce n'est pas le sentiment populaire ardent qui, en 1792, a provoqué la guerre, on sait assez que ce sont les tacticiens révolutionnaires qui l'ont voulue comme un moyen assuré de renversement. Il n'y a, Dieu merci, aucune similitude dans les situations ; en 1792, une armée prussienne précédée du fameux manifeste de Brunswick s'avançait sur Paris, tandis que l'empereur de Russie a solennellement reconnu la République française. Je n'entends pas pour cela inspirer à mon pays une fausse sécurité ; je ne l'engagerai pas à détourner ses regards de la situation de l'Europe, je lui conseille même de se préparer avec tout ce qu'il a d'énergie aux éventualités qui peuvent se produire : aussi me garderais-je bien de tarir, comme on le faisait naguère, les sources de notre force par des votes au moins imprudents. Je n'aime pas cette politique à double face qui un jour, au nom de la paix, désarme la France et le lendemain s'efforce de la précipiter violemment dans la guerre ; on n'agit ainsi que lorsqu'on n'a pas à répondre des suites d'une telle politique, et c'est le cas de cette Assemblée. Le peuple a prononcé sur elle : un grand nombre de membres non réélus n'ont plus rien à craindre, ni à espérer du grand verdict national, leur pouvoir se proroge de fait, sans aucun doute, jusqu'au 28 mai prochain, mais qu'est-ce qu'un pouvoir qui n'a ni responsabilité, ni contrôle ? pour moi, je n'en voudrais à aucun prix. Ou ce qu'on vous propose est sérieux et alors vous engagez vos successeurs dans une guerre dont seuls ils auront à supporter les conséquences, ou ce n'est qu'une vaine et stérile satisfaction que vous vous donnez à vous-même. Cela est indigne de vous !...

Ce discours, qui causa une grande irritation dans la gauche, était peut-être une faute ; non qu'il ne fût profondément vrai, mais il était inutile ; nous pouvions laisser à l'Assemblée ce triste plaisir d'exhaler dans des menaces sans portée ses rancunes et ses ressentiments, puisqu'elle allait expirer. En politique, tout combat, qui n'a pas son but et son utilité, est une force dépensée sans profit et une compromission sans compensation ; mais il n'est pas toujours facile de résister aux entraînements de la tribune et aux provocations de tels adversaires.

M. Crémieux ne manqua pas de saisir l'avantage que je venais de lui donner.

Vous avez entendu M. le Président du conseil, s'écrie-t-il, il nous signifie que nous ne pouvons pas même déclarer notre politique républicaine, en face du manifeste de la Russie, c'est nous condamner à la mort avant le terme.

Le Président de l'Assemblée annonce qu'il va mettre aux voix l'ordre du jour pur et simple : la droite, qui prévoit une défaite, s'abstient en masse de voter ; 40 voix manquaient pour compléter le scrutin légal. Quoique cette manœuvre ne fût qu'une imitation de celles que la Montagne avait déjà pratiquées plusieurs fois, ce n'en était pas moins un mauvais exemple à suivre ; aussi l'Assemblée fut-elle jetée par cette abstention dans un état d'excitation violente.

M. Clément Thomas propose une Adresse au peuple ; Anthony Thouret crie à l'insurrection ; Robert (des Ardennes) veut qu'on déclare factieux les abstenants ; M. Emmanuel Arago propose à l'Assemblée de se déclarer en permanence, et enfin, M. Goudchaux, après avoir dénoncé les factions qui s'agitent contre la République, fait la motion que l'Assemblée, si le vote n'est pas régularisé à sept heures du soir, se constitue en permanence. Cette motion est accueillie par les acclamations de tous les représentants qui sont restés dans l'enceinte aux cris de : *Vive la République!* La Montagne se presse aux pieds de la tribune ; l'effervescence est à son comble.

La situation devenait grave, une déclaration de permanence, c'était, dans les circonstances où nous nous trouvions, l'équivalent de cette fameuse déclaration de la Convention : *la Patrie est en danger!* déclaration qui était ordinairement le précurseur de grandes perturbations ; c'était le *Caveant Consules* de la République romaine, mais avec cette différence qu'ici, les consuls étaient précisément ceux qui menaçaient la République.

Et, en effet, pendant qu'on s'agitait au Palais-Bourbon, on se préparait à l'Élysée à un conflit qu'on attendait, qu'on désirait peut-être. Les troupes étaient consignées et les généraux recevaient l'intimation du général Changarnier de se tenir prêts et de n'obéir qu'à ses ordres.

J'avais quitté le Palais-Bourbon, lorsqu'on vint m'avertir à la Chancellerie et de la permanence de l'Assemblée et des préparatifs menaçants de l'Élysée : ainsi nous touchions de nouveau à la guerre civile, et cette fois elle eût été inévitable, si les républicains modérés, revenus de leur première irritation, n'avaient eu le sentiment qu'il était bien tard pour l'Assemblée de faire un coup d'État républicain contre le pouvoir exécutif. Ils savaient bien, d'ailleurs, que le Président ne rendrait pas les armes sans combat, et que le succès était au moins douteux dans la disposition où était la troupe, d'une part, et la population de Paris, de l'autre. J'attribue une grande part de cette louable modération au Président de l'Assemblée, M. Marrast, qui ne manquait cependant ni de courage, ni de résolution, mais qui était assez intelligent pour calculer que, dans la lutte, si elle venait à s'engager, toutes les chances seraient, non pour celui des deux pouvoirs qui était mourant, mais pour celui qui venait de sortir du suffrage universel plein de jeunesse, tout brillant des souvenirs et des espérances dont les masses se plaisaient à l'entourer.

J'envoyai quelques amis presser les conservateurs de voter, afin d'enlever tout prétexte à la déclaration de permanence, et, en effet, le scrutin s'était complété avant sept heures ; la séance fut levée et je respirai ; mais le lendemain j'avais à répondre aux interpellations de MM. Crémieux et Ledru-Rollin, qui réunissaient, cette fois, leurs efforts pour rallumer l'incendie de la veille.

M. Crémieux débute par lire à la tribune une sorte de manifeste, signé par M. Considérant, dénonçant un projet de coup d'État contre la République. Ce manifeste se terminait ainsi :

... Cependant comment faire un coup d'État et organiser une provocation sanglante, tant qu'on aura au ministère des hommes tels que MM. Odilon Barrot, Passy, de Tracy et Lacrosse, qu'on sait adversaires de mesures violentes et ouvertement illégales ? On a compris la difficulté ; aussi va-t-on se débarrasser de plusieurs d'entre eux, en les remplaçant bien vite par des hommes résolus à ne reculer devant aucun moyen : MM. le maréchal Bugeaud, Léon Faucher, de Falloux formeraient un nouveau ministère, dont les irresponsables seraient MM. Thiers et Changarnier. La revue passée hier au Champ de Mars et les pitoyables manifestations d'individus embrigadés *ad hoc*, ont pour objet de donner du cœur au ventre à l'élu du 10 décembre.

M. Crémieux fortifiait cette dénonciation du fait que plusieurs bataillons des chasseurs de Vincennes auraient été appelés à la hâte de Metz et Strasbourg à Paris, et d'une lettre de Metz, annonçant que l'ordre avait été transmis par dépêche télégraphique de faire arriver à Paris, pour le 28, le 7ᵉ bataillon des chasseurs d'Afrique et de plus quarante infirmiers.

Le fond de ces accusations pouvait être vrai, mais les détails en étaient inexacts et ce sont les détails qui frappent surtout les Assemblées. Aussi ces révélations si ridiculement circonstanciées ne firent-elles qu'exciter des exclamations d'incrédulité dans la droite et attirer à leur auteur ce reproche assez sévère du président : *Peut-on entretenir une Assemblée de pareils bavardages !*

Toutefois, M. Considérant, piqué au vif, maintint ses assertions ; il déclara qu'il avait dénoncé ces faits sur des renseignements tellement sérieux qu'il avait cru devoir les livrer à la publicité de la tribune, ne fût-ce que pour faire avorter le complot.

Pierre Bonaparte, avec son énergie sauvage, lui crie *qu'il en a menti !* Le président le rappelle à l'ordre et la plus vive agitation se manifeste dans l'Assemblée.

C'est alors que M. Ledru-Rollin commença le débat sérieux : il savait bien que toutes les fois qu'il s'adressait à l'orgueil de l'Assemblée et lui montrait sa dignité méconnue, il était assuré de la remuer profondément. Le général Changarnier lui fournissait encore le thème de son interpellation, c'était la lettre que ce général adressait aux généraux sous ses ordres et dans laquelle il leur disait : « Vous n'aurez à obtempérer à aucun ordre de réquisition autre que celui donné par le général en chef lui-même. » M. Ledru-Rollin dénonce cette lettre comme une nouvelle preuve du complot imputé au Président de la République ; il récapitule tous les faits de rébellion du pouvoir exécutif contre l'Assemblée.

Ce général, s'écrie-t-il, qui se constitue en révolte ouverte contre les attributions légitimes de votre président, c'est le même qui vous faisait entourer de troupes le 29 janvier, le même qui, en mettant à l'ordre du jour de l'armée une lettre qui disait le contraire de ce que vous veniez de décider, excitait les soldats contre l'Assemblée ; et voici que, pour la quatrième fois, après une ardente séance suivie de la déclaration de permanence, ce même général écrit à tous les généraux sous ses ordres : vous n'obéirez pas aux ordres de l'Assemblée. (Vives exclamations à gauche.) Refuser une enquête sur de tels faits, c'est s'en rendre complice, c'est même plus que de la complicité, c'est préparer le coup d'État, c'est le commencer.

Le général Bedeau répond que cette crainte d'un complot n'est pas sérieuse ; que lorsque la constitution vient de recevoir sa consécration définitive par la nomination de l'Assemblée législative, tenter un coup d'État, ce serait de l'archi-folie. C'est vrai ! lui réplique le colonel Charras, *mais il y a des fous !...* et il ajoute que, si une commission est nommée, il sera prouvé que l'ordre avait été donné aux troupes à la dernière revue de crier : *Vive Napoléon !* Un autre député ajoute, d'après le témoignage de deux caporaux, que la consigne avait été donnée dans les chambrées des soldats, de ne pas crier : *Vive la république.*

Je voulus mettre un terme à cette enquête officieuse qui pouvait aller bien loin.

L'objet qu'on se propose, dis-je, à l'aide de toute cette fantasmagorie de complots absurdes et imaginaires, c'est de produire de l'agitation dans les esprits ; ce n'était pas assez d'avoir organisé dans une certaine presse une série de calomnies contre le président de la République, calomnies basses et lâches, car on sait bien que pour obtenir réparation, il n'ira pas se commettre personnellement contre les calomniateurs devant un tribunal correctionnel, il fallait encore rendre la tribune complice de cette machination. Et sur quoi fonde-t-on ces accusations de complots, où sont les faits tant soit peu sérieux? et cependant il s'agit de l'imputation du plus grand des crimes, même pour un simple citoyen et à bien plus forte raison pour le premier magistrat de la République, pour celui qui, à la place où je suis, a solennellement juré en présence de Dieu et des hommes de respecter la Constitution... (Très-bien!)

M. *Charras*. — Est-ce que, le 18 brumaire, le général Bonaparte n'avait pas prêté serment à la Constitution!...

... Cette conspiration dénoncée avec tant d'éclat et de bruit, elle repose sur ce que quarante infirmiers ont été appelés à Paris!... Il faut que nous soyons arrivés à un bien triste degré d'aveuglement et d'exaspération politique, pour que de pareilles imputations reposent sur de telles misères; il n'y a que la peur qui peut aveugler des hommes sérieux et sincères à ce point...

M. *Ducoux*. — Vous le savez par expérience!

A *droite*. — A l'ordre! à l'ordre!

... (Me retournant vers l'interrupteur.) Monsieur, si j'avais eu peur, je ne serais pas ici. (Très-bien! très-bien!) Quant à la conversation familière dont s'est prévalu M. Sarrans, il est vrai que j'ai cherché à le rassurer en lui faisant remarquer que le gouvernement n'aurait aucun intérêt à recourir à un coup d'État, au moment où une autre Assemblée dans laquelle il avait la majorité allait se réunir. (Cris de la gauche: Pas encore! — A *droite*: ils se sont trahis! c'est le mot de la situation!) Oui, on vient de le dire ce mot qui pourrait bien expliquer toutes ces violentes accusations et toutes ces menaces. Il s'agirait d'empêcher la nouvelle Assemblée de se réunir ou du moins de lui imposer les conditions auxquelles on lui permettrait de vivre. Il faut convenir que les partis sont arrivés de nos jours à une certaine franchise; ceux qui se tromperaient sur leurs vues se tromperaient bien volontairement, car ces vues se manifestent avec assez d'éclat. Lisez toutes les feuilles de la démagogie, vous y verrez le sort qu'on réserve à cette nouvelle assemblée; trouverez-vous au contraire dans un seul des journaux, organes officiels ou semi-officiels du parti de l'ordre, un seul doute sur le sort et l'avenir de nos successeurs? Et c'est nous qui méditerions et préparerions un coup d'État contre qui? allons, ce n'est pas sérieux, vous ne le croyez pas. (A *droite*: très-bien! très-bien! — A *gauche*: l'enquête! l'enquête!) Vous demandez une enquête, et moi je demande la priorité pour l'accusation que vous avez déjà portée contre le président de la République et contre nous. Vous avez donc renoncé à cette accusation? (Exclamations diverses : Non, non. — Oui, oui.) Je vous porte le défi de poursuivre votre accusation selon les formes de la Constitution ou de la rétracter. (Violentes interruptions. — Le président menace de lever la séance. — Le silence se rétablit.) Il y a des gens qui ont tenté deux fois d'accuser le pouvoir exécutif dans la forme constitutionnelle, mais leurs accusations sont allées se perdre et s'éteindre sous les votes réprobateurs de la grande majorité de cette Assemblée; le procédé leur a paru trop lent, trop régulier, trop incertain, il laisse trop de chances à l'appréciation froide et raisonnée des faits. Alors ils ont pris le parti de demander des enquêtes, qui ne sont autre chose que des accusations déguisées, tantôt contre le gouvernement, tantôt contre ses agents. (Vive approbation à droite. — Exclamations à gauche!) On oublie que la responsabilité du ministère doit couvrir ses agents, et qu'il n'y a ni dignité, ni sûreté à passer, ainsi qu'on le dit, par dessus ou par dessous les ministres pour atteindre ceux qu'ils couvrent de leur responsabilité. (Très-bien! très-bien!) Aujourd'hui, c'est le général Changarnier qui est le point de mire des attaques de l'opposition; demain, ce sera un tout autre agent qui sera traduit à cette tribune et au sujet duquel on vous demandera brusquement une enquête. Tout cela est du désordre, et si nous nous y prêtions, le gouvernement responsable disparaîtrait et avec lui toutes ses garanties. (Vive approbation.) Si M. Ledru-Rollin m'eut fait l'honneur de me communiquer plutôt cet ordre du jour qu'il vous a dénoncé je me serais enquis des circonstances, des intentions, de l'heure. (Assentiment à droite.) L'heure en effet a son importance dans cette affaire : si c'est en effet, comme le président de cette Assemblée lui-même l'a reconnu loyalement, après que le scrutin avait été complété et la séance levée, que l'ordre a été communiqué aux généraux, il en résulterait d'une manière bien évidente que ce ne serait pas contre l'Assemblée, puisqu'elle s'était alors paisiblement séparée, mais contre ceux qui pourraient être tentés d'exploiter son agitation momentanée, que l'ordre du général aurait été donné, et alors qui s'aviserait d'incriminer un tel ordre? Que peuvent d'ailleurs de vaines et menteuses insinuations contre le fait réel patent pour tous, que le décret qui investit le président de l'Assemblée du droit de réquisition par l'ordre du ministre de la guerre a été et reste affiché dans toutes les casernes? Je repousse péremptoirement l'enquête comme manquant de franchise et servant à déguiser une accusation qu'on n'ose pas poursuivre et qu'on ne veut cependant pas rétracter ; je la repousse cette enquête parce que, s'attaquant, non au ministère, mais à un de ses subordonnés, elle viole toutes les formes et toutes les garanties d'un gouvernement de liberté et de responsabilité : je supplie l'Assemblée de ne pas entrer dans une mauvaise voie, si pleine de désordres et de dangers. (Très-bien ! très-bien ! — Aux voix !)

Il fallait bien que cette dernière crise eût ses trois journées comme les autres. Le débat fut renvoyé au lendemain.

Au début de la séance, prenant l'initiative de la discussion, j'annonçai à l'Assemblée que sur les explications que j'avais demandées au général Changarnier, à l'occasion de la lettre adressée par lui aux généraux sous ses ordres, ce général m'avait déclaré : « Qu'on ne lui eût pas attribué la pensée de contester directement ou indirectement les attributions du président de l'Assemblée si on avait fait attention que cet ordre purement militaire et de service était conçu en termes généraux et en tout semblable à ceux qu'il est d'usage d'adresser aux troupes en pareille circonstance ; que lorsque cet ordre avait été donné, l'Assemblée s'était retirée ; qu'ainsi aucune réquisition du président n'existait et n'était à prévoir ; que lorsqu'il avait averti les généraux de n'obéir qu'à sa réquisition, il n'avait donc pu faire allusion à celle que le président aurait pu adresser aux troupes ; que la pensée d'établir un conflit avec l'autorité de l'Assemblée, alors que cette Assemblée n'était, ni ne pouvait être en question, eût été tout à la fois de sa part une haute inconvenance et une imprudence. » J'annonçai que ces explications avaient paru satisfaisantes au Gouvernement et j'espérais que l'Assemblée s'en montrerait également satisfaite.

Je me trompais, au moins pour la Montagne ; celle-ci avait résolu de profiter de cet incident pour tenter un dernier et suprême effort, et le débat reprit avec une nouvelle violence.

M. Considérant ne craignit pas de produire à la tribune des paroles que je lui aurais dites dans un entretien particulier avec lui ; il affirmait, sur son honneur, que je lui aurais dit que *je croyais les intentions du président bonnes et loyales ; mais qu'il s'agitait autour de lui de détestables passions*. Il me força de le rappeler aux plus simples convenances.

Les paroles que j'ai adressées à M. Considérant, dis-je, étaient trop fugitives pour laisser aucune trace dans mon souvenir, et par conséquent je ne saurais ni les avouer, ni les dénier. Mais il est un avertissement que j'ai peut-être le droit de lui donner, étant son ancien dans le monde parlementaire et dans la pratique des assemblées politiques. Quand des paroles empruntées à une conversation familière entre collègues paraissent à un des interlocuteurs assez importantes pour devoir être portées à la tribune, la plus simple convenance lui fait un devoir de s'entendre préalablement avec son interlocuteur sur l'exactitude de ses paroles, sur leur sens et leur portée. En dehors de ces formes, les rapports entre collègues deviendraient très-peu faciles et pleins de défiance. Il n'y aurait ni dignité, ni convenance, je maintiens ces expressions, à rapporter une conversation particulière. (Approbation à droite.)

Cette leçon de convenance, quoique assez mal reçue par M. Considérant, n'en était pas moins nécessaire ; car c'était une habitude prise parmi ces hommes peu faits aux formes parlementaires et dont quelques-uns étaient assez mal élevés, de porter à la tribune des conversations particulières ; ce qui parfois donnait à nos débats un caractère de misérable commérage tout à fait indigne d'une grande Assemblée.

Ce n'était là, au reste, qu'un fort petit incident de ce débat auquel M. Ledru-Rollin ne tarda pas à communiquer toute sa passion.

Vous traitez de folie le complot que nous vous dénonçons, s'écrie-t-il ; est-ce que sous Louis-Philippe, il n'y avait pas folie à attaquer un gouvernement en pleine force, et lorsqu'on avait écrit à ce prince que l'on conserverait pour son gouvernement une gratitude éternelle, n'y avait-il pas redoublement de folie, alors qu'en 1840, malgré cet engagement on a renouvelé cette tentative dans les circonstances les plus ridicules et les plus impossibles. Si un homme a été assez audacieux pour commettre deux fois cette folie, ne peut-il pas la renouveler aujourd'hui, et avec bien plus de chances de succès, puisque le pouvoir est dans ses mains ?

Cet argument historique n'était que trop vrai ; mais on aurait pu répondre à l'orateur que, si malgré ces antécédents et peut-être à cause de ces antécédents, Louis-Napoléon avait été choisi par six millions de suffrages, c'est qu'apparemment le peuple souverain ne redoutait pas trop cette troisième folie qu'on prévoyait. La discussion prenait ainsi un caractère de personnalité qui rendait nécessaire au moins une protestation du ministère. J'adressai de mon banc ces paroles au président de l'Asssemblée législative.

Il me parait impossible, Monsieur le Président, que la discussion continue sur ce ton. C'est un outrage direct et personnel contre le chef de l'État. (Vive approbation à droite. — *A gauche* : Faites décréter que l'histoire est supprimée. — *D'autres voix* : Levez la séance. — Le désordre est extrême dans l'Assemblée.)

Je montai alors à la tribune au milieu des vociférations de la Montagne, et je lui jetai ces paroles :

Je vous l'ai déjà dit, puisque vous avez le droit d'accuser, vous n'avez pas celui d'outrager. Le président de la République n'est pas et ne peut pas être présent à vos séances ;

il n'est ni loyal, ni généreux, et dans tous les cas, il est inconstitutionnel de lui jeter ainsi l'injure à la face; quand on se dit partisan exclusif de la *sainte République*, on devrait au moins respecter la première de toutes ses lois. (Vive approbation à droite.)

M. Ledru-Rollin :

Il y a quelque chose qui parle plus haut que votre protestation, c'est l'histoire, et vous ne pouvez l'effacer. J'entends dire que M. Odilon Barrot ne veut rien en dehors de la loi. Eh bien, je lui rends cet hommage : je le crois. (L'orateur se tourne vers moi.) Vous vous tromperiez si vous croyiez que c'est vous que j'attaque : je sais, dans une certaine mesure, votre respect pour la loi; croire que vous êtes homme à coups de main, que vous voulez confisquer les libertés publiques, je le déclare, je ne vous ai jamais fait cette injure. Ce que je dis, c'est ce que vous dites vous-même ; il y a des hommes autour du président, qui ont été longtemps éloignés de France et qui peuvent croire qu'une autre forme de gouvernement peut être substituée à celle-ci. Vous nous dites, pour nous rassurer, que vous veillez ; je réponds : vous veillez, mais vous ne voyez pas ! (Approbation à gauche.) Le fait du 29 janvier, vous l'avez ignoré; quand Louis-Napoléon avait entouré l'Assemblée de troupes, qu'êtes-vous venu faire? vous êtes venu couvrir de votre vieille probité un acte que vous n'approuviez pas. (Mouvement.) Et cette lettre au général Oudinot vous ne la connaissiez pas, et lorsqu'on vous l'a révélée vous avez cherché à la justifier. Le colonel Forestier est arrêté en violation des lois les plus sacrées ; vous avez été obligé de le faire relâcher. La dernière lettre du général Changarnier, vous l'avez presque niée, et aujourd'hui, vous venez traîner votre vieille probité pour l'excuser encore, est-ce là le rôle d'un homme politique? Votre rôle a été d'être toujours trompé, on ne refait pas sa nature. Vous l'avez été le 24 février, lorsqu'environné par une démonstration factice, vous croyiez à une simple réforme : la République vous suivait de l'œil, et quelques instants après, elle entrait dans l'Assemblée. Non, vous n'êtes pas un conspirateur, vous êtes un aveugle!

M. *Odilon Barrot* de son banc. — Je ne savais pas qu'il fût dans ma destinée d'être traité d'aveugle, successivement, et à des distances si rapprochées, par M. Guizot et par M. Ledru-Rollin.

Le débat ne devait pas s'arrêter là : il devait aller plus avant dans cette arène de personnalités. M. de Falloux, qui jusque-là s'était prudemment tenu à l'écart, implicitement attaqué par cette affectation de la gauche à diviser le ministère en deux parties, l'une donnant des garanties par son passé à la liberté ; l'autre n'inspirant à la république que des défiances, crut que le moment était venu pour lui de se mêler à la discussion : ce n'était pas le moyen d'y faire rentrer le calme et la modération. En effet, à peine était-il à la tribune que la Montagne, voyant en lui la contre-révolution personnifiée, l'assaillit des épithètes les plus grossières, rappelant ses opinions légitimistes, l'éloge qu'il aurait fait de l'Inquisition dans un de ses ouvrages, etc. M. de Falloux crut devoir relever ces personnalités et justifier ses opinions et ses écrits : il le fit en bons termes et en homme de goût et d'esprit. Mais, à son tour, il récrimina contre ses adversaires et leur reprocha la conduite de leurs amis à Rome, qui ne craignaient pas de tirer sur des soldats français. C'est alors qu'éclata une explosion de colère qui ne permit d'entendre que les cris partis des deux côtés opposés de l'Assemblée : *c'est faux! c'est vrai!* Une voix reproche au ministre sa conduite dans l'affaire des ateliers nationaux. C'était une bonne fortune pour M. de Falloux dont il s'empara, et, en effet, ce reproche portait sur des faits dont il avait le droit de s'honorer : il sortit triomphant de ces explications, non toutefois sans que M. Trélat vînt renouveler son éternelle homélie.

Enfin, le troisième jour, c'est M. Joly qui reprit le combat, en reprochant à M. de Falloux d'avoir, dans je ne sais quel livre, fait l'éloge de la Saint-Barthé-

DERNIÈRE CRISE. 265

lemy. Un membre de la droite, M. Ternaux, reproche à son tour à M. Joly d'avoir, comme procureur général près la cour de Montpellier, fait un éloge dithyrambique du gouvernement de Louis-Philippe, aux grands éclats de rire de l'Assemblée : les textes sont cités, commentés. La discussion, tout en conservant son aigreur, perdait ainsi son sérieux. Ce n'était plus qu'un déluge de récriminations et de personnalités; les partis semblaient vouloir, avant de se séparer, épuiser tous leurs venins et satisfaire tous leurs ressentiments; le spectacle était hideux. Il semblait voir un moribond qui, au lieu de se recueillir et de se résigner dans cet instant solennel qui précède la mort, se livre à tous ses emportements, exhale toutes ses colères. Quelques membres nouvellement nommés à l'Assemblée législative, qui assistaient en amateurs dans les tribunes à cette triste scène, ne purent s'empêcher d'en témoigner leur dégoût assez haut pour s'attirer l'attention et les reproches de la Montagne, qui leur cria *qu'ils étaient bien pressés!* Le bureau lui-même de l'Assemblée, oubliant que sa mission était de maintenir l'ordre et la décence dans les délibérations, s'unissait aux interrupteurs et injuriait les orateurs à la tribune. C'était un pêle-mêle général et une confusion inexprimable.

Il était temps que cette scène scandaleuse, qui ne pouvait avoir aucun résultat, prît fin. « Terminons, s'écrie un de nos jeunes collègues, M. Victor Lefranc, ou nous allons mourir sous le ridicule. » L'observation n'était que trop juste et fut sentie par l'Assemblée, qui ordonna enfin la clôture de ce triste débat.

M. Ledru-Rollin avait proposé la résolution suivante :

Nous demandons que l'Assemblée se retire dans ses bureaux pour y nommer une commission chargée de faire une enquête sur les ordres qui auraient été donnés le 22 mai par le général Changarnier aux chefs de corps de l'armée, et sur tous les faits qui se rattachent à une conspiration contre la Constitution et la République.

L'ordre du jour pur et simple fut voté par 308 voix contre 200.

Le même jour, le citoyen Olivier (des Bouches-du-Rhône) déposa sur le bureau de l'Assemblée une demande de 1870 démocrates artésiens, qui réclamaient, comme seul moyen de sauver la patrie, la mise en accusation du Président de la République et des ministres, comme traîtres à la patrie et violateurs de la constitution; tandis qu'au même instant M. Flocon déposait une autre pétition, signée de quelques habitants de Reims, qui proposaient de mettre en accusation le Président de la République; toutes ces pétitions de démagogues mal informés et attardés allaient se perdre dans les archives de l'Assemblée, sans même être l'objet d'un rapport.

Tel fut le dernier paroxysme de cette longue agonie dans laquelle, depuis que la proposition Rateau avait été acceptée, semblait se débattre l'Assemblée. Lorsque nous cherchons l'explication de ce suprême effort fait par le parti républicain exalté, nous ne pouvons trouver cette explication que dans l'espoir que ce parti avait d'entraîner avec lui dans quelque mesure désespérée les républicains modérés, ou peut-être de donner le signal à quelques manifestations promises et préparées pour ce jour-là par les sociétés secrètes et les clubs, qui s'agitaient en effet avec violence. Il ne s'agissait plus, comme auparavant, d'influencer les élections qui étaient consommées; les agitateurs ne pouvaient plus avoir d'autre but que de reculer la fatale échéance; et en effet, si l'enquête eût été votée, elle eût entraîné la prorogation de l'Assemblée qui, le lendemain, se serait trouvée forcément constituée en Convention. Heureusement les républicains modérés, les uns par conscience, les autres par prudence, ne suivirent pas les montagnards dans cette hasardeuse entreprise, et le 27 mai, l'Assemblée, après avoir voté des remerciements aux gardes nationales et à l'armée et proclamé que *citoyens et soldats avaient bien mérité de la patrie*, et après avoir entendu un discours d'adieu et de congé de son président, M. Marrast, qui la félicitait, non sans raison, d'avoir mérité les injustices des partis extrêmes, se sépara pour ne plus se réunir[1]. Le lendemain 28, ses successeurs siégeaient en son lieu et place, et désormais cette assemblée, disparue de la scène politique, n'appartenait plus qu'à l'histoire.

CONCLUSION. — JUGEMENT PORTÉ SUR L'ASSEMBLÉE CONSTITUANTE.

L'Assemblée Constituante s'était réunie le 4 mai 1848, elle se retirait le 28 mai 1849, après avoir exercé la toute-puissance une année. Dans cet espace de temps elle avait eu à remplir une double mission,

---

1. Le bureau de l'Assemblée ne voulait cependant quitter le Palais-Bourbon qu'au moment où le bureau de la nouvelle assemblée en viendrait prendre possession afin qu'il n'y eut pas d'interrègne pendant un seul instant. Les discours échangés entre les deux présidents sont au *Moniteur*, ils n'offrent rien de remarquable, si ce n'est ce vœu, qui ne devait pas être exaucé, que M. Marrast adressait à la nouvelle assemblée. « Puissiez-vous, plus heureux que nous, disait-il à M. de Kératry, président d'âge, éviter les horreurs de la guerre civile et transmettre à vos successeurs le dépôt de la République aussi paisiblement que nous vous le remettons. »

celle de raffermir et de rassurer la société et celle de constituer la république. Après avoir montré à son début quelques hésitations, quelques faiblesses même, que son origine peut jusqu'à un certain point expliquer et excuser; il faut dire à son honneur qu'une fois la lutte sérieusement engagée, elle sut déployer un courage héroïque pendant le combat et une grande résolution après la victoire. Elle ne marchanda pas les mesures de répression que la paix et la sécurité publique réclamaient. Rien n'est plus propre à faire ressortir la différence des temps et des mœurs entre les deux époques de 1789 et de 1848, que la manière si différente dont la première et la seconde assemblée constituante traitèrent les soulèvements populaires, que les tristes et impolitiques ménagements de l'une et les justes et trop nécessaires sévérités de l'autre. Il faut lui tenir d'autant plus compte de sa vigueur dans la répression des violences démagogiques, que dans son sein il ne manquait pas d'hommes, et des plus influents, qui voyaient dans la démagogie un auxiliaire indispensable de la république.

Elle ne se contenta pas de vaincre le désordre dans les rues; elle le poursuivit dans la presse, dans les clubs; elle reconstitua l'autorité régulière et sut mettre un premier temps d'arrêt à cette action jusqu'alors toute-puissante des passions anarchiques du dehors.

Le socialisme avait, dès le lendemain de la révolution du 24 février, insolemment revendiqué cette révolution comme sa création et sa proie. Le gouvernement provisoire l'avait ménagé; l'Assemblée constituante n'hésita pas, elle, à le traiter en ennemi : elle lui refusa, dans la célèbre discussion du droit au travail, les satisfactions même purement théoriques qu'il réclamait impérieusement. Après l'avoir vaincu dans la collision la plus formidable dans laquelle une société ait jamais eu à défendre ses conditions d'existence, elle eut le bon esprit d'achever sa défaite par les débats libres de la tribune : après cette double victoire de la force et du raisonnement, cet ennemi si redoutable et si redouté de notre société était bien définitivement vaincu ; et si, avoir vaincu le socialisme, c'est avoir sauvé la société, c'est à cette Assemblée et à nul autre qu'en appartient bien légitimement l'honneur.

Sans doute, elle était dans de meilleures conditions que la première assemblée constituante pour déployer cette salutaire énergie ; elle n'avait pas de grandes transformations sociales à opérer, pas de résistances intérieures à vaincre, pas de guerre étrangère à craindre : au lieu de succéder à une monarchie assise sur des priviléges vieux de huit siècles, elle succédait, elle, à quarante années d'institutions libérales qui ne faisaient d'autre tort à sa république, que de l'avoir d'avance désintéressée ; il n'en faut pas moins lui savoir gré d'avoir résisté à la tentation de faire vivre le gouvernement de ses convictions, même par la violence des passions démagogiques et socialistes.

Quant à cette autre partie de sa mission, la Constitution du gouvernement républicain, elle y a complétement échoué. Nous nous sommes trop appesantis sur les erreurs de jugement et sur les dangereux préjugés qui l'ont égarée dans son œuvre pour y revenir. Une de ses plus grosses méprises et de ses plus graves inconséquences fut, après avoir proclamé sa constitution, de prétendre encore retenir la toute-puissance. Elle avait imprudemment et sans aucune prévoyance précipité la nomination du président de la République, et elle disputait à ce pouvoir, plus jeune, plus populaire, plus fort qu'elle, ses conditions de vie, oubliant ainsi que c'était elle-même qui lui avait ouvert sa succession. Elle se plaignait amèrement des impatiences du pays, et c'était elle qui, en rapprochant le but, avait rendu ces impatiences plus vives. Enfin, elle s'était ôté à elle-même les raisons de vivre et elle ne se résignait pas à mourir.

On aura également remarqué dans le cours de ce récit les différentes phases par lesquelles cette Assemblée a passé en se modifiant.

Ainsi, à la fin de sa carrière, elle se montre tout autre qu'elle n'était au commencement. Sous la Commission exécutive, on la voit hésiter entre deux peurs, celle de la démagogie et celle de la réaction monarchique ; toutes ses mesures se ressentent de cette hésitation et offrent je ne sais quoi d'incertain et de vacillant. Sous le général Cavaignac, elle semble avoir trouvé son assiette, elle a confiance dans celui auquel elle a remis le pouvoir ; elle n'hésite plus, et ses mesures prennent le caractère d'une grande décision ; sous le gouvernement de Louis-Napoléon, ses défiances contre un pouvoir qu'elle n'a pas choisi et qu'elle a eu l'imprudence de rendre formidable se trahissent dans chacun de ses actes ; autant elle se montrait facile envers le précédent chef du pouvoir exécutif, autant elle se montre querelleuse et tracassière envers le nouveau. Ses discussions prennent un caractère d'acrimonie et de personnalité qu'elles n'avaient pas auparavant ; incertaine dans sa tactique et se méprenant complétement sur les conditions du nouveau gouvernement qu'elle vient de constituer, elle essaye souvent de raviver la fiction monarchique et parlementaire et de s'en prendre aux ministres ; mais le Président revendiquant ses droits et les conséquences logiques de sa responsabilité, il faut bien renoncer à cette fiction et laisser de côté les ministres pour s'attaquer au Président ; mais alors aussi commence le conflit entre elle et le Président. Il est à remarquer que, dès le début, c'est le président de la République qui couvrait ses ministres, et qu'à la fin ce sont les ministres qui couvraient le Président.

Une autre contradiction explique également la fausse position qu'elle s'était faite à elle-même : autant cette Assemblée s'était montrée pacifique sous le gouvernement du général Cavaignac, autant elle se montra guerroyante avec nous. Enfin, dans la troisième et dernière phase de son existence, après que son jour fatal fut irrévocablement fixé, ce n'est plus une politique quelconque qui la gouverne, c'est une sorte de frénésie qui s'est emparée d'elle. On la voit, tour à tour, prendre des résolutions qui auraient jeté le gouvernement dans une guerre universelle, et, par la suppression des plus importantes ressources, lui retirer les moyens mêmes d'exercer une influence légitime sur les négociations entamées. Elle met le pouvoir exécutif en suspicion, elle ne lui dissimule pas ses mauvais vouloirs, et cependant elle n'ose pas l'attaquer ouvertement ; elle pousse à un conflit et elle s'arrête au moment où il va éclater ; on voit que le désespoir lui inspire des résolutions extrêmes qu'elle ne se sent pas la force d'exécuter. Elle ne réussit pas à ressaisir le pouvoir qui lui échappe, mais elle réussit à jeter un certain trouble dans la société ; elle semble s'être chargée de démontrer, par les agitations de son agonie, combien était sage et prévoyante cette disposition de notre charte constitutionnelle de la monarchie de 1830 qui laissait planer l'incertitude sur le moment précis de la dissolution de nos assemblées, et qui surtout ne leur permettait pas de se survivre un seul instant à elles-mêmes. Tout ce que l'Assemblée constituante a fait après le jour où le terme de son existence était marqué et proclamé ne doit plus se juger d'après les règles ordinaires de la moralité humaine : car toute moralité disparaît avec la responsabilité, autant vaudrait condamner les actes désespérés d'un homme que le bourreau va saisir.

Malgré ses inconséquences et ses fautes, cette Assemblée n'en a pas moins un titre sérieux à l'estime publique : car elle a eu ce grand mérite de savoir bien distinctement ce qu'elle voulait. A la différence de sa devancière, la première Constituante qui, tout en croyant constituer une monarchie modèle, faisait une république monstre, et de l'Assemblée législative qui vint après elle, et qui ne voulait pas de la république sans oser refaire la monarchie, elle a voulu, elle, bien énergiquement la république, et elle l'a voulue pure des excès et des folies de la démagogie socialiste. Si elle a échoué dans son œuvre, c'est qu'elle s'est laissé entraîner par un courant d'opinions irréfléchies, mais du moins ce n'est pas faute d'un but et d'une volonté bien arrêtés. En un mot, on peut dire de cette Assemblée, ou du moins de sa majorité, car c'est par leurs majorités que les corps politiques vivent, agissent et doivent être jugés, qu'elle a valu plus par le caractère que par la science ; plus par le courage et la probité que par la prévoyance et l'esprit de conduite ; et c'est pour cela que, tout en faisant la part de ses fautes et de ses avortements, elle mérite encore une place honorable dans l'histoire.

ASSEMBLÉE LÉGISLATIVE

CHAPITRE PREMIER

SES DÉBUTS. — RECONSTITUTION DU MINISTÈRE.

L'avénement de l'Assemblée législative apportait un changement radical dans la situation intérieure. Le pouvoir était déplacé : il passait décidément de gauche à droite. Ce n'était plus désormais le parti républicain qu'il fallait modérer, c'était la réaction monarchique qu'il fallait contenir dans ses impatiences ; dès la composition des bureaux, il apparut clairement que tout équilibre entre les forces des partis était rompu. Les présidents et secrétaires appartenaient tous indistinctement au parti dit *conservateur*, à l'exception d'Arago à qui son illustration scientifique fit pardonner son républicanisme. C'étaient MM. Molé, le maréchal Bugeaud, Baroche, Dupin, Rémusat, de Broglie, Thiers, etc., tous noms très-significatifs.

Cette situation nouvelle imposait à ceux qui seraient appelés à tenir les rênes du gouvernement des devoirs nouveaux et exigeait d'eux des aptitudes que je ne me reconnaissais pas.

Je résolus, en conséquence, de me retirer. D'ailleurs, il avait toujours été entendu, entre mes amis et moi, qu'une fois l'Assemblée constituante dissoute, ma mission serait terminée, et que je recouvrerais ma liberté.

Il me fut facile de persuader à mes collègues du ministère que les conditions de la politique ayant changé, il était convenable de laisser au président de la République toute facilité d'approprier son gouvernement à ces conditions nouvelles. Le ministère tout entier donna sa démission ; voici dans quels termes :

Monsieur le Président,

Nous considérons que le moment de la reconstitution d'un nouveau ministère est arrivé : l'Assemblée législative est nommée, sa composition est suffisamment connue, et il est devenu possible de choisir des ministres qui répondent aux besoins de la situation et aux opinions de la majorité de l'Assemblée. Vos ministres ont pensé que la composition du nouveau cabinet exigeait une complète liberté d'action et d'appréciation de votre part, et que leur démission était propre à mieux assurer cette liberté. En conséquence, nous venons, monsieur le Président, déposer dans vos mains notre démission.

(Suivent les signatures des neuf ministres.)

Je joignis à cette démission collective une lettre confidentielle dans laquelle j'expliquais au président que je prévoyais, à raison de la composition de l'Assemblée législative, des dangers d'une tout autre nature que ceux que nous avions réussi à conjurer jusqu'alors, que le parti conservateur n'étant plus contenu et discipliné en quelque sorte par la menace incessante du triomphe des rouges, céderait trop facilement à ses tendances réactionnaires et serait disposé à *se passer ses fantaisies;* que des ministres ayant plus d'autorité sur cette majorité, et lui inspirant plus de confiance, pourraient seuls l'arrêter dans cette voie; que pour réussir dans une telle mission une grande habileté à manier et pratiquer les hommes, à deviner et déjouer les intrigues, était nécessaire, et que cette habileté, j'en étais totalement dépourvu, etc.

Notre démission fut acceptée, et le président, dont elle servait probablement les projets déjà conçus, se mit en quête d'un nouveau ministère. Il s'adressa au maréchal Bugeaud : sous quelles conditions et dans quelles vues d'avenir se formait cette alliance? On ne peut, à ce sujet, former que des conjectures.

Ce qui est certain, c'est que le maréchal Bugeaud, qui était en grande faveur dans le parti conservateur, et pour ses services passés et pour ceux qu'on attendait de lui dans l'avenir, n'eut pas de peine à trouver des auxiliaires dans ce parti. Une liste ministérielle dans laquelle figuraient MM. Piscatory et Mathieu de la Redorte, entre autres, circula bientôt dans le public, et je dus croire un instant que le nouveau ministère était formé. J'attendais mon successeur à la chancellerie, lorsque j'y vis entrer, un matin, M. le maréchal Bugeaud; il venait m'annoncer qu'il avait dû renoncer au mandat que lui avait donné le président et il m'en donnait franchement le motif. « Au moment de mettre au *Moniteur* la liste du nouveau cabinet, me dit-il, j'ai éprouvé un scrupule : une grande fermentation règne dans le parti républicain, et tout porte à craindre de sa part une nouvelle prise d'armes. J'ai réuni chez moi les commandants des corps de l'armée concentrée à Paris, et je leur ai posé nettement la question : Que croyez-vous qu'il arriverait si l'armée venait à être engagée dans un nouveau conflit avec le peuple? La réponse à peu près unanime a été que la conduite de l'armée pourrait dépendre de la manière dont le ministère serait composé ; que, s'il offrait toute garantie pour le maintien des institutions républicaines, l'armée ferait son devoir avec énergie et sans aucune hésitation ; que si, au contraire, le ministère annonçait dans son personnel la pensée d'une réaction monarchique, il pourrait bien y avoir hésitation et même division dans ses rangs. Vous pensez bien, ajouta le maréchal, qu'après cette consultation, je n'ai pas hésité à rendre au président son mandat, et je viens en son nom vous prier, en conséquence, de vous charger de la reconstitution du ministère. Je me mets à votre disposition pour le portefeuille de la guerre. »

Le motif que donnait le maréchal Bugeaud de son abdication ne me laissait guère la faculté de persister dans la mienne. Je dus reprendre le pouvoir et recommencer cette carrière par ce qu'elle a de plus pénible, par une réorganisation ministérielle.

Puisqu'on revenait forcément à moi, j'avais bien le droit de faire mes conditions, et je les fis.

Je consentais bien à conserver au ministère son caractère conservateur, et même à le renforcer dans le sein de la majorité de l'Assemblée ; mais je tenais, par contre, à ce que l'élément libéral y fût puissamment représenté pour rassurer les républicains contre les tendances trop manifestes de cette majorité. J'obéissais, en outre, à une considération qui, pour m'être personnelle, n'en avait pas moins une certaine importance politique ; les efforts que j'avais dû faire pendant les cinq mois de luttes opiniâtres que nous venions de traverser m'avaient épuisé. Je sentais le besoin d'être plus efficacement secondé à la tribune que je ne l'avais été jusqu'alors. Les hommes d'un talent incontesté et d'un caractère universellement honoré que je comptais m'adjoindre devaient, d'ailleurs, ajouter à la force d'un ministère dont le rôle obligé et prévu serait de s'interposer incessamment entre le président de la République et l'Assemblée, de répondre du président à l'Assemblée *et vice versa ;* il fallait surtout être assez fort pour se faire respecter par l'un et par l'autre de ces pouvoirs.

Voici la note écrite que je remettais au président :

NOTE SUR LA SITUATION, REMISE AU PRÉSIDENT DE LA RÉPUBLIQUE PAR M. ODILON BARROT.

On passe facilement d'un excès de confiance à un excès de peur. L'excès de confiance avant l'élection en a compromis en partie les résultats, en excitant chez les uns des prétentions insensées, et en encourageant l'indifférence et l'égoïsme des autres. Il ne faudrait pas que l'excès de peur aggravât aujourd'hui le mal par des mesures irréfléchies.

Après tout, la majorité, dans la nouvelle assemblée, sera bien plus sûrement dévouée à l'ordre et éprouvera plus résolûment le besoin de fortifier l'autorité que ne le faisait l'Assemblée précédente, qui s'était, dans les derniers temps, jetée hors de ses voies par le dépit et la défiance que lui inspirait un pouvoir exécutif qui n'était pas sorti de son sein et qui devait lui survivre. En outre, la société est aujourd'hui mieux avertie de l'étendue et de la profondeur du mal. Le gouvernement trouvera donc des appuis et de la force là où il n'a trouvé que de l'hostilité et des entraves.

Il n'y aurait donc aucun motif raisonnable de recourir à une politique de désespoir et à risquer les chances heureuses qui restent au pouvoir pour combattre, par le jeu régulier des institutions, le danger qui s'est révélé.

Il faut, plus que jamais, laisser à ceux qui veulent transformer cette *société* les torts et les risques de l'initiative de la violence, et, jusque là, reconquérir sur le socialisme, par la discussion libre, par des améliorations sérieuses et pratiques et par de bonnes lois, le terrain qu'il a gagné par ses promesses menteuses et par de déplorables accidents.

Que si telle est la politique à adopter, il faut le faire pleinement et sans hésitation. Il n'y aurait rien de plus dangereux qu'une politique mixte et bâtarde qui aurait tous les dangers des deux systèmes sans en produire les avantages.

Dès lors, le choix des hommes doit être approprié au but qu'on se propose.

Si on veut éloigner des esprits toute défiance, toute idée de coup d'État, détendre la position et reconquérir le terrain perdu, il faut prendre des hommes qui rassurent par leurs antécédents et leur caractère, en même temps qu'ils soient forts par leur talent de discussion, etc. Ne pas se laisser arrêter par des antipathies personnelles ou des ressentiments du passé, éviter cette faute, qui a perdu les précédents gouvernements. Il faut étendre le *cadre*, bien loin de le rétrécir, et se persuader que les hommes de valeur ne sont pas si communs, qu'on doive les laisser à l'écart quand on peut s'approprier leurs services. Dans cette hypothèse, voici les noms que je proposerais à monsieur le Président, etc.

En même temps que j'empruntais au parti conservateur le maréchal Bugeaud et M. de Rémusat, dont M. Cousin m'avait garanti l'acceptation, *plaçant l'un à la guerre, l'autre aux affaires étrangères*, j'insistais pour que MM. Dufaure et de Tocqueville entrassent dans le cabinet. On le voit, je voulais rapprocher et essayer de fondre ensemble des forces bien diverses, mais dont je croyais le concours indispensable pour surmonter les difficultés que la situation nouvelle me faisait pressentir. Il s'agissait, en effet, de rassurer les républicains sur le maintien de la République, de modérer la majorité sans la blesser, et de retenir le président dans le cadre parlementaire sans l'amoindrir, ni l'humilier.

Les obstacles que je rencontrai dans cette négociation me vinrent de divers côtés. Le Président consentait à ce que M. Dufaure entrât dans le cabinet, mais il résistait opiniatrément à ce qu'il occupât le ministère de l'intérieur.

Je crois que la première nécessité du gouvernement, m'écrivait-il à la date du 30 mai, est d'imprimer aux affaires une direction précise, énergique. Je crois qu'à l'intérieur il faut aussi réorganiser et tout préparer pour soutenir avec avantage une lutte, si elle se présente : il faut choisir des hommes dévoués à *ma personne même*, depuis les préfets jusqu'aux commissaires de police ; il faut surveiller les actions de chacun, afin de les empêcher de nuire en cas d'insurrection ; il faut surveiller tous ceux avec lesquels M. Dufaure a été au pouvoir, depuis Cavaignac jusqu'à Ducoux, depuis Marrast jusqu'à Gervais (de Caen) ; il faut destituer la plupart des agents que M. Dufaure a nommés ; il faut réorganiser partout la garde nationale dans un but militaire ; *il faut enfin réveiller partout, non le souvenir de l'empire, mais de l'empereur*, car c'est le seul sentiment au moyen duquel on peut lutter contre les idées subversives. Pour remplir ce but, je ne crois donc pas que M. Dufaure soit l'homme approprié à la situation : cependant, je reconnais son ascendant sur l'Assemblée et son mérite ; je serais heureux de le voir entrer au ministère, mais non à l'intérieur. A l'intérieur, je veux un homme énergique et *dévoué*, qui voie les dangers réels de la situation et non les dangers *chimériques*, un homme qui voie un danger réel dans la conspiration des ennemis de la société, et non dans le plus ou moins de pouvoir qu'on donne à ceux qui commandent la force armée (allusion à l'opinion de Dufaure sur le double commandement du général Changarnier). Ainsi donc, si M. Dufaure consent à entrer à un ministère quelconque, j'en serai très-reconnaissant ; *mais sinon, non!* J'étais opposé à l'adjonction de M. Dufaure, vos raisons m'ont convaincu ; mais je n'ai consenti à son entrée dans le ministère qu'autant qu'il ne serait pas à l'intérieur. J'ai exprimé cette idée bien arrêtée devant *MM. Thiers et Molé*, il y a cinq jours, et c'est dans ce but que nous avons imaginé de vous prier d'accepter un ministère sans portefeuille (avec la présidence du conseil). Je n'ai fait aucune objection à cette combinaison, quoiqu'elle amoindrisse un peu ma position ; mais cela m'est complétement égal. Aussi, vous vous souvenez que

M. Thiers et M. Molé me disaient devant vous que c'était moi qui faisais tous les sacrifices... Je vous ai bien franchement expliqué mes idées. J'espère que cette confession n'altérera en rien les sentiments de haute estime et d'amitié que j'ai pour vous.

Signé : Napoléon.

On sent bien que les raisons que me donnait Louis-Napoléon pour éloigner M. Dufaure du ministère de l'intérieur étaient précisément celles qui me faisaient attacher le plus d'importance à ce que ce ministère fût dans les mains d'un homme qui me donnait toute sécurité contre cette tendance assez naïvement accusée par le Président *de réveiller les souvenirs de l'Empereur.* J'insistai donc ; je représentai au Président que M. Dufaure était préparé à défendre aussi énergiquement l'ordre et la société qu'aucun autre membre de l'Assemblée, et qu'il avait, plus que tout autre, le caractère, l'autorité et le talent qui nous assuraient en lui un auxiliaire très-puissant contre les passions anarchiques ; qu'on ne devait garder aucune défiance contre M. Dufaure à raison de ses antécédents ou de ses affections politiques ; qu'il était, avant tout, l'homme du devoir et que, ministre de l'intérieur sous la présidence de Louis-Napoléon, il servirait tout aussi loyalement qu'il l'avait fait sous celle du général Cavaignac ; que, du reste, ce n'était pas à la légère que j'avais indiqué l'entrée de M. Dufaure au ministère de l'intérieur comme une condition de ma propre accession, que j'y avais bien réfléchi, et que si cette condition ne m'était pas accordée, je me verrais dans l'impossibilité de reprendre le pouvoir.

Il fallut bien céder, et, le lendemain 27, Louis-Napoléon m'écrivait ce petit billet :

Je suis bien heureux de penser que nous nous rapprochons tous les jours de plus en plus, et que, bientôt, nous

pourrons reprendre nos anciennes relations amicales, dont je n'ai cessé de regretter l'interruption. Je vous attendrai aujourd'hui, jeudi, à cinq heures et demie.
Recevez, etc.
Signé : Louis-Napoléon.

Mais il ne suffisait pas d'avoir triomphé des résistances du Président de la République, il fallait encore surmonter les antipathies politiques ou personnelles, les conflits d'amour-propre ou d'ambition, qui faisaient que ceux que j'avais tant d'intérêt à rapprocher se donnaient réciproquement l'exclusion.

Ainsi, M. Dufaure demandait que le général Changarnier se désistât de son double commandement, et en cela il obéissait non-seulement à un scrupule de légalité, mais il redoutait la prépondérance que donnait à l'élément militaire, dans le gouvernement de la république, la situation anormale faite au général Changarnier, unie à l'avénement d'un homme comme le maréchal Bugeaud au ministère de la guerre. De son côté, le général Changarnier annonçait qu'il donnerait sa démission de tout commandement, le jour où le maréchal Bugeaud serait nommé ministre de la guerre. Il prétendait, non sans quelque raison, que ce maréchal avait, tout à la fois, une importance militaire trop grande et une activité d'esprit trop dévorante pour se contenter, comme le général Rulhières, d'exercer sur le chef de l'armée de Paris un simple contrôle. « Sous un tel ministre, disait-il, je ne serais plus qu'un agent secondaire et subordonné : » ce à quoi il ne pouvait consentir. Enfin, M. de Rémusat, qui m'avait d'abord engagé sa parole, la retirait, en alléguant que l'entrée de M. Dufaure et de ses amis dans le ministère le dégageait vis-à-vis de moi. Vainement j'invoquai la gravité de la situation, la nécessité de réunir toutes les forces et de faire taire toutes les susceptibilités ; j'allai même jusqu'à enfermer MM. Dufaure, le maréchal Bugeaud et le général Changarnier dans mon cabinet, comme dans une sorte de conclave, les sommant de se concilier avant d'en sortir. Tout fut inutile : il fallut sacrifier le maréchal Bugeaud au général Changarnier, élever au grade de général de division le général Picot, auquel avait été transféré fictivement le commandement de la garde nationale, afin de satisfaire aux scrupules de M. Dufaure.

Enfin, et ce qui me coûtait davantage, parce que le ministère était par là privé d'un talent et d'un caractère éprouvé, il fallut renoncer à M. de Rémusat; rien n'ayant pu le faire revenir de sa détermination.

Le ministère, après cette longue et laborieuse négociation, se trouvait ainsi composé :

Dufaure, à l'intérieur ;

De Tocqueville, aux affaires étrangères ;

Vicomte Lanjuinais, au commerce et à l'agriculture ; les autres départements restaient comme auparavant sans changement.

Cette combinaison m'apportait incontestablement un grand soulagement pour les luttes de la tribune; elle mettait aussi dans la balance politique un puissant contre-poids aux tendances réactionnaires de la majorité. Mais aussi, et par contre, elle m'affaiblissait dans cette majorité au moment où j'aurais eu le plus besoin d'avoir sur elle une grande autorité. L'élément prédominant du ministère était évidemment libéral et même républicain ; et je ne pouvais être surpris que MM. Molé et Thiers, que le Président, comme on l'a vu, avait consultés, fussent peu favorables à une telle combinaison : on verra, plus tard, quelles en ont été les conséquences.

Le ministère formé, j'allais l'annoncer à l'Assemblée impatiente de voir l'issue de cette crise ministérielle, lorsque M. de Falloux, à son tour, manifesta quelque répugnance à faire partie d'un cabinet où l'élément libéral était si prédominant. J'avais déjà, pour ne pas retarder la communication que j'étais prêt à faire à l'Assemblée, obtenu de M. Benoît qu'il voulût bien remplacer M. de Falloux, et alors il eût pris le portefeuille des finances, tandis que M. Passy se serait chargé des affaires étrangères, et M. de Tocqueville de l'instruction publique; lorsque M. de Falloux, se ravisant au dernier moment, m'écrivit un petit billet dans lequel il déclarait que, bien qu'isolé et comme emprisonné, c'est le terme dont il se servait, *dans un ministère de gauche*, il consentait à conserver son portefeuille : il n'y eut dès lors de nouveaux appelés dans le cabinet que M. Dufaure et ses deux amis, MM. de Tocqueville et Lanjuinais, qui étaient aussi les miens.

Pendant que je formais ainsi péniblement le nouveau ministère, l'Assemblée procédait à la vérification des pouvoirs de ses membres, et dès le début, des scènes tumultueuses qui ne rappelaient que trop les mauvais jours de la Constituante se passaient dans son sein.

Le parti démagogique, malgré son infériorité et peut-être à cause de cela, ne croyait plus avoir rien à ménager; il redoubla de violences, et, dans ces violences, je remarquai un certain système assez habilement conçu. Ainsi, la tactique de ce parti était de prolonger la vérification des pouvoirs, d'accumuler sur les élections tous les griefs, vrais ou faux, que les candidats désappointés pourraient lui fournir, de dénoncer l'Assemblée au pays comme viciée dans sa composition, et d'essayer de la dégrader avant de la frapper.

La fameuse circulaire de M. Léon Faucher offrait cet avantage aux montagnards de leur fournir un prétexte pour infirmer, non-seulement l'élection de tel ou tel député en particulier, mais l'élection de l'Assemblée entière, et ils ne manquèrent pas d'en faire leur principale arme de guerre.

L'organisation du bureau provisoire favorisa ce plan d'agitation. Le règlement de l'Assemblée appelait, en effet, à occuper provisoirement le fauteuil de la présidence, son doyen d'âge, alors que ses plus jeunes membres étaient désignés pour secrétaires. Or, comme il était assez facile de le prévoir, le président d'âge se trouvait être un des plus ardents conservateurs de la Chambre. C'était l'excellent et honnête M. de Kératry, vrai Breton de naissance et de caractère, c'est-à-dire entêté dans ses convictions, ne connaissant pas l'art des ménagements et des transactions, et bien plus propre à mettre le feu à une discussion par ses propres passions, tout vieux qu'il était, qu'à la modérer. Les secrétaires, au contraire, étaient de jeunes démagogues, sans aucune expérience des choses ni des hommes; sortis tout ardents de la fournaise des clubs et représentant d'assez mauvaises passions : c'étaient des ouvriers, que la haine du patron et du capital, ou des sous-officiers que l'impatience de toute discipline et de toute subordination avaient élevés à la représentation nationale; parmi ces derniers se remarquaient *Boichot* et *Rathier*, à qui leurs folies ont acquis une sorte de célébrité. Ainsi, avant d'éclater dans l'Assemblée, la guerre était, pour ainsi dire, organisée dans le bureau lui-même : avis à ceux qui font les règlements.

Dès la première séance, un grand tumulte eut lieu, au sujet d'une sorte de sommation adressée à l'Assemblée pour la forcer, à l'imitation de l'Assemblée constituante, d'acclamer d'enthousiasme la République. Les temps étaient bien changés, et la Montagne en fut pour ses cris et ses menaces.

Quoiqu'on fût convenu de ne procéder à la vérification des élections contestées qu'après la formation du bureau définitif, afin d'éviter jusque-là tout débat sérieux, les partis étaient si impatients d'en venir aux mains, que le moindre incident leur fournit l'occasion de commencer la lutte. C'est ainsi que le général Changarnier ayant cru devoir changer le colonel qui commandait au Palais-Bourbon et le remplacer par le général Forey, le même qui avait déjà refusé d'obéir aux réquisitions du président Marrast, le général Lebreton, auquel la Constituante avait spécialement délégué le commandement des troupes chargées de la garde de la représentation nationale, porta ses protestations devant l'Assemblée ; un violent débat s'ouvrit au sujet de ces mesures un peu hâtives. Le remplacement du colonel avait eu lieu dès le 26, ce n'est même pas sans quelque peine que j'avais obtenu de l'impatience de l'Élysée qu'on ajournât la mesure jusqu'au 28, de manière à pouvoir la faire au moins sanctionner par le président provisoire de la nouvelle Assemblée. M. Ledru-Rollin ne manqua pas de dénoncer ces actes comme attentatoires aux droits de la représentation nationale et comme compromettant sa sûreté :

Gardez-vous, s'écriait-il, de vous départir du droit de veiller à votre sûreté, sous peine de voir un jour cette enceinte violée...

Sur quoi le président lui dit assez haut pour être entendu : « *Mais ce sont vos amis qui violent l'enceinte législative !...* » L'orateur s'arrête et déclare qu'outragé par le président, il ne continuera qu'autant qu'il lui sera fait réparation, et il descend de la tribune. La Montagne tout entière se lève et déclare qu'elle prend pour elle l'injure faite à M. Ledru-Rollin ; les jeunes secrétaires, à leur tour, protestent contre le président, donnent leur démission et quittent avec éclat le bureau. Le tort du président était si évident, qu'il était difficile à la majorité de prendre ouvertement fait et cause pour lui. Le désordre était à son comble. Je montai à la tribune et engageai M. de Kératry à rétracter ses paroles ; ce qu'il fit de bonne grâce.

Je serais fâché, dit-il, d'exciter un orage dans cette Assemblée ; telle n'a jamais été mon intention. Je respecte l'Assemblée, et la preuve que je la respecte, c'est que j'ai tenu à honneur de la présider, quoique j'aie dû seulement à mon âge cet avantage : si M. Ledru-Rollin a entendu des paroles qui lui déplaisent, j'en suis fâché. (Très-bien!)

M. Ledru-Rollin se déclare satisfait et remonte à la tribune : les secrétaires, après un assez vif débat pour savoir si leur démission devait survivre à la cause qui l'avait déterminée, sont en définitive admis à reprendre leur place.

Cet incident vidé, la discussion ne pouvait se prolonger bien longtemps, car elle portait tout entière sur la supposition que le pouvoir exécutif aurait changé les chefs militaires chargés de la garde de l'Assemblée, sans le consentement du bureau de cette Assemblée. Or, son Président déclarait qu'il avait donné son plein assentiment à ces mesures, et je produisais la lettre par laquelle cet assentiment avait été très-expressément donné le 29. Dès lors, l'ordre du jour ne pouvait être sérieusement contesté, et il fut voté sans division.

Enfin, le bureau définitif fut constitué et il en était grand temps, car jamais assemblée n'avait eu plus besoin d'une main ferme et autorisée pour la diriger. M. Dupin aîné fut nommé par 345 suffrages, sur 623 votants : le général de Lamoricière, que j'aurais préféré de beaucoup, n'eut que 76 voix, et M. Ledru-Rollin que 182. Ces chiffres indiquent bien la force respective des partis dans l'Assemblée, et on voit que le parti conservateur y dominait assez pour n'avoir plus besoin d'obtenir par des concessions prudentes l'appoint des républicains modérés, réduits à un chiffre insignifiant, tandis que la Montagne désespérant de ressaisir le pouvoir dans le Parlement, et se croyant désormais dispensée de tous ménagements, se faisait représenter par ses extrêmes : ainsi, pour les vice-présidents, tandis que M. Baroche réunissait 405 voix formant le parti conservateur de toute nuance, Félix Pyat groupait, sur son nom, toutes les voix de l'extrême gauche, au nombre de 153. Nous le répétons, les partis intermédiaires avaient disparu. Aussi tout se préparait pour une lutte à outrance : chaque séance avait ses incidents passionnés, ses interpellations orageuses. M. Dupin, dans son discours d'installation, parlait-il de la nécessité de maintenir l'union des grands pouvoirs, seule garantie du repos public ; les Montagnards lui criaient : « *Qu'appelez-vous les grands pouvoirs ? Il n'y en a qu'un, celui de l'Assemblée !...* » Ils oubliaient, les inconséquents, que c'étaient eux qui, en faisant sortir le pouvoir exécutif du suffrage universel direct, et en l'armant de toutes les puissances de la centralisation impériale, en avaient fait, non-seulement un des grands pouvoirs de la République, mais on pourrait dire le seul pouvoir réel et effectif. Le Gouvernement, sur le rapport des autorités civiles et militaires, prononçait-il la dissolution de la garde nationale de Châlons, qui avait refusé son concours pour arracher un drapeau rouge que les anarchistes avaient planté sur l'arbre de la liberté, tout en laissant maltraiter par la populace un commissaire de police, qui avait tenté de faire disparaître cet emblème ; un M. Ménard, député de ce département, prétendait que nous avions voulu punir la ville de Châlons du courage que les habitants avaient montré, en 1814, en repoussant les Autrichiens ; il rappelait qu'à cette occasion et pour récompenser leur patriotisme, Napoléon avait donné à cette ville un drapeau décoré de la Légion d'honneur ; à quoi les centres de crier : « *Raison de plus de le garder votre drapeau pour ne pas le laisser souiller par le drapeau rouge!...* » Le ministre de la guerre faisait-il changer de corps des officiers ou sous-officiers ; la Montagne y voyait une indigne manœuvre électorale.

La vérification des élections se termina enfin au milieu de ces scènes tumultueuses qui se renouvelaient à chaque séance. La Chambre étant constituée, nous dûmes lui soumettre le compte rendu exigé par la Constitution ; chaque ministère avait fourni la note de ses travaux au Président de la République, qui se chargea de les résumer. Son Message n'avait rien de remarquable, qu'une certaine affectation à capter la faveur de la classe ouvrière et de l'armée, par l'annonce de lois sur les Associations ouvrières et sur les retraites des sous-officiers et soldats. Il se terminait par cette phrase d'une orthodoxie constitutionnelle et même républicaine à laquelle il n'y avait rien à reprendre :

J'appelle sous le drapeau de la République et sur le terrain de la Constitution tous les hommes dévoués au salut du pays. Je compte sur leur concours et sur leurs lumières pour m'éclairer, sur ma conscience pour me conduire, et sur la protection de Dieu pour accomplir ma mission !...

Pendant ce temps, les événements se pressaient au dehors ; notre délégué à Rome, M. de Lesseps, poursuivait ses négociations avec les chefs de la République romaine : oubliant ses instructions les plus formelles, il traitait avec ces hommes, comme avec un gouvernement régulier et reconnu ; il acceptait même d'eux des conditions humiliantes pour notre drapeau, déshonorantes pour notre politique. Ainsi, dans un premier projet, accepté par lui, il était stipulé que notre armée choisirait, dans les environs de Rome, un campement qu'elle occuperait, renonçant à entrer à Rome ou à s'immiscer d'aucune manière dans ce qui s'y passerait, qu'elle garantirait le territoire occupé par elle contre toute invasion étrangère, etc. Cette convention ne fut même pas ratifiée par l'Assemblée romaine, qui trouva que c'était nous faire une trop grande concession que de nous laisser le choix de notre campement. Une nouvelle convention nous obligeait à prendre les cantonnements qu'il plairait au gouvernement romain lui-même de désigner, et encore, n'était-ce qu'au milieu de huées outrageantes pour la France que, dans l'Assemblée, cet étrange traité avait passé! L'humiliation était à son comble, et cependant M. de Lesseps avait tout accepté. Heureusement le vieil honneur militaire se révolta chez le général Oudinot, qui refusa de donner son adhésion à ces conventions. Ce général dénonça l'armistice et annonça que, dans 48 heures, il commencerait le feu.

M. de Lesseps nous avait rendu compte de ses négociations dans la plus singulière correspondance qui soit jamais sortie de la plume d'un diplomate; c'est au point que quelques-unes de ses lettres, une entre autres, dans laquelle il nous parlait de projets d'assassinat contre sa personne et nous transmettait le plan de ses appartements, nous fit croire à un égarement accidentel de sa raison. Mais lorsque nous connûmes la première convention, il n'y eut qu'un seul et même sentiment dans le Conseil, celui de la surprise et de l'indignation, sentiment que vint naturellement accroître la communication de la seconde convention, celle qui ne nous laissait pas même le choix du lieu où il nous serait permis d'assister l'arme au bras aux événements qui s'accompliraient sous nos yeux. Il fut à l'instant même résolu que, par voie télégraphique, un désaveu et un rappel seraient notifiés à M. de Lesseps, en même temps que l'ordre exprès *serait expédié* au général Oudinot de reprendre et de poursuivre énergiquement les opérations actives du siége, et de s'emparer de Rome le plus tôt possible et à tout prix. Nous lui envoyâmes des renforts qu'il ne nous demandait pas, et même, craignant, d'après sa correspondance, quelque hésitation de sa part, nous dépêchâmes au général Vaillant, qui dirigeait sous lui les opérations du siége, l'autorisation d'en prendre le commandement supérieur, au cas où les hésitations du général en chef lui paraîtraient de nature à compromettre le dénouement si impatiemment attendu [1].

Plus tard même, dans l'impatience où nous étions d'en finir, nous avions envoyé sur les lieux le général Bédeau ; mais heureusement la nouvelle de la prise de Rome lui parvint lorsqu'il arrivait à Marseille.

La nouvelle du rapport de M. de Lesseps et de l'ordre donné de pousser vivement le siége fut bientôt connue à Paris, tant la correspondance de nos Montagnards était bien servie. Elle précipita chez les clubistes des résolutions que divers incidents avaient jusque-là tenues suspendues. Ainsi, on s'attendait à une prise d'armes de leur part, lors de la nomination du président de la République ; mais l'attitude loyale du général Cavaignac et les dispositions moitié bonapartistes, moitié démagogiques de la population des faubourgs, y avaient fait renoncer. Une explosion était également attendue lors de l'élection de l'Assemblée législative, et elle aurait probablement eu lieu si la liste de Paris eût été entièrement composée dans le sens de la réaction ou de la République rouge. Dans

---

1. Cette dépêche était de sa nature secrète, et rien n'en avait transpiré jusqu'en 1852, époque à laquelle elle a été rendue publique par une inconcevable indiscrétion. De telles délégations de pouvoir, lorsque l'éventualité pour laquelle elles ont été données ne se réalise pas, sont comme non avenues, et ce n'est pas surtout au gouvernement qui les a données à les dévoiler.

le premier cas, le désespoir, dans l'autre, l'exaltation de la victoire eût déterminé l'explosion que la composition mixte de cette liste fit ajourner. Mais le rappel de M. de Lesseps, l'imminence de la prise de Rome, l'attitude de la majorité dans l'Assemblée ne permettaient plus guère aux montagnards de remettre la diversion qu'ils avaient promise à leurs frères de Rome.

Nous y étions préparés. Des rapports détaillés nous tenaient au courant de ce qui se tramait dans les clubs et les sociétés secrètes. Dès le 17 mai, un rapport de M. le préfet de police m'annonçait : « que le comité central socialiste était toujours le grand centre d'action ; que la propagande de ce parti continuait à faire des progrès dans les rangs de l'armée ; que l'organisation matérielle de l'insurrection se poursuivait tous les jours et que la population qui devait prendre part au mouvement armé était prête à obéir au premier signal ; que le concours et l'initiative des représentants de la Montagne ne serait même pas nécessaire pour donner ce signal, parce que le parti qui s'appuyait sur eux comptait toujours en trouver deux ou trois disposés à se mettre à sa tête. »

Des rapports ultérieurs et successifs m'avertissaient que l'exaspération allait toujours croissant et que le moment de l'action approchait. Enfin, nous sûmes que, dans la réunion des députés de l'extrême gauche, qui se tenait rue du Hasard, il avait été résolu que le 12, M. Ledru-Rollin profiterait de l'occasion que lui fourniraient les interpellations sur Rome, pour donner ce jour-là, du haut de la tribune, le signal de l'insurrection. Cependant, nous savions aussi que les chefs du mouvement n'étaient pas tous également résolus, que quelques-uns voulaient ajourner encore la prise d'armes, n'étant pas assez sûrs, disaient-ils, des dispositions de la population ouvrière, dont les journées de juin, en 1848, avaient brisé l'énergie et épuisé les forces. M. Ledru-Rollin, lui-même, éprouvait de grandes hésitations, mais comme il est dans la fatalité des partis que les plus téméraires entraînent toujours les plus prudents, ce furent les impatients qui l'emportèrent et la fameuse séance du lundi s'ouvrit sous l'impression générale que nous allions assister à ce que, dans le langage révolutionnaire, on appelle une *journée*.

Et, en effet, M. Ledru-Rollin annonça que le moment des discours était passé.

Qu'est-il besoin d'interpellations, s'écrie-t-il, elles sont inutiles ; les faits ne sont-ils pas constants? N'est-il pas avoué que M. de Lesseps est rappelé, et que l'ordre de prendre Rome est parti?... Il n'y a plus qu'une chose à faire, c'est de déposer un acte d'accusation contre le président et ses ministres, pour violation formelle de la Constitution (Approbation à gauche.)

Avant de répondre à nos accusateurs, lui répliquai-je immédiatement, j'aurais peut-être le droit de leur demander s'ils ont pris avec eux-mêmes la résolution loyale et ferme de rester dans les limites de la légalité. (M. Ledru-Rollin et plusieurs membres de la gauche font un signe affirmatif.) C'est que, si j'en croyais certains indices, la mise en accusation ne serait pas dirigée seulement contre le président de la République et ses ministres, elle le serait aussi et surtout contre cette Assemblée tout entière. J'espère que des désaveux formels seront portés à cette tribune, car on ne paraît pas devant un juge quand on proteste d'avance contre sa décision, et il ne faut pas cumuler la lutte légale avec la sédition. (Vive approbation et bravos à droite et au centre.)

Après un moment d'attente, je reprends et je recommence pour la nouvelle Assemblée l'exposé complet de l'affaire de Rome. Je rappelle comment d'incidents en incidents nous avons été amenés à cette alternative ou de laisser exécuter la République romaine par les Autrichiens, ou d'imposer notre arbitrage aux deux parties. Que la négociation Lesseps ayant abouti à un projet de traité ridicule et honteux, nous avions dû la rompre après un armistice religieusement respecté et alors que nous avions fait de notre côté toutes les concessions au désir d'un dénouement pacifique. Comme à ce moment le prince Jérôme Napoléon se récriait :

> Je prierai M. Jérôme Bonaparte, lui dis-je, de vouloir bien m'indiquer jusqu'où il aurait conseillé à un gouvernement, dépositaire de l'honneur d'une grande nation, de pousser les concessions? (Ma demande reste sans réponse.) Le traité Lesseps nous engageait dans les dangers, dans les hasards d'une guerre avec toute la catholicité, pour une République qui nous déniait le droit de nous immiscer dans ses affaires et ne daignait même pas nous admettre dans ses murs et nous y donner un abri. Il n'y a pas un homme, je ne dis pas un soldat, mais un citoyen portant dans son cœur quelque sentiment d'orgueil national qui ne se révolte à l'idée d'accepter une telle proposition. (Une immense partie de l'Assemblée répond : C'est vrai. La gauche garde le silence.) Ainsi, au début de toute cette triste affaire, un arbitrage bienveillant, mais forcé, brutalement repoussé; au terme, un traité absurde et insolent qui ne laisse plus de recours qu'à la force. Qu'est-ce qui a rendu les démagogues romains si insolents vis-à-vis de nous? c'est qu'ils savaient bien que ce ne serait qu'avec répugnance et à la dernière extrémité que nous tirerions l'épée contre eux. Hélas! oui, nous sommes malheureux dans ce que nous faisons pour l'Italie. En Sicile, nous voulions sauver les vaincus; nous obtenions pour eux des conditions libérales, un gouvernement à peu près indépendant, des Chambres, le vote de l'impôt, et on nous déclare fièrement que la Sicile n'a pas besoin de la France pour triompher des Napolitains; notre flotte, sur ce refus, avait à peine quitté le rivage, que les Siciliens étaient à la merci du roi de Naples. Même chose en Lombardie; si, avant que la ligue des États italiens confédérés contre l'Autriche eût été dissoute par la démagogie et lorsque les armées autrichiennes étaient rejetées au delà du

Mincio, si les secours offerts par la France eussent été acceptés, qui doute que cette grande et sainte cause de l'indépendance italienne (c'est l'homme et non le ministre qui parle) n'eût définitivement triomphé ? Ce triste phénomène s'est reproduit à Rome ; là, nous avons retrouvé le même aveuglement qui avait déjà fait succomber la Sicile, la Lombardie et cette Venise vers laquelle se reportent tant de sympathies. Eh bien, si la France se retirait de Rome, si elle abandonnait à eux-mêmes ces hommes qui nous repoussent, savez-vous ce qui arriverait ? ce qui est déjà arrivé en Sicile, en Lombardie, en Toscane. (Mouvement.) Ce n'est pas seulement pour l'honneur de nos armes que nous combattons à Rome, c'est aussi, et je le dis en toute sincérité, pour l'humanité et pour la liberté !... Aussi, puis-je attendre sans crainte et sans reproche le jugement de mon pays. (Marques nombreuses d'approbation. — La séance est suspendue pendant vingt-cinq minutes.)

M. Ledru-Rollin, après s'être concerté avec ses amis, monte à la tribune, non pour désavouer ses premières menaces d'insurrection, mais pour les réitérer.

Vous avez pris, dit-il, l'engagement de ne pas faire la guerre à la République romaine, et cependant vous attaquez Rome, et depuis quatre jours nos soldats sont là qui combattent et, peut-être, éprouvent des revers, et vous dites que vous n'êtes pas responsables ! Je dis que vous avez au front une tache de sang. Vous nous demandez si nous resterons dans la légalité ? je vous trouve bien téméraires, vous qui avez violé la Constitution, de nous adresser une telle question. Notre réponse est bien simple : *La Constitution a été violée, nous la défendrons par tous les moyens possibles, même par les armes !...*

Le grand mot était prononcé, et le signal donné du haut de la tribune. Aussi des cris : *A l'ordre !...* éclatent-ils avec fureur dans une grande partie de l'Assemblée, tandis qu'un certain nombre des membres de la gauche se lèvent et répètent : *oui, par les armes!...* la guerre civile était, pour ainsi dire, déjà commencée.

Le président, d'une voix grave et solennelle, domine le tumulte et fait entendre ces paroles :

La Constitution ne peut être violée d'une manière plus scandaleuse que lorsqu'au sein d'une Assemblée législative on parle de la défendre par les armes. — Je vous rappelle à l'ordre, M. Ledru-Rollin!...

Mais le rappel à l'ordre est impuissant contre une pareille violation du droit.

Je n'ai plus qu'à protester au nom de la Constitution, au nom de toute l'Assemblée ; personne n'a le droit d'en appeler à la violence, quand on peut en appeler à la loi!... (Vive agitation. — Assentiment prolongé.)

A cette sévère et trop juste censure, M. Ledru-Rollin répond en persistant.

L'article 110 de la Constitution, dit-il, porte que la défense de la Constitution est confiée au patriotisme de tous les Français. La Constitution est violée ; *elle sera défendue par nous les armes à la main!...* (Et la Montagne tout entière de crier : Bravo! bravo! — Explosion d'indignation dans toutes les autres parties de l'Assemblée.)

Les sophismes sont toujours méprisables, mais ils sont odieux lorsqu'ils aboutissent à verser le sang. Or, c'était un odieux sophisme que celui dont s'armait la Montagne pour commencer la guerre civile. Il ne sera jamais permis, dans aucune société régulière, de recourir à la force quand les voies légales ne sont pas fermées ; et quel est le montagnard, quelque fanatique qu'il fût, qui aurait osé dire que les voies légales et constitutionnelles étaient fermées en France à une opinion et même à une passion politique quelconque?

Il y avait trop évidemment un parti pris de recourir

aux armes. Il était temps d'en finir de tout débat désormais inutile : la clôture fut demandée. « Si, contre nos usages, nos goûts, nos intérêts, dit M. Thiers, nous demandons la clôture, c'est parce que l'appel aux armes a été poussé et qu'il n'y a plus de dignité à discuter après un tel cri. » Cependant un certain nombre de députés, voulant faire un dernier effort pour éviter l'effusion du sang, et ne désespérant pas encore de ramener les hommes de la gauche à des dispositions plus pacifiques, la clôture, après une épreuve douteuse, fut repoussée, et carrière fut donnée aux essais de conciliation. M. Crémieux proposait d'ordonner que les hostilités contre Rome cessassent immédiatement ; M. d'Adelsward, de déclarer que l'Assemblée législative persévérait dans la *politique* de l'Assemblée constituante, et invitait le *ministère à s'y conformer*. Ces ordres du jour, qui ne satisfaisaient personne, furent écartés, et l'ordre du jour pur et simple fut voté par 361 députés contre 203 ; tous les bonapartistes, ainsi qu'une assez grande partie des républicains modérés, avaient voté avec la minorité.

Il ne restait donc plus qu'à se préparer au combat, et nous ne perdîmes pas un moment ; les troupes qui se trouvaient dans les garnisons les plus voisines furent appelées dans la capitale. Le double commandement de l'armée et de la garde nationale de Paris fut rendu au général Changarnier, et cette fois, sans aucune opposition de mon ami Dufaure. Après avoir distribué sur les boulevards extérieurs une partie de sa cavalerie pour couper toute communication entre les insurgés du dedans et ceux du dehors, le général Changarnier concentra une force imposante, composée de la garde nationale de Paris, de chasseurs de Vincennes et de dragons, dans le jardin des Tuileries et dans la place du Carrousel ; puis ces dispositions prises, nous attendîmes les événements.

CHAPITRE II

JOURNÉE DU 13 JUIN 1849

Dans la matinée du 13 juin, le jour même où nos batteries de brèche ouvraient leur feu contre les remparts de Rome, paraissait dans tous les journaux démagogiques le manifeste de guerre de la Montagne. Il y était dit que « l'Assemblée législative, ayant sanctionné la violation de la Constitution, s'était mise hors la loi ; que tous les citoyens étaient appelés à prendre les armes pour la défense de la République. » Ce manifeste était annoncé comme délibéré et signé par cent vingt députés, tous appartenant à l'extrême gauche ; les mêmes, au reste, que ceux qui, la veille, s'étaient levés au signal donné par M. Ledru-Rollin, et avaient poussé, avec lui, le cri de guerre.

Aussitôt que ce manifeste eût été affiché et crié dans les faubourgs de Paris, on vit se former de nombreux groupes, surtout dans cette partie des boulevards qui s'étend entre la porte Saint-Martin et la place de la Bastille. On y remarquait des gardes nationaux et même quelques officiers en uniforme, qui péroraient à la foule et la provoquaient à l'insurrection.

Le conseil des ministres s'était réuni de bonne heure au palais de l'Élysée et s'y tenait en permanence. L'un de nous, M. Lacrosse, voulut s'assurer par lui-même de l'état des choses; il ne craignit pas de se porter vers ces rassemblements, accompagné d'un seul gendarme. Reconnu, il fut aussitôt assailli et jeté à bas de son cheval; sans l'intervention des gardes nationaux, l'insurrection eût débuté par le meurtre d'un des ministres de la République.

Bientôt après cet incident, le rassemblement des boulevards se forma, et une colonne de quinze à vingt mille hommes, à la tête de laquelle on remarquait plusieurs membres de la Constituante, et entre autres Étienne Arago, en uniforme de lieutenant-colonel de la garde nationale, se mit à descendre lentement les boulevards, se grossissant en chemin.

Le général Changarnier surveillait très-attentivement ce mouvement. Il attendit que la tête des insurgés eût atteint l'église de la Madeleine, et alors, débouchant par la rue de la Paix avec une forte division composée d'infanterie, de cavalerie et de gardes municipaux, il coupa en deux la colonne insurrectionnelle, fit faire un à droite et un à gauche à sa troupe, et, en un clin d'œil, le rassemblement fut refoulé, les uns vers la Madeleine, les autres vers la porte Saint-Denis. La cavalerie balayait le milieu de la chaussée, les gardes municipaux et les fantassins faisaient évacuer les contre-allées, les commissaires de police, marchant en tête, faisaient les sommations légales. Les rues latérales aux boulevards étaient fortement occupées; un groupe d'insurgés parvint à forcer le piquet qui gardait la rue Lepelletier, mais il rencontra le poste du théâtre de l'Opéra, qui le fit prisonnier. Vainement quelques insurgés essayèrent-ils d'arrêter l'élan de la troupe, les uns en formant des barricades, aussitôt enlevées, les autres en haranguant les soldats; un de ces malheureux fanatiques, se jetant au-devant d'un bataillon, découvrit sa poitrine en criant : « *Vous ne tuerez pas vos frères!...* » Un coup de feu l'abattit aussitôt ; il n'y eut pas la moindre hésitation dans l'armée, un seul officier, un chef de bataillon d'infanterie, dont nous tairons le nom, illustré dans nos guerres de la République, manifesta hautement des dispositions hostiles au gouvernement ; il fut arrêté immédiatement, et, sans aucune opposition, conduit en prison.

Pendant que ces choses se passaient sur les boulevards, les députés de la Montagne, réunis dans le lieu ordinaire de leurs conciliabules, étaient livrés à une grande perplexité. Les nouvelles qui leur arrivaient de l'intérieur de Paris, l'appareil formidable de l'armée, la disposition plus que froide de la masse de la population, tout les disposait à renoncer, au moins pour le moment, à prendre une part active à la lutte. On assure que M. Ledru-Rollin lui-même hésita ; mais on s'était trop avancé pour pouvoir reculer. Après avoir poussé la veille, avec tant d'éclat, le cri : *Aux armes!* après avoir, par tous les organes de la presse, appelé les citoyens à commencer le combat, le déserter et rester tranquillement chez soi, c'eût été le déshonneur et la ruine du parti ; ainsi parlaient les plus résolus. Force fut donc, bon gré malgré, de se décider à agir. Depuis longtemps les meneurs avaient désigné le Conservatoire des arts et métiers, vaste bâtiment situé dans la rue Saint-Martin, et qui a des issues sur une foule de petites ruelles adjacentes, comme le lieu le plus convenable pour servir de quartier général à l'insurrection ; c'est donc vers ce lieu que se dirigea M. Ledru-Rollin, entouré d'un groupe de députés. Arrivés devant le Palais-Royal, où se trouvait l'état-major de l'artillerie de la garde nationale, il s'y arrêta, et trouva le colonel Guinard, qui l'attendait à la tête de ses artilleurs. Guinard, républicain fanatique, mais de bonne foi, s'était très-bravement et très-loyalement conduit dans les journées sanglantes de Juin ; homme de résolution et de courage, mais de peu de portée d'esprit, il s'était facilement laissé entraîner aux suggestions de ses coreligionnaires. Il fit sonner du clairon, et après une brève allocution dans laquelle il annonçait qu'il ne s'agissait, par une protestation armée, que de forcer l'Assemblée à renoncer au siége de Rome, après quoi tout rentrerait dans l'ordre, il entraîna un assez grand nombre de ses artilleurs à la suite de M. Ledru-Rollin. En traversant les rues, les montagnards agitaient leurs chapeaux, appelant les citoyens à la défense de la Constitution ; mais leurs provocations restaient sans réponse, et ce groupe insurrectionnel, lorsqu'il entra au Conservatoire, n'avait fait qu'assez peu de recrues. Le Conservatoire n'était gardé que par un poste de vingt hommes de la ligne, commandés par un simple sergent ; celui-ci, sommé d'abandonner ses armes, s'y refusa courageusement, se renferma, avec ses hommes, dans son corps de garde, où il se maintint jusqu'au moment de l'arrivée de la troupe.

M. Ledru-Rollin et ses complices s'installèrent dans une des salles du Conservatoire. Le directeur, M. Pouillet n'avait à sa disposition aucun moyen de s'opposer à cette installation, mais il eût pu et dû s'abstenir, au moins, d'entrer en conférence avec les députés insurgés. Nous jugeâmes que sa conduite, dans cette circonstance, avait été entachée d'une certaine faiblesse, et c'est avec un extrême regret, et pour l'exemple, que nous nous décidâmes à frapper de destitution un homme d'un mérite aussi éminent.

Ainsi réunis, les montagnards, au milieu de tumultueuses délibérations, rédigèrent la proclamation suivante :

AU PEUPLE FRANÇAIS, A LA GARDE NATIONALE ET A L'ARMÉE.

La Constitution est violée, le peuple se lève pour la défendre. La Montagne est à son poste.

Vive la République ! Vive la Constitution !

(Suivent les noms des cent vingt députés.)

Cette pièce, aussitôt lithographiée, fut affichée dans les rues voisines... Elle devint, plus tard, pièce de conviction contre ses auteurs. En même temps, des députés étaient envoyés dans divers quartiers, dont les maires et chefs de légion passaient pour être favorables à l'insurrection ; à la mairie du sixième arrondissement et à Belleville, par exemple ; les barricades se dressaient dans les rues adjacentes au Conservatoire ; des artilleurs et quelques hommes en blouse s'apprêtaient à les défendre. La masse de la population restait indifférente ; les placards étaient lus avec plus de curiosité que de sympathie ; les émissaires dont nous venons de parler étaient éconduits ou arrêtés, et les troupes, s'avançant de divers côtés, resserraient d'instant en instant le foyer de l'insurrection.

Ce fut une compagnie de la troisième légion, qui eut l'honneur d'attaquer la première barricade et de l'enlever ; la troupe de ligne, de son côté, après quelques coups de feu échangés, enleva celles qui lui étaient opposées et on pénétra de tous les côtés dans l'enceinte du Conservatoire. Plusieurs artilleurs dont les armes encore chaudes attestaient qu'ils venaient de tirer furent arrêtés avec leur colonel[1]. A ce moment, grande panique parmi les députés montagnards et un sauve-qui-peut général ; ils se précipitent par toutes les issues, même par les fenêtres. On a fort plaisanté l'empressement de M. Ledru-Rollin à passer par un

---

1. Voir aux documents le rapport du général Changarnier.

vasistas. Le fait a été démenti; il n'y a aucun intérêt sérieux à le vérifier.

Si la police eût été mieux servie, le Conservatoire, qu'on savait d'avance devoir être le rendez-vous de la Montagne, eût été mieux gardé, et, dans tous les cas, il eût été entouré de manière à ce que pas un de ceux qui s'y étaient rendus ne pût s'en échapper. D'un autre côté, l'officier qui commandait la troupe, se trouvant en face de tant de représentants revêtus de leur insigne, eut un moment d'hésitation; sans quoi, tout le gouvernement révolutionnaire, c'est-à-dire cinquante à soixante montagnards eussent été arrêtés sur place; tandis qu'il n'y en eut que dix à douze de saisis.

Maintenant, retournons à l'Élysée et au Palais-Bourbon. Les mesures que nous avions à prendre à l'Élysée étaient nécessairement subordonnées au caractère et à l'importance que prendrait l'insurrection. Toutefois, il fut convenu que, si l'insurrection se bornait à la manifestation des boulevards, nous la traiterions comme un attentat isolé dont la répression devrait être abandonnée au droit commun; que si cette insurrection prenait un caractère plus général et s'organisait en gouvernement insurrectionnel, alors nous aurions recours aux mesures extrêmes et nous demanderions l'état de siége de Paris et des villes qui pourraient être entraînées dans le mouvement.

Ces résolutions prises, dès que les boulevards furent dégagés, M. le président de la République, accompagné de sept à huit généraux et escorté d'un piquet de lanciers, sortit à cheval de l'Élysée. A son apparition sur la place de la Concorde, la foule se pressa autour de lui, tellement compacte que le cortége ne pouvait avancer qu'au petit pas; des vivats enthousiastes étaient poussés de toutes parts. Après avoir parcouru ainsi toute la ligne des boulevards et le faubourg Saint-

Antoine, le président de la République rentra à l'Élysée à six heures du soir, enchanté et peut-être enivré de l'accueil que lui avait fait la population. Il répondait moitié sérieusement, moitié en riant, au général Changarnier, qui lui faisait compliment sur le succès de la journée. « Oui, général, la journée a été bonne, très-bonne ! Mais vous m'avez fait *passer* bien rapidement devant les Tuileries !... »

De mon côté, je m'étais rendu au Palais-Bourbon. L'Assemblée législative, n'ayant rien d'important à son ordre du jour, n'avait été convoquée que dans ses bureaux ; mais, dès que l'insurrection éclata, des convocations spéciales et à domicile furent envoyées aux représentants pour les presser de se rendre à leur poste.

Ce fut moi qui, à deux heures, ouvris la séance. La droite et les centres étaient au grand complet ; mais les bancs de l'extrême gauche étaient déserts. Cinq ou six montagnards, tout au plus, s'y faisaient remarquer. MM. Lagrange et Pierre Leroux étaient de ce nombre. Je m'en aperçus tout de suite ; j'aurais pu tirer parti de cette circonstance pour constater que les représentants absents étaient précisément les mêmes que ceux dont les noms étaient inscrits au bas du manifeste de l'insurrection, les mêmes qui, la veille, avaient acclamé la guerre dont M. Ledru-Rollin avait donné le signal. Il y avait certes, dans cette réunion de circonstances, plus qu'il n'en fallait pour constituer contre ces représentants une prévention grave de complicité dans l'insurrection et pour motiver une poursuite collective contre eux. Presque tous leurs amis s'y attendaient, et ne furent rassurés que lorsque j'annonçai que nul n'aurait à répondre que *de sa participation directe et personnelle, légalement constatée, à l'attentat...*

Bien des motifs de nature diverse me portaient à

rester ainsi dans les voies d'une grande modération. Je savais trop bien quelles facilités, dans les moments de crise, sont offertes aux gouvernements pour des mesures extrêmes; mais aussi, je n'ignorais pas comment, les premières impressions passées, la réaction vient vite. J'avais fait de ces revirements d'opinions, lors de la fameuse enquête de 1848, une expérience trop récente encore pour l'avoir oubliée. D'ailleurs, notre force, vis-à-vis de tous les partis, était dans le respect de la légalité absolue, et nous avions résolu de ne pas nous en écarter. C'est dans cette disposition d'esprit que je montai à la tribune. Après avoir rendu compte des mesures militaires prises par le gouvernement pour la prompte répression de l'insurrection qui venait d'éclater et avoir demandé que l'Assemblée se constituât en permanence, ce qui fut fait aussitôt avec acclamation, j'ajoutai :

> Je n'ai encore reçu aucun rapport de M. le ministre de l'intérieur, qui est à son poste. Le gouvernement est prêt pour toutes les éventualités... Ni faiblesse, ni précipitation : si nous sommes en face d'une simple sédition, les lois existantes suffiront pour en faire justice ; mais si la révolte s'organisait et prenait un caractère général, je vous demanderais à l'instant même d'armer le pouvoir des moyens nécessaires pour assurer une répression rapide et énergique...

J'avais à peine prononcé ces paroles, qu'un huissier de l'Assemblée, s'approchant de la tribune, me remet un billet de Dufaure, contenant ce peu de mots :

> J'ai attendu autant que j'ai pu ; je crois que le moment est venu de demander à l'Assemblée de déclarer Paris en état de siége.

Et, en effet, le ministère de l'intérieur venait de recevoir la nouvelle de l'installation d'un gouvernement révolutionnaire au Conservatoire, et de plus la correspondance des départements annonçait que l'insurrection menaçait de s'étendre à plusieurs grandes villes.

Alors je repris ainsi :

La conclusion du discours que j'adressais à l'Assemblée vient de m'être transmise par M. Dufaure.

Je donnai lecture de son billet. Puis prenant des mains de M. Lacrosse le projet de la mise en état de siège qui avait été préparé d'avance, je proposai à l'Assemblée de le voter d'urgence. Cette proposition fut accueillie par des acclamations d'approbation à peu près universelles.

Voici le texte de ce projet de loi :

Considérant qu'une insurrection armée, dirigée contre les pouvoirs constitutionnels de la République, a éclaté dans Paris et qu'elle peut s'étendre à d'autres villes de France ; qu'il importe d'armer le pouvoir de tous les moyens nécessaires pour assurer la répression prompte et efficace de cette insurrection, de rendre force à la loi et de maintenir la Constitution :

Article 1er. — La ville de Paris et toute la circonscription comprise dans la première division militaire sont mises en état de siège.

Art. 2. Cette mesure pourra être étendue aux villes dans lesquelles de semblables menaces éclateraient et lorsque les préfets auront constaté, par un arrêté, le fait de la révolte contre les lois.

Signé : Le Président de la République.
Contre-signé : Le Président du Conseil.

Les quelques montagnards qui étaient présents s'efforcèrent de retarder le vote d'urgence. Ils se plaignaient assez maladroitement de l'absence d'un grand nombre de leurs amis. A quoi M. le président Dupin répondait : *c'est leur faute, s'ils sont absents.*

Malgré cette tactique, l'Assemblée se retira dans ses

bureaux, et nomma immédiatement une commission, dont **M. de Beaumont** fut le rapporteur.

Pendant ce temps, les bancs de la gauche extrême se garnissaient peu à peu; chaque apparition nouvelle d'un montagnard excitait les sourires, alors surtout qu'on voyait tel d'entre eux qui, la veille, se perdait dans une barbe luxuriante, reparaître le menton et le visage complétement rasés. La majorité exigea que les noms des cent vingt représentants inscrits au bas du manifeste de l'insurrection fussent lus à haute voix, et lorsque commença cette longue procession de montagnards, montant, l'un après l'autre à la tribune, pour y porter leurs désaveux, les uns avec une indignation affectée, les autres avec un embarras mal dissimulé, elle les accueillait par des lazzis et des sarcasmes; elle renonçait bien à les poursuivre, mais elle ne renonçait pas à les humilier. Ce fut une faute : car, en politique, il vaut souvent mieux frapper qu'humilier ses adversaires; les partis pardonnent plutôt une sévérité, même excessive, que le mépris. Il eût été plus politique de mettre hors de l'Assemblée ces cent vingt signataires, qui avaient mis l'Assemblée *hors la loi*, que de les blesser ainsi, tout en leur laissant les moyens d'assouvir leurs ressentiments : au jour du conflit entre le Parlement et le Président de la république, une grande partie de ces cent vingt voix donnèrent la majorité et la dictature à ce dernier.

M. Dufaure parut enfin dans l'Assemblée, il fut aussitôt entouré de représentants impatients de connaître l'état des choses : il se borna à exposer en peu de mots la situation.

Les rassemblements armés, dit-il, se sont dispersés en criant : *Aux armes!...* Des coups de fusil ont été tirés, des barricades se font : ce que le gouvernement vous demande, ce sont des moyens énergiques pour éviter les répressions sanglantes.

Après le ministre de l'intérieur, M. de Beaumont vint annoncer que la commission proposait à l'unanimité l'adoption de l'état de siége : son rapport était bref, mais expressif.

Le signal tombé du haut de cette tribune et répété par la presse démagogique a été suivi d'une sédition. Ce n'était pas assez du fléau qui, en ce moment, décime la population (le choléra sévissait alors à Paris; 800 personnes environ mouraient par jour; le maréchal Bugeaud venait d'y succomber), il fallait encore y ajouter celui de la guerre civile.

On demande de toutes parts le vote immédiat du projet de loi.

Mais les montagnards présents, suppléant à leur petit nombre par l'audace, résistent et se livrent contre le gouvernement et la majorité à de violentes récriminations. M. Pierre Leroux pousse l'insolence jusqu'à s'excuser du haut de la tribune de n'être pas sur les barricades, avec ses amis; et comme un cri d'indignation s'élève de tous les bancs de la majorité :

> Vous êtes cinq cents, dit-il, et nous ne sommes que bien peu pour représenter l'opinion que je défends. Au surplus, ce sont les mesures acerbes votées l'année précédente, sous le gouvernement du général Cavaignac, qui, après avoir vécu de la terreur, est tombé dans la honte et dans le sang, qui ont amené l'insurrection actuelle : la violence appelle toujours la violence...

Sur ces paroles, le général Cavaignac se précipite à la tribune, et, d'une voix émue, il adresse à la Montagne cette apostrophe :

> Vous dites que nous sommes tombés, dites plutôt que nous sommes descendus du pouvoir. (Applaudissements.) La volonté nationale ne renverse pas; elle ordonne, on lui obéit.

(Nouveaux applaudissements.) Vous dites que nous avons vécu de la terreur, l'histoire jugera : ce que je vous dis, moi, c'est que, si vous n'êtes pas parvenus à m'inspirer un sentiment de terreur, vous m'en avez inspiré un de douleur. Oui, de profonde douleur ! Voulez-vous que je vous dise un mot, enfin : Vous êtes républicains de la veille ; pour moi, je n'ai pas travaillé pour la République avant sa fondation, je n'ai pas souffert pour elle, je le regrette ; mais quand la République est venue, je l'ai servie. Je ne servirai pas autre chose, entendez-vous ! (Bravos prolongés.) J'ai fait plus que servir la République, je l'ai gouvernée. C'était un dépôt d'honneur que j'ai conservé et que je livre pur et sans faiblesse au jugement de la postérité !... Entre vous et moi, c'est à qui servira le mieux la République. Eh bien ! ma douleur c'est que vous la servez bien mal. J'espère, pour le bonheur de mon pays, qu'elle n'est pas destinée à périr ; mais si nous étions condamnés à une pareille douleur, rappelez-vous bien que nous en accuserions vos exagérations et vos fureurs !... (Applaudissements unanimes et redoublés. — Tous les représentants se pressent autour du général et le félicitent.)

Ce jugement si sévère et si juste, cette prophétie qui devait se réaliser si vite, la sincérité de l'orateur, l'élévation et la pureté de ses sentiments, le souvenir de ses services, l'autorité toute militaire de sa parole brève et grave, la solennité de la circonstance, tout ajoutait à la profonde impression que firent ces paroles.

L'état de siège fut voté à une immense majorité. 80 voix seulement de la minorité protestèrent. Puis, furent portées successivement à la tribune les demandes en autorisation de poursuite contre ceux des montagnards arrêtés en flagrant délit d'insurrection. Quant aux représentants indiqués comme signataires du manifeste de l'insurrection, le procureur général fit ses réserves en ces termes :

Déclare en outre, le procureur général, qu'au bas d'un manifeste au peuple français, daté du 12 juin et inséré dans plusieurs journaux, se trouvent les noms de cent vingt membres de l'Assemblée législative ; que les mêmes noms se trouvent au bas d'une affiche incendiaire apposée sur les murs de Paris, appelant aux armes le peuple et la garde nationale de Paris ; qu'une instruction est commencée pour reconnaître quels sont les membres de l'Assemblée législative qui ont coopéré à cet acte éminemment coupable, constituant tout à la fois une provocation au crime d'attentat ayant pour but de détruire le gouvernement de la République, et une attaque contre les droits de l'Assemblée ;

Qu'en conséquence, il se réserve, suivant les résultats de l'instruction, de requérir contre les auteurs ou complices de cet acte les autorisations nécessaires.

Fait au parquet, etc.

Les autorisations demandées ne paraissaient devoir rencontrer aucune opposition, au moins pour ceux des représentants qui avaient été saisis, pour ainsi dire, les armes à la main ; et cependant, chacune de ces demandes donna lieu à des scènes violentes : la Montagne ne nous tenait aucun compte de notre modération. Il semblait que l'insurrection n'avait fait que changer de théâtre et qu'elle était transportée des rues dans le sein de l'Assemblée. C'est au point qu'interrompu dans un discours que j'adressais à l'Assemblée, par les membres de l'extrême gauche, me retournant vers eux, je leur demandai si, *par hasard, ils voulaient recommencer?*

Il y a eu un jour, ajoutai-je avec animation, jour néfaste dans notre histoire, où une minorité, se jetant violemment en dehors de toutes les conditions du gouvernement représentatif, s'est avisée de mettre *hors la loi* l'immense majorité de cette Assemblée. Elle n'a pas craint de faire appel aux armes et d'assumer la triste responsabilité d'un conflit sanglant dans nos cités. Aujourd'hui que force est *restée* à la loi, on voudrait continuer ces mêmes violences jusque dans l'enceinte législative. Eh bien ! nous ne le permettrons pas : je le déclare hautement, ceux qui oseraient reproduire par leurs discours cette mise *hors la loi* de la majorité, ceux-là seraient criminels, et je les avertis que le gouvernement ne tolérera pas plus longtemps ces tentatives de ressusciter une révolte comprimée. Si cet avertissement n'était pas écouté, nous saurions le rendre efficace. (Vive approbation.)

Nous avions suspendu six journaux démagogiques : *le Peuple, la République Démocratique et Sociale, la vraie République, la Démocratie pacifique, la Réforme* et *la Tribune des Peuples*. Indépendamment de leurs provocations de tous les jours à la révolte, ces feuilles étaient celles qui, dans la matinée du 12 juin, avaient reproduit le texte du manifeste de la Montagne et appelé ouvertement le peuple aux armes, et comme dans l'exécution de cette mesure quelques désordres avaient été commis par la garde nationale dans les ateliers du journal *le Peuple*, il y eut, à ce sujet, des interpellations suivies d'un violent débat.

MM. Crémieux et Grévy, les jurisconsultes du parti, niaient que le droit de suspendre les journaux dérivât de l'état de siége ; ils se prévalaient, à ce sujet, de l'opinion que j'avais fait consacrer par la cour de cassation, sous le gouvernement du roi Louis-Philippe. Je montai à la tribune, malgré les voix des centres qui me criaient : Ne répondez pas !

Ma réponse sera courte, dis-je, notre situation n'est pas celle des ministres de Louis-Philippe, qui avaient pris sur eux de décréter l'état de siége sans le concours d'aucune loi. Elle est celle dans laquelle se trouvait le général Cavaignac au lendemain des journées de Juin, et lorsque l'arme de l'état de siége fut remise entre ses mains par la Constituante. Aujourd'hui, comme alors, cette mesure exorbitante et de salut public a été votée par l'Assemblée souveraine, pour s'exercer sous sa surveillance et son contrôle de tous les instants ; il est juste que ceux qui ont donné le signal de la guerre subissent les conséquences de la guerre. Ils devaient s'y attendre. (Acclamations à droite et au centre.) L'état de siége est dans notre Constitution, car elle a prévu qu'il y aurait des minorités qui ne craindraient pas de s'armer contre elle. (Grands cris de la Montagne. — C'est vous qui violez la Constitution. — *M. Gambon* : C'est la majorité qui est criminelle!)

Le Président, après avoir retiré la parole à M. Gambon, comme deux fois averti, adresse à la gauche cette verte et trop justifiée remontrance :

Je vais vous dire en quoi la Constitution est violée, et quel est le principe le plus scandaleusement et le plus violemment méconnu. C'est le § 1er de l'article 1er qui, en même temps qu'il dit : « La souveraineté réside dans l'universalité des citoyens », ajoute « qu'aucun individu, qu'aucune fraction du peuple ne peut s'en attribuer l'exercice. » Or, que voyons-nous? précisément des fractions de peuple qui, à chaque instant, se posent comme le peuple entier! de simples individus qui parlent au nom du peuple et qui veulent faire prévaloir leur volonté sur le peuple et sur l'Assemblée : voilà où est la violation de la Constitution! Sans le respect des majorités légales, il n'y a pas d'Assemblée, pas de nation !...

Vains avertissements, les démagogies ont été et resteront éternellement les mêmes : elles invoqueront toujours le droit en le violant, et se couvriront du principe de la souveraineté nationale, tout en l'outrageant. C'est que leur orgueil, surtout lorsqu'il est exalté par un succès, ne leur permet pas de s'avouer qu'elles sont en minorité dans la nation. D'ailleurs, se croyant en possession de la vérité absolue, elles sont bientôt conduites à cette conviction, que la violence qu'elles font à la majorité dans l'intérêt de cette prétendue vérité est légitime. C'est alors qu'elles adoptent et pratiquent cette maxime des jésuites : *La fin légitime les moyens*, et qu'elles se permettent les plus horribles cruautés, en entonnant des hymnes à la Vertu et à l'Humanité. Inutile de raisonner avec de telles gens, la force militaire peut seule les arrêter et les contenir; et c'est seulement lorsqu'elles sont parvenues à créer le despotisme, que, devant lui, elles s'inclinent et se taisent.

Enfin, après la lecture du rapport de M. le général Changarnier sur les dernières opérations de la force armée, et après avoir voté par acclamation des remerciements à la garde nationale et à l'armée, l'Assemblée législative leva sa permanence : il était onze heures et demie du soir.

Telle fut cette journée du 13 juin, assez misérable parodie des cruelles journées de juin de l'année précédente. Dans l'une comme dans l'autre de ces insurrections, le fanatisme politique avait fait alliance avec le socialisme : avec cette différence, toutefois, qu'en 1849, l'élément politique dominait; tandis qu'en 1848, c'était l'élément socialiste. En 1848, on avait vu se lever, contre la société, une armée sans généraux; tandis que, cette fois, c'était un état-major de dictateurs et de généraux, sans peuple et sans soldats, qui était entré en guerre : aussi la lutte ne fut-elle ni longue, ni bien sérieuse; l'entreprise, en elle-même, n'était pas seulement criminelle, elle était insensée.

CHAPITRE III

CONTRE-COUP DE L'INSURRECTION DU 13 JUIN DANS LES DÉPARTEMENTS.

Ce qui donnait quelqu'importance à cette tentative dans laquelle nos montagnards venaient d'échouer si misérablement, c'est qu'elle était loin d'être isolée. Non-seulement elle se reliait à des mouvements semblables, depuis longtemps préparés dans plusieurs départements de la France; mais elle était également attendue en Hongrie, en Italie, et à notre frontière même, à Bade, par toutes ces révolutions vaincues qui se débattaient alors dans l'agonie, et qui n'espéraient leur salut que du succès de l'insurrection de Paris.

Ces rapports intimes et solidaires de notre démagogie avec toutes les démagogies de l'Europe nous furent confirmés, par la proclamation que le gouvernement révolutionnaire de Baden faisait afficher le 14 juin 1852 à Carlsruhe :

Nous recevons à l'instant, *par voie extraordinaire*, une dépêche télégraphique du 13 juin, trois heures et demie : Le peuple se rassemble sur les boulevards, la force armée approche. — Six heures du soir : Le mouvement devient plus menaçant. — Huit heures et demie : *Paris est en état de siège, la cause de la liberté triomphe!* — Neuf heures du soir : Le *gouvernement provisoire...*

Qui pouvait donc avoir ainsi trompé ces pauvres démagogues allemands? Nous le saurons bientôt.

A l'intérieur, dans toutes les grandes villes, les clubs démagogiques étaient en grande agitation et en permanence; des foules assiégeaient les préfectures, réclamant à grands cris la communication des dépêches télégraphiques qui venaient de Paris.

On lisait dans le journal *la Patrie* l'article suivant :

Il paraît certain que le complot devait éclater le même jour dans les principales villes de France. Les agitateurs connus s'étaient installés en permanence, attendant les nouvelles de Paris ; à Reims, à Dijon, à Lyon, à Toulouse, quelques tentatives d'insurrection ont eu lieu; les meneurs paraissent obéir à un mot d'ordre venu de Paris. A Bordeaux, le 13, les sections des sociétés secrètes étaient en permanence ; les clubs convoqués pour le 14 au matin. A Reims, le président du club s'est rendu le 13 à la sous-préfecture, et a signifié au sous-préfet que son mandat était terminé, le triomphe de l'insurrection étant assuré à Paris. D'autres meneurs se rendaient chez le maire pour lui annoncer le renversement du gouvernement. A Toulouse, même tentative et même insuccès. La nouvelle de la compression instantanée de l'insurrection à Paris a maintenu partout la même tranquillité, etc.

Mais, c'est surtout la ville de Lyon qui nous inspirait de sérieuses inquiétudes : cette ville a acquis une malheureuse célébrité dans nos guerres civiles; les éléments dont se compose sa population qui se partage en deux classes bien distinctes, les ouvriers et les fabricants, classes qui ne se touchent, pour ainsi dire, que par des conflits d'intérêt de tous les jours; sa configuration topographique qui, laissant à la classe riche l'espace resserré entre le Rhône et la Saône, relègue forcément la masse des ouvriers dans des quartiers montueux, espèces de citadelles naturelles d'avance préparées pour la sédition : tout, dans cette grande cité, donne de malheureuses facilités à la guerre civile ; aussi, a-t-il toujours été très-difficile, sinon impossible, d'y organiser une garde nationale. Le gouvernement de Louis-Philippe en avait, à deux reprises différentes, fait la triste expérience, et celui de la république n'avait évité dans ses débuts les désordres d'une vraie *Jacquerie*, que par des concessions dont la conséquence forcée avait été de fournir de nouvelles forces à ce foyer permanent de guerre civile.

Nous avions heureusement dans cette ville d'excellents agents. D'abord, le préfet, M. Tourangin, un de ces administrateurs dont la remise en activité avait valu à Léon Faucher de si vives attaques de la gauche ; c'était un homme de cœur et d'intelligence ; puis les généraux Gémeau et Magnan, qui possédaient la confiance du soldat : nous étions très-exactement tenus au courant de ce qui se préparait dans le parti de l'insurrection ; le ton des journaux démagogiques de Lyon aurait, d'ailleurs, suffi pour nous avertir qu'une prise d'armes y était imminente. Si le régime de la liberté absolue de la presse a ses périls, il a aussi ses avantages ; sous un tel régime, lorsque les gouvernements sont surpris, c'est qu'ils le veulent bien.

Dans cette prévision de la lutte, ordre avait été donné d'éloigner de Lyon deux régiments que nous savions avoir été pratiqués et circonvenus par les socialistes. Voici l'article qui paraissait, le 14 juin, dans le journal *le Peuple Souverain*.

A Paris, le peuple défend la Constitution et la République ; la *Montagne* est menacée ; nos représentants sont de la Montagne : ne pouvant les défendre, *nous les vengerons !*... On veut renvoyer les régiments qui aiment notre population ; *les amis ne doivent pas se séparer au moment du danger* : est-on las de l'union qui règne entre le peuple et l'armée ? Nous avons des citoyens dans nos régiments, on voudrait nous donner des sbires et des prétoriens : le peuple s'y opposera !!!

En effet, une bande s'était détachée pour essayer d'atteindre ces régiments et de les ramener ; mais, par une heureuse prévoyance, l'autorité militaire leur avait fait franchir la première étape de Saint-Rambert, de manière que la bande des frères et amis, envoyée en grande hâte pour les rejoindre, revint furieuse d'avoir manqué son coup. A son retour dans la ville, elle se jeta sur l'école vétérinaire, où se trouvait un poste de cent vingt soldats du 17e léger, qu'elle désarma ; quelques-uns de ces soldats, et la plus grande partie des jeunes élèves de cette école, se joignirent à elle.

Sur la place de la Préfecture et de l'Hôtel de ville se pressait une foule immense : une fausse dépêche fabriquée par les meneurs avait été affichée le matin par milliers d'exemplaires. Elle portait en grosses lettres ces mots ; « *Ledru-Rollin est maître de la situation à Paris. Le Président et ses Ministres sont à Vincennes.*

A la vue de ces placards mensongers, la foule avait poussé le cri : *Aux armes !...* Elle avait assailli la Préfecture, l'Hôtel de ville, la Banque, dont elle essayait de forcer l'entrée : déjà les portes de cet établissement avaient volé en éclats, lorsque la troupe repoussa les assaillants, sans toutefois commencer le feu. Mais la Croix-Rousse s'était couverte de barricades ; la fusillade et le canon s'y firent bientôt entendre, et là les premières victimes tombèrent de part et d'autre.

Il était temps de quitter la défensive et d'attaquer résolûment l'insurrection : la Croix-Rousse fut abordée de front, par le 17ᵉ léger, qui brûlait de venger son échec du matin, et qui monta intrépidement à l'assaut des barricades sous un feu meurtrier. Le capitaine Mottet, celui qui commandait le poste de l'école vétérinaire, était en tête, il cherchait évidemment la mort et il la reçut en brave. Il tomba en prononçant ces paroles dignes de l'histoire : « *Je devais mourir aujourd'hui, je n'ai qu'un regret, c'est de n'avoir pas succombé huit heures plus tôt.* » Pendant que cette attaque de front s'exécute avec vigueur et intrépidité, le général Magnan a tourné la montagne et y monte du côté de la Saône ; un autre corps y arrive par la route de Cosne. Ainsi attaqués de tous côtés, les insurgés, après avoir perdu deux ou trois cents des leurs et laissé un millier de prisonniers dans les mains de la troupe, cessèrent le feu : les maisons furent fouillées et le désarmement général s'opéra immédiatement ; la troupe, de son côté, perdit dans cette action une centaine d'hommes.

Nous reçûmes en même temps la nouvelle, et du commencement et de la fin de l'insurrection.

Le *Moniteur* du 17 contenait, dans un supplément extraordinaire, la dépêche télégraphique suivante :

Lyon, 16 juin 1849, à 8 heures du soir.

La nuit a été bonne, la troupe est maîtresse de toutes les positions à La Croix-Rousse et à Lyon. Si le conflit recommence, force restera au gouvernement. — *Neuf heures et demie :* L'insurrection est vaincue ; tout est terminé.

Dans les autres villes de France, les tentatives du parti anarchique se bornèrent à quelques attroupements que les nouvelles de Paris vinrent bientôt dissiper. Nous n'eûmes pas besoin d'étendre à d'autres divisions la mise en état de siége de la 19e division militaire : mais il y a tout lieu de croire que, sans la promptitude de la victoire de l'ordre à Paris, et si la lutte se fût continuée quelques jours de plus, le gouvernement se serait trouvé en face d'une conflagration générale.

Je profitai de cette occasion pour adresser une circulaire aux procureurs généraux.

C'est pour la troisième fois, y disais-je, depuis la fondation de la République, qu'une minorité factieuse a fait appel à la force brutale. C'est aussi la troisième fois que le droit a triomphé ; mais vous serez les premiers à reconnaître que la société ne pourrait vivre au milieu de ces conflits sanglants, devenus presque périodiques : elle finirait par s'épuiser dans le marasme ou elle réagirait violemment contre un gouvernement impuissant à lui donner la sécurité... Il faut, de toute nécessité, mettre un terme à une telle situation et que, désormais, toute pensée de violence soit étouffée chez les anarchistes sous le sentiment de leur complète impuissance. L'occasion est bonne et décisive ; à aucune époque de notre histoire, l'accord entre le pouvoir législatif et le pouvoir exécutif (cela était encore vrai à ce moment) n'a été plus complet ; jamais le magistrat n'a été plus assuré de l'appui décidé de ces grands pouvoirs et de celui, non moins prononcé, de l'opinion publique. Enfin, monsieur le Procureur général, les grandes et difficiles situations élèvent les hommes qui savent les comprendre et qui se sentent assez de courage pour y suffire. C'est assez vous dire que j'ai pleine confiance dans votre concours, etc.

En même temps que nous demandions à nos agents de la décision et du dévouement, nous sentîmes le besoin de fortifier dans leurs mains, les instruments de répression.

Mon collègue, M. Dufaure, demanda et obtint l'autorisation de proroger au delà du délai légal la dissolution des gardes nationales dont le mauvais esprit ou la conduite douteuse avaient motivé cette mesure. Nous avions déjà décrété la dissolution de la légion d'artillerie et d'une compagnie de la troisième légion de la garde nationale de Paris, ainsi que de l'école d'Alfort. Le ministre de l'intérieur demanda, en outre, pour une année, l'interdiction de toute réunion non autorisée. Comme on lui objectait qu'alors les réunions électorales pourraient être empêchées, il répondit que les réunions ayant vraiment pour objet des élections seraient respectées ; mais que celles qui prendraient ce masque seraient rigoureusement interdites ; qu'il y avait là une question de confiance dans le gouvernement. La loi fut votée d'urgence à une immense majorité. Si on se rappelle avec quelle peine nous avions obtenu de l'Assemblée constituante la deuxième lecture du projet de loi qui supprimait les clubs, tout en laissant intact le droit de réunion, on voit quel chemin avaient fait les idées d'ordre et de conservation.

Cependant, le parti de la Montagne, dans l'Assemblée, reprenait confiance malgré ses échecs, et la série des interpellations recommençait. L'état de siége avait été voté la veille, et dès le lendemain M. Laclaudure en demandait la levée.

J'ai parcouru les boulevards, disait-il, j'ai vu le président de la République accompagné de troupes nombreuses, salué d'acclamations sur son passage ; j'ai vu la population on ne peut plus calme : des barricades, pas l'ombre !... (Dénégations.)

Je lui répondis :

Si le préopinant veut que je confirme ce qu'il a dit sur l'indignation qui anime l'immense majorité de la population de Paris, et qu'elle a fait éclater de toutes parts, oh ! il a raison ; s'il veut parler du concours loyal, énergique de l'armée et de la garde nationale, pour la répression de ce crime, il a raison ; s'il veut rappeler que le président, tant outragé, a été dédommagé par les acclamations de toute cette généreuse population qui se connaît en patriotisme et en bravoure, il a raison encore. Mais si vous dites que l'ordre est partout rétabli, qu'il n'y a pas une préméditation insensée de créer un nouveau gouvernement d'anarchie et de désordre, qui a déjà porté ses tristes fruits en face du gouvernement de l'ordre et de la loi : si vous dites cela, vous êtes en contradiction avec les rapports que nous avons sous les yeux...

Le citoyen Bourzat. — Faites-nous connaître les détails...

M. Odilon Barrot. — Non, car si je vous les faisais connaître, ce serait déjà une accusation contre les personnes, et je ne veux occuper l'Assemblée que de la situation : nous sommes ici un pouvoir politique et non un tribunal ; les détails ont été donnés au sein de la commission et doivent y rester. Quant à la nécessité de maintenir l'état de siège, je le déclare *avec douleur, mais en toute sincérité, elle nous est démontrée.*

Nous ne parlons pas des interpellations à l'occasion desquelles M. Mauguin avait l'habitude de faire son tour d'Europe. C'était une sorte de manie chez lui, qui n'avait d'autre inconvénient que de ne jamais conclure et de faire perdre à l'Assemblée un temps qu'elle aurait pu mieux employer.

Il n'en était pas de même de celles de M. Savoye, professeur et représentant alsacien : il savait bien, lui, ce qu'il faisait et où il voulait aller ; c'était le correspondant entre les deux démagogies allemande et française, il ne manquait ni d'audace, ni d'une certaine faconde. Il nous interpella sur le refus que nous avions fait de reconnaître et même de recevoir les agents des gouvernements révolutionnaires de Bade et du Palatinat. Il nous demandait, en outre, compte de la saisie qui avait été opérée par nos agents, d'armes et de sommes d'argent destinées à ces gouvernements et de l'arrestation d'un de leurs commissaires.

A quoi M. de Tocqueville répondit : « Que M. Savoye

avait qualité pour défendre l'insurrection allemande, car c'était lui qui l'avait provoquée. » A l'appui de cette affirmation, le ministre lit une lettre de notre résident à Bade, dans laquelle il était dit que M. Savoye, s'annonçant comme le délégué des socialistes de France et de M. Ledru-Rollin, s'était rendu le 13 juin à Offembourg (remarquez la coïncidence des dates), où se tenait une réunion de démagogues allemands, pour les assurer des sympathies de leurs frères de France, et les encourager à persévérer dans leur lutte.

Le ministre ajoute : — Au surplus, la cause des insurgés de Bade ne mérite pas l'intérêt qu'on lui témoigne, car ce parti est le même que celui qui depuis dix ans s'est montré l'ennemi le plus acharné de la France, celui qui, il y a un an, demandait qu'on nous enlevât l'Alsace et la Lorraine, ce qui ne l'empêchait pas d'établir une solidarité avec le parti que nous combattons en France; car voilà les appels qu'il lui faisait dans une proclamation adressée par le peuple du Palatinat à l'armée et à la garde nationale de France :

« Honte éternelle au peuple et à l'armée française, s'ils souffrent plus longtemps la politique la plus liberticide et la plus perfide qui ait jamais existé; la politique d'un gouvernement qui, traître à la Constitution, conspire ouvertement contre nos tyrans. » (*A gauche :* C'est très-vrai!)

Le Président. — Le *Moniteur* constatera vos adhésions.

Le chef du gouvernement révolutionnaire de Bade, en pleine Assemblée nationale, a osé dire, aux applaudissements des députés et des tribunes : « Le peuple de Paris s'est levé; il est sous les armes, et tout nous fait espérer que la victoire est certaine. L'Alsace est aussi en insurrection : la garde nationale occupe la citadelle de Strasbourg. Vive la liberté! Mort aux tyrans!... » Et c'est à une telle cause, soutenue par de tels hommes et avec de pareils moyens, que la France est sommée d'accorder son appui! (Applaudissements sur les bancs de la majorité.)

M. Savoye proposait un ordre du jour motivé, qui invitait le gouvernement à prendre des mesures pour faire respecter la liberté et l'indépendance du Palatinat et du pays de Bade. L'ordre du jour pur et simple fut voté par 253 contre 162 suffrages.

Après ce vote, venaient les interpellations d'un montagnard, dont la mort a racheté bien des exagérations, M. Baudin. Il se plaignait amèrement de ce qu'un commissaire de police s'était permis de pénétrer dans le local où les députés de la Montagne se réunissaient ordinairement, et, malgré les protestations des députés présents, avait recherché et saisi les papiers de cette réunion. Il revendiquait l'inviolabilité du domicile comme conséquence forcée de l'inviolabilité de la personne du représentant.

M. Dufaure répondait que la maison dans laquelle le commissaire de police avait pénétré, porteur d'un mandat de justice, était cette même maison de la rue du Hasard, dans laquelle s'était préparée l'insurrection et d'où étaient partis les représentants qui avaient été se constituer en gouvernement provisoire au Conservatoire des Arts et Métiers; que la prétendue inviolabilité du domicile équivaudrait, dans ce cas, à l'inviolabilité de la conspiration. (La Montagne crie : la Constitution est violée !...)

Alors je monte à mon tour à la tribune.

C'est étrangement abuser de ces mots : *violation de la Constitution !* dis-je, que de les appliquer à la recherche faite par la justice dans une maison où des députés se réunissent. Il n'y a que nos personnes qui soient inviolables de par la Constitution : les lieux que nous occupons ne le sont pas. Nos lois ne reconnaissent qu'un seul lieu où l'inviolabilité de la personne s'étend à celle du domicile : ce sont les hôtels habités par les représentants des puissances étrangères, et cela par suite de cette fiction du droit des gens qui fait que ces hôtels sont réputés faire partie du territoire étranger. Quant aux lieux où se réunissent des députés, je ne connais aucune disposition, soit législative, soit constitutionnelle, qui ait fait revivre pour ces lieux le droit d'asile du moyen âge. (Applaudissement général. — L'ordre du jour pur et simple est voté à une immense majorité.)

Enfin, un autre montagnard, M. Bouvet, nous interpella sur l'extension de l'état de siège au département de l'Ain, qu'il représentait et qui, affirmait-il, était paisible et n'avait rien fait pour motiver une telle mesure.

M. Dufaure lui répond qu'il y a, entre Lyon et les cinq départements qui l'environnent, des rapports tellement intimes que toute insurrection dans cette ville a immédiatement son contre-coup dans ces départements. Il lit les dépêches des préfets de ces départements qui attestent cette espèce de solidarité: déjà le mouvement s'opérait dans l'Isère, le Rhône, la Loire et l'Ain. A Vienne, on faisait des barricades pour empêcher les troupes de passer; à Saint-Étienne affluaient les émissaires des clubs de Lyon et les nombreux ouvriers étaient prêts à s'insurger. Il était donc indispensable d'étendre l'état de siège partout où l'insurrection lyonnaise avait ses ramifications. Quant à la manière dont l'état de siège est appliqué, il l'est avec douceur et les plus grands ménagements.

M. Bouvet interrompt le ministre. Il ne prendra jamais, s'écrie-t-il, l'état de siège pour une loi d'amour!

Non, répond M. Dufaure, la loi d'état de siège n'est pas une loi d'amour, mais lorsqu'il se trouve des citoyens assez audacieux pour vouloir bouleverser la société, ce n'est pas par des lois d'amour qu'on peut la défendre. Croyez que ceux qui ont été obligés de demander la mise en état de siège de quelques départements l'ont regretté au moins autant que vous. (Violente interruption de la Montagne.) Le ministre se tourne vers elle et lui jette ces paroles : *Je n'aime aucun despotisme, pas même le vôtre.* — Alors l'exaspération de ce côté de l'Assemblée éclate en vociférations violentes. — C'est de la terreur blanche, crient les membres de l'extrême gauche. — Mieux vaut la terreur blanche que la terreur rouge, s'exclame la droite. — *Au centre :* Ni l'une ni l'autre ! — *M. Molé :* Vous appelez terreur blanche le règne des lois ?

M. le Président essaye d'apaiser ce tumulte.

C'est du désordre, messieurs, dit-il à la gauche, vous recommencez quand vous le pouvez. Vous avez tort ! Vous êtes dans une Assemblée délibérante, sachez garder le silence. Au dehors, les factions, on les réprimera ; ici je saurai protéger les délibérations de l'Assemblée.

C'est de la partialité ! s'écrie la Montagne. Le président, ainsi personnellement attaqué, jette à ses accusateurs ces paroles sévères et trop justifiées :

Vous êtes d'une intolérance incroyable ! Jamais assemblée, dans ses plus mauvais jours, ne s'est montrée aussi violente que vous. Je ne saurais trop signaler vos violences réitérées au pays : il verra qu'elles ont pour but de paralyser les travaux de l'Assemblée ; vous n'y réussirez pas. (Vive approbation à droite et aux centres.) — Un montagnard, M. de Laclaudure, menace du poing le président, qui le rappelle à l'ordre. — Protestations bruyantes à gauche. — *Le Président* : Vous n'y gagnerez rien, et, je vous le répète, je mettrai toutes mes forces à signaler au pays vos violences ; nous verrons qui se lassera ! — *A gauche* : C'est intolérable !

Le Président, avec fermeté : Gardez le silence, c'est votre devoir, comme le mien est de vous l'imposer. (Longue acclamation à droite et au centre. — Enfin, un peu de calme se rétablit. M. Dufaure en profite pour terminer son discours :)

Il faut être juste, il n'y a aujourd'hui aucune terreur, ni blanche, ni rouge. Il y en a eu un seul jour : c'est celui où on a vu des malheureux égarés par d'abominables conseils (*A gauche :* Dites par la faim !) envahir les casernes des soldats, faire des barricades, tirer sur leurs frères, allumer la guerre civile dans Lyon. On a eu raison d'être inquiet ce jour-là ; sans l'admirable courage de notre armée, combien de temps cette guerre aurait-elle duré et jusqu'où se serait-elle étendue ? Qui peut calculer, si la lutte avait duré quarante-huit heures de plus à Paris, les dangers qu'aurait fait courir à la société une insurrection qui aurait éclaté sur tous les points de la France?

L'ordre du jour motivé de M. Bouvet, et qui faisait un devoir au gouvernement de restreindre l'état de siége à la ville de Lyon, est rejeté et l'ordre du jour pur et simple est voté toujours à la même majorité, 2 contre 1.

L'éclatant succès que venaient d'obtenir MM. Dufaure et de Tocqueville justifiait, dès le début, leur entrée dans le cabinet. L'autorité de leur parole, qui devait aller toujours croissant, rendait ma tâche beaucoup plus facile. Les dangers de cette combinaison ne devaient éclater que plus tard.

Au milieu de tous ces violents débats, avaient surgi deux questions, d'une solution difficile en tous temps, mais bien plus difficile encore dans ces temps de crises révolutionnaires où les partis vainqueurs ou vaincus sont tellement excités qu'il est bien difficile de les retenir dans les voies de la justice et de la modération.

La première de ces questions était relative à la protection que toute assemblée souveraine doit à ses membres; l'autre, au droit disciplinaire qu'elle doit exercer sur eux.

Sur la première de ces questions qui a si souvent embarrassé nos Chambres, même quand leurs sessions n'étaient que temporaires, il est plus facile de faire la théorie du droit et de dire ce que les assemblées ne peuvent se permettre dans aucun cas que de préciser d'une manière bien nette comment, dans la pratique, elles doivent exercer ce pouvoir exorbitant de s'interposer entre leurs membres accusés d'un crime et la justice du pays. Ce qu'elles ne doivent pas faire, c'est de se substituer à la justice régulière et de placer un de leurs membres au-dessus des lois pénales qui atteignent les autres citoyens. Que leur reste-t-il donc?

le pouvoir d'apprécier le *caractère* de la poursuite et de décider, d'après les indices qu'elles peuvent se procurer, si la poursuite est dirigée contre le représentant à raison de ses opinions ou contre l'individu à raison de ses actes. C'est là, sans doute, une appréciation dans laquelle l'Assemblée côtoie de bien près les fonctions du juge ; plus elle s'en rapproche, plus il faut qu'elle se rappelle que son investigation doit être toute politique et non judiciaire ; et même, pour ne pas jeter le trouble dans les opérations ultérieures de la justice, il importe que la vérification parlementaire à laquelle elle est forcée de se livrer soit, autant que possible, secrète et très-réservée. C'est pourquoi, en pareille matière, les membres de la commission qui prennent connaissance des pièces et qui entendent le prévenu sont investis, par la force des choses, d'une sorte de délégation forcée, bien que non écrite dans les règlements. Que si l'Assemblée, après cette investigation, reconnaît que la poursuite a un caractère purement judiciaire, elle ne pourrait se permettre, par des considérations politiques, d'affranchir un de ses membres de la responsabilité qu'il a encourue, sans usurper un droit plus exorbitant encore que celui de faire grâce : car ce serait celui d'abolir une procédure régulière, droit que les jurisconsultes contestent même à la monarchie absolue.

Telles sont les vérités que je m'efforçai de faire prévaloir dans ces discussions délicates : je réussis, non sans peine, à retenir l'Assemblée sur cette pente où elle n'était que trop disposée à se laisser glisser : l'usurpation des droits de la justice ordinaire et régulière du pays ; et ce qui est singulier, c'est que ce sont les républicains qui la poussaient à cet envahissement. Si on les avait crus, à chacune des demandes d'autorisation de poursuivre un des leurs, une véritable instruction judiciaire avec des productions de pièces, des comparutions de témoins, des confrontations auraient eu lieu dans le sein même de l'Assemblée à laquelle eût été posée ensuite la question : coupable ou non coupable. Et, comme nos Assemblées législatives, d'après la Constitution, étaient permanentes, ce n'est pas une simple suspension de la justice, comme sous la monarchie constitutionnelle, qui eût été la conséquence d'une pareille doctrine, mais l'absorption de la justice criminelle, à l'égard de tous les représentants, ou, en d'autres termes, la substitution de la justice politique, avec toutes ses passions, à la justice ordinaire, avec toutes ses garanties.

Quelques-uns des Montagnards, plus habiles, s'adressèrent à la générosité de l'Assemblée. Vous êtes forts, vous êtes vainqueurs; soyez généreux, disaient-ils, c'est la meilleure politique; la rigueur entretient et envenime les ressentiments, prépare les catastrophes. La magnanimité éteint les haines. C'était le langage de MM. Émile Barrault, Th. Bac, Grévy, etc. Mais nous leur répondions que ce qui était vrai pour des crimes politiques dus à l'égarement d'un moment, cessait de l'être pour un parti qui s'irritait de ses défaites et s'encourageait de l'indulgence de ses adversaires, au point de s'en prévaloir pour redoubler de violence. On aurait pu ajouter que l'excessive indulgence pour les auteurs de l'attentat du 15 mai n'avait pas désarmé les auteurs des journées de juin; et qu'au moment même où on prêchait ainsi les avantages du système de modération, les Montagnards se chargeaient eux-mêmes d'en démontrer l'inanité et même les dangers, puisque c'était au moment où le gouvernement venait de faire preuve d'une si grande modération contre les complices de l'attentat du 13 juin, en se contentant de leurs simples désaveux, que les Montagnards se montraient plus audacieux et plus outrageants que jamais dans leurs attaques et leurs menaces contre les pouvoirs constitués. Il y a des passions qui ne peuvent être corrigées que par la peur du châtiment, et celles qui animaient ces hommes étaient évidemment de cette nature.

La seconde question, celle relative à l'étendue du pouvoir disciplinaire de l'Assemblée sur ses membres, n'était pas moins délicate. En effet, en cette matière, le législateur se trouve entre deux périls : celui de trop armer les majorités contre les minorités et de gêner la liberté de contrôle et de discussion de celles-ci; ou bien celui de rendre tout fonctionnement du gouvernement représentatif impossible par l'abus qu'une minorité assurée de l'impunité ferait de son droit de parler, d'interrompre, ou même de s'abstenir. Ce qui se passait tous les jours dans nos séances rendait de plus en plus urgente la solution de cette dernière question. Et ceux des membres de l'extrême gauche qui s'opposaient à ce qu'on armât le Président de moyens disciplinaires un peu énergiques, sous le prétexte que la bonne éducation et le respect de soi-même étaient de suffisantes garanties pour la régularité et la décence des discussions, ne parlaient pas sérieusement et recevaient de leurs collègues des *démentis* éclatants à chaque instant. L'Assemblée, en s'arrêtant pour les cas les plus graves à la censure et à une simple exclusion pour cinq jours de l'Assemblée avec privation d'une partie du traitement, se montra plutôt timide qu'exagérée. Le Parlement anglais est bien autrement armé vis-à-vis de ses membres turbulents, et cependant on n'a jamais prétendu que la liberté de discussion en ait été le moins du monde gênée.

Au reste, toute cette violence de la Montagne n'était guère désormais que de la brutalité sans portée et sans but. Avant la journée de juin, on aurait pu, sinon la justifier, au moins l'expliquer, par l'intention de produire une grande surexcitation dans les masses, et de les pousser ainsi à prendre les armes. Mais après le triste avortement de cette échauffourée, à quoi pouvaient servir, à quelle politique pouvaient profiter tous ces tumultes, toutes ces scènes scandaleuses au sein du Parlement? Les Montagnards ne s'apercevaient donc pas, dans leur fanatisme aveugle, qu'ils jouaient le jeu de leurs adversaires; que ceux-ci, avertis par le dénoûment des journées de mai, de juin, de la tendance irrésistible de la société, ne les craignaient plus, et, impatients d'atteindre leur but, étaient plus disposés à les provoquer qu'à les calmer. En multipliant ces scènes violentes, ils ne faisaient qu'irriter de plus en plus les esprits et précipiter la réaction. Ils préparaient ainsi, sans le savoir, les voies au despotisme; et, en effet, c'est à quoi ils n'ont que trop réussi.

Après le 13 juin, surtout, la seule conduite tant soit peu intelligente à tenir pour l'extrême gauche eût été de se rallier à ce qui restait dans l'Assemblée de républicains modérés, de se tenir avec eux sur la défensive et d'attendre les fautes et les imprudences que, dans son impatience de réaction monarchique, le parti modéré ne manquerait pas de commettre. Bien loin de là, on a vu, à la manière brutale dont le général Cavaignac fut attaqué par M. Pierre Leroux, qu'une conduite toute contraire fut suivie. Au surplus, demander à ce parti un certain bon sens, de l'intelligence politique, n'est-ce pas lui demander de se renier lui-même? Ce fut un triste spectacle, mais aussi un grand enseignement pour la France, de voir ces hommes, élevés, contre toute attente, à la dignité de représentants de leur pays, au lieu de se sentir saisis d'un profond respect en venant prendre leur place dans cette Assemblée où se réunissait l'élite de la France et d'y garder, comme dans un sanctuaire, une attitude respectueuse et digne, n'y porter, au contraire, que des passions grossières et un langage dont ils auraient rougi même dans les habitudes de leur vie ordinaire et dans leurs rapports avec leurs camarades. Il est vrai qu'on leur avait tant dit et répété que la révolution de 1848 s'était faite par eux et pour eux, que la République était leur conquête et qu'elle leur appartenait par le droit de la force, qu'ils éprouvaient une sorte de délire à la seule pensée qu'ils cessaient d'être les maîtres de cette société, qu'ils tenaient naguère sous leurs pieds. Leur recours à la force, leurs insurrections pour ressaisir le pouvoir, n'étaient à leurs yeux qu'une revendication légitime de leur droit : ils ne pouvaient consentir à être minorité et de simples opposants, là où ils étaient naguère dominateurs incontestés. Non-seulement ils déniaient à la majorité ses droits, mais ils la mettaient *hors la loi*, comme usurpatrice ; puis quand ils avaient été vaincus et pris les armes à la main, ils s'étonnaient qu'on leur demandât compte de leur crime ; et le prince montagnard, Jérôme Napoléon, criait *à la proscription!...* quand la justice faisait son devoir ; que si les magistrats se permettaient de pénétrer dans les lieux où ils tramaient et préparaient, à peu près ouvertement, la guerre civile, alors on voyait ces démagogues revendiquer le privilége de l'inviolabilité parlementaire, et l'exagérer avec la même insolence qu'auraient montrée de vieux patriciens. C'est que, chez eux, les passions de l'orgueil se combinaient avec l'absence d'éducation. C'est là ce qui explique le triste phénomène auquel il nous a été donné d'assister.

CHAPITRE IV

MESURES LÉGISLATIVES

Il ne suffisait pas d'avoir vaincu l'insurrection et livré ses auteurs à la justice ; ce n'était pas assez d'avoir fermé les clubs, ces foyers permanents où toutes les passions révolutionnaires et anarchiques venaient s'exalter jusqu'au délire, il fallait encore faire cesser ces provocations incessantes à la révolte dont quelques journaux incendiaires s'étaient fait une sorte d'habitude. L'éducation politique de notre pays n'est pas assez avancée et notre société française n'est pas assez fortement constituée, pour que de telles provocations restent, comme dans d'autres pays, impuissantes et impunies. Nous dûmes y pourvoir. Je présentai un projet de loi dont une des dispositions, la principale, au cas de condamnation d'un journal pour crime de provocation à l'insurrection, autorisait les Cours d'assises à suspendre ce journal pour un temps dont le maximum était trois mois.

Déjà, une loi présentée par M. Marie, amendée par M. Jules Favre, qui frappait d'assez fortes pénalités toute attaque contre le principe du gouvernement républicain, avait été votée par l'Assemblée constituante; notre projet y ajoutait un article qui punissait l'offense faite au président de la République et chargeait le ministère public de poursuivre d'office les délinquants. En outre, et comme un grand nombre de nos représentants montagnards s'étaient fait éditeurs de journaux et couvraient ainsi de leur inviolabilité personnelle les feuilles auxquels ils concouraient, notre projet interdisait aux députés de se faire journalistes. Enfin, nos campagnes étaient inondées d'une nuée de colporteurs qui y répandaient en quantités innombrables ces almanachs et petites brochures où le socialisme concentrait tous ses poisons; nous proposâmes, dans cette loi, d'assimiler les colporteurs aux libraires et d'assujettir leur commerce, comme l'était déjà celui de la librairie, à l'autorisation de l'administration; on verra, plus tard, quel abus il a été fait de cette disposition. Quelques articles ayant pour objet d'abréger la procédure et de rapprocher ainsi la répression de la perpétration du délit, complétaient ce projet qui, laissant d'ailleurs intacte la juridiction du jury, cette seule et véritable garantie de la liberté de la presse, n'affectait en rien le droit de discussion.

C'est cependant cette loi que la montagne attaqua avec une sorte de fureur. Le débat auquel elle donna lieu reflète avec tant de vérité et d'énergie les passions de toutes les parties de l'Assemblée, que je vais le reproduire dans ce qu'il a offert de plus saillant.

Ce fut M. Mathieu (de la Drôme), orateur de l'extrême gauche, dont l'énergie sauvage s'élevait parfois jusqu'à l'éloquence, qui ouvrit la discussion.

Brisez la plume de l'écrivain, s'écrie-t-il, étouffez la liberté de la presse, mettez le scellé sur la conscience et sur la bouche de l'homme ; plus vous vous efforcerez de faire reculer le peuple jusqu'à vous, plus il avancera vers nous.....
Votre projet viole une loi plus sainte encore, plus sacrée que

la Constitution ; ce n'est pas d'elle que l'homme tient le droit d'exprimer, de répandre, de propager sa pensée. Il tient ce droit de celui qui lui a donné la parole avec la vie, et qui n'a probablement pas voulu lui faire un don stérile. Aussi, je le déclare, je considère toute mesure préventive contre le libre exercice du droit de discussion orale et écrite comme la violation des droits naturels de l'homme ; je la considère comme une impiété, comme un crime envers l'homme et envers Dieu ! *(A gauche* : Très-bien !)

M. de Montalembert, en lui répondant, commença par justifier l'ancienne opposition constitutionnelle du reproche de palinodie.

J'ai parlé et voté, dit-il, il y a quatorze ans, contre les lois de septembre ; je viens parler et voter aujourd'hui pour la loi qui vous est présentée, et je ne suis pas, pour cela, en contradiction avec moi-même. Je suppose, ajoute-t-il avec autant d'esprit que de vérité, qu'un médecin est appelé et consulté sur le régime d'un homme robuste, d'un homme qui se livre à tous les exercices, à tous les travaux de la vie ordinaire ; il est bien permis à ce médecin, en jugeant le tempérament de cet homme, de lui conseiller un régime substantiel, énergique, stimulant. Eh bien, c'est ce que nous avons fait. Quand, sous la monarchie, nous voyions, nous étudiions le tempérament de la France, nous l'avons crue alors robuste, capable du régime de liberté qui existait alors. Mais, si le même médecin est rappelé au bout de dix ans auprès du même sujet, et qu'il le trouve épuisé par ses propres excès, qu'il le trouve en proie à la fièvre, au délire, est-ce qu'il continuera à lui imposer le même régime ? S'il le faisait, ce ne serait plus un médecin, mais un insensé, un ignorant ou un assassin. Vous objectez que les lois de septembre n'ont pas sauvé la monarchie. Je n'hésite pas à le dire : si la loi que nous allons voter donne à la République douze années de prospérité, de sécurité et de liberté, comme celles qui ont suivi les lois de septembre, je me tiendrai comme très-justifié et très-satisfait de l'avoir votée. (Approbation à droite.)

L'orateur fait ici le récit animé de toutes les violences de la démagogie et du socialisme depuis le 24 février 1848. Il lit divers fragments de journaux de province : l'un, *le Citoyen de la Dordogne*, parlant de la mort du maréchal Bugeaud, s'exprimait ainsi : « Dieu a jugé cet homme farouche, aussi farouche que l'insulaire de l'archipel de la Sonde, qui cloue une tête de mort au mât de son canot. Cet homme, qui s'était truffé d'une haine stupide contre le peuple, etc. » L'autre, *l'Émancipation de Toulouse*, terminait une violente diatribe par ces mots : « *Aujourd'hui, la plume; demain, le fusil!* » Après avoir par ces citations soulevé l'indignation et le dégoût de l'Assemblée, il continue ainsi :

Mais le parti conservateur n'a-t-il rien à se reprocher? Je ne signalerai pas cette déplorable légèreté avec laquelle, dès le lendemain du combat, on se replonge dans une folle sécurité, disposition si spirituellement caractérisée par un de nos collègues, lorsqu'il a dit que, dans ce pays, *le lendemain d'une victoire, l'ordre avait l'air de demander pardon au désordre de l'avoir vaincu*; ne sommes-nous pas tous coupables, sinon dans le présent, au moins dans le passé, de ce goût dépravé pour l'opposition permanente et perpétuelle?... Oui, depuis la chute de l'Empire, tous nous avons plus ou moins, lorsque nous n'étions pas nous-mêmes ce pouvoir, nous avons tous, plus ou moins, sympathisé avec les agressions dirigées contre le pouvoir, quel qu'il fût : sous la Restauration, les libéraux de toutes les nuances ; sous la monarchie de Juillet, les légitimistes d'abord, puis les républicains, puis les dynastiques, et, enfin, il faut le dire, les catholiques eux-mêmes (On rit), moins, beaucoup moins que les autres, mais encore trop, je le reconnais maintenant. (A droite : Très-bien! très-bien!) Tous, à des degrés divers, nous avons trop présumé de la force de cette société, de la solidité de ses remparts. (Très-bien.) Nous avons vu, sous le dernier régime, des hommes à peine sortis du pouvoir et qui devaient y rentrer presque aussitôt, user de ce court espace de temps pour affaiblir et discréditer ce pouvoir, dont ils avaient été longtemps et dont ils devaient redevenir sitôt les dépositaires. Nous avons vu d'autres hommes continuer pendant dix-huit ans, avec le plus grand talent, avec la meilleure foi du monde, je n'en doute pas, à attaquer ce même pouvoir. (*Un membre à gauche* : M. Odilon Barrot!) Eh bien, oui, M. Odilon Barrot, et il ne m'en voudra pas de le désigner, il sait les sentiments que j'ai pour lui et combien j'honore les services qu'il rend à la patrie! Je vous remercie de m'avoir fourni cette occasion de le nommer et de l'honorer publiquement. (Très-bien! très-bien!) Eh bien, oui, nommons-les par leurs noms, si vous voulez : M. Guizot, M. Odilon Barrot, tous les deux ont été successivement condamnés à user tout leur patriotisme, tout leur talent, toute leur énergie à défendre le pouvoir qu'ils avaient, dans d'autres temps, déprécié. Qu'est-ce que cela prouve? que ce sont des apostats, des hommes corrompus? Pas un d'entre vous n'a osé le dire et n'osera le supposer. (Très-bien!) Cela prouve qu'il y a, dans la manière dont nous entrons dans la vie politique, dans la manière dont nous apprécions les rôles du pouvoir et de la société, quelque chose de radicalement faux et téméraire, quelque chose d'incompatible, non-seulement avec l'intérêt de la société, mais avec celui de la liberté... Aussi, qu'arrive-t-il aux hommes publics dans ce pays-ci? Ils commencent tous par ne pas assez croire à l'autorité; et comment finissent-ils? Les uns vont tomber au fond de l'abîme où ils cherchent à entraîner la société avec eux; les autres consacrent leur talent et leur énergie à défendre la société avec les armes dont ils ont trop souvent émoussé le tranchant et affaibli le ressort. (*A droite* : Très-bien!) Je ne devrais pas me nommer, parler de moi, après les hommes illustres que je viens de citer, mais je veux, je dois m'associer aux critiques que j'ai dirigées contre eux ; moi aussi j'ai fait de l'opposition toute ma vie, non pas systématique, mais trop souvent vive et exagérée ; ma voix a été trop souvent grossir cette clameur téméraire et insensée qui s'élevait de tous les points de l'Europe à la fois et qui a fini par cette explosion de Février... Je me pardonne à moi-même, j'espère que Dieu me pardonnera parce que j'étais de bonne foi... La liberté peut naître d'une révolution, c'est incontestable ; mais elle ne peut vivre qu'à la condition de tuer sa mère, de tuer l'esprit révolutionnaire. (Approbation à droite.) C'est ce qu'elle a fait en Angleterre. Là, elle est née de deux révolutions ; mais qu'a-t-elle fait depuis qu'elle y existe? Elle s'est constamment appliquée à tuer l'esprit de sédition et de révolte. Vous direz que l'Angleterre est une monarchie et une aristocratie. Je vous répondrai que la République démocratique que nous avons n'a elle-même pu exister jusqu'à aujourd'hui qu'en tuant, autant qu'il était en elle, ou du moins en combattant énergiquement, courageusement l'esprit de révolution; c'est ce qu'elle a fait en juin dernier, c'est ce qu'elle fera encore; si elle ne peut pas le faire, elle périra. Elle sera remplacée par deux dictatures : d'abord, celle de l'anarchie, que nous connaissons tous, dont le code est déjà proclamé, dont les satellites sont partout enrégimentés, haletants après la spoliation et le pillage. (Exclamations à gauche. — Vive approbation à droite.) Et après cette dictature-là, savez-vous laquelle nous aurons? Non pas la dictature de Napoléon, ou de saint Louis, ou de Charlemagne, mais celle du premier caporal venu, qui vous apportera l'ordre matériel au bout de son sabre, et que vous bénirez tous. (Vive interruption à gauche.) Oui, que vous accueillerez, vous-mêmes qui m'interrompez. Vos pères l'ont bien fait. (Murmures à gauche.) Je vote donc pour ce projet : non pas, certes, parce qu'il est contre la liberté, mais parce qu'au contraire il est destiné à nous préserver de la dictature..... On nous parle de représailles. Eh bien! je les accepte. Si, étant minorité, nous faisions ce que font les hommes que cette loi veut atteindre; si nos journaux prêchent la guerre civile, si jamais ils disent : *Aujourd'hui la plume, demain le fusil*, nous consentons d'avance à ce que nos journaux soient supprimés. Si nous venons à cette tribune proclamer l'appel aux armes; si, après cela, nous descendons dans la rue, si nous mettons hors la loi la majorité de la représentation nationale: si cela m'arrivait, à moi personnellement, et si, après avoir commis tous ces crimes, j'en étais quitte pour quelques années de prison terminées, comme elles l'ont toujours été sous la monarchie, par une généreuse amnistie; si j'en étais quitte à si bon marché, je m'y résignerais, je m'en consolerais, et je vous le pardonne d'avance. (Rires. — Marques nombreuses d'approbation; l'orateur reçoit les félicitations d'un grand nombre de représentants.)

Ce discours était très-éloquent, mais il dépassait le

but. D'abord, il se contredisait, car si le médecin avait trouvé à la monarchie constitutionnelle de juillet un tempérament assez robuste pour supporter la liberté, ce n'était donc pas la liberté qui l'avait tuée. En outre, il prêtait à notre loi une portée qu'elle n'avait certainement pas; bien loin de vouloir étouffer cette opposition que M. de Montalembert venait de signaler et dont il avait fait son *meâ culpâ*, nous l'eussions encouragée, comme étant le remède le plus assuré contre la violence démagogique.

M. Jules Favre était peut-être le seul, dans l'Assemblée, qui n'eut pas le droit de s'élever contre cette loi qui, à peu de chose près, n'était que la reproduction de celle qu'il avait si récemment et si solennellement appuyée. Il reprit avantage des repentirs et presque des remords confessés par M. de Montalembert, pour se lancer dans la discussion.

M. de Montalembert, dit-il, dans ses regrets rétrospectifs sur ses premiers pas dans la carrière politique, a été, sans le vouloir, ou en le voulant, jusqu'à proscrire dans certaines limites (et quand on proscrit dans certaines limites, on proscrit sans limites, car il n'y a plus que l'arbitraire ou la tyrannie pour juges), jusqu'à proscrire l'opposition ou l'usage de la raison humaine vis-à-vis des actes du gouvernement... Vous êtes entraînés de sacrifices en sacrifices, d'immolation en immolation, jusqu'à anéantir la pensée humaine dans ce qu'elle a de plus intime et de plus respectable, et, de marche en marche, d'étape en étape, savez-vous où vous aboutissez? D'abord à l'oppression de la pensée, puis à sa persécution, puis au règne de la police, et, si cela était possible, si nos mœurs le souffraient, à la sainte Inquisition. *(A gauche :* Très-bien !) Vous dites que la société est malade : cela est vrai; mais, comme ces médecins empiriques qui ne vont pas rechercher dans le secret des organes, dans le mystère de la science, la cause première des maux, vous n'en voyez que les symptômes et vous voulez les étouffer par la compression pure. Voulez-vous que je vous dise comment je comprends la cause de ce mal social? c'est que l'ami de cette société ne trouve, pour satisfaire à ses besoins moraux, qu'un corps débile et usé ; c'est que le cœur républicain est encore dans le moule de la monarchie où vous voulez le faire périr. (Vive approbation à gauche.) La société, dites-vous, est assiégée. Eh bien ! si véritablement la société est assiégée par le socialisme, savez-vous le moyen de faire cesser le siége? C'est de donner entrée au socialisme dans la place. (Exclamations ironiques et rires prolongés.)

L'orateur sentit le besoin d'expliquer ce qui, il le reconnaissait lui-même, ressemblait fort à une *témérité ou à un sophisme;* toutes ses explications se résumaient dans cette maxime que, dans le domaine des opinions, il vaut mieux agir par la persuasion que par la compression, convertir que proscrire, ce qui est vrai. Mais la difficulté est précisément de déterminer là où une publication cesse d'être la simple expression d'une opinion et devient un acte, et un acte assez dommageable pour appeler une répression. M. Jules Favre l'avait bien reconnu lui-même lorsque, dans la loi du 11 mai, lui et ses amis avaient si sévèrement puni toute attaque, par la *presse*, contre le principe républicain, contre la souveraineté du peuple, etc... Aussi n'était-ce pas sans une certaine impatience que l'Assemblée suivait ce même orateur dans les longs développements qu'il donnait à cette pensée contradictoire que toute répression en matière de *presse* est inutile et dangereuse.

Je ne voulus pas que la question restât ainsi posée, entre les deux opinions extrêmes que venaient d'exprimer M. de Montalembert et M. Jules Favre; je tenais, d'ailleurs, à rétablir le vrai caractère de notre loi. Voici comment je m'exprimai :

La liberté de la pensée est, je le reconnais, tellement liée à la vie politique du pays, qu'il est impossible qu'un projet de loi qui touche à la *presse* n'éveille pas à l'instant même de vives et universelles préoccupations ; que des orateurs brillants se rencontrent dans cette discussion, qu'ils renouvellent, qu'ils rajeunissent à force de talent tous ces lieux communs que nous avions épuisés dans nos anciens débats sur les dangers ou sur les nécessités de la liberté de la *presse*, cela est tout naturel. L'un d'eux (et qu'il me le pardonne, au moment même où, tout en admirant la puissance de son talent, je me crois obligé de ne point en accepter le secours), l'un d'eux, en reportant la responsabilité des maux qui assiégent notre société, non point à l'abus, mais à l'usage de la liberté, non pas à la violence, mais à la lutte légale, tendrait à supprimer ce que nous ne voulons pas supprimer, ce qu'il y aurait crime et folie à supprimer : l'opposition loyale et légale... (Très-bien.)

M. de Montalembert proteste que telle n'est pas sa pensée.

... Oh ! si notre loi méritait ce reproche, si elle allait jusqu'à supprimer la contradiction, jusqu'à interdire l'opposition loyale, cet avertissement nécessaire qui ne renverse pas les gouvernements, qui les sauve quand ils ne sont pas assez aveugles pour le dédaigner (nouvelle approbation); si notre loi va jusque-là, qu'on ne se donne pas la peine de la soutenir : je serais le premier à la déserter. C'est parce que je maintiens, et c'est chez moi une conviction profonde, que non-seulement cette loi ne détruit pas, ne supprime pas la discussion libre, qu'au contraire elle l'assure contre la violence qui la compromet, que je viens la défendre. A M. Jules Favre, je répondrai : Oui, nous avons voulu poursuivre la violence et punir les écrivains qui y provoquent. Oui, nous avons dit : il ne suffit pas de réprimer la révolte dans la rue, contre quelques fanatiques égarés; il faut la réprimer dans celui qui en donne le signal et fait publiquement un appel aux armes ; dans celui qui pousse les citoyens à la guerre civile, bien plus coupable, en cela, que les malheureux qu'il a entraînés. (Très-bien ! très-bien !) Est-ce là un principe nouveau dans les législations libres? est-ce une énormité qui puisse motiver, colorer même d'un prétexte ces reproches que vous nous adressez de compression de la pensée humaine? Mais vous n'avez donc pas relu, avant de monter à cette tribune, cette loi du 11 août 1848, dont vous étiez un des principaux auteurs; cette loi qui, elle aussi, a fait des emprunts considérables aux lois de septembre ; et, en cela, ses auteurs ont eu raison, car, par cela qu'une loi a telle ou telle date, ce n'est pas un motif pour l'écarter. Il faut prendre ce qu'il y a de bon, même à ses adversaires. Eh bien! que lui avez-vous emprunté, à cette fameuse législation de septembre ? ce qu'elle avait de plus exorbitant, ce qui ne pouvait se justifier que par la crise des temps; vous avez mis dans votre loi du 11 août que toute attaque par la *presse* contre le principe républicain, contre le suffrage universel, contre la propriété, serait punie. Ce n'est pas le fait matériel que vous punissiez, non! c'est l'attaque par la *presse*, par la discussion, par la publicité. Vous faisiez donc intervenir la répression dans le domaine de la simple polémique : or, qu'est-ce que nous punissons, nous, par la loi nouvelle? C'est l'acte de l'écrivain qui dit à un public qui attend le signal : *Courez aux armes !...* qui dit à des ouvriers égarés par le fanatisme ou la misère : *Descendez dans la rue, prenez vos fusils...* (Vive approbation à droite.) Est-ce là de la discussion ? Supprimer de pareils appels à la violence, les décourager par l'énergie de la loi, est-ce, comme vous le dites, commettre un sacrilège? Permettez-moi de citer vos propres paroles dans la discussion de la loi du 11 août 1848 : *Nous voulons*, disiez-vous, *que toute attaque contre les idées sur lesquelles repose la société soit interdite, et voici pourquoi : c'est que nous ne voulons pas, pour servir à la fortune de quelques ambitieux, mettre en péril le salut de la Patrie; c'est que nous savons bien comment leurs utopies, colorées par les mensonges de l'imagination, peuvent armer des mains criminelles.* Voilà ce que vous disiez, aux applaudissements de l'Assemblée ; était-ce parce que vos amis étaient alors au pouvoir, que vous teniez ce langage? Et aujourd'hui, vous en repentiriez-vous? Allez, n'ayez pas de tels regrets. Vous étiez alors dans le vrai, comme nous y sommes aujourd'hui.... Et ne croyez pas que nous voulions exploiter au profit du pouvoir l'émotion publique et l'impression qu'a laissée après elle cette conflagration générale qui menaçait naguère notre pays, et que l'énergie seule du gouvernement et la promptitude de ses mesures ont pu étouffer dans son foyer même; ne craignez pas non plus que, dans un système politique étroit, exclusif, je rattache le malaise de la société, son anxiété, uniquement et exclusivement aux violences de la *presse*; non, ce serait une vue étroite. Il ne suffit pas, je le sais, de dire à certains journaux : Vous ne sonnerez plus le tocsin de la guerre civile, car vous seriez frappés à l'instant. Non, cela ne suffit pas ; la tâche du gouvernement serait trop simplifiée si les choses se passaient ainsi; il y a encore autre chose à faire, sans doute. Il faut entrer largement dans la voie des améliorations réelles et pratiques; se gardant bien, toutefois, de ces promesses mensongères par lesquelles on entraîne les masses, tout en empirant leur condition. Nous laisserons à d'autres le triste avantage d'exploiter les sentiments d'envie et de haine qui couvent au fond du cœur humain; nous nous efforcerons, nous, d'améliorer, d'éclairer ces masses, de ranimer en elles l'amour du travail, de l'économie, de la famille : nous ne voulons pas exploiter leurs passions, nous voulons exciter leurs vertus. (Marques nombreuses d'approbation.) Qu'aucun parti ne s'attribue ici le monopole des sympathies pour le peuple; nous l'avons défendu, nous le défendrons toute notre vie aussi, *mais nous ne le tromperons jamais!* (Acclamations à droite et au centre. — Très-bien! très-bien!) Mais, pour que le gouvernement puisse remplir ces devoirs, pour que notre société puisse progresser dans la voie des améliorations que nous nous efforcerons de leur ouvrir, pour que le travail et l'activité des affaires puisse renaître, pour que toutes les sources de la prospérité puissent se raviver, que faut-il? la sécurité. (*A droite :* C'est cela!) Cette sécurité est-elle possible, tant que tous les jours, tous les matins retentiront dans les journaux des appels à la violence, lorsqu'on dira sur tous les tons aux ouvriers : *On vous a trompés, vous êtes les plus forts et les plus nombreux ; descendez dans la rue, ressaisissez votre conquête ou plutôt votre proie ;* tant qu'on pourra lire au coin de chaque rue ces feuilles qui saisissent l'ouvrier à son passage, ou vont le chercher dans son atelier pour l'arracher à ses goûts, à ses habitudes de travail, et le mettent incessamment en face des passions haineuses et des tentatives de violence?... Quand nous aurons ramené la sécurité et le calme dans ce monde de travail et de labeurs, quand nous aurons rappelé les capitaux désormais confiants; quand la société se possédera elle-même ; enfin, quand elle pourra envisager l'avenir sans anxiété, alors ces projets que vous recommandez à notre philanthropie éclairée pourront recevoir, dans la mesure du possible, leur application : mais nous nous déclarons impuissants à faire quelque bien dans ce pays si nous n'y avons, avant tout, rétabli l'ordre et la confiance. La sécurité matérielle n'est pas tout dans une société, sans doute ; mais elle est incontestablement la première et la plus indispensable condition de toute amélioration quelconque. Vous en avez vous-mêmes fait l'expérience ; est-ce que l'amour des classes pauvres et laborieuses et le désir d'améliorer leur condition vous manquaient au lendemain du 24 Février?... Qu'est-ce qui faisait cependant que les ressources s'épuisaient autour de vous ; que les capitaux se retiraient, et qu'impuissants à payer les dettes les plus sacrées, vous étiez condamnés à la douloureuse nécessité d'atermoyer?... Ce qui faisait tout cela, c'est que la sécurité était profondément troublée. (C'est cela!) C'est que, par suite de ce défaut de sécurité, les sources de la vie se tarissaient de jour en jour, d'heure en heure, et qu'aux pulsations du corps social épuisé, on aurait pu juger combien il lui restait encore à vivre. (Applaudissements à droite et au centre.) Notre premier devoir à tous, ministres, députés, citoyens, partisans du pouvoir ou de la liberté, est donc de rétablir cette sécurité dans le pays. Je ne dis pas anathème à la violence, je n'ai pas qualité pour cela ; mais je dis, avec la loi qui vous est soumise : *répression, répression sévère et prompte* contre tout appel à la violence ; et si je parviens à décourager cette violence, ce sera encore un service que j'aurai rendu à la liberté. Oui, à la liberté, et qu'il me soit permis, en finissant, de répondre encore une fois à ces récriminations qui se reproduisent sans cesse et qui défrayent depuis longtemps l'éloquence de mes adversaires. Croit-on donc m'embarrasser en me mettant en face de mon passé? Je n'emprunterai même pas la réponse spirituelle de M. de Montalembert qui n'admettait pas qu'on pût traiter dans tous les temps toutes les maladies avec un seul et même remède ; je dirai que, bien loin d'éloigner le souvenir de ma lutte de dix-huit ans pour la liberté, c'est ce souvenir qui me soutient et qui fait ma force dans celle que je soutiens aujourd'hui pour la cause de l'ordre. (Très-bien.) Ceux qui voient là une contradiction ne prouvent qu'une chose, c'est qu'ils ne m'ont jamais compris ; qu'ils sachent bien que, lorsque sous l'ancien gouvernement je revendiquais certains principes et défendais certaines garanties, je combattais autant pour la consolidation d'un pouvoir qui avait, d'ailleurs, mes affections, que pour la liberté. Ils ne pouvaient pas d'ailleurs me comprendre, ceux qui, aujourd'hui, me reprochent mon passé, car ils étaient alors parmi mes adversaires; vous le savez bien. Notre lutte n'a pas commencé du jour où j'ai été chargé de défendre et de raffermir cette société : oui, et toute la France s'en souvient aussi ; quand je luttais pour fonder dans notre pays une liberté vraie, possible, je vous avais, comme aujourd'hui, en face de moi, contre moi ; il n'y a rien de changé. (Approbation prolongée.)

Un grand nombre de représentants se pressent autour du Président du conseil, pour le féliciter : la séance est suspendue et la discussion continue au lendemain.

Ce discours n'était pas nécessaire pour décider le vote de la loi; mais il l'était pour bien marquer l'esprit de modération dans lequel le gouvernement était résolu à se maintenir. Dans d'autres circonstances, j'aurais pu approfondir davantage le sujet et démontrer que si les appels à la violence étaient si fréquents et si dangereux dans notre société, c'est parce que toute témérité a chance d'y réussir, au moins pour un temps. Cette démonstration m'eût entraîné trop loin.

La séance du lendemain fut remplie par des discours de MM. Grévy, Dufaure, Émile Barrault, Nettement. Le ministre de l'Intérieur à qui il appartenait surtout de quitter le terrain des généralités, pour révéler ce qu'il savait des violences de la démagogie et des dangers qu'elle faisait courir à la société, fut d'une précision, d'une éloquence qui arrachèrent les applaudissements, même de l'extrême droite : ce parti commençait à lui pardonner d'avoir été le ministre du général Cavaignac.

Enfin, MM. Pierre Leroux, Thiers et Crémieux terminèrent, dans une troisième séance, ce grand débat. Le discours de M. Thiers est certainement un de ceux dans lesquels brillent avec le plus d'éclat les qualités qui lui sont propres : la clarté, l'enchaînement des raisonnements, le trait rendu plus acéré par une apparente bonhomie, la rectitude indiscutable des propositions.

Oui, disait-il, vous avez le droit de discuter le gouvernement, de discuter ses actes, sans limites. Si je vous disais : on les discutera avec mesure, avec modération et raison, vous auriez le droit de vous récrier et de soutenir qu'à ces conditions la liberté, la vraie liberté n'existerait pas. On discutera donc les actes, sans raison, sans mesure, sans justice. Voyez si je vais loin dans ma concession : Voici un homme qui ne sait rien, qui sort du collége ; il ne sait rien (hilarité prolongée) des affaires de l'État : ou bien il est déjà bien loin du collége, il a traversé toutes les carrières, il a été avocat, médecin, négociant : il a échoué dans toutes. Eh bien ! il va faire la leçon tous les jours aux hommes les plus consommés, qui ont passé leur vie à étudier les affaires de l'État : il les régentera ; il enseignera à celui-là à gouverner, à celui-ci à administrer, à un autre, à négocier ; cela doit être. Si cela n'était pas, il n'y aurait pas de liberté de discussion pour les actes. Je vous ai parlé de l'ignorant, je vais vous parler du malhonnête homme : Voici un homme exclu des fonctions publiques ; il n'a qu'un désir, c'est de contribuer au renversement de l'administration ou du gouvernement, pour avoir des fonctions (il ne demande que cela), même les plus viles... Il accusera les hommes les plus élevés, les plus attachés à leur pays, de quoi ? d'ambition. Il faut que cela soit, car autrement la liberté n'existerait pas. Je vous accorde donc la discussion complète des actes. Le sot jugera l'homme d'esprit ; le malhonnête homme accusera l'honnête homme ; il le faut, parce que si cela arrive souvent, il arrive aussi que des gens habiles emploient le même moyen, ce moyen de l'expression de la pensée publique ; il le faut, la liberté n'existe qu'à cette condition. Quelques hommes faibles en souffriront, s'arrêteront dans leur carrière, comme ces soldats qui, impropres aux fatigues de la guerre, restent dans les hôpitaux dès les premières journées ; tant pis pour eux : le gouvernement n'est que pour les forts.

Ce discours, que nous regrettons de ne pouvoir reproduire dans toute son étendue, eut un grand succès dans le parti conservateur et termina la discussion générale.

Lors de la discussion des articles, il y en eut un surtout qui provoqua une vive et sérieuse controverse, c'est celui qui punissait toute offense au président de la république, et chargeait le ministère public d'en poursuivre la réparation.

Comme pour justifier cette disposition, et au moment où nous la présentions, il se passa en plein parlement une scène vraiment hideuse. Les sieurs Richardet et Sommier rédigeaient, en Alsace, une feuille démagogique qui ne se distinguait guère des autres feuilles de cette trempe que par la violence et par la trivialité de sa rédaction. Voici ce qu'elle disait dans un de ses numéros, au sujet de l'exécution des assassins du général Bréa :

Que faisait le président de la République, ce conspirateur, ce condamné amnistié? que faisait-il, pendant que les têtes de Daix et de Lahr tombaient sur l'échafaud ? il se reposait dans les bras du sommeil des fatigues du bal de la veille : il rêvait des 600,000 francs que l'Assemblée vient de lui accorder pour ses menus plaisirs...

Ce n'était là qu'une des aménités que la démagogie, déçue des espérances qu'elle avait d'abord placées en Louis-Napoléon, lui adressait.

Lors des poursuites dirigées contre cet article, ses auteurs n'étaient pas encore représentants ; l'étant devenus depuis, force fut au ministère public de demander à l'Assemblée l'autorisation de reprendre les poursuites commencées et suspendues. Les prévenus se défendaient eux-mêmes devant l'Assemblée dans ce style où la trivialité se mêle à l'emphase : ainsi, Richardet, parlant de la bataille de Waterloo, s'écriait : « *Cela vous vexe, n'est-ce pas, j'en suis désolé !...* etc. » Et, à la suite de cette trivialité, il plaçait ces ridicules boursouflures; « *Nous déchirerons nos entrailles, et, comme Léonidas, nous marcherons aux Thermopyles, pour combattre le tyran.* » C'était à se croire, non dans un parlement, réunissant les plus hautes intelligences de la France, mais sur les planches d'un de ces théâtres du boulevard où le peuple va malheureusement faire son éducation littéraire, politique et morale, tout à la fois : il se trouva cependant dans la Montagne un représentant appelé M. Gastier qui, admirant fort ce genre d'éloquence, y applaudissait; Pierre Bonaparte n'imagina pas de meilleure leçon de bon goût à lui donner que de lui appliquer, en pleine assemblée, un bruyant soufflet. On peut juger de l'effet produit par de telles grossièretés, et notre loi avait principalement pour but d'y pourvoir.

Le mot *offense* excita toutefois les scrupules de quelques légistes, qui, de très-bonne foi, auraient voulu substituer à ce mot ceux d'*outrage* ou de *diffamation*, dont le sens est plus précis.

Je crus devoir maintenir le mot d'*offense*, et le justifier en ces termes :

On peut accuser le Président : cela s'adresse à ses actes; on ne peut pas l'*offenser*, car alors on s'adresse à sa personne. Plus exposé qu'un autre citoyen, il doit être aussi plus protégé. Ceux-là seraient bien inconséquents, qui n'auraient élevé si haut le pouvoir présidentiel que pour en faire un but plus assuré aux coups de toutes les passions réunies.

Le mot *offense* comporte un certain vague, il est vrai; mais il en est à peu près de même pour toutes les définitions des délits de la *presse*, et c'est précisément pour cela que l'intervention du jury, en cette matière, a toujours paru nécessaire. L'*offense* est dans la nature de l'imputation ; elle est aussi dans sa portée, dans son intention, toutes choses que le jury appréciera.

Ce mot *offense* fut maintenu par 395 votants contre 153, et la loi générale adoptée par 400 contre 146 : une des plus fortes majorités que nous ayons obtenues.

Pour compléter cet ensemble de mesures qui devaient rassurer les plus timides, nous proposâmes d'autoriser provisoirement, et jusqu'au vote de la loi organique de la force armée, la réunion des deux commandements de l'armée et de la garde nationale de Paris dans les mains d'un même général. Notre collègue, M. Dufaure, était converti, depuis le 13 juin, à la nécessité de cette concentration de forces, et il l'appuya loyalement. Elle fut combattue par le général Baraguay-d'Hilliers. « C'est un étrange moyen, disait ce représentant, de préserver la liberté que d'aller au despotisme. Quant à la liberté, je la veux tout entière, le projet y porte une violente atteinte..... » Personne ne s'attendait à rencontrer un si rude champion de la liberté dans celui qui personnifiait dans l'Assemblée ce que le parti conservateur avait de plus réacteur. Aussi, quelques esprits mal faits allaient-ils jusqu'à soupçonner que M. Baraguay-d'Hilliers, devenu depuis maréchal de l'Empire, obéissait dans cette circonstance, comme lorsque, dans les journées de juin, il avait refusé de servir sous le général Cavaignac, à un sentiment tout autre que celui de l'amour de la liberté ou du respect des garanties civiles.

Enfin, le ministre de l'intérieur présenta la loi organique qui devait définir l'état de siège et en régler les effets. Déjà le Conseil d'État, consulté par nous, avait donné un avis interprétatif de la législation existante, et sanctionné les mesures que nous avions prises tant pour le déplacement des interdictions que pour la suppression de certains journaux. Notre projet ne faisait pas autre chose que de donner force de loi à cet avis. Un débat assez vif s'engagea cependant sur ce pouvoir, en lui-même très-exorbitant, de supprimer les journaux et surtout de faire juger les délits de la *presse* par les conseils de guerre. Nous n'avions d'abord demandé cette exception au droit commun que pour le cas de complicité de la *presse* dans les crimes d'insurrection ; mais la commission avait repoussé cette restriction et conservé le droit du gouvernement d'une manière absolue : nous acceptâmes la rédaction proposée, par cette considération qui domina et devait dominer tout ce débat, à savoir que l'état de siége est une véritable dictature, mais une dictature préalablement établie par le parlement, exercée sous ses yeux, et soumise à son incessant contrôle. Ressource héroïque, mais devenue malheureusement indispensable, pour une société aussi peu sûre d'elle-même, et aussi dépourvue de tous moyens de résistance aux surprises et aux coups de main. La loi fut votée, sans aucun amendement, par 399 votants contre 140.

A un député de la Montagne qui prétendait que Paris, placé sous l'empire d'une telle loi, n'avait pu procéder librement aux élections, M. Dufaure se borna à répondre :

« S'il est quelqu'un qui, dans ces élections, prétend qu'il n'a pas été libre, qu'il se lève et vienne le déclarer à cette tribune. » La Montagne garda le silence.

Le ministre repoussa avec une égale fermeté la proposition de lever l'état de siége dans la 19ᵉ division militaire, dont Lyon est le chef-lieu et où les passions socialistes et anarchiques fermentaient encore et pouvaient, d'un instant à l'autre, faire explosion. Mais l'état parfaitement tranquille de Paris, attesté au besoin par l'élection qui venait de s'accomplir, nous permit d'y lever l'état de siége, et de faire rentrer cette capitale dans le 'droit commun.

Après tant d'orageux débats, des signes évidents de lassitude se manifestèrent dans l'Assemblée; les demandes de congé se multipliaient. Les représentants, pressés de s'absenter, se jouaient de toutes les précautions parfois un peu puériles que l'Assemblée prenait pour rendre les congés plus difficiles. Le chiffre des absents allait toujours croissant et l'Assemblée se trouvait souvent en nombre insuffisant pour voter; ce qui fournissait à la Montagne toute facilité pour, au moyen d'abstentions calculées, frapper le pouvoir législatif d'impuissance : les mots de *prorogation*, d'abord assez timidement hasardés, circulèrent bientôt sur tous les bancs et devinrent comme un cri général.

Cette lassitude n'aurait guère été justifiée, l'Assemblée législative ne siégeant que depuis trois mois, si, dans cette assemblée, ne se fussent rencontrés, par suite de leur réélection, 300 membres environ qui avaient appartenu à la Constituante et en avaient subi toutes les fiévreuses agitations.

Quant au ministère, il ne lui était pas permis de prendre l'initiative de cette prorogation, bien qu'elle fût pour lui une nécessité des plus sérieuses; il ne pouvait que l'appuyer.

Il est difficile, en effet, de se faire une idée de la vie que les ministres menaient pendant le temps de ces assemblées souveraines et permanentes, obligés qu'ils étaient d'assister à toutes les séances, depuis le moment où elles s'ouvraient, jusqu'à leur clôture qui n'était souvent prononcée qu'à une heure avancée du jour et parfois même de la nuit. S'il m'arrivait parfois ou de ne pas me trouver au début de la séance ou de me retirer avant qu'elle ne fût levée, des messages réitérés, tantôt des ministres, mes collègues, tantôt de mes amis, me pressaient de revenir à l'Assemblée où quelqu'incident imprévu était survenu et exigeait impérieusement ma présence [1]. Si vous retranchez de la journée ces longues heures consommées chaque jour dans les débats du parlement, et celles beaucoup plus fastidieuses employées le soir à la correction de mes discours, corrections rendues nécessaires par l'imperfection de notre sténographie, on verra ce qu'il me restait de temps pour pourvoir à ces innombrables affaires dont une centralisation exagérée encombrait mon ministère [2].

Ajoutez à cela quatre ou cinq commissions importantes réunies à la Chancellerie, et que je présidais aussi assidûment que cela m'était possible : commission pour l'assistance judiciaire des pauvres ; commission pour l'amélioration de nos lois de procédure criminelle ; commission pour la réforme de notre régime hypothécaire ; commission pour la révision de notre procédure civile, en ce qui concerne les enquêtes ; commission pour simplifier la législation sur les incapables, les femmes, les mineurs, les interdits : toutes commissions dans lesquelles j'avais appelé les hommes les plus éclairés et les plus expérimentés, faisant pleine abstraction des différences d'opinion ou d'origine, commissions qui ont laissé des travaux im-

---

1. M. Millot, qui faisait près de moi les fonctions de secrétaire intime, a compté que j'étais monté plus de deux cents fois à la tribune pendant mes dix mois de ministère.
2. J'avais pris à tâche d'ouvrir toutes mes dépêches et d'annoter toutes celles qui avaient quelque importance, de manière à ce que les chefs de chaque division eussent toujours dans cette note de ma main un guide et une direction assurée. Une partie de mes nuits était employée à ce travail.

portants et préparé des lois utiles ; ajoutez à cela les conseils de cabinet qui se tenaient au palais de l'Élysée, à peu près tous les jours, et qui ne nous dispensaient pas des conseils particuliers, dans lesquels mes collègues et moi nous nous réunissions à la Chancellerie, non sans causer quelqu'ombrage au Président[1] ; puis enfin les audiences au public, les devoirs, les cérémonies, les réceptions obligées, et on aura à peu près une idée de ce qui s'entassait alors de préoccupations et de travaux sur un ministre de la République. Les auteurs de la Constitution républicaine n'avaient oublié qu'une chose, c'est que les forces des hommes ont des limites.

Ma santé n'avait pu résister à tant de fatigues. Je ressentis vers ce temps les premières douleurs contre lesquelles je luttai tant que je pus, mais qui finirent, à la suite d'une douloureuse opération, par me faire garder le lit, sans, pour cela, que j'aie cessé un seul jour de me faire envoyer mon portefeuille et de le signer. On comprendra, dès lors, que le repos fût devenu pour moi une véritable nécessité; mais avant d'y arriver, nous avions à demander à la Chambre quelques votes indispensables, parmi lesquels, et au premier rang, était celui du budget.

Notre situation financière, bien qu'améliorée, était encore assez peu rassurante. Le gouvernement républicain avait aggravé de beaucoup le déficit de 1848, en ajoutant aux dépenses 265 millions et en diminuant les recettes de 188 millions. Aussi, et malgré la consolidation d'une partie considérable de la dette flottante, au moyen de l'inscription au Grand-Livre d'une rente de 25 millions, le déficit pour l'année de 1850 ne se montait pas à moins de 320,378,228 francs, et c'est ce déficit qu'il fallait à tout prix faire disparaître.

---

1. Voir sa lettre aux documents.

Bien des systèmes furent agités dans le conseil. L'impôt progressif, par exemple, fut discuté et repoussé par nous, comme se rapprochant trop des projets socialistes, et devant, par cela même, alarmer les propriétaires et les capitalistes, que nous avions tant d'intérêt à rassurer, et, en outre, comme offrant de grandes difficultés pour sa perception. Nous préférâmes nous en tenir aux moyens ordinaires; nous proposâmes de convertir 200 millions de la dette flottante en obligations, dont le montant fut destiné à pourvoir aux travaux extraordinaires. 65 millions pris sur l'amortissement et 79 millions obtenus au moyen de l'accroissement de quelques impôts anciens et de l'établissement d'impôts nouveaux, nous permirent de présenter un budget en équilibre et d'offrir même un excédant de sept millions, excédant dont les réductions projetées dans l'armée et l'accroissement dans les revenus des impôts indirects devaient nécessairement élever le chiffre. C'était un grand point que de rentrer dans les budgets en équilibre sans manquer à un seul de nos engagements et sans désorganiser un seul des grands services publics. Mais cela même ne nous paraissait pas suffisant.

La catastrophe du 24 Février avait lourdement pesé sur toutes les entreprises qui vivent du crédit; elle avait rendu à peu près impossible aux compagnies concessionnaires du chemin de fer de Paris à Lyon et de Lyon à Marseille l'accomplissement de leurs obligations, au point que l'État s'était vu obligé de reprendre ces concessions et de continuer à son propre compte les travaux interrompus sur cette grande ligne. La situation embarrassée de ces grandes compagnies réagissait d'une manière fâcheuse sur le crédit public et en paralysait l'essor.

Il fallait de toute nécessité remédier à un tel état de choses. Nous proposâmes à l'Assemblée d'abandonner à une nouvelle compagnie les travaux déjà faits sur la ligne de Paris à Lyon, représentant une valeur de 180 millions, de lui accorder, en sus, 24 millions pour la traversée de Lyon, et, en outre, de lui payer une subvention de 15 millions, ce qui faisait un total de 189 millions pour cette seule ligne; sacrifice qui eût été excessif dans une situation normale, mais qui, dans l'état de dépression où était le crédit, était nécessaire; cette mesure a, en effet, exercé une influence décisive sur la reprise des affaires, qui, depuis, ont toujours été s'accroissant.

Il restait, en ce qui concernait mon ministère, à régulariser la situation de la magistrature, c'est-à-dire à pourvoir à l'institution nouvelle, qui, aux termes de la Constitution, devait lui être donnée. Ce n'était là qu'une simple formalité, puisque la loi d'organisation nouvelle présentée par Crémieux avait été rejetée, et que le maintien des cours et tribunaux, tels qu'ils existaient avec tout leur personnel, avait été décrété; les réformes ultérieures étant, d'ailleurs, réservées. Mais encore fallait-il régler les formes de cette consécration. Je proposai au Président de la République de décider que, le 3 novembre, les présidents de cours souveraines et les procureurs généraux seraient convoqués, pour ce jour-là, à Paris; que, réunis à la cour de cassation, à celle des comptes, ils formeraient une assemblée dans laquelle le serment professionnel du magistrat serait seul prêté, et l'institution solennellement donnée; puis les premiers présidents des cours, délégués à cet effet, admettraient au serment et institueraient les cours et tribunaux de 1re instance de leur ressort; la même délégation serait confiée aux présidents de chacun de ces tribunaux, pour les juges de paix de chaque arrondissement. Les différents membres ou officiers des parquets devaient prêter serment entre les mains des procureurs généraux dont ils relevaient. C'est ainsi que cette grande opération devait se régulariser en même temps dans toute l'étendue de la France.

Forte de cette nouvelle consécration, disais-je au Président dans mon rapport, reçue sous vos auspices, au nom de la République française, la magistrature se montrera de plus en plus digne de la mission dont nos institutions nouvelles ont encore agrandi les devoirs et l'importance.

L'inamovibilité de la magistrature française avait, en effet, reçu une nouvelle force de cette révolution de Février qui, après avoir renversé un trône, exilé une dynastie, brisé les Chambres, réduit en poussière ce fameux cadre de l'administration centrale, n'avait, de tous ces débris, laissé intact que l'ordre judiciaire. Déjà pareille chose était arrivée en 1830; mais alors il était à peu près convenu, parmi ceux qui avaient donné le signal de la révolution et qui la dirigeaient, que cette révolution devait se borner au changement de la dynastie. En 1848, où tout avait été bouleversé et renouvelé radicalement, le maintien de la magistrature ne pouvait plus s'expliquer que par la force vitale de l'institution elle-même. En conclure que désormais les juges sont assurés, quoi qu'il puisse arriver, de conserver leurs siéges et leurs attributions, ce serait une conclusion hasardée. La France finira peut-être par se lasser d'avoir une magistrature qui survit ainsi à tous les gouvernements et hérite de tous; il est possible qu'on veuille un jour relier plus fortement l'institution judiciaire aux autres institutions du pays, de manière à ce qu'elles se soutiennent ou tombent ensemble. Et puis on sentira que la justice, dans un pays libre, n'a pas seulement pour mission de protéger le droit privé, qu'elle a aussi, surtout, le devoir de maintenir et de garantir les libertés publiques. On voudra d'une magistrature moins assurée contre les révolutions et moins facile à s'accommoder avec tous les pouvoirs existants quelconques.

Les prisons attirèrent aussi notre attention. M. Dufaure attacha à son ministère une commission de surveillance des prisons du département de la Seine. Sous la Restauration, et dans le bon moment de ce gouvernement, en 1819, de pareilles commissions avaient été établies dans toutes les villes où se trouvaient des prisons; mais ces institutions vraiment libérales et qui pourraient être si utiles étaient à peu près oubliées. Il était dans notre intention de les faire revivre.

De mon côté, souvent j'avais été péniblement impressionné, en parcourant les grandes routes, du triste spectacle qu'offrent ces prisonniers que les gendarmes conduisent à pied et enchaînés, de prison en prison, prisonniers qui souvent ne sont que de simples prévenus, arrêtés pour de fort petits délits, quelquefois même par suite d'un malentendu. La société commence par infliger à ces malheureux le cruel supplice de cette fatigue et de cette humiliation. Nous prîmes des mesures, mon collègue de l'intérieur et moi, pour que des services fussent organisés dans tous les départements et que les transferts de prisonniers ne se fissent plus désormais qu'en voiture. Je doute qu'il reste quelque chose de ces mesures; quant aux commissions près les prisons, je suis certain qu'il n'en reste rien. Il ne faut pas seulement attribuer ce résultat aux susceptibilités jalouses du pouvoir; l'indifférence des citoyens y a sa bonne part; habitués que nous sommes depuis bien des générations à tout faire faire par nos gouvernements, lorsqu'on nous demande le plus léger sacrifice de notre temps ou de notre argent, pour un service public, nous nous en défendons par tous les moyens.

M. Dufaure était frappé comme moi, peut-être,

cependant à un moindre degré, des inconvénients de cette centralisation exagérée, et il avait saisi les conseils généraux d'une suite de programmes renfermant une série de questions tendant toutes à la décentralisation sérieuse de l'administration.

Voici les principales de ces questions, qui restent toujours à résoudre :

Chaque conseil général doit-il vérifier lui-même ses pouvoirs et prononcer, avec ou sans appel, sur les difficultés qui naîtront de l'élection ?

Les conseils généraux auront-ils la faculté de se réunir à volonté, ou ne le pourront-ils, comme dans la législation actuelle, que sur convocation expresse du préfet ?

Des commissions permanentes, directement élues par les conseils généraux, seront-elles appelées à fonctionner sous la direction des préfets, dans l'intervalle des sessions ?

Y a-t-il lieu de modifier la distribution faite par les lois existantes des charges entre l'État et les départements ; celles de l'État s'acquittant sur la masse des contributions de toute nature, celles des départements sur des centimes ajoutés aux quatre contributions directes : d'où il résulte que les départements ont intérêt à rejeter sur l'État le plus possible de leurs dépenses pour libérer d'autant leurs centimes facultatifs et en faire un plus large emploi dans les dépenses restées à leur charge et qui sont purement locales. Par cela, les conseils généraux gagneraient en liberté ce qu'ils perdraient en importance.

Maintiendra-t-on la nécessité de l'approbation du budget départemental par le ministre, ou suffira-t-il d'ouvrir un recours au Conseil d'État à exercer par le préfet ou les parties lésées ?

Enfin, sur les comptes, les conseils généraux se contenteront-ils du compte administratif et raisonné, laissant à la Cour des comptes l'apurement des comptabilités ?

En outre, et par une autre circulaire, M. Dufaure avait saisi les conseils municipaux des villes de plus de 20,000 âmes, pour lesquelles la Constitution réservait un régime exceptionnel, de l'appréciation des conditions de ce régime et des modifications qui devaient être apportées pour ces grandes agglomérations au droit commun des autres communes, particulièrement du point de savoir si les élections municipales devaient s'y faire par quartiers ou par professions, ou bien par l'universalité des habitants au moyen d'un scrutin de liste.

Ces questions répondaient à ce grand et difficile problème de la décentralisation dont la solution importe tant à la liberté, à la moralité du pays, et même à la stabilité de ses institutions ; solution difficile, car elle rencontre, non-seulement la résistance aveugle et obstinée des gouvernants, mais aussi une opposition dans les mœurs et les habitudes invétérées des gouvernés qu'il est bien difficile de surmonter.

Enfin, nous fîmes voter la loi organique de l'Assistance publique. Cette loi conforme, du reste, à l'esprit de notre législation française, introduisit dans ce service l'unité et l'uniformité, qui dominent dans toutes les autres branches de l'administration. Notre organisation administrative et sociale étant donnée, cette loi était la meilleure possible ; mais il est facile d'imaginer un état de choses où l'intervention administrative serait moindre et où l'action libre et spontanée des associations privées aurait une plus grande part dans le soulagement des misères publiques.

Au moment où cette loi se votait, un représentant du département du Rhône, Lepelletier, s'occupait aussi du paupérisme et proposait tout bonnement d'en décréter l'abolition ; ses moyens étaient simples :

1° Dépouiller les communes de leurs biens ;

2° Faire main-basse sur les dépôts des caisses d'épargne et de tous les établissements de la bienfaisance privée ;

3° Sur les capitaux des compagnies d'assurances, etc.

On le voit, c'était toujours cette idée fixe du socialisme, à savoir : la destruction de la propriété privée au profit de la communauté ; il est certain qu'il n'y aurait plus de pauvres à secourir chez une société où nul ne posséderait rien en propre. Après un rapport fort étudié de M. Charles Dupin, cette proposition fut repoussée à la presque unanimité, et notre loi fut votée.

Je dois dire que, dans toutes ces mesures tendant à l'amélioration de nos lois, non-seulement nous ne rencontrions dans le Président de la République aucune opposition, aucun mauvais vouloir, mais qu'il eût été même beaucoup plus loin que nous dans ces voies de la charité légale : il n'aurait même pas craint de se rapprocher de certaines vues de la secte socialiste.

CHAPITRE V

PREMIERS SYMPTOMES DE MÉSINTELLIGENCE ENTRE
LE PRÉSIDENT ET SES MINISTRES.

Au reste, il devenait de jour en jour plus évident que Louis-Napoléon se trouvait trop à l'étroit dans les limites que lui imposait la Constitution, et cela se comprend facilement. Dans un gouvernement vraiment représentatif, c'est-à-dire avec un ministère solidaire et responsable, alors surtout que la représentation nationale est permanente et toujours présente, la partie importante de l'action gouvernementale est tout entière dans les rapports incessants qui ont lieu entre le ministère qui parle pour le Gouvernement et en répond et l'Assemblée représentative ; le gouvernement est forcément transporté à la tribune : c'est de là que partent toutes les impulsions ; là, que se décident les grandes affaires ; là, que s'exercent les influences : est-il surprenant, dès lors, que Louis-Napoléon, qui n'avait et ne pouvait avoir accès à cette tribune, éprouvât une sorte de malaise à se voir, en quelque sorte, effacé de cette scène où se débattaient les grands intérêts du pays, et sur laquelle tous les yeux étaient constamment fixés. Aussi, ne laissait-il échapper aucune occasion de rappeler l'attention publique sur sa personnalité : inauguration de chemins de fer; ouverture d'exposition; visites aux hôpitaux; revues des troupes; distribution de drapeaux : tout lui servait d'occasion pour se montrer, se mettre en rapport avec les masses, y raviver le culte napoléonien et se présenter à elles comme le continuateur et le restaurateur de l'Empire. Les discours, les adresses qu'il recevait dans ces occasions offraient toutes, sauf quelques bien rares exceptions, à peu près le même thème. A Nantes, à Rouen, à Saumur, à Tours, dans toutes les villes où il paraissait, tous ceux qui le haranguaient, préfets, évêques, maires, curés, magistrats de tous les ordres, de tous les rangs, ne manquaient jamais de saluer en lui *le sauveur de la France*; de rappeler l'exemple du premier Napoléon, et de glorifier le coup d'État du 18 Brumaire, comme pour l'inviter à en faire autant.

Vous prouvez à tous, lui disait M. Franck-Carré, premier président de la Cour de Rouen, qu'une prédestination mystérieuse réserve au grand nom de Napoléon la gloire de sauver deux fois la France du désordre et de l'anarchie.

Le maire de cette ville portait avec éclat le toast : *A Napoléon, à son neveu, appelé aussi à sauver la France et la civilisation!...*

A Saumur, Louis-Napoléon flatte l'armée et rappelle que, dans les mauvais jours de notre révolution, *l'Honneur français s'était réfugié en elle!...*

Le sous-entendu, dans tous ces discours, c'était l'invocation d'un second 18 Brumaire, et la reconstruction du second Empire; et ce sous-entendu était trop clairement indiqué, pour ne pas faire naître des soupçons dans le public; soupçons dont Louis-Napoléon crut devoir se défendre avec une certaine affectation de franchise.

On prétend, disait-il à Tours, que le gouvernement médite quelque entreprise semblable au 18 Brumaire. Sommes-nous dans les mêmes circonstances? Les armées étrangères ont-elles envahi notre territoire? La France est-elle déchirée par la guerre civile? Y a-t-il 80,000 familles en émigration? Y en a-t-il 100,000 mises hors la loi par la loi des suspects? Non!... nous ne sommes pas dans des conditions qui nécessitent de si héroïques remèdes. Confiez-vous donc à l'avenir, sans songer aux coups d'État ni aux insurrections, etc.

Puisque je parle du voyage à Tours, je dirai un mot d'un petit incident qui se rapporte au séjour du Président dans cette ville ; incident qui, tout léger qu'il paraît, caractérise cependant assez bien la manière dont le chef de l'État comprenait les notions les plus vulgaires de la morale privée ; nous n'avons guère de raison pour croire que ces notions se soient modifiées en lui, depuis son élévation.

Louis-Napoléon, lorsqu'il était exilé en Angleterre, y avait rencontré une de ces femmes qui tirent parti de leurs charmes : cette femme s'était attachée à lui, et en avait même eu plusieurs enfants. Elle était logée non loin de l'Élysée, et vivait dans les rapports les plus intimes avec le Président, qui l'emmenait assez ordinairement dans les tournées qu'il faisait à travers la France. Elle était du voyage de Tours : il s'agissait de trouver à cette femme un logement; la personne chargée de distribuer les logements s'avisa de la placer dans la maison du receveur général, M. André, qui était alors avec sa femme aux eaux des Pyrénées. Or, M. et Mme André appartenaient à cette secte de protestants puritains, qui portent très-loin la sévérité des mœurs; ils se sentirent profondément blessés de ce que leur foyer, espèce de sanctuaire qui n'avait jusqu'alors été témoin que des pratiques religieuses et des actes de charité les plus ardents, fût devenu le séjour de ce qu'ils appelaient une prostituée!...

M. André s'en plaignit à moi, très-amèrement. Sa lettre, écrite sous la première impression de son indignation, était même excessive.

Serions-nous donc revenus, y disait-il, à cette époque où les maîtresses des rois promenaient leurs scandales à travers les villes de France !...

Je me trouvai assez embarrassé. M. André me paraissait attacher beaucoup trop d'importance à un fait qui pouvait bien n'être et qui n'était, en effet, que le résultat d'une indiscrétion ou d'une méprise de la part d'un subordonné. Je ne voulais donc pas en faire une affaire d'État, et, d'un autre côté, je n'étais pas fâché que le président sentît que, dans la position à laquelle il avait été élevé, il ne lui était plus permis de vivre de cette vie libre dont il avait vécu à Londres. Je chargeai donc mon frère, secrétaire général de la présidence, de faire en sorte que la lettre de M. André tombât, comme par accident, sous les yeux de Louis-Napoléon, ce qui fut fait; et voici la réponse que je reçus : j'avoue que j'en attendais une toute différente.

Votre frère m'a montré une lettre d'un M. André, à laquelle j'aurais dédaigné de répondre, si elle ne contenait des faits faux qu'il est bon de réfuter. Une dame à laquelle je porte le plus vif intérêt, accompagnée d'une de ses amies et de deux personnes de ma maison, désira voir le carrousel de Saumur : de là, elle vint à Tours; mais, craignant de ne pas y trouver de logement, elle me fit prier de faire en sorte de lui en procurer un. Lorsque j'arrivai à Tours, je dis à un conseiller de préfecture qu'il me ferait plaisir de chercher un appartement pour le comte Bacciocchi et pour des dames de sa connaissance. Le hasard et leur mauvaise étoile les conduisirent, à ce qu'il paraît, chez M. André, où, je ne sais pourquoi, on s'imagina que l'une d'elles s'appelait Bacciocchi. Jamais elle n'a pris ce nom; si l'erreur a été commise, c'est par des étrangers, indépendamment de ma volonté et de celle de la dame en question. Maintenant, je voudrais savoir pourquoi M. André, sans prendre la peine de rechercher la vérité, veut me rendre responsable et de la désignation faite de sa maison et du faux nom attribué à une personne. Le propriétaire dont le premier soin est de scruter la vie passée de celui qu'il reçoit, pour la décrier, fait-il un noble usage de l'hospitalité?... Combien de femmes cent fois moins pures, cent fois moins dévouées, cent fois moins excusables que celle qui a logé chez M. André eussent été accueillies avec tous les honneurs possibles par ce M. André parce qu'elles auraient eu le nom de leur mari pour cacher leurs liaisons coupables. Je déteste ce rigorisme pédant qui déguise toujours mal une âme sèche, indulgente pour soi, inexorable pour les autres. La vraie religion n'est pas intolérante ; elle ne cherche pas à soulever des tempêtes dans un verre d'eau, à faire du scandale pour rien, et à changer en crime un simple accident ou une méprise excusable.

M. André, qu'on me dit puritain, n'a pas encore assez médité sur ce passage de l'Évangile où Jésus-Christ, s'adressant à des âmes aussi peu charitables que celle de M. André, dit, au sujet d'une femme qu'on voulait lapider : *Que celui, etc.* Qu'il pratique cette morale ; quant à moi, je n'accuse personne, et je m'avoue coupable de chercher dans des liens illégitimes une affection dont mon cœur a besoin. Cependant, comme jusqu'à présent ma position m'a empêché de me marier ; comme, au milieu des soucis du gouvernement, je n'ai, hélas! dans mon pays, dont j'ai été si longtemps absent, ni amis intimes, ni liaison d'enfance, ni parents qui me donnent la douceur de la famille, on peut bien me pardonner, je crois, une affection qui ne fait de mal à personne, et que je ne cherche pas à afficher. Pour en revenir à M. André, s'il croit, comme il le déclare, sa maison souillée par la présence d'une femme qui n'est pas mariée, je vous prie de lui faire savoir que, de mon côté, je regrette vivement qu'une personne d'un dévouement si pur et d'un caractère si élevé soit tombée, par hasard, dans une maison où, sous le masque de la religion, ne règne que l'ostentation d'une vertu guindée, sans charité chrétienne. Faites de ma lettre l'usage que vous voudrez.

(Note de M. Ferdinand Barrot.)

Louis-Napoléon m'a donné l'ordre d'envoyer copie de cette

lettre à M. André. Je me garderai bien de le faire, et je lui dirai demain que je ne l'ai pas fait.

27 août 1849.

Il fut mieux inspiré dans son voyage à Ham. Il y avait quelque hardiesse de sa part à aller visiter, lui, premier magistrat de la République, cette prison dans laquelle il avait expié, pendant six ans, les crimes de Strasbourg et de Boulogne; il s'en tira à son grand honneur. Voici le discours qu'il fit au milieu du banquet offert par la ville de Ham :

Si je suis venu à Ham, ce n'est pas par orgueil, c'est par reconnaissance. Aujourd'hui qu'élu de la France, je suis devenu le chef légitime de cette grande nation, je ne saurais me glorifier d'une captivité qui avait pour cause l'attaque contre un gouvernement régulier. Quand on a vu combien les révolutions les plus justes entraînent de maux après elles, on comprend à peine l'audace d'avoir voulu assumer sur soi la terrible responsabilité d'un changement; je ne me plains donc pas d'avoir expié ici, par un emprisonnement de six années, ma témérité contre les lois de ma patrie, et c'est avec bonheur que, dans ces lieux mêmes où j'ai souffert, je vous propose un toast en l'honneur des hommes qui sont déterminés, malgré leurs convictions, à respecter les institutions de leur pays.

Ce discours fit une vive sensation dans le public. La noblesse et la franchise apparente de cet aveu, cet hommage solennel rendu aux lois établies, et cela, sur le lieu même de l'expiation, c'était de la bonne politique, et, à son retour, je lui en adressai avec effusion mes félicitations et mes remerciements, au nom du pays.

Cependant, et malgré l'accord qui semblait exister entre le président de la République et ses ministres, pour les yeux attentifs qui pénètrent au fond d'une situation, il était clair que les uns et les autres agissaient avec des tendances et des vues toutes différentes. Pendant que nous poursuivions notre œuvre à la tribune par des discours, des projets de lois, lui, poursuivait sa propagande napoléonienne à travers les départements, dans les faubourgs de Paris, retenant et encourageant alternativement le zèle de ceux qui préparaient la restauration impériale. Alors que tous nos efforts tendaient à faire marcher d'accord les deux grands pouvoirs de l'État et à corriger à force de prudence et de modération les vices d'une constitution impossible, lui, au contraire, semblait rechercher les conflits, et, au besoin, les faisait naître, par des défis inutiles et imprudents.

Ainsi, par déférence pour une décision de l'Assemblée, je lui demandais d'élever au grade de général de division le général Perrot, auquel on venait de transférer le commandement de la garde nationale de Paris ; il m'écrivit :

Je regrette de ne pouvoir partager votre avis au sujet du général Perrot. Mon intention est d'indiquer un *interim*, et le projet de revenir sur la décision d'aujourd'hui à l'Assemblée prochaine. La promotion au grade de général de division du général Perrot aurait l'inconvénient de faire croire à une nomination définitive.

Le général Clary avait été assez gravement compromis dans un débat parlementaire, il s'agissait du bris des presses d'un journal démocratique. Le président voulut absolument lui donner, avec éclat, le grand cordon de la Légion d'honneur.

Je persiste, m'écrivit-il, dans ma résolution de nommer le général Clary grand-officier de la Légion d'honneur, parce que je crois qu'il est bon de montrer au pays et à l'armée que je ressens les injures et les actes de l'opposition de l'Assemblée.

On voit que non-seulement il ne faisait rien pour

éviter les conflits, mais qu'il les recherchait ; il ne se contentait pas d'être en hostilité latente avec le parlement, il voulait que cette hostilité fût bien connue et eût le plus grand éclat.

D'un autre côté, malgré tous les ménagements que nous apportions dans nos rapports avec lui pour respecter sa dignité, il ne nous était pas possible de ne pas nous concerter quelquefois, entre nous, sur les résolutions que nous aurions à soutenir dans le Conseil. Le président, averti de ces conférences ministérielles qui se tenaient à la Chancellerie, m'en écrivit.

Je vous ferai remarquer, me disait-il, que les deux conseils chez vous et chez moi ont des inconvénients : car non-seulement cela multiplie les discussions et fait perdre du temps, mais cela conduit tout naturellement à prendre des décisions sans moi. Ainsi, je trouve irrégulier qu'on ait parlé au général Oudinot de la possibilité de lui donner le commandement de l'expédition de Civita-Vecchia, avant même que nous ayons décidé dans quelles circonstances nous la ferions. Ce que je veux éviter, c'est l'inconvénient qui arrive, presque tous les jours, de décisions prises sans moi, et que j'apprends par la voie publique ; car, lorsque cela arrive pour des faits, même insignifiants, cela nuit à ma considération et à celle du ministère, etc.

Ici les susceptibilités du Président n'étaient pas tout à fait dénuées de fondement ; d'un autre côté, la Constitution ayant fait du ministère un être collectif et responsable, et l'ayant placé entre les deux pouvoirs pour les modérer et les concilier, il fallait bien que cet être eût sa pensée, sa politique à lui, et que, parfois, il concertât ses résolutions. Les deux responsabilités distinctes du Président et de son ministère étaient la plus grande difficulté de cette Constitution ; il nous était bien difficile de la faire disparaître entièrement, nous ne pouvions que l'atténuer à force de ménagements et de bonne conduite, et c'est à quoi j'appliquais tous mes efforts.

Il n'était donc pas nécessaire d'être un politique bien perspicace pour apercevoir, dans cette impatience que le Président manifestait de s'affranchir des gênes que lui imposait un ministère qui avait pris trop au sérieux sa mission, et des prétentions du parlement à la prééminence, les germes d'une perturbation inévitable dans les hautes régions du pouvoir. C'est dans cette disposition des esprits que s'ouvrit le débat sur la prorogation. Notre rôle, dans ce débat, était bien simple, il se bornait à certifier à l'Assemblée qu'en son absence la Constitution et la liberté ne courraient aucun risque, et, grâce à Dieu, nous pouvions lui donner cette certitude, en toute conscience, au moins pour le temps que devait durer la prorogation : l'événement ne nous a pas démentis.

Cependant les pressentiments d'un coup d'État avaient pénétré jusque dans l'Assemblée. « Prorogation signifie *tranquillité* et *sécurité*, disait M. d'Havrincourt, et cette sécurité est-elle bien garantie ? »

A quoi M. Dufaure répondait :

De bonne foi, le pouvoir ministériel n'est pas dans des mains qui aient donné lieu de croire qu'elles se porteraient à un coup d'État.

Mais on lui répliquait : « *On le fera sans vous !* » Et déclarait ne pas accepter ces distinctions.

Le gouvernement tout entier, ajoutait-il, est dans les mêmes sentiments, et je n'en veux pour preuve que les paroles prononcées à Ham ; quand on a pris des engagements pareils devant un peuple intelligent, on devrait être à l'abri de tous les soupçons...

Il y a, en effet, un tel degré d'audace et de cynisme dans le mensonge, que les honnêtes gens n'y peuvent pas croire; qu'on ne se hâte donc pas trop de condamner leur crédulité, elle tient à leur honnêteté même.

Il paraît cependant que mon ami, M. Dufaure, n'était pas parvenu à dissiper toutes les défiances, car M. Levet proposa, par amendement, de faire cesser la prorogation de plein droit le jour où le ministère serait changé. C'était par trop directement mettre le Président en suspicion sous la caution de son ministère. La proposition pouvait être selon la vérité de la situation, elle n'était pas selon les convenances constitutionnelles; elle fut et devait être repoussée par la question préalable.

L'Assemblée décida à une forte majorité qu'elle se prorogeait du 13 août au 30 septembre, et la Commission de prorogation, composée tout entière de membres insignifiants de la majorité, attestait, par sa composition même, que les soupçons n'avaient pas encore très-profondément pénétré dans le monde politique.

Avant de se séparer, l'Assemblée consentit à assister à un nouveau débat sur les affaires d'Italie.

CHAPITRE VI

DÉBATS A LA SUITE DE L'OCCUPATION DE ROME

L'occupation de Rome par nos troupes était alors un fait accompli, et par conséquent hors de toute discussion. De plus, le Conseil d'État auquel nous avions déféré la conduite de M. de Lesseps dans une délibération longuement motivée, et au rapport de M. Vivien, avait censuré la conduite de cet agent, 1° comme ayant tenu une conduite absolument opposée aux instructions qu'il avait reçues (le Conseil d'État ne voulant pas admettre cette insinuation propagée par les amis de M. de Lesseps que d'autres instructions confidentielles et d'une nature toute différente auraient été données par le Président de la République à ce diplomate), 2° comme ayant signé une convention dont les stipulations étaient contraires aux intérêts de la France et de sa dignité.

Ainsi, au moins pour le passé, tout semblait décidé sur cette affaire de Rome, et par les décisions géminées des deux assemblées et par les appréciations du Conseil d'État. Le débat ne paraissait donc devoir porter que sur les conséquences futures de notre intervention.

Lorsque l'Assemblée avait consenti à rouvrir cette discussion sur les affaires de Rome, elle espérait que les orateurs se renfermeraient dans ce cadre. Vain espoir : les passions étaient trop excitées pour abandonner les retours sur le passé ; elles se donnèrent pleinement carrière à l'occasion de l'interpellation de M. Arnaud (de l'Ariége).

Ce député, quoique siégeant à l'extrême gauche, se distinguait par sa modération et par la parfaite sincérité de ses convictions : fervent catholique, il appartenait à cette secte *politico-religieuse* qui associe les idées démocratiques les plus radicales aux croyances catholiques les plus absolues. A voir cette belle figure, ce regard doux et cependant passionné, on devinait en lui un de ces illuminés qui, dans d'autres temps, auraient fait des saints et même des martyrs. M. Arnaud était respecté de tous, dans l'Assemblée, dont il était un des secrétaires. Il lui appartenait plus qu'à personne de traiter la question de Rome, au double point de vue des intérêts du catholicisme et de ceux de la démocratie : son rêve était l'union intime et même la fusion complète de ces deux puissances dans une unité qui, selon lui, pouvait seule garantir pour toujours le bonheur du genre humain, et c'est avec une douleur vraie qu'il voyait cette union brisée et son rêve évanoui.

> Je suis de ceux, dit-il, à qui l'expédition de Rome a causé une douleur profonde : catholique, j'y vois un coup funeste porté à l'influence de l'Église ; démocrate, j'y vois un attentat contre les droits les plus sacrés d'un peuple... On dit que la souveraineté temporelle du pape est indispensable pour garantir l'indépendance du Saint-Siége... Est-ce que vous ne craignez pas de calomnier l'Église, quand vous supposez qu'elle ne peut pas accomplir sa mission sans condamner un peuple à une servitude éternelle ? Eh bien ! moi qui suis à la fois catholique et partisan du principe de la

souveraineté nationale, je suis convaincu que le catholicisme n'a pas besoin de la violation d'un droit quelconque, qu'il se conciliera avec tous les droits des peuples. La séparation des deux pouvoirs peut désormais s'accomplir sans inconvénient. Est-il vrai, comme l'a dit M. Pierre Leroux, que cette séparation serait un arrêt de mort contre le catholicisme ? (Ici, l'orateur, en proie à la plus vive émotion, éprouve une défaillance.)

Reprenant ensuite ses sens, après quelques moments d'interruption, il continue ainsi :

M. Pierre Leroux est venu à cette tribune prononcer, au nom de la démocratie, l'arrêt de mort du catholicisme et de la papauté. Eh bien ! moi je viens à mon tour, au nom de la démocratie, défendre le catholicisme et la papauté. Je suis convaincu que la paix dans le monde ne peut se rétablir qu'à la condition de l'alliance intime entre le catholicisme et la démocratie ; cette alliance, votre fatale politique la retarde et la compromet pour longtemps, voilà pourquoi je suis ému...

Suit une longue argumentation un peu mystique sur les avantages prétendus de ce mariage entre la papauté et l'extrême démocratie.

Ce discours, profondément sincère et religieux, aurait peut-être mérité une réponse de même nature. Certes, les arguments de M. Arnaud étaient loin d'être irréfutables ; celui surtout qu'il tirait de ce que désormais, dans nos sociétés, le sentiment du droit et de la justice domine assez celui de la force pour rendre inutiles les garanties d'indépendance que la papauté trouve dans sa souveraineté temporelle, n'était malheureusement qu'une de ces utopies qui, dans tant de circonstances, ont égaré l'opinion républicaine ; mais cette réfutation eût renouvelé un débat épuisé.

Aussi, M. de Tocqueville qui lui succéda à la tribune refusa de le suivre sur ce terrain, et, après avoir rappelé que l'Assemblée n'était pas un concile, il replaça le débat sur le terrain des affaires.

Afin de bien préciser les vues du nouveau cabinet sur l'affaire de Rome, il commença par donner lecture de la dépêche, en forme d'instruction, qu'il avait adressée à nos agents trois jours après sa prise de possession du portefeuille des affaires étrangères; on en trouvera le texte parmi les documents.

En comparant cette instruction à celles qu'avait données son prédécesseur, M. Drouyn de Lhuys, il serait bien difficile d'apercevoir entre ces deux documents une différence quelque peu sérieuse : *Maintenir l'influence de la France en Italie; rendre à la papauté cette position indépendante et libre dont le monde catholique a besoin, tout en assurant les États romains contre le retour des abus de l'ancien régime.* Voilà ce que nous trouvons également dans les dépêches de ces deux ministres.

Seulement M. de Tocqueville, dans la prévision de notre entrée alors imminente à Rome, écrivait à son agent, M. de Corcelles :

> Vous avez sans doute provoqué également l'établissement d'une administration municipale ; il faut que l'armée agisse dans la limite où sa sécurité et ses besoins l'exigent. Nous devons prévenir toute espèce de réaction violente, soit contre les personnes, soit dans les choses : ainsi, il importe qu'on ne rétablisse pas celles des *institutions* et des *formes du passé qui ont donné lieu à des plaintes*, jusqu'à ce que les questions qui s'y rattachent aient été réglées d'accord avec Sa Sainteté. *Jusqu'à nouvel ordre,* NOUS DEVONS OCCUPER ROME. Ne perdez pas enfin de vue, et cela devient maintenant un point capital, que nous voulons *assurer aux États de l'Église des institutions libérales sérieuses*. Je ne doute pas que Sa Sainteté, qui a donné tant de gages éclatants de ses goûts bienveillants et libéraux, ne comprenne la nécessité de notre position à cet égard. La France républicaine a donné au Saint-Père des preuves éclatantes de sympathie. En retour de ces témoignages, pour prix des sacrifices qui ont déjà été faits,

la France a le droit de s'attendre à ce que les conditions nécessaires *à l'existence d'un gouvernement libéral et digne des lumières du siècle ne soient pas refusées. Adressez-vous sans intermédiaires à sa conscience et à son cœur*, etc.

Cette recommandation de rejeter les intermédiaires, de ne traiter qu'avec le Pape directement ; de maintenir l'occupation avec les droits qu'elle comportait, d'organiser, en attendant, une administration municipale séculière à Rome, impliquait bien le refus de recevoir les cardinaux délégués par le Saint-Père lorsqu'ils se présenteraient pour ressaisir dans toute sa plénitude le gouvernement papal ; malheureusement il n'en avait pas été ainsi : le ministre n'avait pas cru devoir s'expliquer sur la manière dont ses agents avaient compris et exécuté ses ordres.

Après la lecture de cette dépêche, interrompue fréquemment par les murmures de la gauche et les marques d'approbation de la droite, revenant sur la nécessité de notre intervention, M. de Tocqueville s'exprime sur le fond même de la question, tout comme aurait pu le faire M. Drouyn de Lhuys.

Je dis qu'il fallait la guerre, la guerre pour la République romaine, ou faire ce que nous avons fait, ou nous abstenir ; si nous nous étions abstenus, les mêmes hommes qui nous accusent aujourd'hui, les mêmes seraient venus nous dire : « Voyez à quel degré d'abaissement vous avez fait descendre la République. Quoi ! la France, depuis trois cents ans, n'a pas laissé se faire un grand changement en Italie sans s'en mêler, et ce qui n'est pas arrivé dans les jours les plus faibles et les plus mauvais de la monarchie, la République le laisse faire !... Honte sur vous ! » (Rumeurs à gauche. — Applaudissements à droite.) Nous n'avons pas voulu donner à l'opposition ce thème facile ; non-seulement la présence de notre armée en Italie est de nature à grandir notre position dans le monde, mais je le dis avec bonheur, ce qui l'agrandit plus encore, c'est la manière admirable dont cette armée s'est conduite. (Vif assentiment.) Des voix généreuses l'ont déjà dit du haut de la tribune britannique, et je suis heureux de le rappeler ici : oui, je cherche en vain dans l'histoire un spectacle plus singulier et plus grand que celui qu'a présenté le siége de Rome. Voici une armée qui arrive au pied d'une place qu'elle veut prendre; cette place n'est forte que d'un côté; de ce côté-là, le siége devra être long et très-meurtrier; en l'attaquant par là, on s'expose non-seulement à cette mort glorieuse que les soldats affrontent, mais à la fièvre; on affronte ces dangers cependant, on en fait le choix, et pourquoi? parce qu'en arrivant par là, elle ne met en péril qu'elle-même; elle épargne la population innocente; elle ne s'expose pas à tuer des femmes, des enfants, des vieillards, ce qui arrive dans tous les siéges ordinaires; elle fait plus : par un esprit de civilisation raffinée qui fait la gloire de notre temps, elle s'expose à ces grands périls, pourquoi? pour sauver des monuments!... (Très-bien! très-bien!) pour sauver les restes vénérables des vieux âges. Et quand enfin l'armée a triomphé, le vainqueur devient un ami, un frère. Je dis que ce spectacle est unique dans l'histoire, qu'il est admirable, et qu'un pays dont l'armée a donné un tel spectacle s'est grandi dans le monde.

Ce passage du discours du ministre était une réponse à l'adresse du consul anglais qui avait cherché à ameuter le monde artistique contre la prétendue destruction de certains chefs-d'œuvre de l'art antique.

Après ce juste hommage rendu à notre armée, M. de Tocqueville justifie le rétablissement du pouvoir temporel du Pape.

Je suis convaincu, dit-il, que, dans l'état actuel des choses (j'ignore quelles sont les chances de l'avenir), il n'y a aujourd'hui, ou dans un avenir très-prochain, d'autre moyen de rendre le souverain pontife indépendant, que de lui laisser une puissance temporelle. Avec le système contraire, vous en arriverez toujours à ce que, directement ou indirectement, une puissance étrangère exercera sur la volonté du Saint-Père une pression dont la France en particulier, et le monde catholique en général, peuvent avoir à se plaindre. (C'est vrai! c'est vrai! — *Un membre de la gauche:* Il fallait nous le dire dès le principe ; vous nous avez trompés !... — *Le ministre* : Je n'y étais pas ! (Mouvement.)

Ces mots: *Je n'y étais pas*, n'avaient pas la portée que ce mouvement de la gauche pouvait faire supposer: ils ne signifiaient pas un dissentiment entre les deux cabinets, puisque les dépêches et les paroles de M. de Tocqueville attestaient un parfait accord ; ils étaient tout simplement un rappel de dates. Toutefois, ces mots étaient malheureux, parce qu'ils fournissaient un prétexte que l'opposition ne manquerait pas de saisir.

Le ministre rend compte ensuite de l'état moral de la population aux premiers jours de notre occupation. C'était celui d'une terreur profonde inspirée par les violences du gouvernement tombé, et par les nombreux assassinats qui se commettaient journellement, terreur portée à ce point, que les citoyens les plus considérables et les plus libéraux n'osaient pas sortir de leur domicile et se refusaient à prendre une part quelconque à l'administration de la ville, à moins qu'on ne les y contraignît.

A qui avons-nous voulu nous adresser sur-le-champ? disait le ministre, ce n'est pas aux hommes qui passent pour être les soutiens des anciens abus du gouvernement pontifical ; non : c'est aux chefs, aux amis de l'ancien libéralisme ; et dans quelles dispositions les avons-nous trouvés? Une dépêche de M. de Rayneval du 5 juillet nous l'apprend. La voici : « Je puis résumer tous leurs discours en deux mots, porte cette dépêche : Voulez-vous venir avec moi, leur disais-je? — Dieu nous en garde; nous serions assassinés !... Tous, sans exception, ne se sentent à l'abri qu'au fond de leurs maisons. Je ne me figurais pas que la terreur pût être portée à ce point; les moins timides m'ont dit : *Faites-nous amener par des gendarmes, afin que nous ayons l'air d'être forcés.* » Ceci donne le mot de la situation ; voilà le régime que nous avons détruit... (Oui, oui ! — Réclamations à gauche. — *Une voix* : C'est absurde ! vous ne le croyez pas vous-même. — *Le Président*, s'adressant aux sténographes : Constatez ces grossières interruptions; c'est la seule vengeance que nous puissions en tirer.)

Le ministre. — Vous pouvez être fort éloquents, mais, à coup sûr, vous n'êtes pas polis. Je répète ma phrase : je dis qu'en détruisant un tel régime, nous avons bien mérité non-seulement de l'humanité, mais de la liberté elle-même.(*Voix à gauche* : Vous vous vautrez dans le sang! — Rires ironiques à droite.)

Maintenant, est-il dans vos vœux que ce rétablissement se fasse à tout prix; qu'il ne soit que la restauration des anciens abus de l'autorité temporelle? Ces abus contre lesquels Pie IX a si courageusement lutté lui-même? Non, sans doute... Nous n'avons cessé de ressentir le désir le plus vif que les réformes nécessaires, les institutions suivant nous indispensables d'un bon gouvernement soient accordées aux États-Romains... Je suis convaincu, et je ne crains pas d'apporter cette prédiction à la tribune, que si le Saint-Siège n'apporte pas dans les conditions des États-Romains, dans leurs lois, dans leurs habitudes judiciaires et administratives, des réformes considérables; s'il n'y joint pas des institutions libérales compatibles avec la condition actuelle des peuples, je suis convaincu, dis-je, que, quelle que soit la puissance des mains qui s'étendront d'un bout de l'Europe à l'autre pour le soutenir, ce pouvoir sera bientôt en grand péril; j'en suis, quant à moi, profondément convaincu. J'admire aussi cette Église catholique, dont vous avez entendu tout à l'heure un si vrai et si éloquent représentant; comme lui, j'admire cette immense association catholique qui couvre le monde; ces 150 millions d'hommes répandus sur toute la surface de la terre et qui, à travers la différence des races, des climats, des habitudes, du langage, ont partout le droit de se traiter de frères. (Très-bien!) J'ai une admiration profonde, plus grande que je ne pourrais le dire, pour cette puissance morale, la plus grande qu'on vit jamais, et qu'on appelle l'Église catholique! (Rumeurs à gauche.) Je suis convaincu que les sociétés qui sont sorties d'elle ne vivront pas longtemps paisibles sans elle. (Très-bien!) Je désire ardemment, non-seulement son maintien, mais qu'elle conserve son pouvoir de gouvernement et d'expansion dans le monde. (Rumeurs à gauche.) Mais, c'est parce que j'ai ce désir, que je cherche avec ardeur quels sont, humainement parlant, les meilleurs moyens à prendre pour que cette puissance et cette force se maintiennent ; je suis convaincu qu'il n'y en a qu'un : c'est que l'Église ne s'écarte pas, sans nécessité, de l'esprit du siècle ; c'est que, partout où ce siècle présente des idées modérées, applicables, des faits qui se légitiment, des pensées qui peuvent être admises, partout où de telles choses se rencontrent, l'Église catholique, au lieu de s'en éloigner, s'en rapproche. Eh bien ! pour l'obtenir, qu'avons-nous à faire ? Supplier le Saint-Père lui-même... (*M. Pascal Duprat* : Ah ! vous en êtes à prier ?) — *Le ministre* : Oui, supplier le Saint-Père de continuer à marcher dans la voie où il était entré, de se rappeler ses propres paroles... On l'a payé, je le sais, de la plus noire ingratitude, il a souffert ; mais l'Église catholique y a immensément gagné. Je n'hésite pas à dire que ce qui, depuis dix-huit mois, a semblé faire refleurir de toutes parts la croyance, ce qui a fait cesser cette guerre intestine et fraternelle que la raison et la foi se faisaient dans le monde ; ce qui a fait cesser cette guerre impie et malheureuse, ce sont les exemples du Saint-Père. (Très-bien ! très-bien !) Eh bien ! c'est à lui-même, qu'il me soit permis de le dire respectueusement, c'est à lui-même que je le rappelle avec déférence, avec confiance ; je le supplie d'écarter tout ce qui pourrait s'opposer à ses vues généreuses ; je le supplie de faire ce qui est dans son cœur, et je suis convaincu que la France n'aurait plus rien à désirer. (Très-bien !) Quelles doivent être ces réformes ?... Quelles sont ces institutions libérales et sérieuses dont je parlais ? C'est ici, j'en demande bien pardon à ce côté de la Chambre (la gauche), que je suis résolu à me taire. (Rires ironiques à gauche. — Marques très-vives d'approbation à droite.) Je termine en déclarant que je suis autorisé, non-seulement à penser, mais à dire, de la manière la plus formelle, que telles sont les intentions bien arrêtées du Saint-Père. Quel catholique, quel homme de bien pourrait douter de la parole de Pie IX ? C'est appuyée sur sa ferme volonté, que notre expédition d'Italie n'aboutira pas à une restauration aveugle et implacable. (Marques nombreuses d'approbation.)

M. Jules Favre monte à la tribune ; son apparition y est accueillie par des exclamations diverses. Un grand nombre de membres quittent leurs places. Cette sensation pénible qu'éprouvait l'Assemblée à l'apparition de M. Jules Favre n'était que trop justifiée. Au lieu de maintenir la discussion à la hauteur où les paroles de M. Arnaud sur la question religieuse et le discours de M. de Tocqueville sur la question politique l'avaient élevée, il la ramena à ces récriminations outrageantes qu'il reproduisait pour la quatrième ou cinquième fois et qu'il n'essayait même pas de rajeunir. Il eut le triste honneur, dans deux séances consécutives, et pendant quatre heures, d'agiter, de fatiguer l'Assemblée par ces répétitions. Comme son discours n'est que la reproduction de ses précédents discours et ne contient ni un fait, ni un argument nouveau, nous le passerons sous silence. Toutefois, le mot de M. de Tocqueville, *Je n'y étais pas*, lui suggéra, ainsi qu'il était facile de le prévoir, la pensée d'essayer de diviser l'élément ancien du ministère de l'élément nouveau et d'établir une prétendue différence entre la politique de MM. de Tocqueville et Dufaure, et celle de MM. Drouyn de Lhuys et de Falloux, absolvant, bien entendu, M. de Tocqueville de tout reproche de mauvaise foi et de tromperie envers l'Assemblée, mais pour faire retomber avec plus d'amertume et de violence ces reproches sur les membres du précédent cabinet.

M. de Falloux crut devoir lui répondre et insista pour parler au milieu des cris nombreux qui demandaient la clôture: on a pu remarquer peut-être que, dans les précédents débats sur cette affaire de Rome, ce ministre avait cru devoir s'abstenir: c'était de sa part une preuve de prudence et de tact politique ; il sentait bien que, particulièrement dans l'Assemblée constituante, il rencontrerait, à raison de ses antécédents et de ses opinions, de trop violentes préventions, pour que son intervention personnelle dans une affaire qui excitait à un si haut degré les susceptibilités et les passions de la démocratie ne fût pas plus nuisible qu'utile. Mais devant l'Assemblée législative, n'ayant plus à craindre de pareilles préventions, il pensa que le moment était venu où sans aucun danger il pouvait rompre le silence.

Il débuta par jeter quelques paroles de dédain, en réponse aux injures de M. Jules Favre.

L'honorable membre auquel je réponds, dit-il, doit savoir que, pour que l'injure porte coup, il faut qu'elle trouve son autorité même dans la carrière, dans les antécédents, dans l'âge de celui qui la prononce. L'injure, l'honorable M. Jules Favre l'ignore peut-être, et comme il semble tenir à ce moyen de discussion, il sera bien aise de l'apprendre : l'injure subit la loi même des corps physiques et n'acquiert de gravité qu'en proportion de la hauteur d'où elle tombe. (Applaudissements prolongés à droite. — Murmures à gauche.) Vous me permettrez de lui dire, pour achever ma pensée à cet égard, et je n'y reviendrai plus, qu'il a, à cette tribune même, trop souvent changé de dossier, pour que de certains reproches puissent obtenir dans sa bouche toute la portée qu'il leur destine. (Nouveaux applaudissements et rires prolongés.)

La réplique était sanglante et, vis-à-vis même de tout autre que M. Jules Favre, elle eût été excessive ; mais adressée à un orateur qui venait de faire un tel abus de personnalités outrageantes, elle ne parut que juste, et eut un grand succès.

Sur les récriminations empruntées au passé, le ministre se borne à invoquer la chose tant de fois jugée, et il fait remarquer que, dans tous les cas, la politique de l'Assemblée constituante n'engagera pas la politique de la nouvelle Assemblée.

Tous vos reproches, ajoute-t-il, sur ces manquements prétendus à notre parole nous ont été adressés avant les élections dernières, comme depuis, car l'honorable président du conseil l'a dit hier à M. Jules Favre, c'est pour la quatrième ou cinquième fois que ces reproches ont été portés ici et réfutés. (Très-bien! très-bien!) Eh bien! le pays a prononcé; il a prononcé sur les questions extérieures, comme sur les questions intérieures : le débat a été contradictoire. Il peut vous plaire de le recommencer sans cesse : vous avez bien le droit de maudire vos juges, parce que vous avez été condamnés; mais nous, nous tenons le jugement pour bon et pour définitif... (Très-bien! très-bien!) Ne croyez pas, du reste, que si je m'attache à repousser brièvement les quelques expressions qui m'ont le plus blessé dans le discours auquel je réponds, je veuille éluder le fond même de la question : non, j'y entre maintenant, et j'espère aller jusqu'au bout. Nous sommes allés à Rome, croyant que nous y allions porter la délivrance, parce que nous avons cru que cette délivrance était attendue, et que c'était de nous qu'elle devait venir. Eh bien! nous ne nous sommes pas trompés. (Rires ironiques à gauche.)

L'orateur, à l'appui de son assertion, invoque le témoignage de M. de Corcelles et lit une série de dépêches de cet agent[1].

M. de Falloux tire de ces dépêches la conclusion suivante :

Il est donc bien constaté par des témoignages irrécusables, par des faits incontestés, que Rome a été délivrée par nous, et que Rome a béni sa délivrance. (Rires ironiques à gauche. — *Voix nombreuses à droite :* Oui! oui!) Maintenant, je vais, et je vous en demande pardon, vous blesser encore davantage : *je dis que Rome a béni sa délivrance*, et qu'il serait prodigieusement étonnant qu'il en eût été autrement. Car, voyez la différence qu'il y a entre la situation que vous vouliez lui faire et celle que nous lui faisons. Vous vouliez en faire la République romaine, isolée au milieu de populations ou qui ne l'adoptent pas, ou qui la repoussent formellement. Vous vouliez mettre cette république entre toutes les pressions italiennes, entre la Toscane, le Piémont et

1. Voir les documents.

Naples. Vous vouliez laisser dans son isolement, en face de l'Autriche elle-même, une république menacée de toutes parts, à peine comparable aux plus vulgaires États de l'Europe : voilà le grand rôle que vous destiniez à Rome. Quel est le rôle que nous lui donnons, nous ? Ce n'est pas celui de république romaine, dont elle connaît bien la chimère, le péril, l'inanité; c'est le rôle qu'elle occupe dans le monde depuis dix-huit siècles et que nous, nous voulons lui restituer : c'est celui de la capitale de la république universelle chrétienne. (Exclamations à gauche. — *A droite* : Très-bien ! très-bien !) C'est celui d'être la première ville du monde ; nous voulons lui rendre le nom qu'elle porte avec tant de gloire et de fierté : le nom de Ville éternelle, nom que vous lui donnez encore par distraction, lorsque vous lui enlevez les conditions qui la font telle. Paris est la capitale de l'intelligence et des arts, nous le disons tous les jours; qui est-ce qui a songé à appeler Paris la ville éternelle? Londres est la capitale du plus grand mouvement maritime et commercial du monde; qui est-ce qui a songé à appeler Londres la ville éternelle? Qu'est-ce qui fait que Rome continue à porter ce titre magnifique, que personne ne lui conteste ? C'est précisément ce nom que je lui donnais au milieu de vos murmures ; c'est qu'effectivement elle est la capitale, la vieille capitale de la république chrétienne ; c'est qu'elle est la seconde patrie de tout le monde !... (Applaudissements à droite.) Ce que vous voulez faire de Rome, c'est la République de quelques milliers de républicains chimériques; nous voulons, nous, en faire le pays dans lequel, après le sien, tout le monde est venu apporter sa pierre, son respect, où la poussière même est imprégnée de vénération, du sang des saints, des héros, des martyrs. Voilà ce qui fait de Rome la ville éternelle; voilà ce que c'est que Rome, voilà ce qu'elle veut être, voilà ce qu'elle continuera d'être ! (Interruptions à gauche. — *Le Président* : Sachez au moins respecter le talent. — Écoutez, écoutez ce qui, dans une assemblée délibérante, peut vous faire honneur. — *A droite* : Bravo ! bravo ! Très-bien !)

L'éloge du président était mérité; l'éloquence parlementaire s'est rarement élevée plus haut que dans ce passage et dans les suivants.

J'ai été bien étonné d'entendre, hier, l'honorable M. Arnaud prononcer le mot de servitude, en parlant de l'expédition romaine et du rétablissement de l'autorité temporelle du pape à Rome, et dire que les hommes qui avaient pu applaudir à l'expédition avaient effacé de leur drapeau le mot de *liberté*. Mais, est-ce que l'honorable M. Arnaud, qui possède si bien la langue du catholicisme, ne sait pas qu'à Rome ce que les Romains, dans leur langage toujours éloquent et religieux, appellent eux-mêmes *la servitude, la captivité de Babylone*, c'est l'époque où Rome a été privée de ses papes? Lorsqu'on se promène à Rome, au milieu de ses monuments de toutes les époques; lorsqu'on se promène au milieu de tous ces personnages historiques, pardonnez-moi cette hardiesse de langage, à Rome, les monuments sont élevés à l'état de personnages historiques, de personnages vivants, et l'honorable M. de Tocqueville vous disait tout à l'heure à quel point notre armée s'était associée à ce sentiment de respect; lorsqu'on se promène au milieu de ces grands personnages historiques qu'on appelle les monuments de Rome, le voyageur demande souvent comment se fait-il que nous ne trouvions pas de monuments du moyen âge parmi ces magnifiques chefs-d'œuvre du paganisme et de la Renaissance? et le Romain, le vrai Romain, répond avec tristesse : « Ah ! c'est que le pape était à Avignon, c'est que Rome alors avait dépéri, que rien de grand ne s'y est construit; vous ne trouverez pas une page, pas un souvenir de grandeur ; vous ne trouverez plus ni architecture, ni sculpture pendant que les papes ont été absents ; vous n'y trouverez que les traces de la ruine et de l'absence. » (Vifs applaudissements à droite.) Et non-seulement c'est là le langage des temps anciens, des temps où vous croyez peut-être que nous sommes obligés de nous réfugier pour y trouver la foi et l'amour de la papauté; c'est aussi le langage des temps et des faits modernes. Un pape a été enlevé de Rome, il y a peu de temps ; ce n'est pas la première fois que la République française s'est trouvée aux prises avec cette question. Eh bien ! des calculs ont été faits, ils sont ici : ce n'est pas la foi qui parle, c'est la statistique : lorsque le pape Pie VII est rentré à Rome, il a trouvé la population réduite à 77,000 âmes ; et, en 1838, après quinze ans de pontificat, la population était remontée à 170,000. Voilà ce que Rome sait, voilà ce qu'elle comprend et ce que vous ne lui ferez pas oublier par des déclamations... Un autre reproche nous a été adressé, c'est que, grâce au régime que nous cherchons à rétablir à Rome, ce pays est condamné à vivre dans l'ignorance et l'abrutissement : veuillez vous reporter à l'origine du catholicisme ; voyez son trône se partager en deux ; voyez, d'un côté, l'empire infidèle de Constantinople et de Moscou ; contemplez, d'un autre côté, l'empire orthodoxe de Charlemagne ; voyez de quel côté est la servitude, de quel côté est la civilisation, la lumière, la liberté ! (Très-bien ! très-bien !) Dites de quel côté est l'abrutissement ! Ces deux grandes lignes sont bien faciles à suivre ; elles sont éloquentes et saisissantes comme l'immensité... Et quant à la population italienne, est-ce que ce n'est pas au temps qu'elle était la plus catholique qu'elle était la plus brillante ? est-ce que le catholicisme, est-ce que le pouvoir temporel des papes a abruti les Dante et les Tasse ? est-ce que tous les grands génies de ce pays n'ont pas fleuri en même temps que le pouvoir temporel des papes ? est-ce qu'aujourd'hui même Manzoni et Pellico sont des intelligences dégénérées ?...

L'orateur, après avoir ainsi magnifiquement montré que le rétablissement du Pape était dans l'intérêt de Rome, ajoute :

Nous avions un autre but encore, dit-il ; c'était de prêter aux populations romaines l'appui de la France, non pas, assurément, contre leur véritable père, contre Pie IX, l'auteur, le promoteur de tout le mouvement libéral en Italie depuis deux ans, celui que vous avez salué de tant d'acclamations, celui contre lequel vous sembliez avoir inventé la conspiration des ovations, car c'est de triomphe en triomphe que vous l'avez conduit jusqu'au jour où vous l'avez précipité. (Vive approbation à droite.) Lui, qui n'avait pour se défendre que la majesté de sa mission ; lui, qui n'avait pour le protéger que ce rempart malheureusement trop fragile, le rempart de ses bienfaits ; vous l'avez ainsi conduit, d'acclamations en acclamations, de reconnaissance en reconnaissance, jusqu'au jour où vous avez fait luire sur le seuil de son palais le poignard et la torche... Le crime, en politique, c'est l'aveu de l'impuissance contre la justice et la raison… Cependant, M. Favre a beaucoup insisté sur ce point ; il nous a dit que nous serions bientôt obligés ou d'abandonner honteusement le terrain que nous avions conquis, ou d'aller diriger nos armes contre le Saint-Père lui-même… Eh bien ! j'en suis heureux pour mon pays, pour l'humanité : il s'est complétement trompé ; et je remercie mon collègue des affaires étrangères de m'avoir autorisé en son nom, à lire un fragment de dépêches qui répond victorieusement aux appréhensions de M. Jules Favre.

« Ainsi que j'ai eu l'honneur de vous l'annoncer, écrivait M. de Corcelles dans sa dépêche du 10 juillet, je suis parti de Rome pour Gaëte, dans la nuit du 15 au 16 juillet, après avoir vu toutes les manifestations de la ville pour le rétablissement de l'autorité du pape. Il était évident que nous n'avions pas procédé comme les Autrichiens, et qu'un véritable sentiment national protégé, mais non commandé par notre armée, venait de se déclarer. J'avais hâte d'arriver le premier à Gaëte, afin d'y présenter ma mission sous l'empire d'une si bonne nouvelle. J'ai pu, en effet, raconter au pape, le premier, toutes les scènes variées du 15. » Puis, entrant dans le détail des conversations politiques, la dépêche poursuit : « *Comment voulez-vous*, m'a dit le Saint-Père, *que j'oublie assez la nature purement morale de mon pouvoir, pour m'engager d'une manière positive, lorsque je ne suis pas encore fixé sur les questions de détail, et surtout lorsque je suis appelé à parler en présence d'une armée de 30,000 hommes et d'une puissance de premier ordre dont les insistances ne sont un mystère pour personne? Dois-je me condamner à paraître subir l'impression de la force ? Si je fais quelque chose de bon, ne faut-il pas que mes actes soient spontanés ou aient l'apparence de l'être ? Ne connaissez-vous pas mes intentions ? Ne sont-elles pas rassurantes? Mais, les réformes dont vous me parlez, n'en ai-je pas l'initiative ? Quelle plus grande preuve de mes intentions voulez-vous que les déclarations que je vous ai faites? Le gouvernement français est parfaitement libre de faire de ces déclarations l'usage qui lui paraîtra le plus convenable. Je ne m'oppose nullement à ce qu'il en parle hautement ; cela ne reviendra-t-il pas au même qu'une manifestation publique émanée de moi?…* » (Bruit et rumeurs à gauche.)

Ici le mouvement et l'impression de la gauche n'é-

taient que trop justifiés : la lecture de la dépêche de
M. de Corcelles n'était pas de nature à rassurer sur
les intentions ultérieures du Saint-Père. Telle du
moins avait été notre impression dans le Conseil, et
on verra, plus tard, quel incident cette impression
amena.

Enfin M. de Falloux termina son excellent discours
par une allusion à l'opinion de Napoléon sur la papauté, opinion que M. Jules Favre avait invoquée en
la pervertissant étrangement.

L'honorable M. Jules Favre, dit-il, a cité l'empereur Napoléon ; il a voulu mettre son neveu et nous en présence
d'un pareil souvenir et nous en écraser. Il n'a oublié qu'une
chose, c'est que Napoléon lui-même a traité avec la papauté
le lendemain de la bataille de Marengo ; est-ce que ç'a été
pour chasser Pie VII, qui venait de rentrer à Rome au milieu de quelques Napolitains ? Non, après la bataille de Marengo, Bonaparte s'est mis en rapport avec le pape, non
pour contester sa puissance, non pour le chasser de sa souveraineté temporelle, mais pour traiter avec lui comme pouvoir indépendant ; pour faire avec lui cette loi sous laquelle
nous vivons aujourd'hui : le Concordat. Je sais bien que,
plus tard, Napoléon, devenu empereur, n'est pas demeuré
dans cette ligne de conduite ; je sais bien que cette puissance, qu'il était loin de dédaigner, l'obsédait à tel point
que, dans ses préoccupations, il allait contre elle jusqu'à la
persécution ; mais vous savez que ce ne sont pas là les plus
utiles et les plus glorieuses pages de son histoire ; et si vous
voulez avoir son sentiment intime, direct sur la question qui
nous occupe, je dois à l'allusion de M. Jules Favre l'occasion
de vous la dire tout entière, telle que je la trouve dans l'histoire : « L'institution qui maintient l'unité de la foi, c'est-à-dire le pape gardien de l'unité catholique, est une institution admirable, disait le premier consul ; on reproche à
ce chef d'être un souverain étranger : ce chef est étranger,
en effet, et il faut en remercier le Ciel. Quoi ! dans le même
pays, se figure-t-on une autorité pareille à côté du gouvernement de l'État ? Réunie au gouvernement, cette autorité
deviendrait le despotisme des sultans ; séparée, hostile peut-

être, elle produirait une rivalité affreuse, intolérable. Le pape est hors de Paris et cela est bien ; il n'est ni à Madrid ni à Vienne, et c'est pourquoi nous supportons son autorité spirituelle. A Vienne, à Madrid, on est fondé à en dire autant. Croit-on que s'il était établi à Paris, les Viennois, les Espagnols consentiraient à recevoir ses décisions? On est donc trop heureux qu'il réside hors de chez nous, et qu'en résidant hors de chez nous, il ne réside pas chez des rivaux ; qu'il habite dans cette vieille Rome, loin de la main des empereurs d'Allemagne, loin de celle des rois de France ou des rois d'Espagne ; tenant la balance entre les souverains catholiques. Ce sont les siècles qui ont fait cela, et ils ont bien fait. Pour le gouvernement des âmes, c'est la meilleure, la plus bienfaisante institution qu'on puisse imaginer. Je ne soutiens pas ces choses, ajoutait le premier consul, par entêtement de dévot, mais par raison. »

Malgré l'éclatant démenti donné à l'opinion du Premier Consul par la conduite de l'Empereur, elle n'en reste pas moins comme l'expression la plus nette et la plus éloquente de cette vérité que nous avons essayé de faire ressortir au commencement de ce récit.

M. de Falloux, après cette citation, termina par un regard rétrospectif sur le passé.

Oui, nous avons fait une faute, s'écrie-t-il, et je ne crains pas de l'avouer à cette tribune ; c'est de n'avoir pas pris, au 20 décembre, l'expédition du général Cavaignac, en la doublant[1]. C'est alors qu'il fallait expédier des troupes sur les rives italiennes ; nous aurions empêché les malheurs arrivés à Rome ; nous aurions empêché le malheur plus grand arrivé à Novarre. Nous ne l'avons pas fait; pour moi, je le déclare, nous avons eu tort : il fallait nous emparer de l'action de la France, préparée par le général Cavaignac. Pourquoi ne l'avons-nous pas fait? Parce que nous avons cédé à cet

1. L'orateur ne fait pas attention que le 20 décembre le Pape était déjà réfugié à Gaëte, et que l'expédition projetée par le général Cavaignac, qui n'avait d'autre objet que la sécurité personnelle du Saint-Père, n'avait plus d'objet et n'aurait pu être reprise au moins dans les mêmes conditions.

esprit que M. Jules Favre représente ici, et qui n'était que trop puissamment représenté dans l'Assemblée constituante. C'est cet esprit qui, après avoir reproché à la monarchie ses points de vue et ses intérêts dynastiques, veut créer pour la République un point de vue que je me permettrai d'appeler dynastiquement républicain, qui néglige les intérêts permanents du pays, pour obéir aux passions du moment; cet esprit qui veut qu'on néglige les forces vives et normales d'une nation, pour ne s'appuyer que sur des forces factices et sur des intérêts contestables, et même, la plupart du temps, impossibles; c'est à l'encontre d'un tel esprit que se sont faites toutes les grandes choses dans notre pays; permettez-moi d'en citer quelques exemples : Voyez comment le catholicisme lui-même, que vous représentez comme si exclusif, en a agi avec le cardinal de Richelieu. Lorsque ce grand ministre a cru que le premier intérêt de l'Église était de s'affranchir de la tutelle de l'Allemagne, il n'a pas craint d'armer les protestants pour la liberté de l'Église. Lorsque Mazarin, dont vous ne nierez pas le dévouement à la royauté, lorsque Mazarin tenait dans sa main expérimentée la jeune main de Louis XIV, il n'hésitait pas à lui faire apposer sa signature au bas d'un traité, avec qui? avec Cromwel! Et qui donc a fondé la plus grande des républiques modernes, la république des États-Unis? n'est-ce pas une monarchie, celle de Louis XVI? Aussi, lorsque Washington a appris la mort de Louis XVI, la république américaine, dans la personne de son fondateur, a versé des larmes que la postérité a recueillies et qui demeureront pour la mémoire de Washington un éternel honneur. (Vive approbation à droite et au centre.) Eh bien! voilà ce que vous ne voulez pas comprendre pour la République, et c'est pour cela que vous avez perdu le Piémont. Vous aviez pour l'Italie la plus magnifique occasion qui fût jamais. Eh bien! vous avez alors paralysé le gouvernement, comme vous nous avez paralysés nous-mêmes... Vous étiez trop heureux de trouver une grande puissance organisée : le royaume de Charles-Albert; il fallait vous saisir de son épée[1] qu'on appelait avec raison l'épée de l'Italie; il fallait vous en armer.

---

1. L'orateur oublie encore ici que le Pape avait formellement refusé l'intervention du Piémont.

Vous ne l'avez pas fait, pourquoi? parce que c'était un roi! (Approbation à droite. — Interruption prolongée. — *M. de Heeckeren* : Oui, oui, on l'a avoué au comité des affaires étrangères.) Au lieu de vous dire : cet instrument de la délivrance, je m'en empare et je combattrai avec lui et par lui, vous vous êtes dit : cet instrument, il s'appelle *Charles-Albert, le roi de Sardaigne* ; eh bien ! je le laisserai périr ou le compromettrai. (Explosion de murmures à gauche. — Assentiment à droite. — *M. de Heeckeren* : Cela a été dit par M. de Lamartine, le 28 juillet, au comité des affaires étrangères.) Ne le niez pas, les faits parlent plus haut que moi, et d'ailleurs, j'entends encore, dans le comité des affaires étrangères, la parole éloquente qui défendit alors cette politique, et les aveux qu'elle laissa échapper. Vous avez, à cela, je le sais bien, une réponse que vous croyez grande, c'est de dire : nous verserons beaucoup de sang, nous provoquerons des catastrophes épouvantables, mais nous arriverons à un règne magnifique, à la paix universelle, à l'unité républicaine entre tous les peuples. Est-ce que l'unité a été jamais un gage de paix? Est-ce que l'Europe n'a pas été unitaire? N'a-t-elle pas été pendant plusieurs siècles entièrement féodale? Est-ce que jamais plus de sang a été répandu qu'à cette époque? Est-ce que l'Europe, sous Louis XIV, n'a pas été à peu près entièrement monarchique? Est-ce que l'unité monarchique n'y a pas régné pendant plusieurs siècles, et ces siècles ont-ils été exempts de batailles et de sang répandu? Non. Cette paix universelle n'a pas existé par l'unité dans la forme des gouvernements, et elle ne peut pas exister, parce qu'il faudrait pour cela détruire les lois primitives de l'espèce humaine. Voilà à quoi votre politique se heurte toujours ; à l'intérieur, vous ne voulez pas vous contenter d'améliorer la situation du pauvre et d'échauffer le cœur du riche. Non, vous voulez faire, contre la loi de Dieu, qu'il n'y ait plus ni riches ni pauvres. (Bruit. — *A gauche* : A la question !) Sur les affaires étrangères, vous vous heurtez aux mêmes rêveries, aux mêmes impossibilités, et pendant que vous rêvez ces impossibilités, vous laissez tomber le pays dans les abîmes! (Vive approbation à droite et au centre.) Je vous le répète : vous ne vous attaquez pas à tel ou tel système politique, à la monarchie ou à la république, vous vous attaquez, et c'est pour cela que vous avorterez dans vos efforts, vous vous attaquez aux lois primordiales de l'espèce humaine et du cœur humain. (Rumeurs à gauche. — Marques d'approbation à droite.) Oui, puisque vous m'obligez à insister sur un argument que je croyais si simple et si banal ; oui, tant que vous n'aurez pas détruit les intérêts commerciaux, les intérêts internationaux, tant que vous n'aurez pas changé le cours des passions et des fleuves ; tant que vous n'aurez pas empêché les flots de l'Escaut de rouler dans un sens avec les intérêts qu'ils portent ; ceux du Danube de rouler dans un autre sens avec les intérêts qu'ils portent aussi ; tant que vous n'aurez pas empêché les montagnes d'être ici des obstacles et les fleuves d'être là des facilités distribués inégalement entre les peuples, et qu'ils se disputent comme les éléments de leur vie ; tant que vous n'aurez pas empêché le soleil d'imprimer ici un caractère plus viril, là un caractère moins viril aux nations..... (Agitation bruyante à gauche. — *M. Molé* : M. le Président, faites faire le silence. — Le silence se rétablit.) Oui, tant que vous n'aurez pas modifié la configuration du globe ; tant que vous n'aurez pas supprimé les intérêts opposés des populations et les avantages qu'elles se disputent ; tant que vous n'aurez pas changé la loi des climats et des races, vous n'aurez rien fait avec votre système d'unité. (*A droite et au centre* : Très-bien ! très-bien !) Et c'est précisément dans cette voie que nous ne voulons pas nous engager. Oui, nous voulons améliorer ce qui est ; nous voulons tirer de nos alliances à l'extérieur tout ce qu'on en peut faire sortir de bien, d'intelligence, de liberté et de progrès ; mais cette lutte surhumaine contre les traditions et le caractère des pays qui nous entourent, contre les mœurs et les traditions qui vivent dans notre propre pays ; cette lutte contre les lois mêmes de la nature, nous ne l'avons pas entreprise, nous ne l'entreprendrons pas... (Acclamations nombreuses. Trèsbien ! très-bien !) Nous ne l'entreprendrons pas, parce que c'est la ruine de tous ceux qui la rêvent ou l'entreprennent.

Ce discours, où se pressaient et débordaient toutes les pensées, tous les sentiments que l'orateur avait dû renfermer et contenir en lui-même pendant les longs et violents débats de l'Assemblée constituante, provoqua des applaudissements sur tous les bancs de la majorité. (Une foule de représentants s'empressent autour du ministre et lui adressent de vives et chaleureuses félicitations.)

Le débat était cette fois bien définitivement clos sur les récriminations qui avaient si violemment agité les partis, mais il était à peine ouvert sur l'avenir et sur les conséquences futures de notre intervention ; personne ne se doutait alors quelles énormes difficultés cette affaire de Rome renfermait encore dans ses flancs, et combien de crises elle aurait à traverser avant d'arriver à une conclusion définitive ; il devait se rouvrir plus tard, et amener de graves complications dans nos affaires intérieures.

Les dernières séances de l'Assemblée, avant d'atteindre le jour fixé pour la prorogation, furent remplies par des discussions insignifiantes et qui méritent à peine d'être rapportées : c'était au sein du Conseil une difficulté assez sérieuse qui surgissait du fait de la réunion des évêques des différentes provinces, en conciles provinciaux, et de la prétention qu'ils affichaient ouvertement de se réunir librement et sans l'autorisation qu'exigent les articles organiques du Concordat. Pour éviter une discussion qui eût été intempestive, nous donnâmes l'autorisation qu'on ne nous avait pas demandée, couvrant ainsi le fait, tout en réservant le droit ; c'était dans l'Assemblée un débat assez insignifiant sur le projet de loi par lequel étaient réintégrés dans le cadre d'activité de l'armée et à leur rang les généraux qui en avaient été arbitrairement retranchés par un acte du Gouvernement provisoire. Cette juste réparation ne fut que légèrement contestée. Mais M. Lagrange avait saisi cette occasion pour signaler à l'Assemblée, au moment où elle allait se séparer, les souffrances des déportés de Juin, qui attendaient, sur les pontons, l'exécution de la peine dont la Constituante les avait frappés. Il alléguait que ces malheureux étaient mal nourris et privés des vêtements les plus nécessaires ; il demandait qu'on exécutât contre eux la peine de la déportation à titre d'humanité et comme devant être plus douce que leur sort actuel.

M. Dufaure répliqua que, si la peine de la déportation, telle qu'elle avait été formulée dans le décret de la Constituante, n'était pas encore exécutée, c'est parce que le péril passé et la première irritation des esprits calmée, la transportation de douze mille prisonniers environ dans *une des possessions françaises autres que celles que baigne la Méditerranée*, c'est-à-dire à Taïti ou dans une des îles de l'océan Pacifique, avait paru au gouvernement excessive ; que le Conseil d'État était saisi d'un projet qui autorisait le gouvernement à modifier cette peine et à interner les déportés en Algérie ; que c'était là un grand adoucissement à leur condition ; que le délai qu'exigeait cette modification de la peine avait profité à la masse des condamnés, puisque sur les vives instances d'abord du général Cavaignac et ensuite du Président de la République, leur nombre avait été réduit, par des grâces et des éliminations successives, de douze mille à douze cents ; quant au traitement des prisonniers, M. Dufaure prouva, par des documents officiels et certains, qu'ils étaient mieux nourris et mieux vêtus que nos marins.

Sur ces explications, l'ordre du jour fut voté à une immense majorité et l'Assemblée se sépara, la montagne poussant son cri habituel de : *Vive la République !*

Arrêtons-nous un instant sur cette espèce de trêve dans laquelle, après tant de rudes combats, nous allions enfin nous reposer.

La situation dans laquelle l'Assemblée laissait la France présentait encore à l'horizon bien des points menaçants ; cette situation était cependant grandement améliorée.

A l'intérieur, les capitaux reprenaient confiance, le taux de toutes les valeurs, le crédit public et privé s'en ressentaient, nos finances rentraient dans la condition normale de l'équilibre des recettes et dépenses ; nos manufactures, profitant des besoins accumulés pendant leur chômage forcé, reprenaient une activité nouvelle et réalisaient de gros bénéfices ; les agents de l'autorité, dans toutes les branches de l'administration, avaient réappris l'obéissance : nos ordres s'exécutaient partout avec fermeté et intelligence, et ils rencontraient peu de résistance dans les populations ; nous avions, malgré les vices de la Constitution, traversé assez heureusement de difficiles épreuves ; la transition de l'Assemblée constituante à l'Assemblée législative s'était opérée sans violence ; nous étions parvenus à faire respecter et à couvrir l'autorité présidentielle au milieu des débats irritants de la presse et de la tribune ; nous avions réussi à éviter, non sans difficulté, des conflits imminents entre les deux grands pouvoirs de l'Etat, et à maintenir, entre le Président et nous, un accord que nos deux responsabilités, non définies et même indéfinissables, rendaient bien difficile.

Aussi notre société reprenait-elle confiance dans son gouvernement, et elle le manifestait par des témoignages éclatants. Paris avait onze députés à élire par suite des doubles élections, et il donnait des majorités immenses à des candidats dont plusieurs ignorés du public n'avaient d'autre recommandation que celle d'être portés sur la liste du parti conservateur. M. Lanjuinais, un des nouveaux ministres, était en tête de la liste des élus et obtenait 127,556 suffrages ; il l'emportait même sur M. Louis Lucien Bonaparte, qui ne venait que le second. Mon frère Ferdinand réunissait 118,000 voix. On peut juger par là du progrès que les esprits avaient fait dans la voie de la modération.

Un autre témoignage de la confiance publique se montrait dans l'Exposition de nos produits industriels; toutes les richesses de notre pays y affluaient comme pour mieux attester le retour définitif du travail et de l'ordre. On sait qu'il n'avait pas tenu à nous que l'Exposition ne fût universelle et que les nations étrangères ne fussent invitées à y envoyer leurs produits. Avec la confiance publique se ravivait aussi l'esprit d'invention et les entreprises hardies. Je ne saurais rendre l'impression que je ressentis lorsqu'à l'Élysée, un Anglais nous demanda d'être autorisé par un traité que nous nous empressâmes de ratifier à établir à travers la Manche un câble sous-marin. Pour nous rendre plus saisissants les merveilleux effets de cette invention, dont nous doutions un peu, il nous disait : « Oui, je m'engage avant peu à mettre de Douvres le feu à un canon qui sera en batterie à Calais ; » et cette promesse il ne tarda pas à la réaliser.

A l'étranger, la France recueillait le fruit de la politique pacifique de son gouvernement; politique qui ne nous était pas propre, car elle avait été celle du gouvernement provisoire, comme de la Commission exécutive ; celle de M. de Lamartine, comme du général Cavaignac, malgré leurs prétentions à une politique plus belliqueuse, prétentions qui ne leur étaient heureusement survenues que lorsqu'ils étaient sortis du pouvoir.

La paix était rétablie, au moins pour le moment, entre l'Autriche et le Piémont, et à des conditions qui, grâce à notre intervention, étaient plus douces que celles qu'un agresseur vaincu a, en général, le droit d'attendre de son vainqueur. M. le marquis d'Azeglio, alors ministre des affaires étrangères du Piémont, nous en témoigna hautement sa reconnaissance, au nom de son gouvernement, dans la lettre suivante :

Monsieur le Ministre,

L'issue des négociations nous fait un devoir d'exprimer au cabinet français notre sincère gratitude pour ses bons offices qui, nous nous plaisons à le reconnaître, ont si puissamment contribué à nous obtenir des conditions auxquelles l'honneur nous a permis de souscrire. Mes collègues, comme moi, ont vivement apprécié l'appui qui nous a été prêté par la France en cette circonstance difficile et qui a si bien justifié la confiance que nous avions placée dans l'efficacité de sa parole.

J'espère, monsieur le ministre, que vous voudrez bien accueillir les expressions de notre juste reconnaissance.

Agréez, etc.

L'Allemagne, un instant en feu, se pacifiait, et rentrait peu à peu dans sa vieille organisation féodale; la Diète reprenait sa place à Francfort, et le fantôme du parlement national s'évanouissait, après de vaines tentatives pour constituer une souveraineté unitaire et centrale, tantôt au profit de l'Autriche dans la personne d'un de ses archiducs, tantôt en faveur de la Prusse, en offrant à son roi la couronne impériale que celui-ci avait eu la sagesse de refuser.

La question de Hongrie recevait le dénouement qu'il était facile de prévoir le jour où les Hongrois avaient commis la grave imprudence de se séparer de l'empire autrichien; il était trop évident que ce nouvel État, placé entre les deux colosses de la Russie et de l'Autriche, en serait tôt ou tard écrasé.

Les révolutions sont peu propres à calculer les résistances; le bon sens, c'est-à-dire la modération et le calme dans le jugement, leur manque presque toujours; c'est pour cela qu'elles dépassent trop souvent leur but, et sont ramenées violemment en arrière. La Hongrie ne pouvait échapper à cette destinée: pour avoir voulu être un État souverain et indépendant, elle avait compromis même ses vieilles libertés.

Par un mélange de fermeté et de modération dans nos rapports avec les gouvernements étrangers, nous avions pu maintenir la paix sans rien sacrifier de notre dignité, et en montrant qu'au besoin, et lorsque l'honneur et les intérêts de la France seraient engagés, nous saurions tirer l'épée. Déjà nous n'avions plus à redouter d'être seuls contre tous; le cercle de fer dans lequel avait été enfermé le gouvernement de Louis-Philippe pendant dix-huit ans était brisé. Nous étions engagés avec l'Angleterre dans une médiation commune en faveur de l'Italie, et bientôt ce lien allait se resserrer encore par la nécessité de protéger la Turquie contre les menaces de la Russie et de l'Autriche, ainsi que nous le verrons plus tard. Il était permis d'entrevoir qu'à la vieille Sainte-Alliance de 1814 et de 1815 allait se substituer une nouvelle alliance plus vraiment sainte, celle des nations les plus avancées dans les voies de la liberté et de la civilisation.

Comment cette situation a-t-elle tout à coup changé? Comment les conflits que nous avions si heureusement évités ont-ils éclaté avec une violence qui a détruit en un instant les fruits de tant et de si laborieux efforts? La suite de ce récit va nous l'apprendre.

CHAPITRE VII

PROROGATION. — EMBARRAS DE FAMILLE.
RÉSISTANCE DE LA COUR DE ROME. — LETTRE DU PRÉSIDENT
A EDGARD NEY.

Pendant la prorogation, un incident imprévu survint qui faillit remettre tout en question et jeter la France dans les hasards d'une guerre européenne: voici à quelle occasion.

Après la défaite de l'armée hongroise par les forces combinées de l'Autriche et de la Russie, plusieurs officiers de cette armée, dont quelques-uns étaient polonais, redoutant, non sans raison, les vengeances de leur gouvernement, s'étaient réfugiés sur le territoire ottoman et y avaient trouvé une généreuse hospitalité. Les deux gouvernements russe et autrichien sommèrent la Porte Ottomane d'avoir à leur livrer ceux de leurs sujets auxquels elle avait donné asile. Cette sommation fut accompagnée de notes collectives et menaçantes, dans lesquelles, au cas de refus, le *casus belli* était implicitement indiqué. Le Gouvernement turc n'en tint compte, et refusa courageusement de livrer les réfugiés. Mais, en même temps, il demanda protection à l'Angleterre et à la France contre les éventualités dont il était menacé. L'Angleterre était disposée à accorder cette protection ; seulement, elle ne se souciait pas d'agir seule, et elle nous en référa. Notre gouvernement eut, en conséquence, à délibérer sur la conduite qu'il avait à tenir. Nous décidâmes, sans aucune hésitation, que nous approuvions les refus de la Porte Ottomane, et que nous la protégerions, au besoin, par les armes, contre l'agression dont elle était menacée. Nous donnâmes, en conséquence, à l'amiral qui commandait notre flotte alors en station à Messine, l'ordre de faire voile vers le Bosphore, où il devait se rencontrer et combiner ses mouvements avec la flotte anglaise.

A la nouvelle de cette résolution une grande alarme se manifesta dans le camp des conservateurs. M. Thiers accourut chez le Président de la République, et dans un langage très-vif s'efforça de démontrer que la France était perdue, si nous ne revenions pas sur une détermination qu'il ne craignait pas de qualifier de folle témérité. Le Président persista.

Les gouvernements russe et autrichien, rappelés à plus de prudence et de modération par la fermeté de notre attitude, retirèrent leurs menaces, et au lieu d'une extradition, se contentèrent d'un internement. Sans quoi, nous eussions vu les forces réunies de l'Angleterre et de la France faire sous la république ce qu'elles ont fait plus tard sous l'empire ; mais cette fois avec des conséquences plus étendues, l'Autriche étant directement engagée dans la lutte. Ces conséquences, nous les avions prévues et elles ne nous avaient pas arrêtés. La cause à défendre était trop juste et trop honorable ; l'occasion de briser pour toujours la Sainte-Alliance était trop belle pour nous permettre la moindre hésitation, et je crois encore aujourd'hui que nous étions dans le vrai.

La famille du Président nous suscita aussi quelques

embarras, embarras d'une autre nature, moins graves, sans doute, mais qui n'étaient cependant pas sans quelque portée.

Nous avons déjà vu à quelles violences brutales Pierre Bonaparte, l'un des fils du prince de Canino, s'était porté en pleine Assemblée ; mais ce n'était, de la part de cette espèce de sauvage, que vice d'éducation et emportement de tempérament. Il n'en était pas de même du Napoléon fils de Jérôme Napoléon Bonaparte : celui-là était bien autrement dangereux, car, à de l'instruction et de l'intelligence, il joint une assez grande facilité de parole. On pourrait dire de lui qu'à toutes les passions d'un jacobin il réunit toutes les ambitions d'un César[1]. Il s'était placé dans l'Assemblée à la crête de la montagne, dont il acceptait à peu près toutes les violences. Plus d'une fois, je m'étais vu obligé de le rappeler à plus de modération et de prudence ; son nom figurait parmi ceux qui avaient signé la proposition de nous mettre en accusation pour une prétendue violation de la constitution : sa parenté, son nom, son talent même, donnaient à l'opposition de l'extrême gauche une consistance qui aggravait la difficulté de notre situation déjà si périlleuse. En conséquence, nous avions imaginé de le nommer ambassadeur près la cour d'Espagne : moyen honorable de l'éloigner de Paris, et de le sauver ainsi de cette solidarité avec les partis extrêmes dans laquelle il s'engageait tous les jours davantage. Voici comment il comprit les nouveaux devoirs qui lui étaient imposés. Dans

---

1. J'avais eu avec lui et son père des rapports assez intimes avant la révolution de 1848, et ils me faisaient l'honneur de venir passer assez habituellement la journée du dimanche à ma campagne de Bougival. Je ne me sentais cependant pas attiré vers lui : son esprit me paraissait faux et son cœur naturellement porté au mal ; ses manques d'égard, pour ne pas dire plus, vis-à-vis de son père, m'avaient même souvent révolté et avaient beaucoup contribué à refroidir nos relations.

son voyage vers l'Espagne, il s'arrêtait dans chaque ville un peu considérable qui se trouvait sur sa route, et là, réunissant dans des *meetings* tous les démagogues de la contrée, il pérorait, et dans ses récriminations contre la politique du gouvernement, qu'il était cependant chargé de représenter à l'étranger, il renchérissait même sur le langage des journaux les plus hostiles contre son cousin et ses ministres. Tolérer un pareil scandale eût été, de notre part, un aveu de faiblesse et d'impuissance. Il fut décidé, en conseil, que le prince serait solennellement destitué de son ambassade et rappelé à Paris, pour avoir à y rendre compte de sa conduite[1].

Un autre cousin, fils de Lucien, le prince de Canino, s'était personnellement et directement constitué notre ennemi à Rome : comme membre de la Constituante romaine, il avait grandement contribué à faire repousser notre intervention ; mêlant même l'ironie et l'outrage à l'hostilité, il s'était un jour écrié dans l'Assemblée romaine : « *L'absolution des jésuites est d'avance assurée aux Louis-Napoléon, aux Falloux, aux Oudinot, aux Corcelles ; nous les combattrons à toute extrémité...* » Puis, après avoir, pour ainsi dire, provoqué et dirigé le feu des Romains contre nos soldats, il venait réclamer tranquillement, en France, les faveurs et les honneurs de sa parenté avec le Président de la République. Il était déjà arrivé à Orléans, lorsque je proposai au conseil de le faire arrêter et conduire entre deux gen-

---

[1]. Il y revint, en effet, et, connaissant sa violence de caractère, je n'étais pas sans inquiétude sur la manière dont se passerait la première entrevue des deux cousins. Mon étonnement fut grand lorsque j'appris que cette entrevue avait été non-seulement très-pacifique, mais même presque amicale. Ce n'est pas la seule fois que le public s'est étonné de trouver tant de violence d'un côté et tant d'indulgente patience de l'autre ; on en a cherché l'explication dans des secrets de famille qu'il ne nous est point donné d'apprécier.

darmes jusqu'au Havre, où on l'embarquerait pour l'Angleterre, ce qui fut adopté et exécuté.

Un M. Laclaudure trouva cette manière de procéder à l'égard d'un membre de la famille Bonaparte trop peu respectueuse, et m'adressa à ce sujet une interpellation à laquelle je ne crus pas même devoir répondre.

Cependant, notre situation à Rome, pour avoir changé d'adversaires, n'en était pas devenue plus facile. Nous n'avions plus affaire à une démagogie insolente et exaltée, dont nous avions pu triompher par la force; nous nous trouvions en face des résistances passives du Saint-Siége contre lesquelles la force est toujours impuissante.

De toutes les prédictions de la gauche à l'occasion de notre expédition de Rome, une seule paraissait devoir se réaliser: celle que nos efforts pour purger le pouvoir temporel du Pape de ses vieux abus échoueraient devant les mauvais vouloirs de la cour de Rome.

Il est vrai que l'opposition n'avait guère le droit de nous reprocher ce résultat, car elle avait tout fait pour le rendre à peu près inévitable. En effet, en poussant les Romains à une résistance désespérée contre notre intervention, et en nous forçant à entrer dans Rome, non en arbitres acceptés, mais en vainqueurs, elle avait, en quelque sorte, supprimé le terrain sur lequel il nous eût été possible d'opérer une transaction entre la papauté et la révolution romaine; c'est avant et non après le jugement que les transactions sont possibles.

En outre, les fâcheuses conséquences de l'absence d'un parti libéral romain ayant la conscience et le courage de ses opinions se firent sentir dès les premiers moments de notre entrée à Rome.

On a vu dans une des dépêches de M. de Rayneval

que les hommes éminents de ce parti, ceux qui étaient le plus naturellement indiqués pour nous aider à former cette première municipalité de Rome qui pouvait devenir ensuite la base ou au moins le point de départ d'un gouvernement sérieusement libéral, se refusèrent, par d'assez méprisables considérations de sûreté personnelle, à répondre à notre appel. Ils avaient été sans force contre l'anarchie et même contre l'assassinat; ils se montrèrent sans résolution et sans courage pour nous aider à faire sortir de notre victoire quelque liberté pour leur patrie. Il faut bien le dire, c'est là qu'il faut surtout chercher l'explication et l'excuse de l'inutilité de nos efforts. Je me rappelle très-bien l'étonnement et le découragement qui me saisirent à la lecture de ces dépêches dans lesquelles nos agents, à cette question : *Y a-t-il à Rome un parti libéral, modéré, assez consistant pour qu'on puisse appuyer sur lui des institutions sérieuses et libres?* nous faisaient tous cette réponse uniforme et désespérante : *Non, ce parti n'existe pas.*

Nous nous trouvions donc en face seulement de deux partis extrêmes, celui des radicaux, voulant fonder la liberté de Rome sur la destruction de tout pouvoir temporel du Pape, et celui des partisans de l'ancien régime, n'imaginant pas que l'autorité du Pape pût être rétablie autrement qu'avec le cortège de tous ses vieux abus. Cependant, et nonobstant ces obstacles, nous avions encore quelque chance de réussir, si, moins impatients de voir le Pape rentrer dans Rome, moins pressés de nous décharger des difficultés du gouvernement de Rome, usant du droit que nous donnait le fait seul de notre occupation et nous servant des éléments tels quels que nous avions sous la main, nous eussions nous-mêmes provisoirement organisé l'administration municipale, provinciale et centrale des provinces occupées par notre armée sur le principe de la sécularisation, laissant à la papauté sa part suffisante et légitime de pouvoir, et nous fiant à la puissance du fait accompli et à l'influence des habitudes prises du soin de transformer ce provisoire en définitif. Il est vrai que nous n'occupions pas les États du Saint-Siège en entier, et que l'Autriche paraissait peu disposée à nous imiter dans cette initiative libérale; mais cette organisation, même partielle, si elle se fût prolongée pendant quelque temps, eût eu, dans tous les cas, son influence dans les négociations entamées avec la cour de Rome.

Telle était, au moins, mon opinion bien arrêtée; j'aurais voulu organiser ce gouvernement provisoire destiné à offrir le spécimen de celui qu'on pouvait désirer pour l'État romain. La base de ce gouvernement, dans mes idées, devait être une forte organisation municipale et provinciale complétement sécularisée, et dans laquelle le principe électif aurait été introduit dans une sage mesure. Je n'allais pas jusque-là, malgré l'autorité bien imposante de M. Rossi, qui avait cru à la possibilité de concilier le pouvoir temporel du Pape avec la plénitude des institutions représentatives et du gouvernement parlementaire; seulement, je regardais comme indispensable de donner à une Assemblée élue le droit de voter les recettes et les dépenses en dehors de la liste civile assurée, non au Pape, mais à la papauté. La sécularisation de la justice et des ministères, sauf celui des affaires étrangères, et l'adoption de toutes les dispositions de nos codes qui ne seraient pas incompatibles avec les lois de l'Église, auraient complété cet ensemble de réformes qui, accompagné d'une déclaration européenne de la neutralité des États-Romains, me paraissait devoir assurer pour longtemps aux Romains les bienfaits d'un gouvernement sagement libéral, et à la papauté un long avenir de sécurité, peut-être même une plus grande force morale dans le monde catholique, et surtout en Italie, qu'elle n'en pourra jamais espérer dans la situation forcée et tendue où elle s'obstine.

Ce qui me faisait penser que ce plan n'était pas irréalisable, c'est que, malgré les troubles et les embarras qui accompagnent toujours les premiers moments d'une occupation étrangère, malgré les complications inévitables qu'amène avec elle une contre-révolution, cependant tant que notre gouvernement militaire resta seul souverain de fait dans l'État romain, les populations romaines paraissaient se réunir peu à peu dans un sentiment commun de confiance et d'espérance, tandis que les divisions et les agitations commencèrent à éclater avec vivacité dès les premiers actes par lesquels le gouvernement papal crut devoir manifester son action directe.

Ainsi, dans la dépêche du 16 juillet, le général Oudinot nous écrivait que, malgré le désarmement de la population à laquelle il avait dû procéder, opération qui s'était faite dans le plus grand calme, *chaque jour voyait renaître la confiance et la tranquillité. Nous n'avons à déplorer*, ajoutait-il, *aucun acte de désordre, aucune démonstration malveillante.*

Le 18 juillet, le même général écrivait : « Les populations romaines *apprécient de plus en plus la mission que la France s'est donnée, la sécurité commence à renaître dans la capitale.* » Et le 20 juillet, il confirmait ces nouvelles satisfaisantes en ces termes : « *Le calme le plus parfait continue à régner à Rome. Aucun incident fâcheux n'est venu troubler la bonne harmonie qui règne entre les populations et les troupes*, dont l'excellente discipline est unanimement appréciée. »

Malheureusement cette chance nous fut enlevée par l'empressement que le général Oudinot et M. de Corcelles mirent à se dessaisir du gouvernement romain pour le remettre aux mains des cardinaux délégués.

Pendant ce temps Pie IX, toujours à Gaëte, assiégé par des influences diverses, hésitait entre des résolutions tout opposées. Retournerait-il immédiatement à Rome pour y ressaisir de fait le pouvoir dont l'armée française venait de proclamer le rétablissement de droit? Dans quelles conditions reprendrait-il ce pouvoir? Était-ce le gouvernement de Grégoire ou son propre statut fondant le gouvernement représentatif dans les États-Romains qu'il allait rétablir? Ou bien chercherait-il à gagner du temps, laissant les passions se calmer, faisant désirer sa présence, et profitant de l'impatience que tous montraient, les Italiens comme les Français, de le voir revenir à Rome? Il devint bientôt évident que c'est ce dernier parti qu'il adoptait : une proclamation du *Saint-Père à ses très-aimés sujets*, en date du 17 juillet, ne permettait plus aucun doute à cet égard.

En voici la traduction que nous copions dans le *Moniteur* :

Dieu a élevé son bras, et il a commandé à la mer orageuse de l'anarchie et de l'impiété de s'arrêter. Il a guidé les *armées catholiques* pour soutenir les droits de l'humanité foulés aux pieds, de la Foi attaquée, et ceux du Saint-Siége et de notre souveraineté. Gloire éternelle au Tout-Puissant qui, même au milieu de ses colères, n'oublie pas sa miséricorde. Très-aimés sujets, si, dans le tourbillon de ces épouvantables événements, notre cœur a été rassasié d'amertume, en réfléchissant à tant de maux soufferts par l'Église, pour la religion et pour vous, il n'a pas moins de cette affection avec laquelle il vous a toujours aimés et vous aime encore : *nous hâtons de nos vœux le jour qui nous ramènera parmi vous*, et quand ce jour sera venu, nous rentrerons avec le vif désir de vous apporter la consolation, et avec la volonté de nous occuper de toutes nos forces de votre vrai bien, appliquant les remèdes difficiles aux maux très-vagues, et consolant les excellents sujets qui, tout en attendant des institutions d'accord avec leurs besoins, veulent, comme nous le voulons nous-mêmes, voir garantir la liberté et l'indépendance du souverain Pontificat, si nécessaires à la tranquillité du monde catholique. En attendant, pour réorganiser la chose publique, nous allons nommer une commission qui, munie de pleins pouvoirs et secondée par un ministère, réglera le gouvernement de l'État. Nous implorons aujourd'hui, avec plus de ferveur, la bénédiction du Seigneur (que nous implorâmes toujours, même éloigné de vous), pour qu'elle descende avec abondance sur vous; c'est une grande consolation pour notre âme d'espérer que tous ceux qui ont voulu se mettre hors d'état d'en recueillir le fruit par leurs égarements puissent s'en rendre dignes par un sincère et constant retour au bien.

Donné à Gaëte, le..., etc.

Par cette proclamation le Saint-Père ne répondait à aucun de nos désirs. D'abord il affectait de ne pas même nommer la France dans les remerciements qu'il adressait à l'Europe ; puis il ajournait indéfiniment son retour à Rome, ne disant pas un mot d'amnistie et regardant son statut comme non avenu; il laissait entrevoir assez clairement que dans les nouvelles institutions qu'il substituerait à ce statut, il s'occuperait beaucoup plus de sa propre liberté et de l'indépendance de son pouvoir que de la liberté et de l'indépendance de ses sujets.

Voici ce qu'en nous transmettant ce document le général Oudinot nous écrivait dans sa dépêche du 22 juillet :

Monsieur le Ministre,

Le Saint-Père vient d'adresser à ses sujets une proclamation dont je vous envoie un exemplaire, et qui a été affichée, dès hier, dans tous les quartiers de Rome. Les termes dans lesquels est conçu ce manifeste sembleraient avoir été calculés de manière à enlever à la France le mérite d'une expédition dont le premier et le plus éclatant résultat a été le rétablissement de l'autorité pontificale. Ce document a *causé dans le public une anxiété générale.* MM. de Corcelles et de Rayneval ont jugé la circonstance assez grave et se sont décidés à se rendre à Gaëte, afin d'y porter au Saint-Père les respectueuses représentations qui leur ont été suggérées par ce premier acte de souveraineté pontificale, etc.

Puisque le général et nos représentants auprès du Saint-Père étaient avertis par cette proclamation des intentions de la cour de Rome, il était bien, sans doute, de faire des efforts auprès de Pie IX et de ses conseillers pour leur signaler les périls de la voie dans laquelle ils allaient s'engager et s'efforcer de leur en faire adopter une autre ; mais il y avait quelque chose de plus efficace à faire en même temps, c'était de retenir avec fermeté le pouvoir que notre occupation avait mis entre nos mains, de ne plus presser le retour du Pape, à moins qu'il ne s'effectuât dans les conditions qui nous paraissaient les meilleures pour lui et pour son peuple, et surtout de faire ce que le général Oudinot avait déjà très-judicieusement fait à *Civita-Vecchia*, au début de l'expédition française, éconduire les commissaires qui se présentaient pour exercer les pouvoirs du Pape en son nom et par simple délégation. Tant que le Pape ne revenait pas de sa personne à Rome, nous pouvions et devions nous considérer comme les seuls représentants légitimes de son pouvoir.

Dans ces moments de transition, toujours accompagnés de certaines hésitations et d'un grand trouble dans les esprits, il faut compter pour beaucoup l'influence décisive du fait accompli. Les conseillers du Saint-Père, même ceux qui se montraient le plus partisans du rétablissement pur et simple du vieux régime, eussent hésité à détruire une organisation qui aurait eu pour elle l'expérience et les sympathies des populations. Il est même probable que, voyant se prolonger et fonctionner paisiblement ce gouvernement sécularisé au grand contentement de toutes les classes du peuple romain, les cardinaux eux-mêmes auraient jugé prudent de presser le retour du Pape, et, respectant le *statu quo*, de venir prendre la part de pouvoir que la nouvelle organisation leur laissait.

La France avait, en outre, dans les mains une arme dont elle ne s'est peut-être pas assez servie : je veux parler de la menace d'un congrès européen dans lequel eussent été représentées, non pas seulement les puissances catholiques, mais toutes les grandes puissances de l'Europe, c'est-à-dire celles qui avaient concouru à rétablir le gouvernement du Pape en 1814 et 1815, celles qui avaient signé en commun le *Mémorandum* de 1831. Or, un tel congrès, c'était ce que la cour de Rome redoutait le plus au monde ; car les trois gouvernements schismatiques, l'Angleterre, la Russie et la Prusse, appuyant la politique libérale de la France, eussent nécessairement fait prévaloir cette politique. Une marche toute contraire fut suivie par nos agents.

La commission papale des trois cardinaux, messeigneurs Genga-Sermattei, Vannicelli-Casoni et Alfieri, arriva à Rome le 1ᵉʳ août, et non-seulement le général Oudinot consentit à la recevoir, mais il s'empressa de se dépouiller, en sa faveur, des pouvoirs qu'il lui importait le plus de retenir. Voici la circulaire que ce général adressait à cette même date du 1ᵉʳ août aux commissaires qu'il avait nommés aux divers départements de l'intérieur, des finances, de grâce et de justice et des travaux publics :

Monsieur,

Sa Sainteté, dans le but de pourvoir à la réorganisation des États pontificaux, a daigné nommer une commission gouvernementale qui, munie de pleins pouvoirs, résidera dans cette capitale. Elle est composée de, etc. (Suivent les noms.) Cette commission, qui est chargée de composer un ministère, est arrivée à Rome. La haute mission dont elle est investie *me permet de rendre au gouvernement pontifical les pouvoirs que les événements de la guerre avaient momentanément consacrés dans mes mains.* Au moment où cessent mes relations de service avec vous, je sens, monsieur, le besoin de vous exprimer ma reconnaissance pour le concours actif et à la fois éclairé que vous avez daigné m'accorder dans la direction des affaires, etc.

L'arrivée de ces trois cardinaux à Rome y produisit la plus fâcheuse impression : la composition exclusivement cléricale de cette commission gouvernementale, l'opinion notoire de ses membres, connus pour être très-peu favorables aux réformes, la proclamation qu'ils firent afficher dans Rome, tout contribua à envenimer cette première impression. Cette proclamation était ainsi conçue :

La commission gouvernementale d'État, au nom de Sa Sainteté le pape Pie IX, heureusement régnante, à tous les sujets de ses États temporels.

La Providence a retiré du plus orageux tourbillon des passions les plus aveugles et les plus noires, par le bras invaincu et glorieux des armées catholiques, les populations de tout l'État pontifical, et, d'une manière spéciale, celle de la ville de Rome, siège et centre de notre Très-Sainte Religion. C'est pourquoi le Saint-Père, fidèle à la promesse consignée dans son vénéré *Motu Proprio*, en date à Gaëte, du 17 du mois dernier, nous envoie aujourd'hui parmi vous, avec pleins pouvoirs, afin de réparer de la meilleure manière et le plus tôt qu'il sera possible, les graves dommages causés par l'anarchie et par le despotisme du petit nombre. Notre première sollicitude consistera à veiller à ce que la Religion et la morale soient respectées de tous, comme base et fondement de toute existence sociale, à ce que la justice ait son cours plein et régulier, indistinctement pour chacun, et à ce que l'administration de la chose publique reçoive la régularité et l'accroissement dont elle a tant besoin après l'indigne abus qui en a été fait par des démagogues sans raison et sans nom. Pour atteindre ces très-importants résultats, nous nous aiderons des conseils de personnes distinguées par leur intelligence et par leur zèle, et aussi par la confiance générale dont elles jouissent, et qui contribueront à la bonne issue des affaires; l'ordre des choses régulier veut qu'à la tête des ministères respectifs, il y ait des hommes intègres, familiarisés avec le département dont ils devront s'occuper avec tout empressement. En conséquence, nous nommerons le plus promptement possible les personnes qui dirigeront les affaires intérieures et de la police, celles de la justice, des finances, de l'agriculture, des travaux publics et du commerce, les affaires étrangères restant au très-éminent cardinal premier secrétaire d'État, qui, pendant son absence, aura à Rome un suppléant pour les affaires ordinaires. Renaisse donc, comme nous l'espérons, la confiance dans toute classe et tout ordre de personnes, pendant que le Saint-Père, dans son âme vraiment bienfaisante, s'occupera de pourvoir aux améliorations et institutions qui seront compatibles avec sa dignité et son très-haut pouvoir de souverain Pontife, avec la nature de cet État, dont la conservation intéresse le monde catholique tout entier, et avec les besoins réels de ses bien-aimés sujets.

Rome, à notre résidence du palais Quirinal, le 1er août 1849.

Signé :

Certes, cette phraséologie vague et redondante, calculée, pour écarter toute espèce d'engagement sur les deux grands intérêts qui nous préoccupaient, à savoir, la sécularisation du gouvernement des États-Romains et l'amnistie, n'était pas de nature à faire disparaître les défiances des Romains : aussi les affiches de cette proclamation furent-elles aussitôt déchirées qu'apposées.

Le général Oudinot lui-même ne tarda pas à se repentir de la facilité avec laquelle il s'était dessaisi du gouvernement entre les mains de cette commission. Il vit rétablir, sans pouvoir s'y opposer, le tribunal de la sainte inquisition; les cardinaux lui contestèrent jusqu'au droit de faire la police à Rome, et ils élevèrent la prétention de satisfaire leurs vengeances politiques, même en présence de notre armée, et avec son concours.

Dès le 2 août, le général nous écrivait :

Tout indique que nos relations avec les cardinaux seront satisfaisantes ; toutefois, il ne faut pas se dissimuler que cette composition toute cléricale ranime beaucoup de préventions... La proclamation publiée par la commission a été enlevée la nuit sur presque tous les murs où elle avait été placardée.

Le 6 août, il ajoutait :

Les mesures prescrites par la commission du gouvernement, au début de son administration, ont déjà excité beaucoup d'inquiétude et d'agitation. Tant à Rome que dans les provinces, l'attitude calme et énergique de nos troupes parviendra sans doute à prévenir tout désordre ; mais la misère tend à s'accroître, et il est douteux que la commission gouvernementale réunisse les conditions voulues pour diminuer les souffrances publiques, etc.

Le 10 du même mois, il terminait ainsi une dépêche au ministre de la guerre :

Au surplus, je suis forcé de le reconnaître, je n'ai aucune confiance dans la direction actuelle des affaires publiques. La marche suivie par la commission gouvernementale est de nature à compromettre l'avenir du pays et à nous susciter de grandes difficultés. D'un autre côté, les dispositions à Gaëte sont loin d'être conformes aux intentions généreuses de la France. J'ai dû vous signaler les dangers de la situation, mais, quelque complexe qu'elle soit, mon dévouement n'y fera pas défaut, etc.

Dans une lettre du 15 du même mois, le général Oudinot se plaignait amèrement de ce que les cardinaux lui disputaient le droit de prendre dans Rome les mesures de police que réclamait la sûreté de notre armée.

L'une des questions, disait-il, dont la solution importe le plus au maintien de notre action sur la ville de Rome, c'est, sans contredit, l'organisation de la police. J'avais fait connaître à la commission du gouvernement mon intention de donner une installation définitive à la préfecture de police instituée par l'autorité française; je comptais laisser à l'officier supérieur investi du titre de préfet de police la direction entière de ce service, et plus spécialement aux agents sous ses ordres l'exécution des mesures relatives à la police politique et à celle dite de sûreté, confiant seulement aux agents de l'autorité pontificale la direction de la police administrative. La commission du gouvernement m'a fait une réponse qui, sous les voiles d'un langage nuageux, laisse percer l'intention de refuser l'adhésion du gouvernement de Sa Sainteté aux mesures que je proposais, etc.

Enfin, le 16 août, il nous envoyait copie de la réponse qu'il s'était vu dans la nécessité de faire au ministre de l'intérieur du gouvernement pontifical, lequel lui demandait son concours pour l'arrestation de certaines personnes compromises. Voici cette réponse :

MONSIEUR LE MINISTRE,

Je reçois votre lettre du 16 août. Je dois vous déclarer que les instructions de mon gouvernement s'opposent à ce que l'armée française accorde son concours à des arrestations purement politiques. Celles que vous jugez utile de prescrire sont entièrement étrangères à la répression des délits communs ; si elles ont lieu, ce sera en dehors de l'action militaire française, etc.

C'était trop et la mesure était comblée : à la réception de ces diverses dépêches, le conseil prit la résolution de rappeler d'une manière éclatante au gouvernement pontifical les conditions de notre intervention.

Déjà, et dans une dépêche en date du 2 août, M. de Tocqueville, écrivant à M. de Corcelles, avait exprimé de la manière la plus énergique notre volonté bien arrêtée de nous opposer à toute réaction violente contre les personnes.

A aucun prix, disait-il, de procès politiques sur le territoire que nous occupons, et surtout pas d'exécution à l'ombre de notre drapeau ; nous serions deshonorés dans le monde. Ne vous laissez pas imposer, ajoutait le ministre, dans une dépêche du 4 août suivant, par la prétention qu'a la justice papale de transformer les crimes politiques en crimes de droit commun ; la distinction est vraie, mais c'est nous qui devons la faire. Je vous ai si souvent écrit, et dans les dépêches officielles et dans mes lettres particulières, qu'il ne fallait à aucun prix laisser exercer sous nos yeux et à l'abri de notre drapeau des vengeances politiques, que je n'ai pas besoin d'y revenir.

Dans une autre dépêche M. de Tocqueville, rendant compte du jugement qu'on portait en France sur la politique suivie à Rome, s'exprimait ainsi :

Je vous envoie la dépêche officielle que je vous annonçais par ma dernière lettre. Elle n'a pu être lue que tout à l'heure au conseil : elle a été approuvée par tout le monde, surtout par M. de Falloux. J'insiste sur ce point, il est symptômatique. Les modérés et les hommes religieux eux-mêmes commencent à être embarrassés et irrités de ce qui se passe en Italie ; ils en redoutent la responsabilité et, si cela continue, ils nous reprocheront notre mollesse. Indépendamment des nouvelles que vous me donnez, on répand, sur ce qui arrive à Rome, des bruits inconcevables : on dit qu'on y a laissé rétablir sous nos yeux, et avec notre concours, l'inquisition et le tribunal du Vicariat, la plus indigne des juridictions qui se rencontrent dans le système judiciaire romain. On ajoute, et cela je l'ai lu dans des lettres de modérés de Rome, qu'on persécute les anciens chefs du parti libéral. On dit que Mazzini a été forcé de quitter Rome, etc. Si tout cela se vérifie, rien ne saurait être plus déshonorant pour nous, et je ne sais de quel front j'oserais me présenter devant l'Assemblée nationale pour discuter de pareils faits! etc....

Si on compare l'énergie de ces instructions à la molle condescendance de nos agents, on reconnaîtra que notre politique était assez mal représentée à Rome. Ces agents, en présence de la papauté et de son prestige, éprouvaient les mêmes hésitations, les mêmes défaillances, que M. de Lesseps avait éprouvées en face des jactances de la démagogie romaine.

Le rappel du général Oudinot et même celui de M. de Corcelles furent résolus.

Celui du général, qui est du 7 août, fut motivé sur les réductions que l'armée d'occupation allait subir.

La question militaire qui avait motivé l'expédition, lui écrivit le ministre de la guerre, étant aujourd'hui résolue et l'effectif expéditionnaire de la Méditerranée devant, par suite, être réduit au chiffre suffisant pour appuyer l'action de la diplomatie, le président de la République, le conseil des ministres entendu, a jugé que votre présence à la tête du corps expéditionnaire avait cessé d'être nécessaire.

En conséquence, et par décret de ce jour, il vous a autorisé à rentrer en France; j'ai l'honneur de vous en informer et de vous inviter à remettre le commandement en chef à M. le général de division Rostolan, qui donnera provisoirement à l'armée l'organisation qui lui paraîtra la plus convenable. Il recevra, sous peu, communication d'instructions particulières que M. le ministre des affaires étrangères va adresser à nos agents diplomatiques, etc.

M. de Corcelles avait excité une plus grande irritation chez le Président de la République, qui voulait absolument le destituer avec éclat; j'eus quelque peine à l'en empêcher.

C'est sous l'influence de ces mécontentements que fut écrite la lettre à Edgard Ney, qui eut un si grand retentissement. La voici, elle est datée de Paris, le 18 août 1849 :

Mon cher Ney,

La République française n'a pas envoyé une armée à Rome *pour y étouffer la liberté italienne*, mais, au contraire, pour la régler en la préservant de ses propres excès, et pour lui donner une base solide en remettant sur le trône pontifical le prince qui, le premier, s'était placé hardiment à la tête de toutes les réformes utiles. J'apprends avec peine que l'intention bienveillante du Saint-Père, comme notre propre action, reste stérile en présence le passions et d'influences hostiles qui voudraient donner pour base à la rentrée du pape la proscription et la tyrannie. Dites bien de ma part au général que, dans aucun cas, il ne doit permettre qu'à l'ombre du drapeau tricolore se commette aucun acte qui puisse dénaturer le caractère de notre intervention. Je résume ainsi le pouvoir temporel du pape : amnistie générale, sécularisation de l'administration et gouvernement libéral. J'ai été personnellement blessé en lisant la proclamation des trois cardinaux, où il n'était pas fait mention du nom de la France et des souffrances de ses braves soldats. Toute insulte à notre drapeau ou à notre uniforme me va droit au cœur. Recommandez au général de bien faire savoir que si la France ne vend pas ses services, elle exige au moins qu'on lui sache gré de ses sacrifices et de son intervention. Lorsque nos armées firent le tour de l'Europe, elles laissèrent partout, comme trace de leur passage, la destruction des abus de la féodalité et les germes de la liberté. Il ne sera pas dit qu'en 1849, une armée française ait pu agir dans un autre sens et amener d'autres résultats. Priez le général de remercier, en mon nom, l'armée de sa noble conduite. J'ai appris avec peine que, physiquement même, elle n'était pas traitée comme elle méritait de l'être. J'espère qu'il fera sur-le-champ cesser cet état de choses; rien ne doit être ménagé pour établir convenablement nos troupes.

Recevez, etc.

Il y avait à considérer, dans cette lettre, le fond et la forme. Au fond, les sentiments qu'elle exprimait étaient les nôtres; elle ne contenait rien, ainsi qu'on vient de le voir, qui ne fût dans les instructions données à nos agents. Dans la forme, la lettre ne nous était présentée que comme une simple instruction transmise par l'intermédiaire du prince au général qui commandait notre armée à Rome, et, sous ce rapport, elle n'était susceptible d'aucune objection. Mais la pensée véritable de son auteur était d'en faire un manifeste, et pour la masse des lecteurs elle n'avait pas un autre caractère. Or, comme manifeste, cette lettre eût dû être délibérée en conseil, et, dans tous les cas, elle était incomplète et manquait d'une conclusion; il ne suffisait pas, en effet, de se plaindre vaguement des procédés du gouvernement papal à l'égard de notre armée, du désir que nous avions de voir notre intervention produire les réformes libérales que nous en attendions, de jeter à nos soldats quelques paroles de sympathie, tout cela était bon pour l'effet du moment, mais n'était pas de nature à influer bien efficacement sur le dénouement de toute cette affaire : il aurait fallu, à la suite de ces plaintes formulées avec une certaine hauteur, donner l'ordre au général qui commandait notre armée de ressaisir les pouvoirs dont il s'était imprudemment dessaisi, d'éconduire la commission gouvernementale des cardinaux et de pourvoir par des mesures sagement combinées aux nécessités de l'administration romaine, jusqu'à ce qu'il plût au Pape d'accepter, soit les conditions de notre intervention, soit le recours à un congrès formé des grandes puissances. Alors la lettre eût eu vraiment les caractères d'un manifeste politique : telle qu'elle était, nous ne pouvions la considérer que comme étant la répétition plus accentuée de nos précédentes instructions.

La cour de Rome vit, dans cette manifestation éclatante de la mauvaise humeur du Président de la République, un orage qu'il fallait laisser passer en courbant la tête, sauf à la relever bientôt après.

M. de Rayneval crut cependant devoir demander aux cardinaux, en leur communiquant cette lettre, la permission de la publier, permission qu'ils refusèrent, bien entendu; mais la publicité n'en fut pas moins aussi complète, aussi éclatante que pouvait le désirer le Président. Les commissaires en montrèrent beaucoup de mauvaise humeur, parlant même de se retirer; mais craignant, sans doute, qu'on ne les prit au mot, ce qu'on aurait dû faire, ils se ravisèrent bientôt, et revinrent prudemment à cette politique de patience et de résistance passive, qui est la grande force de la cour de Rome.

Quant au général de Rostolan, auquel Edgard Ney avait remis la lettre, il refusa nettement de la mettre à l'ordre du jour de l'armée, donnant pour motif que le document ne lui était pas parvenu par la voie hiérarchique, et il accompagna son refus de l'envoi de sa démission. Le caractère ferme et droit de ce militaire nous faisait attacher une grande importance à ce qu'il conservât son commandement: je fus chargé par le conseil de lui écrire pour le déterminer à retirer sa démission, mais il persista.

Les journaux ne manquèrent pas de s'emparer de la lettre du Président, les uns pour l'approuver, les autres pour la blâmer: plusieurs d'entre eux, ayant annoncé qu'elle avait fait naître un profond désaccord entre M. de Falloux et ses collègues, le journal *la Patrie* s'avança, dans sa réponse à ses confrères, jusqu'à déclarer que le ministre de l'instruction publique avait, au contraire, donné à cette lettre, communiquée au conseil, la plus entière approbation; ce qui força ce ministre à rectifier à son tour l'assertion de la *Patrie* et à faire insérer dans le *Moniteur* une note, où il affirmait que la note du journal *la Patrie* ne lui ayant pas été communiquée, il n'en avait pu autoriser les termes, *et que la lettre du Président avait été purement officieuse;* et cependant, au même instant, d'autres journaux ayant allégué *que le Président ne voulant pas se mettre en désaccord avec ses ministres, avait maintenu à sa lettre un caractère purement confidentiel*, le *Moniteur* leur donnait un démenti officiel : véritable cacophonie, résultant de ce que le Président, au lieu de suivre les formes constitutionnelles, avait cru devoir agir sans l'intervention de son conseil : ce n'est pas la première fois qu'il agissait ainsi, et ce ne devait pas être la dernière.

M. de Falloux, à la suite de ces désaveux, donna sa démission, la motivant sur ce qu'il ne pouvait concourir plus longtemps à une politique qui affichait la prétention d'exercer sur le Saint-Père une pression.

La retraite de ce ministre prenait le caractère d'un événement politique; elle ne privait pas seulement le ministère du concours d'un homme d'un caractère honorable et d'un talent éminent; elle affaiblissait encore l'élément déjà trop faible qui répondait, dans notre cabinet, aux opinions de la majorité de l'Assemblée, en même temps qu'elle ajoutait une nouvelle gravité à la lettre du Président.

CRISE MINISTÉRIELLE

C'est dans ces circonstances que l'Assemblée, le 8 octobre, reprit ses travaux. Les députés revenaient de leurs départements tout pénétrés des passions qui régnaient chez les populations au milieu desquelles ils avaient vécu pendant la prorogation : les uns plus que jamais impatients d'en finir avec la République ; les autres encore plus exaltés dans leurs défiances et leurs haines contre ce qu'ils appelaient le parti de la réaction monarchique.

Du reste, la force numérique des deux partis était restée la même. Sur 479 votants M. Dupin réunit 339 suffrages pour la présidence, tandis que M. Grévy n'en obtenait que 105 ; la proportion était toujours d'un tiers aux deux tiers.

Le premier débat sérieux et d'une nature fort délicate qui occupa l'Assemblée fut celui que provoquèrent deux propositions faites dans un esprit bien opposé, quoique se réunissant au moins pour partie dans les mêmes conclusions : l'une, de M. Creton, demandait l'abrogation de la loi qui interdisait aux membres des deux branches de la famille des Bourbons tout séjour en France ; l'autre, de M. Napoléon Bonaparte, proposait le rappel de tous les bannis, sans distinction et en y comprenant les déportés de juin.

L'Assemblée accorda la priorité à la proposition de M. Creton : nous avions dû en délibérer dans le conseil et nous avions été unanimes à reconnaître qu'elle était au moins prématurée : le moment, en effet, était-il bien choisi, alors que nous sortions à peine des convulsions de la plus terrible anarchie, pour jeter au sein de la société de nouvelles causes de trouble? La proposition n'aurait eu cependant quelque chance de succès qu'autant que le gouvernement en eût pris l'initiative ou au moins l'eût énergiquement appuyée. Dès que cet appui lui était refusé, elle ne pouvait qu'avorter. Les amis de M. Creton firent de vains efforts pour l'engager à la retirer; plus entêté dans la poursuite de ce qu'il considérait comme un grand acte de réparation, qu'intelligent des obstacles politiques qui devaient le faire échouer inévitablement pour le présent et peut-être compromettre l'avenir, il s'obstina à affronter les chances du débat. Son discours fut sage et modéré, il développa en assez bons termes tous les lieux communs de la question, il fit ressortir l'injustice et même l'immoralité de ces ostracismes politiques qui atteignent des personnes qui ne sont coupables que du fait de leur naissance; il releva en particulier la conduite si patriotique et si noblement désintéressée des princes d'Orléans, qui pouvant combattre la révolution de 1848, l'un avec la flotte, l'autre avec l'armée de l'Algérie qu'ils commandaient, avaient renoncé à se servir de leurs armes plutôt que d'allumer la guerre civile dans leur pays. Il soutenait que la raison de salut public invoquée pour maintenir ces ostracismes n'était pas bonne; que les gouvernements ne se sauvent que par la justice, etc.

On ne vit pas sans quelque étonnement M. Berryer monter à la tribune, et dans un discours qui avait été évidemment concerté avec son parti, déclarer qu'il s'opposait à la proposition : son argumentation expliquait parfaitement sa pensée.

Allons au fond de la question, dit-il ; les propositions qui semblent faites en faveur des deux branches de la maison de Bourbon seront sans résultat et ne sont pas sérieuses.

Dans toutes les sociétés humaines, il y a deux principes : le principe héréditaire et le principe électif, qui s'excluent d'une façon absolue ; quand l'un des deux règne dans un État, c'est lui qui proscrit nécessairement l'autre, et non la loi. Y a-t-il personne, dans cette Assemblée, qui pense que, sous l'empire du principe électif qui régit la France, aucun membre de la maison de Bourbon consente à rentrer en France et à y exercer ses droits de simple citoyen ? (Plusieurs voix : *Ils l'ont demandé eux-mêmes !...*) Veut-on dénier ou disputer aux princes descendus du trône ce qui leur reste, loin de la France, ce qui les distingue et les honore ? Quand les héritiers des rois sont éloignés du trône, quand ils sont proscrits et exilés de la patrie, ils n'en sont pas moins, pour le reste du monde, autre chose que de simples citoyens. Si un seul d'entre eux acceptait la loi proposée et, oublieux de ses propres aïeux, venait dire : « Je suis citoyen tout comme un autre », ah ! Messieurs ! je ne vous demande pas ce que vous penseriez de lui...

M. Berryer, qui savait bien que les princes d'Orléans avaient eux-mêmes revendiqué la faculté de rentrer dans leur patrie et d'y exercer les droits des simples citoyens et à qui, d'ailleurs, les cris d'une partie de l'Assemblée l'auraient appris s'il l'avait ignoré, avait une intention bien marquée en persistant dans son argumentation : c'était de confondre les deux branches comme si elles ne représentaient qu'un seul et même principe, celui de l'hérédité ; c'était d'imposer à la branche d'Orléans une solidarité absolue avec la branche aînée ; c'était d'enlever à la première toute chance de revoir sa patrie autrement que par le triomphe du droit héréditaire ; alors que, dans le fait, le gouvernement de Louis-Philippe avait représenté, en France, tout autre chose que le principe légitimiste, et que l'avenir de ses enfants était complétement indépendant du triomphe de ce principe.

La conséquence du raisonnement de M. Berryer était d'ailleurs de dénaturer le caractère de la mesure qui tenait les princes d'Orléans éloignés de leur patrie et de substituer pour eux à cet ostracisme momentané et que les circonstances pouvaient faire cesser d'un instant à l'autre, une expatriation absolue et qui ne pouvait cesser que le jour où le comte de Paris remonterait sur le trône. Après avoir si activement contribué, dans la funeste journée du 24 février 1848, à renverser le gouvernement de juillet, il ne restait au parti légitimiste qu'à enlever à ce gouvernement son caractère, son origine, sa raison d'être et sa seule signification politique dans le pays, et c'est ce qu'il s'efforçait de faire par l'organe du plus puissant de ses orateurs. En cela, ce parti jouait son jeu ; le parti orléaniste, en ne répondant pas à M. Berryer, jouait-il le sien ? J'en doute.

M. Dufaure ne craignit pas cependant, malgré la réserve que lui commandait sa position de ministre, de rendre une éclatante justice à la noble conduite des princes d'Orléans dans ces quelques paroles :

S'il arrivait, quoi qu'en ait dit M. Berryer, que ceux que nous avons vus à la Smala ou à Tanger fussent appelés encore à défendre notre drapeau les armes à la main, je ne sais qui s'en inquiéterait et qui serait porté à croire que la tranquillité et la gloire de la France seraient menacées par les services qu'ils rendraient ; non, ils ne conspireraient pas, et c'est l'opinion du gouvernement... (Marques d'assentiment.)
Mais, ajoute le ministre, ce que leur volonté ne ferait certainement pas, leur nom pourrait le faire. Voyez ce que nous avons fait pour rétablir la sécurité dans le pays. Nous avons fait régner entre les deux grands pouvoirs de l'État une harmonie, un accord qui ne se sont pas démentis. Le vote que vous avez émis l'autre jour, dans lequel une majorité si considérable a sanctionné la politique du gouvernement, ce vote a donné plus de sécurité et de confiance que vous ne pouvez l'imaginer ; nous avons en outre, par des lois suffisantes, réussi à réprimer les désordres qui

mettaient en question l'avenir de la société. Nous avons obtenu de sérieux résultats, et c'est dans ce moment que vous iriez tout ébranler et tout compromettre par une proposition, juste au fond, mais prématurée!

Cette déclaration du gouvernement mettait fin à toute discussion sérieuse; elle ne permettait pas même aux sympathies les plus vives d'entrer en balance avec les nécessités de l'ordre public. M. Napoléon Bonaparte n'en insista pas moins pour prendre la parole, et il donna lecture d'une lettre dans laquelle les princes de la maison d'Orléans avaient consigné, en 1848, leurs protestations contre le projet de décret qui leur interdisait le séjour de la France.

Cette lettre était la meilleure réfutation de la thèse de M. Berryer; la voici:

Monsieur le Président,

Les journaux nous apportent un projet de décret tendant à nous fermer les portes de la France. Les sentiments que ce projet nous inspire nous arrachent à la réserve que, jusqu'ici, nous nous étions imposée. Nous avions espéré que cette réserve toute patriotique serait comprise. L'Assemblée était réunie; elle allait, dans son indépendance et sa souveraineté, voter la nouvelle Constitution; nous ne voulions pas jeter au milieu de ses délibérations la préoccupation d'un intérêt de personnes. Nous avions, d'ailleurs, lieu de penser qu'en quittant Alger au premier appel fait à notre patriotisme, nous avions fourni au pays une preuve patente de notre ferme intention de ne pas chercher à désunir la France, comme nous avions témoigné du respect avec lequel nous acceptions l'appel fait à la nation. Nous nous flattions aussi que le pays ne pourrait songer à nous repousser, nous qui l'avions toujours fidèlement et loyalement servi dans nos professions de marin et de soldat. Le projet de décret indique qu'on en a jugé autrement, et le moment choisi pour le produire constitue d'ailleurs une assimilation que nous ne saurions accepter: exempts de toute ambition personnelle, nous protestons, devant les représentants de la nation, contre une mesure dont nos sentiments devaient nous garantir.

Veuillez, monsieur le Président, porter cette lettre à la connaissance de l'Assemblée, et recevez, etc.

Signé :

Cette noble protestation ajoutait aux regrets de l'Assemblée d'avoir à faire fléchir ses sentiments devant la toute-puissante raison d'État, mais elle ne changea pas les votes. 97 voix seulement se prononcèrent pour la proposition de M. Creton, et 484 contre.

Après la proposition Creton venait celle du prince Napoléon Bonaparte, dont la discussion n'offrit rien de remarquable, si ce n'est une attaque pleine d'acrimonie de l'auteur de la proposition contre le Président de la République, son cousin.

En 1836, disait-il, un procès célèbre s'est ouvert devant les assises du Bas-Rhin ; une insurrection avait eu lieu, une insurrection à main armée ; le chef de cette insurrection avait été considéré comme un ennemi politique ; on l'avait saisi, séparé de ses amis, enlevé à la justice du pays et transporté. (Vive interruption à droite. — M. *Odilon Barrot: Un peu moins de haine et un peu plus de pudeur !*)

Ce rappel d'un événement sans aucun rapport avec la question débattue, ce souvenir que les ennemis de Louis-Napoléon avaient seuls intérêt à raviver, tout cela de la part d'un parent aussi proche, aussi comblé, accusait une telle passion, un tel besoin de se venger, que l'Assemblée en fut révoltée, et que je ne pus m'empêcher d'adresser de ma place à l'orateur cette exclamation que relève le *Moniteur*. Je demandai même la parole, et si j'avais parlé sous l'impression du moment, il est probable que j'eusse de beaucoup dépassé les propres sentiments du Président lui-même.

Une scène d'un autre genre, mais tout aussi scandaleuse, faillit amener un duel entre le même orateur et un membre ardent de la majorité, M. Dahirel. Napoléon Bonaparte attaquait violemment le décret de la Constituante qui avait prononcé la déportation des insurgés de Juin pris les armes à la main, lorsque M. Dahirel s'écria de son banc : « *Mais vous l'avez voté!* — Non, répond l'orateur. — Si, vous l'avez voté. » Ces démentis échangés avec une telle persistance en pleine Assemblée jetèrent une agitation inexprimable sur tous les bancs. Quelques instants plus tard, le prince, qui avait été vérifier le *Moniteur*, revient à la charge avec la plus grande violence de langage, accuse M. Dahirel d'avoir sciemment et méchamment fait une déclaration fausse : celui-ci ne se rend pas, mais soutient avec plus de vivacité que jamais qu'il avait vu, de ses yeux vu, M. Napoléon Bonaparte voter le décret, et il ajoute : « Il y a cinquante de mes amis qui sont prêts à l'attester. » Sur quoi des voix nombreuses à droite d'acclamer : « *Oui, oui, nous l'avons vu!* » Le prince exaspéré s'écrie à son tour : « *Ce que vous dites est faux*, vous voulez m'accabler à coups de majorité ! — Il n'y a pas à vous accabler, réplique M. Dahirel, nous avons parfaitement vu M. Napoléon Bonaparte voter ce décret, comme il a voté avec nous pendant presque toute l'année, jusqu'au moment de son retour de Madrid. » (Rires approbatifs à droite.) Le prince se précipite à la tribune. « Une telle personnalité est indigne, s'écrie-t-il ; il est des arguments qu'on ne réfute pas à la tribune. » Et, en effet, un tel dialogue devait se terminer ailleurs que dans l'Assemblée ; sur le terrain, les témoins s'interposèrent et arrangèrent l'affaire. M. Dahirel déclara que, dans le vote par assis et levé, il avait pu prendre un mouvement involontaire du prince pour un vote affirmatif, et cette explication fut acceptée comme suffisante.

On le voit, dans la somme des scandales qui affligeaient le parlement, les Bonaparte avaient leur grande part. La proposition fut d'ailleurs rejetée par 419 contre 183 voix. Cette fois la montagne avait voté pour la proposition.

Après ce débat si orageux vint la discussion du projet de loi par lequel nous demandions un crédit pour payer le douaire de madame la duchesse d'Orléans. Ici, nous étions en présence d'une dette de droit strict à laquelle aucune considération politique ne pouvait dispenser la France de faire honneur. La question n'en offrait pas moins ses délicatesses et ses difficultés.

Le Gouvernement provisoire avait fait mettre le séquestre sur les biens de toute nature ayant appartenu à la famille d'Orléans : ce séquestre ne préjugeait rien, il avait pour but de conserver aux créanciers leur gage. Il faut même dire à l'honneur de ce gouvernement que, malgré ses nécessités financières et malgré les incitations de plusieurs de ses amis, il s'était refusé à convertir ce séquestre *en confiscation*; sous la Constituante, et le 25 octobre 1848, avait été voté, sur le rapport de M. Berryer, un décret qui, après avoir constaté que toutes les garanties étaient assurées aux créanciers de la famille d'Orléans pour le payement de leurs créances, ordonnait la restitution à cette famille de ses biens dotaux, *douaire*, et de toutes valeurs mobilières ou immobilières lui appartenant en propre.

Le projet de restitution que nous soumettions à l'Assemblée ne semblait donc devoir rencontrer aucune contradiction sérieuse; régulièrement même et dans la stricte légalité, il n'aurait pas dû être nécessaire de présenter un projet de loi spécial pour l'acquittement de cette dette; il aurait suffi de la comprendre, comme elle l'avait toujours été depuis qu'elle avait été contractée, dans le chapitre de la dette publique viagère.

C'était là, en effet, une *dette obligatoire* et ne figurant au budget que pour la forme, et non un service public susceptible d'être discuté et même retranché du budget des dépenses. La difficulté provenait de ce que, lorsque le douaire de madame la duchesse d'Orléans était placé sous le séquestre avec tous les autres biens de la famille royale, le ministre des finances n'avait pas cru devoir le faire figurer dans les charges du trésor, et, en conséquence, ne l'avait pas compris dans son budget des dépenses de 1848; le liquidateur n'avait pas réclamé, mais dès que la restitution des dots et douaires ou autres valeurs avait été ordonnée par décret, la duchesse d'Orléans avait écrit à son mandataire en France de se présenter au trésor pour réclamer les arrérages de son douaire avec mission, si on les lui payait, de les distribuer aux pauvres ouvriers qui luttaient alors contre d'affreuses nécessités.

Le trésor, en l'absence de tout crédit législatif, ne s'était pas cru autorisé à payer. De là l'obligation pour nous de demander à l'Assemblée ce crédit.

Peut-être eût-il été de bon goût, même pour l'extrême gauche, de voter notre projet sans aucune opposition; était-il, en effet, une dette qui se présentât dans des circonstances plus favorables?

Lorsque le duc d'Orléans avait demandé en mariage la duchesse de Mecklembourg, cette union avait rencontré bien des résistances de la part de la famille de la future : épouser le duc d'Orléans, n'était-ce pas épouser la révolution de Juillet avec tous ses hasards et tous ses dangers? La jeune princesse, douée d'un caractère élevé et d'un grand courage, avait persisté, malgré ces prévisions qui ne devaient, hélas! que trop se réaliser; elle n'avait pas craint, cette noble femme, de confier sa destinée à la loyauté de la France, qui lui avait répondu par le bannissement. Ainsi elle avait abandonné sa famille et son pays natal pour la France, et celle-ci l'avait chassée de son sein; privée de son époux par une mort imprévue et prématurée, bannie avec ses enfants de sa patrie d'adoption, son douaire était l'unique et triste compensation à tant de douleurs; aurait-on le courage de le lui refuser?

Ce courage, il faut le dire, un assez grand nombre de députés, dont quelques-uns appartenaient à la gauche modérée, entre autres MM. Crémieux et Mauguin, le montrèrent.

Sur leur insistance, M. Passy leur avait communiqué le contrat de mariage de madame la duchesse d'Orléans; ils y avaient vu qu'elle avait dû renoncer à tous ses droits successifs lors de son mariage, et avait reçu en retour une simple dot de cent mille francs une fois payée; mais qu'un douaire de trois cent mille francs lui avait été assuré pour le cas où elle survivrait à son mari, et que le roi Louis-Philippe avait contracté l'engagement, si ce douaire n'était pas voté par les Chambres, de l'acquitter sur ses propres biens; d'où ils concluaient qu'il y avait deux obligations dans le contrat de mariage : l'une privée, celle du père de famille qui devait, dans tous les cas, s'exécuter; l'autre, purement politique, celle de l'État, qui, contractée pour une situation politique donnée, s'était évanouie avec cette situation.

MM. Lherbette et Victor Lefranc répondirent loyalement et victorieusement que le père de famille ne s'était obligé qu'à défaut de l'État; que les Chambres étaient parfaitement libres de voter ou de ne pas voter le douaire; mais que, dès qu'elles l'avaient librement et régulièrement voté, ce douaire était devenu une dette de la nation, et que la garantie éventuelle de Louis-Philippe s'était dès ce moment évanouie; que tout douaire avait les caractères d'une obligation contractuelle et synallagmatique; que, dans les circonstances données, il l'avait au plus haut degré; que c'était, en effet, pour la duchesse d'Orléans, la représentation de ses droits de famille abandonnés, de son expatriation et de tous les hasards par elle affrontés; qu'un tel contrat était inviolable aux yeux de la plus stricte justice comme de la morale; que les révolutions n'affranchissent pas les peuples de leurs dettes, et que la révolution de 1848 avait rendu en quelque sorte plus sacrée celle contractée envers la duchesse d'Orléans, puisque cette révolution avait ajouté pour cette princesse, aux douleurs du veuvage, celle de l'exil, etc. 423 voix se prononcèrent pour le crédit demandé, 184 contre, minorité beaucoup trop forte encore pour l'honneur de l'opposition.

Pendant ce temps se déroulait devant la haute cour siégeant à Versailles le drame du procès du 13 juin, dans lequel tant de députés de la montagne étaient compromis. Après le rejet du déclinatoire élevé par les accusés contre la juridiction de cette cour, fondé sur ce que les faits dont ils étaient accusés étaient antérieurs à la loi qui saisissait la haute cour; après des protestations motivées, déposées par les avocats des prévenus et par leurs clients, le débat commença, et se traîna pendant près d'un mois entier à travers ces scènes violentes auxquelles la démagogie, qui cherche partout des champs de bataille, nous avait accoutumés. Il faut relire ces débats pour bien connaître les mœurs et les habitudes d'esprit et de langage de ce parti. On y retrouve ce mépris de toute justice, même de celle qui offre le plus de garanties aux accusés; cette haine de sauvage contre tout devoir, ce mépris de toute convenance, ce culte de la force qui n'exclut pas l'emploi de la ruse, ces compromis qui, du même homme, font tout à la fois un fanatique exalté prêt à tout faire et à tout souffrir pour le triomphe de son idée, et un spéculateur honteux recevant de la police un misérable salaire; un Brutus et un agent de police dans le même personnage. Ainsi nous avons vu M. de La Hode convaincu d'espionnage par Caussidière; Hubert en rapport régulier avec la police, et signalé pour ce fait par ses complices. Enfin le farouche Blanqui lui-même hautement dénoncé par Barbès comme l'ayant livré à la police de Louis-Philippe. Ces révélations étaient dues en grande partie à ce que les archives de la police avaient passé depuis quelque temps dans bien des mains différentes et aux investigations courageuses et persévérantes de M. Taschereau; il fallait entendre les rugissements que poussaient ces hommes lorsqu'ils se voyaient découverts. Ils bravaient les châtiments que la société était en droit de leur infliger; ils ne pouvaient supporter la honte d'être surpris dans leurs relations occultes avec la police. C'est que l'orgueil qui est la passion dominante de ces hommes, celle qui les pousse ordinairement dans tous leurs excès, les soutenait dans un cas, et faisait, au contraire, leur supplice dans l'autre.

M. Bérenger, l'auteur d'un livre justement estimé sur la procédure criminelle, que je venais de nommer président de chambre à la Cour de cassation, avait été, conformément à la loi, désigné par ses collègues pour présider la haute cour. Il s'acquitta de ses fonctions avec gravité, et apporta dans ses rapports avec les accusés une modération qui pouvait paraître quelquefois excessive. M. Baroche remplissait comme procureur général les difficiles fonctions du ministère public. Il s'en acquitta avec chaleur et talent; il était assisté par des avocats généraux et substituts qui tous avaient déjà donné des preuves de leur mérite : c'étaient MM. de Royer et Suin, avocats généraux, et M. Oscar de Vallée, substitut. Le parquet avait affaire à forte partie, car non-seulement les accusés étaient tous des discoureurs à grandes prétentions, mais ils avaient pris pour avocats les hommes les plus habiles et les plus diserts de leur parti, MM. Grévy, Crémieux, Michel (de Bourges), etc., et enfin les témoins eux-mêmes se constituaient souvent avocats d'office et plaidaient au lieu de déposer; il arriva même un jour qu'un témoin, M. Émile de Girardin, s'avisa de porter un défi insolent à la justice : M. Baroche ne crut pas devoir le relever, ce qui lui attira de ma part une lettre de reproche. En somme, ce difficile et orageux débat fut conduit avec intelligence, modération, et surtout avec une admirable patience de la part des magistrats comme du jury. On peut dire que cette épreuve, comme celle de Bourges, a été de tous points favorable à l'institution de la haute cour.

En même temps se poursuivait à Lyon l'instruction de l'insurrection qui avait éclaté dans cette ville à la suite du 13 juin. Le conseil de guerre était saisi, mais les magistrats de l'ordre judiciaire dirigeaient la procédure. Il importait surtout à la justice de découvrir et de suivre les ramifications que cette insurrection avait eues avec les foyers révolutionnaires des départements voisins. En conséquence le juge d'instruction avait fait saisir à la poste des lettres venant de Boussac, lieu où se trouvait un centre de socialisme avec son club, sa presse et ses correspondances. Dans ces lettres, les socialistes de Boussac annonçaient à leurs frères de Lyon qu'ils étaient prêts à se joindre à eux. La complicité était évidente, et cependant le juge de Lyon n'avait envoyé à son collègue qu'un mandat facultatif, et dont ce dernier n'aurait à faire usage que si l'interrogatoire qu'il ferait subir aux prévenus ne détruisait pas la charge de complicité qui pesait sur eux, ce qui se réalisa, car ce juge délégué fit exécuter le mandat d'amener. C'est sur ces faits que M. Pierre Leroux, proche parent de deux des prévenus, demanda à m'interpeller. Il produisait une consultation de plusieurs avocats du barreau de Paris taxant d'illégalité toute cette procédure, et à raison de l'incompétence du conseil de guerre pour juger des citoyens domiciliés dans une ville qui ne se trouvait pas dans la circonscription de la 19ᵉ division militaire, mise en état de siége, et sur ce que la prévention reposait uniquement sur des lettres qui n'avaient pu être interceptées qu'en violation du secret des lettres. M. Pierre Leroux insistait surtout sur le traitement barbare que, selon lui, on aurait fait subir aux prévenus en les conduisant à pied et chargés de chaînes de Boussac à Lyon. Il terminait en adjurant tous les partis de se fondre dans le respect commun de la loi et des garanties individuelles.

Je voulus, malgré l'impatience des centres qui se seraient contentés d'une réponse brève et hautaine, faire à ces interpellations une réponse développée ; je tenais à prouver que le gouvernement prenait en très-grande considération toute plainte qui touchait à la liberté individuelle.

Je voudrais bien, dis-je, et M. Pierre Leroux peut m'en croire, que tous les partis fussent disposés à ne jamais sortir du respect de la loi et de la justice ; car ceux qui rêvent d'une république qui n'aurait pas pour base une haine profonde contre toute violence, seraient de bien faux républicains. Malheureusement, il n'en a pas été ainsi à Lyon, dont un parti a fait un champ de bataille où le sang a coulé : la justice a dû rechercher et saisir les complices de cet attentat, et c'est comme tels que les prévenus de Boussac ont été saisis et amenés devant les juges du lieu où s'est consommé le crime dont ils sont présumés être les complices ; ils sont maintenant dans les mains de la justice. Vous accusez les magistrats d'avoir agi sous l'influence des passions politiques. Vous me placez dans un grand embarras, car je suis dans cette alternative ou de laisser vos accusations sans réponse, ou de discuter devant l'Assemblée les éléments mêmes d'une instruction judiciaire dans lesquels des juges indépendants ont puisé les motifs de leur conviction. (Vive approbation à droite.) On se fait une étrange idée de la justice dans ce pays. M. Pierre Leroux se plaint à moi d'un mandat régulièrement décerné par des magistrats, comme s'il dépendait du garde des sceaux d'intervenir dans une poursuite judiciaire et de l'abolir ou même de la suspendre ; mais comprenez donc que si j'avais un tel pouvoir, j'aurais dans mes mains le pouvoir judiciaire tout entier, pouvoir plus grand même que celui que la Constitution défère au chef du pouvoir exécutif, car elle ne lui donne que le droit de faire grâce après condamnation : elle ne lui donne pas celui d'arrêter ou de détourner l'action de la justice ; je disposerais discrétionnairement de toute la vindicte publique dans le pays, car, à côté de ma responsabilité, serait nécessairement placée ma liberté de poursuivre ou de ne pas poursuivre. Ce serait entrer dans une voie où le despotisme des passions politiques se substituerait à l'indépendance et à la conscience des magistrats. Ce ne sont pas les minorités qui ont intérêt à pousser les gouvernements dans une telle voie. (Très-bien ! très-bien !) Il faut se rendre bien compte que l'attribution du ministre de la justice à l'égard des magistrats est purement disciplinaire : sauf ce pouvoir de surveillance et de contrôle, et quelques cas exceptionnels où le garde des sceaux est autorisé, dans l'intérêt de la loi, à saisir directement la Cour de cassation, les magistrats restent parfaitement indépendants et ne relèvent que de la loi et de leur conscience. Il faut qu'il en soit ainsi ; il y va de la liberté et de la sécurité de tous. (Très-bien ! très-bien !) Ainsi, sur les deux questions importantes sur lesquelles M. Pierre Leroux voudrait faire porter un débat législatif, à savoir : celle de la limite de la compétence des conseils de guerre et celle du droit des magistrats instructeurs de saisir les lettres confiées à la poste, je ne peux que m'en référer à la jurisprudence établie sur ces deux questions ; l'autorité judiciaire les a résolues. On pourrait, j'en conviens, les débattre devant l'Assemblée, mais en thèse générale et dogmatiquement ; le pouvoir législatif ne pourrait les résoudre dans le procès qui a donné lieu aux interpellations sans rendre un jugement, c'est-à-dire sans commettre une dangereuse usurpation du pouvoir judiciaire. (Très-bien ! très-bien !) Les prévenus se sont trompés de voie; s'ils croient que quelque droit ou quelque garantie a été violée dans leur personne par les actes de la procédure, qu'ils en demandent la réparation devant la juridiction supérieure et régulatrice. Ils ne peuvent ni prétendre ni espérer que l'Assemblée se constituera en cour de justice pour annuler des actes de procédure et les déclarer illégaux, car, par là, elle intervertirait tous les pouvoirs. (Approbation.) Il y a cependant un point dans les interpellations, un surtout, qui appellerait, de ma part, un examen tout particulier : il s'agit des traitements qu'on aurait fait subir aux détenus. Ici, l'action du ministre est plus libre; il ne se trouve plus en présence d'actes de juridiction sur lesquels il ne peut rien, mais bien en face d'actes d'administration judiciaire, sur lesquels il exerce un contrôle légitime. J'ai donc dû m'enquérir des faits avec le plus grand soin; or il résulte des rapports qui m'ont été adressés, que les prévenus, en exécution du mandat judiciaire lancé contre eux, sont partis de Boussac entourés de leurs amis : on leur avait offert une voiture, ils l'ont refusée, disant que des prolétaires comme eux ne voyageaient pas en voiture. Ils ne disaient pas leur vraie raison. (Hilarité prolongée.) A Thiers, des rassemblements s'étaient formés dans les rues; il a bien fallu, pour aller rejoindre la voiture qui les attendait, faire mettre à pied les prévenus, et les gendarmes, craignant quelques tentatives d'évasion, ont dû s'assurer de leurs prisonniers en les liant par les bras. J'ai pleine foi dans ces renseignements qui m'ont été transmis par des magistrats dont la véracité est hors de tout conteste. (Approbation sur les bancs de la majorité.) Quant aux considérations générales présentées sur les vices ou les lacunes de notre procédure criminelle, je suis bien loin de soutenir que notre législation, sur ce point, soit parfaite, et qu'il ne soit pas possible, en gardant toutefois une sage réserve, d'y introduire d'utiles modifications ; on sait que j'ai réuni à la chancellerie une commission chargée d'indiquer et de préparer ces réformes. On me permettra de ne pas traiter des sujets aussi délicats et aussi importants incidemment et à la légère, etc., etc.

Après une réplique insignifiante de M. Th. Bac, l'Assemblée reprit son ordre du jour.

Ce discours eut fort peu de succès dans le parti conservateur. Plusieurs de mes amis me reprochèrent même d'avoir pris trop au sérieux les griefs de M. Pierre Leroux. J'avoue que j'avais péché avec intention : si j'avais attaché tant d'importance à ces questions de liberté individuelle, c'est précisément parce que la majorité conservatrice me paraissait en attacher beaucoup trop peu. Dans une séance précédente, elle avait très-dédaigneusement refusé de discuter une proposition de M. Morellet, tendante à modifier les dispositions du Code de procédure criminelle sur la détention préventive, et sur les mises en liberté sous caution. En cela, elle me paraissait faire fausse route. Où était notre force contre les recours incessants de la démagogie à la force brutale, si ce n'est dans le respect des garanties légales? Était-ce à nous à affaiblir ce respect et à donner l'exemple du mépris des formes, protectrices à la fois et des intérêts sociaux et des droits individuels? Il ne suffit pas d'être en majorité dans une assemblée, il faut encore avoir pour soi le bon droit et surtout la modération; il faut tâcher de se faire estimer même des oppositions les plus violentes en leur donnant de bons exemples; nous verrons plus tard quelles ont été les conséquences d'une conduite contraire.

Revenons maintenant à l'affaire de Rome. Nous avons dit quelle situation la lettre du Président à Edgard Ney avait faite au ministère vis-à-vis de la majorité et du Président lui-même.

Depuis cette lettre survinrent deux actes importants qui, loin d'améliorer cette situation, ne firent qu'en aggraver les difficultés.

C'était, d'une part, le *Motu Proprio* du Saint-Père, et, de l'autre, le rapport de M. Thiers sur les affaires de Rome. Faisons connaître d'abord le premier de ces documents.

Le jour même où le Président écrivait sa lettre à Edgard Ney, et probablement dans la prévision de cette lettre et pour y répondre, Pie IX se décidait enfin à faire connaître ses résolutions sur les institutions qu'il entendait donner aux États romains. Il réunissait à Portici un conseil de cardinaux ; la délibération ne fut ni très-longue ni très-vive. On était à peu près d'accord sur la mesure des concessions à faire à la France et à l'esprit du temps ; mais le débat fut plus vif et plus prolongé sur l'itinéraire que suivrait le Pape lors de sa rentrée dans ses États. Ferait-on aux Autrichiens la politesse de s'arrêter dans une des villes qu'ils occupaient, ou aux Espagnols la grâce de passer par Velletri, où se trouvaient leurs troupes? Telles étaient les importantes questions qui tenaient cette espèce de conclave en suspens, lorsque l'urgence des événements qui se pressaient et, entre autres, l'apparition de la lettre du Président de la République décidèrent le Pape à revenir directement et par le plus court chemin à Rome, et à publier son Encyclique, qui, bien que qualifiée de *Motu Proprio* afin d'écarter toute idée de pression étrangère, n'en était pas moins une sorte de réponse à la lettre de Louis-Napoléon. Voici ce document :

A MES BIEN-AIMÉS SUJETS.

A peine les vaillantes armées des puissances catholiques qui, avec un vrai dévouement filial, ont concouru au rétablissement de Notre liberté et de Notre indépendance dans le gouvernement temporel des domaines du Saint-Siége, vous curent délivrés de cette tyrannie qui vous opprimait de mille façons, non-seulement nous avons adressé des hymnes de reconnaissance au Seigneur, mais, en même temps, nous nous sommes empressés d'expédier à Rome une commission de gouvernement, dans la personne de trois prélats considérables. Ils étaient chargés de reprendre en Notre nom les rênes du gouvernement civil, et d'aviser, avec les secours d'un ministère, autant que les circonstances le permettraient, à prendre les mesures qui, pour le moment, étaient réclamées dans l'intérêt de l'ordre, de la sécurité et de la tranquillité publiques. Nous nous sommes attachés à établir les bases d'institutions capables de vous assurer à vous, Nos bien-aimés sujets, *les libertés convenables*, et d'assurer, en même temps, Notre indépendance, que Nous avons l'obligation de maintenir intacte en face de l'univers. Cette mesure a pour but de satisfaire les gens de bien qui ont tant mérité Notre spéciale bienveillance et Notre estime, et de détromper les malheureux égarés qui s'étaient prévalus de Nos concessions pour renverser l'ordre social. Ainsi donc, pour montrer à tous que Nous n'avons à cœur que votre véritable et solide prospérité, de *Notre propre mouvement*, Nous avons résolu de décréter ce qui suit :

ARTICLE PREMIER. — Il est institué à Rome un Conseil d'État : il donnera son avis sur les projets de loi avant qu'ils soient soumis à la sanction souveraine. Il examinera toutes les questions importantes dans chaque branche de l'administration publique, sur lesquelles il sera consulté par Nous et par Nos ministres. Une loi spéciale déterminera le nombre et la qualité des conseillers, leurs devoirs, leurs prérogatives, les règles de discussion et tout ce qui peut concerner le fonctionnement régulier d'une si importante concession (*concesso*).

ART. 2. — Une Consulte d'État est instituée pour les finances ; *elle sera entendue sur le budget de l'État*, en examinera les dépenses, et prononcera les sentences en reddition de comptes ; *elle donnera son avis* sur l'établissement de nouveaux impôts et sur la diminution de ceux qui existent, sur le meilleur mode de répartition à suivre, sur les moyens les plus efficaces de faire refleurir le commerce, et, en général, sur tout ce qui concerne le Trésor public. Les membres de la Consulte *seront choisis par Nous*, sur des listes qui nous seront présentées par les Conseils provinciaux ; leur nombre sera proportionné à celui des provinces. Ce nombre pourra *être* augmenté par une addition déterminée de personnes que *Nous nous réservons de nommer*. Une loi spéciale fixera le mode de présentation des membres de la Consulte, les qualités requises, les règles de l'expédition des affaires de finance, et tout ce qui, efficacement et promptement, peut contribuer à la réorganisation de cette branche si importante de l'administration publique.

Art. 3. — L'institution des Conseils provinciaux est confirmée. *Les conseillers seront choisis par Nous*, sur des listes présentées par les Conseils municipaux. Les Conseils provinciaux discuteront les intérêts locaux de la province, les dépenses à faire à sa charge et avec son concours, les comptes de recettes et de dépenses de l'administration intérieure; cette administration sera exercée par une Commission administrative qui sera choisie par chaque Conseil provincial, sous sa responsabilité; quelques-uns des membres du Conseil provincial seront choisis pour faire partie du Conseil du chef-lieu de la province, pour l'aider dans les fonctions de vigilance qui incombent aux municipalités. Une loi spéciale fixera le mode de présentation, les qualités requises et le nombre des conseillers pour chaque province, les devoirs et les rapports qui devront exister entre les administrations provinciales et les grands intérêts de l'État, *et jusqu'où doit s'étendre sa tutelle supérieure.*

Art. 4. — Les représentations et les administrations municipales *jouiront des franchises les plus larges* que peut comporter l'intérêt local des communes. L'élection des conseillers municipaux aura pour base *un nombre large d'électeurs*, en ayant principalement égard à la propriété. Les éligibles, outre les qualités intrinsèquement nécessaires, devront payer un cens qui sera déterminé par la loi. Les chefs de commune seront nommés par Nous, et leurs adjoints seront nommés par les gouverneurs de province, sur une triple liste présentée par le conseil communal. Une loi spéciale déterminera les qualités et le nombre des conseillers communaux, le mode d'élection, le nombre des membres de l'administration municipale, et réglementera la marche de l'administration, en la coordonnant avec les intérêts de la province.

Art. 5. — Les réformes et les améliorations s'étendront aussi à l'ordre judiciaire, ainsi qu'à la législation civile, criminelle et administrative : une commission sera nommée pour s'occuper du travail nécessaire à ce but.

Art. 6. — Finalement, toujours porté par l'inclination de Notre cœur paternel à l'indulgence et au pardon, Nous voulons faire encore cette fois un acte de clémence envers les hommes égarés qui furent poussés à la félonie et à la révolte par les séductions, par l'incertitude, et peut-être encore par l'inertie des autres. Nous devons avoir présent, en cette circonstance, ce que réclament la justice, fondement des États, les droits d'autrui opprimés ou lésés, le devoir qui Nous incombe de vous protéger contre le retour des maux qui vous ont accablés, l'obligation de vous soustraire aux pernicieuses influences des corrupteurs de toute morale et des ennemis de la Religion catholique, cette source éternelle de tout bien, de toute prospérité sociale, qui a fait votre gloire, qui vous distinguait comme une famille élue de Dieu et favorisée de ses dons particuliers.

Dans ces sentiments, Nous voulons qu'il soit publié, en Notre nom, une amnistie pour les peines encourues, pour tous ceux qui, dans les limites qui seront déterminées, ne se trouveront pas exclus de ce bénéfice. Telles sont les dispositions que, pour votre bien-être, Nous avons cru devoir publier devant Dieu. En même temps qu'elles sont compatibles avec les devoirs de Mes fonctions apostoliques, Nous avons la ferme conviction qu'elles peuvent, étant fidèlement exécutées, produire l'heureux résultat que désirent les hommes sages et honnêtes. J'en ai pour garant le juste sentiment de chacun de vous, dont le cœur soupire après le bien, en proportion des épreuves subies. Mais surtout, mettons Notre confiance en Dieu qui, même au milieu d'une juste colère, n'oublie jamais sa miséricorde.

Donné à Naples, dans le faubourg de Portici, le 12 septembre de l'an 1849, et de Notre Pontificat le quatrième.

Signé : Pie IX.

A la suite de ce *motu proprio* fut publiée la notification suivante :

COMMISSION DU GOUVERNEMENT.

Sa Sainteté, Notre Seigneur le Pape, ayant égard aux circonstances qui atténuent, chez un certain nombre de ses bien-aimés sujets, la culpabilité de leur participation aux troubles politiques qui ont récemment affligé les États pontificaux, désirant montrer de plus en plus la bonté de son cœur vraiment paternel, et usant de ses pleins pouvoirs en faveur d'hommes égarés, plutôt séduits que séducteurs, nous a ordonné de faire connaître, en son auguste nom, ce qu'il a daigné arrêter par suite de l'article 6 de son *Motu Proprio* souverain du 12 de ce mois. Nous conformant, en conséquence, au vénérable commandement de Sa Sainteté, nous nous empressons de publier les dispositions suivantes, aux termes de la pensée souveraine qui nous a été exprimée :

A ceux qui ont pris part à la dernière révolution des États pontificaux, est accordé, par bienfait souverain, le pardon de la peine qui leur serait due pour les délits politiques dont ils seraient responsables.

Sont exclus de cette grâce :

Les membres du Gouvernement provisoire ;

Les membres de l'Assemblée constituante qui ont pris part aux délibérations de cette Assemblée ;

Les membres du Triumvirat et du gouvernement de la République ;

Les chefs des corps militaires ;

Tous ceux qui ayant déjà, une autre fois, joui du bénéfice de l'amnistie accordée par S. S., ont manqué à leur parole d'honneur en participant aux derniers bouleversements politiques ;

Enfin ceux qui, outre les délits politiques, se sont rendus coupables de délits particuliers prévus par les lois en vigueur.

La présente amnistie n'implique pas le maintien dans les emplois du gouvernement, ni dans les emplois provinciaux ou municipaux, de tous ceux qui s'en seraient rendus indignes par leur conduite dans les derniers événements. La même réserve est applicable aux militaires et aux employés de toutes armes.

A notre résidence du Quirinal, le 18 septembre 1849.

(Suivent les signatures des trois cardinaux.)

Le correspondant du *Journal des Débats*, en lui transmettant ces deux documents, disait que l'appréciation en était faite et qu'il pensait qu'au delà, comme en deçà des Alpes, on les jugerait déplorables.

Ce jugement était trop sévère, au moins, quant au *Motu Proprio*. L'administration municipale et provinciale, organisée d'après le principe électif, y était, en effet, assez largement concédée, et c'était là une excellente base : la consulte, quoique n'ayant droit de décision que sur les comptes, pouvait, par son contrôle sur les dépenses et sur les impôts, avoir une action puissante sur les finances de l'État. Dès à présent et malgré ses attributions trop limitées, c'était une institution utile, et pour l'avenir on pouvait y trouver un germe susceptible d'être plus tard développé et complété. Quant à la justice et à la législation civile et criminelle, des réformes étaient promises ; la portée de ces concessions dépendait beaucoup de l'exécution plus ou moins sincère qui les suivrait et des dispositions réglementaires qui étaient annoncées. Sur ce point restait un champ ouvert aux conseils et aux influences de la France. En somme, s'il y avait dans les populations romaines un véritable fonds de libéralisme, les concessions de la Papauté pouvaient être fécondées : sous ce rapport, elles méritaient un accueil favorable.

Quant à l'amnistie, elle renfermait de telles exceptions qu'elle était à peu près dérisoire. Ce fut sur ce point que portèrent avec le plus de vivacité les remontrances de nos représentants à Gaëte ; mais aussi, à cet égard, nous ne rencontrions aucune opposition dans l'Assemblée, et il n'y avait pas moyen dès lors de la défier ou de la compromettre sur ce terrain.

Nous n'aurions pu faire naître une dissidence d'opinions entre l'Assemblée et le pouvoir exécutif qu'en repoussant hautement le *Motu Proprio*, mais alors il aurait fallu commencer par nous opposer à la rentrée du Pape à Rome, alors que nous y avions déjà reçu ses délégués. Le Président de la République avait trop d'intelligence pour vouloir s'engager dans une pareille voie ; il pressentait bien qu'il n'avait personnellement rien à y gagner. Il ne restait donc plus à débattre que les moyens à employer pour agir efficacement sur la cour de Rome. Dans le conseil, la question se posa entre le système de la contrainte et celui des influences; le Président n'hésitait pas plus que ses ministres à reconnaître qu'au point surtout où en étaient les choses, et puisque nous nous étions dessaisis du gouvernement, il n'y avait plus d'autre parti à prendre que celui des conseils et des influences: et cependant il fallait à Louis-Napoléon une satisfaction quelconque; il ne voulait pas avoir fait tant de bruit pour rien.

Cette satisfaction, le rapport de M. Thiers, bien loin de la lui donner, ajouta encore à son irritation, et ne contribua pas peu à précipiter la crise. M. Thiers avait, en effet, été nommé rapporteur du projet de loi portant demande du crédit relatif à notre occupation de Rome. Ce choix était déjà par lui-même assez significatif, le rapport était attendu avec un vif intérêt. Quel jugement porterait-il sur cette lettre du Président, qui était alors le texte de toutes les conversations et la préoccupation de tous les esprits? Se ferait-il l'organe des griefs que quelques membres influents de la majorité exprimaient hautement contre la forme et le fond de cet acte? Ou l'approuverait-il? Appuierait-il les reproches et les espèces de menaces adressées au Saint-Père dans le manifeste du Président, ou se tiendrait-il pour satisfait des concessions faites dans le *Motu Proprio*? Enfin, entre la voie de la contrainte et celle des simples conseils, pour laquelle se prononcerait-il?

M. Thiers, et en cela il était l'organe très-fidèle de l'opinion de la majorité, se déclara, dans son rapport, satisfait du *Motu Proprio;* s'en remettant à la loyauté et au libéralisme bien connus de Pie IX, pour les développements à donner aux concessions déjà faites.

Quant au point si délicat de l'appréciation à faire de

la lettre du Président, il prit le parti de passer complétement sous silence ce document; silence qui ressemblait beaucoup au dédain et qui était bien plus blessant qu'un blâme.

Le coup fut vivement ressenti à l'Élysée, il le fut peut-être plus que ne l'avaient été les violents outrages de M. Ledru-Rollin; avait-il été porté avec intention? Je ne ferai pas à l'intelligence si vive de M. Thiers l'injure d'élever à cet égard le moindre doute. Mais puisqu'on savait d'avance toute la portée de cette omission calculée, j'étais en droit d'espérer qu'avant de livrer à l'Assemblée ce rapport qui allait étrangement compliquer et aggraver notre situation, il m'en serait donné communication, et que le rapporteur s'en expliquerait avec moi: peut-être me le devait-il, et c'était bien le cas de se souvenir de ses engagements envers le ministère qu'il avait contribué à former, et vis-à-vis duquel il avait pris des engagements si précis et si solennels.

Du reste, le rapport développait, avec cette lucidité admirable qui est le propre du talent de M. Thiers, toutes les raisons qui avaient rendu l'expédition nécessaire; il repoussait bien loin toute idée de contrainte directe ou indirecte à exercer sur le Saint-Père, et ne laissait au gouvernement français, pour les concessions qui restaient à obtenir du Saint-Siége, que la voie des conseils.

L'acte important, y était-il dit, qu'on appelle le *Motu Proprio*, suppose un ensemble de lois qui devront réformer la législation civile, assurer l'équité des tribunaux, amener une juste répartition des fonctions publiques entre les diverses classes de citoyens, procurer, en un mot, aux Romains, les avantages d'un gouvernement sagement libéral. Ces lois sont annoncées, et la *parole de Pie IX suffit pour lever tous les doutes*. Mais les *conseils* de la France devront être dirigés de manière à convertir en parole efficace ce

Motu Proprio et *surtout à étendre la clémence du Pontife* sur tous ceux qui peuvent être amnistiés sans danger pour l'ordre public. Ce doit être l'œuvre d'une influence continuée avec patience, avec calme, avec respect; influence qui constituerait, nous le répétons, une prétention inadmissible, si des circonstances impérieuses ne nous avaient amené à l'exercer, mais qui, *renfermée dans des bornes convenables*, est parfaitement compatible avec l'indépendance et la dignité du Saint-Siége.

Ainsi le *Motu Proprio* du Pape était longuement discuté, mais de la manifestation du Président de la République, pas un mot. C'est peut-être la seule fois que j'aie vu Louis-Napoléon animé de quelque chose qui ressemblât à de la passion. La difficulté, pour le ministère, pour moi particulièrement, était de lui procurer une satisfaction qui ne coûtât rien, ni à la dignité de l'Assemblée, ni à celle du Ministère. S'il y avait eu, entre les conclusions du rapport et notre politique, un point de dissidence, nous en eussions fait de suite notre champ de bataille, et la majorité eût alors prononcé entre le manifeste du Président et le rapport de M. Thiers : Louis-Napoléon eût été satisfait dans toute hypothèse, car, si l'Assemblée donnait son approbation au manifeste, c'est lui qui entraînait le parlement dans ses vues; dans le cas contraire, il avait l'espoir de compromettre l'Assemblée avec l'opinion publique, alors assez prononcée contre les résistances de la cour de Rome. En approuvant notre politique pour le passé, comme pour l'avenir, le rapporteur nous enlevait tout terrain de combat et, partant, toute occasion de procurer au Président la satisfaction qu'il recherchait ardemment.

A la suite d'assez vives discussions entre Louis-Napoléon et moi sur l'attitude qu'il convenait de prendre, vis-à-vis de la majorité, dans le débat qui allait s'engager; lui voulant absolument que je jetasse un défi à la majorité, et moi lui disant que tout ce que je pouvais faire était d'exposer très-franchement nos vues politiques, de déclarer qu'elles étaient absolument conformes au manifeste du Président, et de mettre les opposants au défi de formuler un amendement impliquant un blâme même indirect. « Si l'Assemblée approuve de tous points votre politique, ajoutais-je, je ne vois aucune raison, aucun intérêt à lui chercher querelle. » Cela ne lui suffisait pas, il lui fallait quelque chose de plus direct, de plus personnel, et voici ce qu'il imagina.

Il m'écrivit une lettre officielle, nouveau manifeste, exprimant itérativement ses volontés personnelles avec une phrase finale dans laquelle il était facile de voir l'intention de porter à la majorité un véritable défi, et ce manifeste, il me chargea de le lire à l'Assemblée.

Voici cette lettre :

Élysée national, le 14 avril 1849.

Monsieur le Ministre,

La question romaine allant être de nouveau discutée à l'Assemblée nationale, je vous écris pour expliquer le plus nettement possible mon opinion et connaître si, en définitive, elle est conforme à la vôtre et à celle de vos collègues. Jamais, vous le savez, il n'est entré dans ma pensée de profiter de la présence de nos troupes à Rome *pour imposer violemment nos volontés au Saint-Père*. Ma lettre au lieutenant-colonel Edgard Ney n'était que le résumé des intentions généreuses manifestées par Pie IX lui-même à nos ambassadeurs. Elle avait pour but de contrebalancer des influences opposées et de rappeler à nos agents la direction de notre politique : nous avons donc le droit de demander la réalisation des espérances qu'on nous a données. Deux grands intérêts, d'ailleurs, sont à sauvegarder à Rome : l'un, c'est d'affermir par notre appui et d'attacher à la France par les liens de la reconnaissance, le chef vénérable de notre religion; l'autre, c'est de ne pas laisser affaiblir la puissance de notre drapeau et de lui conserver ce prestige dont il a toujours été entouré, en représentant en Italie la cause de la liberté.

Pour obtenir ce double avantage, il est nécessaire que nos troupes restent à Rome aussi longtemps que nos intérêts l'exigeront. Vous n'avez pas oublié, monsieur le Ministre, avec quelle persévérance j'ai secondé l'expédition romaine, alors qu'un premier échec sous les murs de Rome et une opposition formidable à l'intérieur menaçaient de compromettre notre honneur militaire : *je mettrai la même constance à soutenir contre des résistances* D'UNE AUTRE NATURE *ce que je considère comme l'honneur politique de l'expédition.*

Recevez, etc.
     Signé : Louis-Napoléon.

La véritable signification et toute la portée politique de cette lettre était dans cette dernière phrase, qui, à ne pouvoir s'y méprendre, était à l'adresse de l'Assemblée.

Il était trop évident, en effet, que le Président n'avait pas besoin de m'écrire pour savoir s'il était ou non d'accord avec son ministère : les délibérations du conseil, nos instructions réitérées à nos agents, ne lui laissaient aucun doute à cet égard. C'était donc à la Chambre, et non à moi, qu'il s'adressait.

Le Président de la République aurait pu, par une communication faite directement à l'Assemblée, lui faire connaître ses intentions; mais il aurait alors été dans la nécessité de proposer une résolution quelconque et de la subordonner à un vote. Or, il n'avait rien autre chose à proposer que ce qui était déjà dans le rapport de la commission, et, en outre, ce n'est pas une délibération, mais un combat qu'il voulait. Ce à quoi il tenait surtout, c'était de se poser aux yeux de la France en face du parlement, dont il cherchait l'opposition plutôt que le concours.

Je ne pouvais consentir à être l'instrument d'une telle politique : j'avais bien montré sous l'Assemblée constituante que je savais, au besoin, défendre avec quelque énergie les droits et l'honneur du pouvoir exécutif lorsqu'ils étaient attaqués; mais je n'étais nullement disposé à me faire le *héraut des défis sans cause* que voulait jeter au parlement le Président de la République dans la vue de son importance personnelle et de son ambition.

Aussi, aux instances de Louis-Napoléon qui me pressait de signifier du haut de la tribune cette espèce d'intimation de ses volontés à l'Assemblée, je me bornai à répondre que je lirais sa lettre, dans le cours de la discussion, si la direction que prendrait le débat me permettait de la donner comme un témoignage de l'accord parfait qui existait entre la politique du Président et celle du ministère. Mais je lui montrai une insurmontable répugnance à provoquer un conflit que tous mes efforts avaient tendu jusqu'alors à éviter.

D'ailleurs, le mécontentement hautement manifesté dans cette lettre contre les actes de la papauté, sans indiquer cependant aucun moyen de les modifier que celui des simples conseils, reproduisait pour nous la même position qui nous avait été faite par le fameux ordre du jour de l'Assemblée constituante, lequel nous prescrivait de changer notre politique, sans rien préciser et sans vouloir même nous dire s'il fallait avancer ou reculer. Le Président se donnait aux yeux du public, par ses phrases à effet, le mérite facile d'intentions libérales et de sentiments nationaux, et nous laissait, à nous, les embarras et la responsabilité de l'action.

C'est dans ces circonstances que s'ouvrit le débat. Il ne nous était pas difficile de pressentir quelle serait la tactique de l'opposition; les partis ont un merveilleux instinct pour deviner les côtés faibles d'une situation : lorsqu'ils entrevoient la plus légère apparence de désunion dans les éléments du pouvoir, c'est là qu'ils placent bien vite leur levier, et ils n'ont pas tort, car c'est presque toujours ainsi que les combinaisons politiques qui paraissent les plus solides s'écroulent. Nous savions donc d'avance que le rapport de M. Thiers allait être opposé à la lettre du Président, et que l'antagonisme, vrai ou supposé, entre la politique de la majorité et celle du Président allait défrayer toute la polémique de la gauche. Aussi, et pour déjouer d'avance cette tactique, M. de Tocqueville jugea-t-il nécessaire de monter le premier à la tribune.

Il commença par donner lecture à l'Assemblée d'une dépêche adressée par MM. de Rayneval et de Corcelles, le 19 août, au cardinal Antonelli, c'est-à-dire plus de vingt jours avant la lettre du Président de la République et le *Motu Proprio* du Pape : dépêche dans laquelle, en exécution des instructions précises des ministres, transmises par lettre du 4 août, le gouvernement français soumettait au Saint-Père, d'une manière très-catégorique, ses demandes. Elle était ainsi conçue :

Le gouvernement de la République adresse au Saint-Père les demandes suivantes, dans lesquelles il se croit le droit et le devoir de persister :

1° Que plusieurs des principes généraux contenus dans le premier article du Statut du 17 mars 1848 soient formellement reconnus, notamment ceux qui garantissent la liberté individuelle, qui consacrent la dette publique et assurent l'inviolabilité de la propriété privée. Ce sont là des principes conservateurs de toutes les sociétés civilisées, quelles que soient les formes politiques qui les adoptent.

2° Qu'une organisation nouvelle des tribunaux donne de véritables garanties judiciaires aux citoyens.

3° Que des lois civiles analogues à celles qui règlent les conditions des personnes et des propriétés dans la haute Italie et dans le royaume de Naples, lois tirées de notre Code civil, soient promulguées.

4° Que des Assemblées communales et provinciales élues soient créées.

5° Que l'administration publique soit sécularisée.

6° Sa Sainteté a l'intention de rétablir la Consulte qu'elle avait chargée, en 1847, de donner des avis en matière législative et financière ; le gouvernement de la République préférerait que les membres de cette Assemblée fussent élus par les corps locaux, et non choisis sur une liste formée par ces corps ; mais il considère comme utile et important qu'on accorde à cette assemblée *le vote délibératif* en matière d'impôt. Il serait, d'ailleurs, très-facile de combiner une forme nouvelle ou empruntée à certaines législations étrangères, qui placerait la souveraineté spirituelle tout à fait en dehors des atteintes dont quelques personnes sont portées à la croire menacée par ces concessions.

Telles sont les demandes que le gouvernement de la République a depuis longtemps chargé ses représentants d'adresser au gouvernement de Sa Sainteté. Ils ont vu avec la plus profonde douleur et le plus vif regret, par la déclaration du prosecrétaire d'État à la dernière conférence, que les intentions du gouvernement pontifical ne répondaient pas exactement à l'attente du cabinet français. Sa Sainteté ayant bien voulu suspendre sa décision dernière jusqu'à ce que la France eût fait connaître toute sa pensée, les soussignés ont jugé le moment venu d'obtempérer aux ordres qu'ils avaient éventuellement reçus. Ils renouvellent donc et constatent d'une manière formelle les demandes de la France... Ils ne veulent pas désespérer de les voir accueillies par le généreux Pie IX, et ils prennent la liberté d'insister auprès du gouvernement pontifical avec le plus profond respect, et en même temps avec toute la persévérance qu'autorise le constant dévouement de la France à la grandeur et à la prospérité de l'Eglise... Sans doute, les réformes inaugurées naguère par Pie IX ont donné lieu à de déplorables entraînements ; mais ce n'en fut pas moins une providentielle assistance pour l'Eglise entière, que cette force tirée des réformes et des espérances qui venaient d'exciter de si ardentes sympathies. La France verra-t-elle un revirement complet dans les tendances morales des populations? Combien une nouvelle réaction antireligieuse deviendrait redoutable! Ce danger resterait-il renfermé dans les limites seules de la France ?... l'Italie resterait-elle à l'abri de cette contagion?

Les soussignés ne doutent pas que ces graves considérations ne frappent l'esprit éclairé de Son Éminence et que Sa Sainteté n'en pèse toute la portée. (Approbation sur quelques bancs.)

Après avoir lu cette dépêche, le ministre ajoute :

On nous a demandé, en dehors de cette Assemblée et dans le sein de la commission, si la politique exprimée par la lettre du président de la République était la nôtre ; si c'était bien la politique que nous avions pratiquée et dont nous prenions la responsabilité. Nous avons répondu alors, et je suis bien aise de trouver l'occasion de répéter publiquement à cette tribune, *que cette politique est exactement celle de nos dépêches*; l'Assemblée vient d'en juger. (Mouvement d'approbation sur plusieurs bancs.) Qu'est-ce que contient, en effet, la note de MM. de Rayneval et de Corcelles qui ne soit en substance dans la lettre de M. le président de la République? quelles sont les demandes formulées dans cette lettre, que nous n'eussions déjà adressées au Saint-Siége, ainsi que vous venez de l'entendre ? La lettre de M. le Président peut donc être considérée comme un résumé sommaire, rapide, familier si vous voulez, de *notre politique*, mais comme un résumé fidèle; elle l'a traduite dans un élan généreux et fier. *Nous ne l'avons jamais désavouée, nous ne la désavouerons jamais.* (Sensation, mouvements divers. — M. *Pascal Duprat* : Alors, vous êtes contre les conclusions de la commission?...) Le *Motu Proprio* n'a pas, nous le reconnaissons, réalisé immédiatement et complétement tous les vœux de notre diplomatie... Cependant, il est juste de dire qu'il renferme les réformes les plus essentielles que nous avions demandées et que presque toutes celles qui ne s'y trouvent pas développées s'y trouvent en germe et en promesses... (Comme la gauche se récriait, M. de Tocqueville reprend une à une les concessions du Saint-Père et les rapproche des demandes par nous formulées.)

Qu'avions-nous demandé? dit-il, des réformes civiles, des réformes judiciaires; le *Motu Proprio* les promet. (Nouvelle interruption à gauche.) Ces messieurs peuvent douter des paroles du Saint-Père, libre à eux : je n'en doute pas pour mon compte; ils ne peuvent pas nier, dans tous les cas, que ces engagements n'aient été solennellement pris dans le *Motu Proprio*. Nous avions demandé des libertés municipales et provinciales : elles sont non plus seulement promises, mais données, et de la manière la plus large. (Exclamations à gauche. — *M. Odilon Barrot*, président du conseil : Oui ! oui ! et peut-être plus larges que vous ne les voudriez vous-mêmes pour la France.) Nous avons demandé une Consulte, elle est donnée ; je puis donc répéter avec vérité que plusieurs des demandes de la France ont été accordées, que la plupart des autres sont annoncées et promises. (Murmures à gauche.) Et c'est dans ce sentiment tout à la fois de regret et d'approbation que, sitôt que le *Motu Proprio* lui a été connu, le gouvernement a envoyé à Rome la dépêche suivante :

Paris, 30 septembre 1849.

Monsieur,

Le gouvernement a pris connaissance du manifeste de Sa Sainteté ; il doit vous faire connaître son opinion sur cette pièce et vous communiquer la résolution qu'elle lui a suggérée.

Le manifeste consacre l'institution d'un conseil des ministres, créé par Pie IX ; il institue un Conseil d'État ; il établit, sous le nom de Consulte, une chambre délibérante, produit indirect de l'élection, qui discutera toutes les questions de finances, examinera le budget et donnera son avis sur la création, l'assiette et la perception des impôts ; il accorde ou maintient des libertés communales et provinciales très-étendues ; il annonce enfin la réforme des lois civiles, des institutions judiciaires et des règles de la justice criminelle.

Les institutions que promet le manifeste *nous ont paru incomplètes ; vous me mandez que vous avez fait d'avance vos réserves à cet égard, et je vous approuve*. Toutefois, nous avons reconnu que ces institutions réaliseraient, en très-grande partie, les vœux émis par la France et apporteraient des innovations très-notables et très-heureuses dans l'administration des États de l'Église, si, suivant le désir de Pie IX, elles étaient convenablement réalisées.

Votre principale mission, monsieur, est de tâcher, autant que vous le pourrez, de hâter, par vos avis désintéressés et pressants, le prompt et efficace développement des principes d'institutions libérales déposés dans le manifeste.

Le ministre, passant à un autre objet de nos négociations avec la cour de Rome, à l'amnistie, déclare qu'à cet égard le langage du gouvernement a dû être plus vif et plus pressant. Il donne lecture d'une nouvelle dépêche dans laquelle il est dit :

Que le gouvernement était loin de s'attendre à ce qu'on laissât en dehors de cet acte de mansuétude et de prudence des catégories si nombreuses et si mal limitées. On y recommandait à notre représentant à Rome de représenter au gouvernement pontifical qu'une amnistie de cette nature ne pouvait que produire une agitation prolongée, de profonds ressentiments et de grands périls; que, dans l'intérêt de la puissance pontificale et pour le bien-être de l'Église, il fallait conjurer le Saint-Père de revenir sur cette mesure et d'en modifier profondément la portée et l'effet; lui faire remarquer avec le respect filial qui lui est dû, mais aussi avec la fermeté qui est *notre devoir et notre droit, que la France ne saurait s'associer, ni directement ni indirectement, aux actes de rigueur que de si nombreuses exceptions font prévoir*; qu'il devait concilier l'un des principaux buts que les puissances catholiques s'étaient proposés : savoir, la conciliation des partis et la pacification réelle du pays. (Très-bien !)

La communication de ces dépêches à l'Assemblée faisait ressortir d'une manière éclatante la parfaite identité qui existait entre la politique suivie par le cabinet, soit avant, soit depuis le *Motu Proprio*, et celle que M. le Président de la République avait formulée dans sa lettre ; ainsi plus moyen de supposer un dissentiment entre le Président et ses ministres ; mais la gauche ne pouvait pas abandonner aussi facilement une manœuvre sur laquelle elle avait fondé de si grandes espérances. A défaut d'un conflit entre le chef du pouvoir et son ministère, n'était-il pas possible d'en établir un entre le Président et la majorité de l'Assemblée? C'est sur ce point que portèrent les efforts de tous les orateurs de l'opposition, à quelque nuance qu'ils appartinssent.

M. Mathieu (de la Drôme) entra le premier dans cette voie où l'opposition se sentait un peu gênée, car, après avoir si récemment et si violemment outragé le Président, elle se trouvait amenée, par les nécessités de la politique adoptée, à faire son éloge.

Après avoir reproduit les vieux griefs de son parti contre l'expédition de Rome, après avoir remarqué que tout le mal venait de ce que notre cabinet était un cabinet de coalition; que si le ministère avait été uniquement composé de membres comme M. de Falloux, il est certain que l'Assemblée constituante n'eût pas autorisé l'expédition de Civita-Vecchia; que si, au contraire, il eût été composé d'hommes comme M. Odilon Barrot, l'expédition n'eût pas abouti au renversement de la République romaine... Après avoir ainsi cherché à opposer ministre à ministre, il arrive à la grande et habile manœuvre du parti.

Deux mois s'étaient écoulés, dit-il, en négociations parfaitement stériles, il était temps de parler haut; si M. le Président de la République l'a compris, *je ne puis que l'en féliciter.* (Mouvement. — *Une voix à droite :* Vous l'avez mis en accusation!) Mais, dit-on, la lettre est inconstitutionnelle, parce qu'elle n'est pas revêtue du contre-seing ministériel... Vous vous en êtes aperçus bien tard. Il fallait dire cela quand vous avez vu nos soldats marcher sur Rome; vous avez trouvé bon alors que le pouvoir exécutif fit, de sa propre autorité, la guerre à Rome ; trouvez bon qu'il règle aussi, de sa propre autorité, les conditions de la paix. Vous avez accepté les prémisses, acceptez les conséquences. (Approbation à gauche.) Mais pour quoi donc pensiez-vous que M. Bonaparte envoyait une armée à Rome? Espériez-vous que le *combattant de Forli* [1] renierait un des actes les plus honorables de sa vie passée? Espériez-vous qu'il outragerait

---

1. En 1831, Louis-Napoléon et son frère avaient pris les armes avec les insurgés de la Romagne.

par une si noire apostasie la mémoire de son frère, mort à ses côtés en combattant, comme lui, pour la liberté italienne? Si telles étaient vos espérances, souffrez que je vous le dise, ces espérances étaient de sanglantes injures pour M. le président de la République. Ah! je comprends maintenant pourquoi certains hommes votèrent, le 10 décembre, en faveur de Napoléon Bonaparte, pour le neveu de celui qu'ils appelaient autrefois l'*usurpateur*, l'*ogre de Corse*; ces hommes voulaient et ils veulent encore faire du neveu la victime expiatoire de la gloire de l'oncle. (A *gauche*: Trèsbien! très-bien!) On est sorti, dites-vous, de la Constitution. Eh bien! que ne faites-vous comme nous, que ne formulez-vous une demande de mise en accusation? (Rires à droite.) Je sais parfaitement que vous êtes trop modérés pour en venir là : vous voulez condamner la lettre, tout en pardonnant à celui qui l'a écrite; accepterait-il votre pardon? M. le Président de la République pourrait-il se faire à Rome l'instrument d'une politique qui n'est pas la sienne, d'une politique qu'il a, lui, flétrie dans sa lettre du 28 août? n'aimerait-il pas mille fois mieux briser un pouvoir désormais déconsidéré entre ses mains? Un ministre, lorsqu'il voit sa politique désavouée, se retire; *voulez-vous forcer le Président à une résolution extrême*? et, en supposant qu'il voulût reculer, le pourrait-il en face des insinuations calomnieuses des journaux soi-disant religieux? Ils ont dit que M. Bonaparte avait écrit sa lettre pour se mettre bien dans l'esprit de l'armée, qu'il avait voulu conquérir un peu de popularité auprès des démagogues, que la lettre était une réclame; et ils ont ajouté que si le Président veut faire oublier un passé déplorable, il fallait qu'il fût plus sage à l'avenir. (Rires d'assentiment à l'extrême gauche.) Et vous voudriez que le Président acceptât ces odieuses accusations de charlatanisme, ces arrogantes leçons? Mais alors, je vous en conjure, défendez-lui donc de s'appeler *Napoléon Bonaparte!* (Marques d'approbation à gauche.)

Ce discours fit une assez vive impression. C'était la première fois que la Montagne montrait quelque habileté de conduite : faire de la tactique, au lieu de cette violence qui était dans ses habitudes, c'était un progrès; et puis, il était assez piquant d'entendre ce rude montagnard qui, la veille, signait l'accusation de Louis-Napoléon, se montrer si soucieux de son honneur, et laisser même entrevoir les *mesures extrêmes* auxquelles la majorité pouvait le contraindre !

La voie était tracée ; tous les orateurs de l'opposition qui succédèrent à M. Mathieu (de la Drôme) adoptèrent le même thème.

M. Victor Hugo, après avoir retracé à sa manière, c'est-à-dire avec une énergie de langage plus habituée aux effets du drame et du romantisme qu'aux délicatesses de la tribune, la réaction dont les cardinaux s'étaient faits les instruments à Rome, ajoute :

C'est dans ce moment-là qu'une lettre a paru, une lettre écrite par M. le Président de la République à l'un de ses officiers d'ordonnance, envoyé par lui à Rome en mission. J'aurais préféré à cette lettre un acte de gouvernement délibéré en conseil ; à ne considérer que la lettre en elle-même, je l'aurais voulue plus mûrie et plus méditée dans les termes ; chaque mot devait y être pesé : la moindre trace de légèreté dans un acte grave crée un embarras. Mais, je le constate, cette lettre, telle qu'elle est, fut un fait décisif et considérable. Pourquoi ? parce que cette lettre n'était autre chose qu'une traduction de l'opinion ; parce qu'elle donnait une issue au sentiment national ; parce qu'elle rendait à tout le monde le service de dire tout haut ce que chacun pensait ; parce qu'enfin cette lettre, même dans sa forme incomplète, contenait toute une politique : elle donnait une base aux négociations pendantes, elle donnait au Saint-Père, dans son intérêt, d'utiles conseils et des indications généreuses ; elle demandait l'amnistie et des réformes ; elle traçait au pape, auquel nous avons rendu le service, un peu trop grand peut-être, de le restaurer sans attendre l'acclamation de son peuple... (vive approbation à gauche), elle traçait au pape le programme sérieux d'un gouvernement de liberté ; je dis un gouvernement de liberté, car, pour ma part, je ne sais pas traduire autrement ces mots : gouvernement libéral. Enfin, et j'insiste sur ce point, elle exprimait le sentiment du pays... Je viens de vous exposer la situation, elle est toute dans ces deux faits : la lettre du Président et le *Motu Proprio* du pape ; c'est entre ces deux faits que vous allez prononcer. Quoi qu'on dise pour atténuer la lettre du Président, on peut élargir le *Motu Proprio* du Pape; un intervalle immense les sépare : l'une dit *oui*, l'autre dit *non!*... (Assentiment à gauche.) Il est impossible d'échapper au dilemme posé par la force des choses; il faut absolument que vous donniez tort à quelqu'un. Si vous sanctionnez la lettre, vous réprouvez le *Motu Proprio*; si vous acceptez le *Motu Proprio*, vous désavouez la lettre. Vous avez, d'un côté, le président de la République, réclamant la liberté du peuple romain, au nom d'une grande nation qui, depuis trois siècles, verse à flots sur le monde civilisé, la lumière et la pensée ; vous avez, de l'autre côté, *le cardinal Antonelli*, refusant, au nom du gouvernement clérical : choisissez! (Bravos à gauche.)

Il n'y eut pas jusqu'au loyal général Cavaignac qui, lui aussi, n'apportât son contingent dans cette manœuvre. Ayant demandé la parole pour un fait personnel, à l'occasion de l'allusion faite à la mission qu'il avait donnée à M. de Corcelles, et après quelques phrases assez embarrassées, et, dans tous les cas, fort obscures, par lesquelles il essayait d'établir sa fameuse coupure entre la politique qu'il avait suivie et la *nôtre*, reconnaissant cependant avec nous qu'il n'y avait que trois partis à prendre : s'abstenir, faire la guerre à l'Autriche ou intervenir, et que les deux premiers étaient inadmissibles, ne s'apercevant pas qu'il justifiait pleinement le parti de l'intervention, c'est-à-dire celui que nous avions adopté, il arrive au rapport de la commission et s'exprime de la manière suivante :

Ce rapport me paraît, à moi, en opposition manifeste avec un document qui a été cité et discuté hier... Il m'est d'autant plus facile d'entretenir en ce moment l'Assemblée de ce document, que je déclare qu'après avoir pris connaissance de la lettre de M. le Président de la République, *j'ai trouvé les sentiments qui y sont exprimés parfaitement dignes, parfaitement patriotiques ; dignes non pas seulement du grand nom que porte son auteur,* d'autres que moi se sont chargés de le lui dire, mais *dignes de la nation qui l'a choisi pour son premier magistrat.* Ainsi donc, je rends hommage, *et hommage sans réserve, hommage respectueux, aux sentiments exprimés dans la lettre de* M. *le président de la République.* (Très-bien ! très-bien!)... Sur ce document, trois choses : la première, je le répète avec insistance et presque à satiété, sentiment honorable, sentiment digne, très-bien exprimé dans cette lettre... et, si je dois le dire, si, par malheur, les décisions de l'Assemblée ne lui étaient pas conformes, et *s'il en résultait quelque atteinte morale portée à l'autorité du pouvoir exécutif de la République,* assurément, dans ma pensée, ce *n'est pas à lui que j'en rapporterais la faute...* (A gauche : Très-bien ! très-bien!)

Ainsi, c'était toujours ce même dilemme, reproduit avec un langage plus parlementaire : entre le *Motu Proprio* et la *Lettre du Président,* il y a un abîme ; choisissez ! La commission a fait son choix, elle s'est prononcée pour le *Motu Proprio ;* si l'Assemblée sanctionne ce choix, elle a contre elle le Président et l'opinion, etc.

Si M. Thiers avait pu se faire un instant illusion sur la portée de son rapport et sur les embarras politiques qu'il devait inévitablement produire, son illusion aurait été dissipée par la direction que prenait le débat, et cependant il gardait le silence ; il lui eût été cependant facile de faire remarquer qu'au fond, et sauf la vivacité du langage, il n'y avait pas de dissidence réelle entre la pensée de la commission et celle du Président, puisque l'une et l'autre exprimaient les mêmes désirs, et que l'une et l'autre, aussi, repoussaient toute idée de contrainte, et n'attendaient que de la seule influence des conseils de la France la réalisation de ces désirs.

Deux orateurs de la droite, MM. Thuriot de la Rosière et de Montalembert, occupèrent seuls la tribune pour répondre aux orateurs de l'opposition. Le premier, jeune orateur de talent et d'avenir, fit un long discours plein d'érudition, mais qui, reportant la discussion sur les questions d'indépendance de la papauté, avait le tort de venir trop tard et de ne pas répondre à la principale préoccupation des esprits. M. de Montalembert lui-même, que les attaques violentes de M. Victor Hugo contre la politique du Saint-Siége avaient poussé à la tribune, y avait porté toute sa passion et s'y était élevé à une grande hauteur d'éloquence[1]; mais en glorifiant et la cour de Rome et sa conduite, et le *Motu Proprio*, il avait plutôt aggravé qu'atténué les difficultés de la situation.

Le moment était venu pour moi d'intervenir dans le débat. Lorsque je montai à la tribune, il se fit un grand silence; chacun semblait attendre, avec une curiosité mêlée de quelque anxiété, comment je m'y prendrais pour satisfaire tout à la fois le président de la République et la majorité, et sortir de ce défilé dans lequel on croyait nous avoir enfermés. Voici mon discours :

---

[1]. Voyez le *Moniteur* pour tous ces discours. Ce passage entre autres où il explique les causes de la force de résistance de la cour de Rome, restera comme un des monuments les plus éclatants de l'éloquence parlementaire : « Vous niez la force morale, vous niez la foi, vous niez l'empire de l'autorité pontificale sur les âmes, cet empire qui eut raison des plus fiers empereurs ! Eh bien, soit ! Mais il y a une chose que vous ne pouvez nier : c'est la faiblesse du Saint-Siége ; sachez-le, c'est cette faiblesse même qui fait sa force insurmontable contre nous. Ah ! oui, il n'y a pas dans l'histoire du monde un plus grand spectacle et un plus consolant que les embarras de la force aux prises avec la faiblesse. Permettez-moi une comparaison familière : Quand un homme est condamné à combattre une femme, si cette femme n'est pas la dernière des créatures, elle peut le braver impunément ; elle lui dit : Frappez ! mais vous vous déshonorerez, vous ne me vaincrez pas. Eh bien ! l'Église n'est pas une femme, elle est bien plus qu'une femme !... C'est la mère de l'Europe, c'est la mère de la civilisation moderne, c'est la mère de l'humanité. » (Triple salve d'applaudissements.)

M. le président du conseil. (Profond silence.) — Je n'ai pas voulu laisser clore le débat avant de bien préciser la question posée devant l'Assemblée et la portée *du vote qu'elle va rendre*, car ce vote, c'est un jugement, et un jugement qui doit être dégagé de toute équivoque. (Approbation.) L'équivoque ne résoudrait et ne fortifierait rien. Une adhésion raisonnée, consciencieuse, éclairée, voilà ce que nous demandons à l'Assemblée ; et c'est pour cela qu'après que toutes les fractions de cette Assemblée ont produit leurs impressions à cette tribune, j'y suis monté à mon tour pour serrer la question de plus près. Eh bien ! voici comment je la pose (mouvement d'attention) : le gouvernement de la France, dans les demandes qu'il a formulées et que M. le ministre des affaires étrangères a fait connaître à l'Assemblée, demandes dont il poursuit encore en ce moment la réalisation, a-t-il exagéré son droit ou compromis les intérêts politiques de la France ? A-t-il demandé des choses injustes, et les moyens qu'il a employés et qu'il se réserve d'employer encore sont-ils des moyens impolitiques ou injustes ? Doit-on leur en substituer d'autres, et lesquels ? Vous le voyez, c'est sur le but et les moyens hautement avoués de notre politique que l'Assemblée est appelée à se prononcer dans sa toute-puissance et sa pleine liberté. Il lui est si facile, si son jugement est en désaccord avec le nôtre, de manifester ce désaccord par une simple réduction de crédit ou par tout autre moyen, qu'en vérité je ne crois pas que, dans nos luttes politiques, il se soit jamais produit une situation dans laquelle les opinions dissidentes aient rencontré plus de facilité à se dessiner franchement et nettement. (C'est vrai !)

Après avoir rapidement retracé les différentes phases de l'affaire de Rome, j'arrive aux faits qui ont provoqué la lettre du Président :

.... Tel a donc été l'esprit, la pensée, je dirais presque la conscience de l'expédition à Rome, et cela, je le dis, non pas seulement du gouvernement, mais de la grande majorité de l'Assemblée, qui, en se vouant à la défense de l'ordre, n'a pas abandonné pour cela ses devoirs, ses engagements envers la liberté et l'humanité. Si, lorsque nous sommes entrés à Rome, si, à ce moment et lorsque l'élan enthousiaste de la population romaine replaçait sur tous les édifices publics les armes du Saint-Siége, Pie IX, plus confiant et dans son passé et dans les souvenirs qu'il a laissés, comme dans les affections et l'autorité qu'il a conservées au milieu de son peuple, se fût présenté à Rome, je ne doute pas que bien des difficultés ne se fussent aplanies et que la France et le Saint-Père face à face, et pour ainsi dire cœur à cœur, ne se fussent entendus tout de suite. (Très-bien ! très-bien !) Je le dis à regret, au lieu du Saint-Père, ce sont des cardinaux délégués qui sont venus prendre possession du pouvoir ; leurs premiers actes ont alarmé nos agents diplomatiques et l'opinion publique, par les tendances réactionnaires qu'ils manifestèrent et dans les choses et contre les personnes... Ces actes ont jeté un trouble profond dans les esprits. C'était une déviation à la direction que nous nous étions efforcés de donner aux résultats de l'expédition, un démenti aux espérances qu'on nous avait fait concevoir. (Très-bien ! — *M. Victor Hugo* : C'est cela, très-bien !) A ce moment, le Président a fait ce qu'il avait déjà fait dans une autre circonstance : il a fait entendre le cri de la conscience française. (Très-bien !) A côté des influences qui s'efforçaient de compromettre la France dans une politique de réaction qu'elle répudie, il a placé l'influence de sa parole loyale et généreuse. (Très-bien !) Que ceux qui le lui reprochent lui reprochent aussi cet élan de son cœur et de son âme, alors que, s'adressant à nos soldats découragés par un ordre du jour équivoque, il a relevé leur courage, déclaré qu'il ne les abandonnerait pas, et n'a pas craint d'annoncer hautement que des renforts allaient leur être envoyés. (Vif assentiment sur les bancs de la majorité.) Il n'a pas craint alors d'attirer sur lui des violences qui se sont même traduites en une proposition de mise en accusation. (Mouvements divers.) Eh bien ! c'est cette même conscience qui s'est soulevée aujourd'hui à la pensée de faire servir notre armée à satisfaire des vengeances politiques et à restaurer de vieux abus. De même que le Président avait protesté alors dans l'intérêt de l'honneur de nos armes, il proteste aujourd'hui pour l'honneur de notre diplomatie ; il s'est montré conséquent dans ces deux circonstances, il a été lui-même... Je me laisse aller à parler de cet acte dans ces termes, et j'oublie qu'il n'était, après tout, que la traduction fidèle de nos propres dépêches ; qu'il ne contient rien qui ne fût déjà, et depuis longtemps, consigné dans ces dépêches. (*M. Bixio et plusieurs membres* : C'est vrai! c'est très-vrai!) L'amnistie, la sécularisation du pouvoir, un gouvernement libéral : mais c'était là le but de tous nos efforts diplomatiques, sans aucune interruption, depuis le premier jour de l'expédition jusqu'à ce jour. Ce sera le but de toute notre politique, tant que nous aurons une influence à exercer à Rome. (Très-bien! très-bien!)

Ce qu'il y avait de dangereux dans la situation où le Président est intervenu par sa *lettre*, c'était le champ que le secret inévitable qui couvre les notes diplomatiques laissait ouvert à toutes les conjectures, à toutes les accusations, à toutes les calomnies même qui venaient assaillir une population aigrie, irritée, passionnée; cette incertitude était désolante : ç'a donc été un service signalé que de placer le public, non plus en face de négociations secrètes, mobiles et changeantes, mais en face d'un document positif, solennel et immuable.

On s'est efforcé de faire ressortir entre le Motu Proprio et la lettre du Président une opposition, un véritable antagonisme. (*M. Victor Hugo*: Oui, complet!...) On nous dit: voilà deux politiques qui sont contraires l'une à l'autre, la *lettre* et le Motu Proprio; faites votre choix. La réponse est bien simple; elle vous a déjà été faite par l'honorable M. de Tocqueville. (Bruit à gauche.) Nous prenons le Motu Proprio et la lettre tout à la fois... (Mouvement.) La *lettre*, comme expression du but que nous voulons atteindre; le Motu Proprio comme une concession déjà acquise, comme un premier pas vers ce but. Le Motu Proprio ne réalise pas, qui le nie? tout ce qui est dans la lettre, et c'est pour cela, précisément, que nous continuons à négocier et à user de notre influence auprès du Saint-Père afin de l'obtenir. Voilà, il faut en convenir, une bien difficile position!... (Rires d'approbation à droite. — Exclamations à gauche.) Ah! je sais parfaitement bien qu'il conviendrait à beaucoup de personnes que la position ne fût pas aussi simple. (Nouveaux rires d'approbation à droite.) On la croyait grosse de deux orages (très-bien! très-bien!); un peu de franchise et de patriotisme suffit à les dissiper. (Vive approbation à droite.) Ainsi, parce qu'on ne repoussait pas péremptoirement les concessions qui se trouvent dans le *Motu Proprio*; parce que, conservant l'espoir d'obtenir davantage ; parce qu'on ne recourait pas à des menaces, on croyait qu'il en sortirait deux choses énormes : la première, que le président de la République et la majorité de cette Assemblée se trouveraient en conflit; la deuxième, que la majorité elle-même se scinderait et s'affaiblirait. (*A droite* : C'est cela ! c'est cela!) On a spéculé sur ces deux grands malheurs... (Réclamations et rires à gauche. — Approbation vive et prolongée à droite et au centre.) Mais, Dieu merci, la majorité saura déjouer cette funeste spéculation. (*Voix nombreuses à droite et au centre* : Oui! oui !) Le gouvernement de la République, fort de l'assentiment de cette Chambre, continuera à user de toute son influence auprès du Saint-Siége, auprès de Pie IX, pour obtenir les demandes que nous avons formulées dans nos dépêches, parce qu'elles sont raisonnables et modérées ; parce qu'elles sont faites, non dans un intérêt de vanité française, non, mais dans un intérêt plus solide, plus général, plus universel, dans l'intérêt de la papauté elle-même. (Trèsbien !)

Ici, je prends une à une chacune des réformes par nous demandées, et je prouve qu'elles sont toutes, non-seulement parfaitement praticables, mais que, loin de gêner le pouvoir temporel du Pape, elles le fortifieront. Dans cet examen, je rencontrais nécessairement l'opinion de M. de Montalembert, qui venait de combattre avec une certaine vivacité notre insistance à demander au Pape le vote délibératif, la consulte en matière d'impôts. Voici comment je réfutai cette opinion, en y mettant tous les ménagements que méritaient le caractère et les intentions de M. de Montalembert :

J'ai le regret, ici, de me trouver en désaccord, non pas avec les conclusions, mais avec les développements, ou plutôt avec les considérations que présentait hier, à cette tribune, M. de Montalembert. Non, nous n'en sommes pas, Dieu merci, arrivés à cette politique de découragement, à cette politique désolante que cet orateur nous présentait hier. Oh! je le sais, et personne ne le ressent plus vivement que moi, la liberté a reçu dans ces derniers temps de rudes atteintes, car on la rend responsable de tout ce qui a été fait ou tenté en son nom dans ces derniers temps; mais en tirer la conséquence qu'il faut se décourager de la liberté,... qu'il faut abandonner sa sainte cause, même là où l'on peut encore la soutenir, c'est une politique qui, de la part de la France surtout, ne serait rien moins qu'une abdication: il faut pardonner à la liberté des excès qui ont été commis plutôt *contre elle que pour elle*. (Très-bien!) Et c'est en *elle* qu'il faut chercher, franchement, courageusement, les moyens de combattre et de remédier à ces excès. (Approbation à gauche.) Chercher ce moyen dans le retour au passé, dans le rejet de toute réforme, de tout progrès utile, ce serait un autre excès qui aurait aussi ses dangers. (*Voix à droite :* M. de Montalembert n'a pas dit cela.) J'ai eu soin de le dire, et je crois pouvoir l'affirmer, non, ce n'est ni le sentiment, ni la pensée de l'honorable M. de Montalembert. (*M. de Montalembert :* Vous avez raison.) Il est trop ami de la liberté, et il a puisé dans cet amour même de la liberté de trop nobles inspirations pour être ingrat à ce point vis-à-vis d'elle. (Très-bien!) Seulement, il éprouve des découragements, il subit des désillusionnements qu'il a peut-être trop laissé éclater dans son discours d'hier; mais il sera toujours le défenseur de la liberté. (Très-bien!) Il y a une autre école plus dangereuse pour la liberté; elle s'est produite, elle s'est trahie plus d'une fois dans les discours des opposants. « Il n'y a pas de milieu, ont-ils dit, entre le pouvoir absolu du Saint-Père et la République », de même qu'ils l'avaient dit, pendant dix-huit ans, de la monarchie constitutionnelle en France; « il faut choisir entre Mazzini et le rétablissement du despotisme clérical. » C'est-à-dire que c'est entre deux dictatures qu'on prétend nous enfermer. Laissez de pareilles doctrines à cette école désespérée; laissez-lui le triste avantage de prêcher, de poursuivre cet absolu qu'elle n'atteindra jamais; laissez-lui cette prétention, si contraire à la loi divine et providentielle du progrès, d'enfermer les nations dans cette alternative : l'autorité absolue ou la liberté illimitée et sans frein. A Rome,

Dieu merci, comme partout, il y a autre chose que ces deux extrêmes ; à Rome, nous poursuivons ce qui est raisonnable, possible ; nous sommes trop vieux dans les luttes de la liberté pour poursuivre des chimères : nous ne demandons pour le peuple romain que la liberté qui est appropriée à ses mœurs, à ses idées, à son état de civilisation. (Approbation à droite. — Rires ironiques à gauche.) Je le sais, c'est une question d'appréciation, et on peut très-bien différer sur cette mesure de liberté que comportent les mœurs et l'état de civilisation d'un pays. C'est précisément sur ce point que nous sommes en dissentiment avec la cour pontificale, et que je me trouve personnellement en désaccord avec l'honorable M. de Montalembert. Cet éminent orateur a fait à l'établissement du gouvernement représentatif deux objections qui se sont trouvées identiquement celles que nous avons rencontrées au sein de la conférence de Gaëte. Voici ces deux objections : la souveraineté parlementaire serait, selon lui, radicalement incompatible avec la souveraineté du Pape, avec son indépendance ; en second lieu, un pareil gouvernement, en raison des mœurs et de l'état social des populations dans les États pontificaux, est impossible ; les éléments mêmes d'un pareil gouvernement n'y existent pas ; il a été essayé, et il en est sorti une révolution violente : ainsi, incompatibilité absolue, d'abord, et puis impossibilité relative... Si je ne craignais pas d'abuser des instants de l'Assemblée... (non, non, parlez !), je lui lirais la polémique si sensée, si forte de raisons, et de hautes raisons, que nos agents diplomatiques opposaient à ces objections. Je dois dire, toutefois, qu'à ce moment-là, ce n'était pas du gouvernement représentatif dans sa plénitude, avec ses ministres responsables, avec son élection directe et le vote de toutes les lois qu'il s'agissait ; c'était le simple vote du budget par la Consulte qui était en question. Notre représentant avait restreint son insistance à ce point, et, sur ce point aussi, il avait rencontré un assentiment, non pas seulement de la part du Saint-Père, mais même de celle des cardinaux. « Le Saint-Père, écrivait M. de Rayneval, le 18 mai, veut s'éclairer en toute liberté ; il s'en tiendrait à la forme de gouvernement qu'il avait instituée en dehors de toute pression extérieure, et quand il était maître encore de n'écouter que ses propres inspirations ; il rétablirait la Consulte d'État, il réélirait les députés des provinces, soumettrait à leurs délibérations tous les projets de règlement intérieur ; *ils auraient voix délibérative en ce qui concerne le budget des recettes et le budget des dépenses.* » Et le 14 juin, voici ce que le même agent nous rapportait d'une conversation qu'il avait eue avec le cardinal Antonelli : « Le cardinal Antonelli a préparé un travail ; la représentation serait basée sur les institutions municipales ; un conseil aurait voix consultative en matière de législation ; un autre conseil aurait *voix délibérative en matière d'impôts ; il y aurait, en outre, un Conseil d'État...* » Ce ne sont encore que des inductions, mais dont on pourra tirer parti ; elles montrent, du moins, dans quel ordre d'idées on se trouve à Gaëte et sur quel ordre d'institutions le gouvernement de la République doit se borner à compter.

Tel était, le 14 juin, l'état de la négociation et de nos espérances ; le gouvernement représentatif dans sa plénitude était écarté et ajourné ; mais le vote de l'impôt par une Consulte sortant de l'élection municipale était accepté.... Nous n'avons donc pas montré des prétentions exagérées ; nous ne poursuivons pas un but chimérique, lorsque nous demandons pour le peuple romain le vote de l'impôt par une assemblée sortie du sein des conseils élus de la cité et des provinces... Devons-nous persister à demander ce qui était, depuis le 14 juin, en quelque sorte accordé ?... Je ne parle pas, je le répète, du gouvernement parlementaire tel qu'il avait été établi sous les inspirations mêmes de M. Rossi ; je reconnais que les expériences faites, que les passions encore incandescentes, et que, surtout, l'absence ou la faiblesse d'une classe moyenne et modératrice, que toutes ces circonstances peuvent faire obstacle à l'établissement de cette forme de gouvernement : je comprends la force de l'objection et je ne cherche pas à la vaincre. Ce n'est pas (et permettez-moi cette digression, en quelque sorte purement scientifique), ce n'est pas que j'admette cette incompatibilité radicale, absolue, entre le gouvernement parlementaire et l'indépendance de la papauté, sur laquelle M. de Montalembert se fondait pour dénier à jamais la possibilité d'une réforme gouvernementale dans les États du Saint-Siége. Je serais plus disposé à donner la préférence à l'avis de M. Rossi, qui croyait, lui, à la possibilité de concilier ce gouvernement avec la papauté ; j'inclinerais à penser que, s'il y a un gouvernement au monde auquel conviennent ces institutions du gouvernement parlementaire qui ont pour but et pour effet de placer le chef de l'État au-dessus, en dehors de tout contact avec les passions et les intérêts qui agitent les partis, c'est celui du Saint-Siége. Si de pareilles institutions n'avaient pas existé, peut-être faudrait-il les inventer pour ce pouvoir temporel des papes, qu'il importe tant de ménager et de maintenir dans une sphère où les agitations et les vicissitudes terrestres ne puissent l'atteindre. Du reste, c'est là, entre nous, une pure question d'avenir, ce n'est pas une question d'application actuelle. Sans vouloir, pour mon compte, désespérer de la grande liberté politique dans les États romains, je reconnais que, dans la situation actuelle, il n'y aurait pas là un terrain solide pour nos négociations actuelles ; c'est une question réservée. Mais ce qui est l'objet sérieux et actuel de notre insistance auprès du Saint-Siége, c'est le vote de l'impôt par la Consulte élue... (Rires ironiques à gauche.) Cela fait rire ces messieurs ; j'en conviens, ce n'est pas la République pure et absolue ; mais enfin, si les Romains savent se servir de ces institutions telles que nous les formulons, il en peut sortir, croyez-le, pour eux, une liberté très-sérieuse. (*A droite* : Très-bien ! très-bien !) Vous connaissez le but que nous poursuivons ; maintenant, quels sont les moyens de l'atteindre ? J'ai religieusement écouté les orateurs de l'opposition, et c'était sur ce point que j'aurais voulu qu'ils s'expliquassent catégoriquement, car ici nous sommes dans le vif de la question. Eh bien ! ils n'ont rien précisé à cet égard ; quant à nous, je le déclare sans craindre un démenti, je le déclare au nom du président de la République, comme au nom du ministère, il n'est jamais entré dans notre pensée de faire violence au Saint-Père ! (*A droite* : Très-bien ! très-bien ! — *M. Thiers* : Nous sommes d'accord. — *M. Napoléon Bonaparte* : Et la lettre du Président ?...) A ceux qui prétendraient faire ressortir de la lettre de M. le président de la République la menace ou la contrainte, je suis autorisé à donner un éclatant démenti. (Nouvelle approbation sur les bancs de la majorité.) Que ceux qui croient avoir d'autres moyens d'action sur le Pape que ceux que nous employons, à savoir l'influence naturelle et légitime que nous donne notre sympathie pour le Pape, et dont nous lui avons donné de si éclatants témoignages, les dangers que nous avons courus, les sacrifices que nous avons faits pour lui rendre son pouvoir; que ceux qui ont d'autres moyens les indiquent. Dans les discours prononcés par l'opposition, je n'ai pu en découvrir un seul, un seul qui fût acceptable par une Assemblée qui se respecte! (A *droite :* Très-bien!) Quand on menace, il faut savoir à quoi l'on s'engage. Une menace vaine ou stérile! mais c'est une lâcheté ou une fanfaronnade indigne. (Très-bien! très-bien! — *Plusieurs voix à gauche :* La lettre! la lettre!)

Ces cris répétés : *La lettre! la lettre!* qui devenaient de plus en plus intenses, annonçaient une consigne donnée; mais les habiles qui avaient donné cette consigne n'avaient pas initié tous leurs comparses dans les particularités intimes de la situation, de manière que, tandis que les uns, et M. Napoléon Bonaparte à leur tête, demandaient la lecture de la *lettre* du Président, entendant bien désigner celle que le président de la République m'avait adressée récemment, le gros du parti, en criant : *La lettre! la lettre!* n'entendait indiquer que la lettre à Edgard Ney, la seule dont le public eût connaissance; aussi, au moment où je m'apprêtais à déférer au désir de Louis-Napoléon et à donner lecture de sa lettre adressée à l'Assemblée, par mon intermédiaire, lecture qui, après les explications que je venais de donner, ne me paraissait plus avoir les mêmes dangers, aux premiers mots que je lus : *Monsieur le ministre, la question romaine devant être de nouveau discutée à l'Assemblée...*, des cris partis de la gauche m'arrêtèrent : *Non, non, ce n'est pas celle-là. La lettre du Président!...* De son côté, la droite s'opposait vivement à toute lecture de documents qui n'étaient pas régulièrement communiqués à l'Assemblée; mes collègues eux-mêmes, redoutant cette lecture, s'agitaient sur leurs bancs. Je profitai de cette espèce de confusion générale pour, après avoir fait acte de bonne volonté, ne pas continuer la lecture déjà commencée; quelques cris obstinés réclamaient bien encore : *La lettre! la lettre!* mais le président de l'Assemblée, impatienté à son tour, coupa court à cette insistance en répondant aux interrupteurs : *Vous la lirez, si vous voulez, dans tous les journaux ; le ministre est libre de la lire ou de ne pas la lire...* A partir de ce moment, je n'éprouvai que d'insignifiantes interruptions.

... La tactique de l'opposition était déjouée. Le Président de la République n'avait pas, *je le sentais bien*, cette satisfaction qu'il recherchait dans un défi hautain, et que je ne pouvais ni ne voulais lui donner ; je voulus, du moins, lui donner celle d'avoir raison sur le fond des choses : c'est pourquoi je repris, au risque de me répéter, l'apologie des demandes que sa lettre avait formulées.

Si l'histoire, dis-je, apprend, à ceux qui seraient tentés de substituer la violence aux conseils et aux influences, que toute contrainte est impuissante sur la papauté ; que, dans toutes les luttes de l'empire et de la tiare, c'est celle-ci qui l'a toujours emporté, en définitive, par la raison qui sera éternellement vraie (car elle se puise dans la nature des choses) que la violence matérielle et la puissance spirituelle sont deux forces, non pas à comparer, mais qui ne se rencontrent jamais. (*A droite* : C'est vrai! très-bien! très-bien!) Il y a aussi d'autres leçons dans l'histoire, et il faut qu'elles profitent à tout le monde... Eh bien! la papauté, dans ses intérêts temporels, dans ses rapports avec les nations, est vulnérable ; elle a besoin d'appui. Ce n'est pas sa puissance spirituelle qui peut seule la protéger contre les conditions vicieuses de son gouvernement : si elle ne peut abandonner sa souveraineté sur les États pontificaux, elle ne peut pas non plus fermer les yeux sur les conditions auxquelles cette possession peut être calme et tranquille. Toute la catholicité a aussi intérêt et droit de s'en préoccuper. Le droit que nous avons exercé pour maintenir l'indépendance de la papauté contre une démagogie qui avait mis la main sur la tiare, en quelque sorte... (vive adhésion à droite) dérive de la même source où nous puisons celui de représenter au Saint-Père l'absolue nécessité de placer son pouvoir temporel dans des conditions telles que nous ne soyons pas obligés de tenir, soit nous, soit toute autre puissance, garnison permanente auprès du Saint-Siége. (Très-bien!) Car alors le problème de l'indépendance de la papauté ne serait pas résolu ; cette indépendance ne serait pas sérieuse... C'est pour cela qu'à ceux qui nous disent que le problème si difficile de l'indépendance de la papauté ne peut être résolu que par la servitude absolue du peuple romain, nous répondons qu'ils sont, eux aussi, et à leur manière, les ennemis de la papauté, car ils finiraient par rendre impossible la continuation de ce gouvernement temporel... Permettez-moi de sortir de la réserve imposée au ministre et d'épancher librement mon âme. (Rires sur quelques bancs de l'extrême gauche. — Marques nombreuses d'indignation.) Est-il donc fatalement nécessaire, pour que la papauté soit indépendante et pour que cette indépendance soit sérieuse, réelle, qu'il y ait une nation de trois millions d'hommes qui soit vouée éternellement et sans aucun espoir de changement à une situation qui répugne à tout ce qui porte un cœur d'homme?... (Très-bien! très-bien!) Est-il nécessaire, par exemple, que cette nation soit éternellement jugée par des tribunaux qui, par leur caractère clérical, soient invinciblement amenés à confondre le crime et le péché? (Nouvelle approbation.) Est-il nécessaire que la justice, dans un tel pays, ne subisse pas, en se sécularisant, la transformation heureuse que la civilisation, dès le treizième siècle, a opérée pour le monde entier? qu'elle continue à confondre dans les jugements terrestres ce qui ne relève que de Dieu et ce qui appartient au domaine de la justice des hommes? Est-il nécessaire qu'un peuple entier ait, pour administrer les intérêts de ce monde, des hommes qui, par leur vocation, par la nature de leurs devoirs, de leur ministère, vivant dans la patrie céleste, sans famille, n'ont et ne doivent avoir aucune intelligence de ces intérêts? Cela est-il nécessaire, inévitable? *Non*, mille fois *non*; et j'en atteste les déclarations du Saint-Père lui-même. Vous connaissez déjà, par les dépêches de M. de Rayneval, ses promesses; en voici une autre qui parle spécialement du Code Napoléon. Elle est du 31 juillet. « Le Saint-Père, y est-il dit, m'a promis de porter toute son attention sur mon résumé : *Vous autres Français, a-t-il ajouté, vous êtes toujours pressés ; vous voulez aller trop vite.* » (Rires sur tous les bancs. — *M. Odilon Bar-*

rot : Il n'est pas défendu d'être pape et homme d'esprit tout à la fois. — Nouveaux rires.) « *Nous autres Romains, nous prenons notre temps* ; parfois nous en prenons beaucoup, je l'avoue, mais il ne faut pas que cela vous effraye. Ayez patience; je vais, en attendant, vous donner une bonne nouvelle : j'ai voulu faire une chose agréable à la France ; nous avions, naguère, travaillé à un code, eh bien ! j'ai dit hier qu'il fallait tout bonnement prendre pour modèle le meilleur des codes, *le Code Napoléon !* Nous aurons quelques changements à y apporter ; c'est chose facile que de corriger après coup les détails, dans les choses grandes et belles par elles-mêmes. » (Très-bien ! très-bien ! — Mouvement prolongé de satisfaction à droite.) Maintenant, direz-vous que l'expédition française ait été sans résultat pour les États-Romains? (Rires ironiques à gauche. — Adhésion sur les bancs de la majorité.) Quant à l'humanité, il n'y avait pas eu de capitulation à Rome, cela est vrai; mais cette capitulation était d'avance inscrite sur notre drapeau, par cela seul que c'était le drapeau de la France. On a osé dire qu'il était indifférent pour Rome que ce fût une armée autrichienne ou une armée française qui franchît ses murs ! Il faudrait bien cependant être du parti de la justice, même avant d'être de son parti ; il ne faut pas mentir trop impudemment à l'évidence, car l'évidence, à son tour, réagit contre la passion. (Approbation sur plusieurs bancs. — *M. Bourzat :* C'est vous qui mentez à vos paroles ; *la lettre !* — *M. le Président :* Monsieur Bourzat, voilà vingt fois que vous dites : Et la lettre ? Quand vous aurez la parole, vous la lirez si vous voulez ; mais vous n'avez pas le droit de dire des injures à personne. Chacun est maître de son discours et de ses arguments; la lettre ne sera pas lue par le ministre, il veut vous en laisser le soin.) A ceux qui dénient mes paroles, je me bornerai à dire de comparer ce qui s'est passé à Rome après une prise de vive force, et ce qui s'est passé à Milan, à Ancône, à Livourne, lorsque les Autrichiens y sont entrés ; comparez, et ensuite, s'il y a quelque loyauté, quelque vérité dans nos débats politiques, prononcez!... (Très-bien ! très-bien !) Eh bien ! oui, notre drapeau français, c'était notre devoir, notre honneur, a protégé, protège encore ceux-là mêmes qui nous ont combattus, ceux qui nous calomnient, ceux qui infestent l'Europe entière de leurs libelles infâmes contre nous. Il s'est commis des crimes de droit commun, qui seront punis et qui doivent l'être ; c'est une expiation que l'État romain se doit à lui-même : malheur aux gouvernements qui laissent commettre des assassinats et ne les vengent pas! (Très-bien! très-bien!) Mais qu'on excepte de l'amnistie des catégories entières dans lesquelles se trouvent compris des hommes qui n'ont commis d'autre crime que celui d'avoir accepté le mandat de leurs concitoyens, et d'avoir, dans les assemblées dont ils faisaient partie, protesté contre la tyrannie des démagogues, au péril même de leur vie : oh! non, nous ne pouvons voir là le dernier mot de la clémence de Pie IX ; nous ne craignons pas d'en appeler de ses conseillers à son propre cœur. Déjà, nous avons été entendus : l'amnistie s'est étendue, les exceptions se sont restreintes. Ce travail d'indulgence et de saine politique ne s'arrêtera pas là ; notre insistance, sur ce point, nous le déclarons, ne se lassera pas.

Il était temps de terminer ce long discours. Je le terminai, ainsi que je l'avais commencé, en suppliant l'Assemblée de se prononcer de manière à ne plus laisser planer aucun doute sur son parfait accord avec le gouvernement.

C'est vous dire assez, messieurs, ajoutai-je, que le gouvernement repousse tout amendement qui tendrait à altérer la netteté de la question posée. (Vive approbation à droite. — Rumeurs à gauche.) Que toutes les opinions dissidentes, sous leur responsabilité, votent contre les crédits, mais que tous ceux qui ont voulu notre intervention, que tous ceux qui en veulent faire sortir, par les moyens que nous avons indiqués, les résultats que nous avons signalés et que nous poursuivons; que ceux-là nous viennent en aide et votent les crédits. (Marques nombreuses d'assentiment.)

Cette affectation que je mettais ainsi à repousser toute opinion intermédiaire, n'était qu'une provocation très-légitime à la majorité de se prononcer catégoriquement pour ou contre les opinions et les actes du gouvernement du président de la République. En cela, je n'excédais pas les droits du pouvoir exécutif, je ne blessais pas le parlement ; il n'en eût pas été de même si mes sommations eussent pris le caractère d'un *défi*.

En résumé, je n'avais pas seulement accepté, au nom du ministère, toute la politique formulée dans la lettre du Président de la République, je l'avais glorifiée en termes que j'avais exagérés à dessein ; j'avais mis en demeure, de la manière la plus directe, tous les dissidents, à quelque côté qu'ils appartinssent, de traduire leur dissentiment par un vote ; j'avais, avec une certaine hauteur, déclaré, au nom du gouvernement, que c'était pour toute sa politique, et non pour une partie, qu'il demandait un vote approbatif et sans réserve, et que nous repoussions tout amendement quelconque : et c'est sur la question ainsi posée qu'une majorité énorme de 470 contre 165, c'est-à-dire de plus de 300 voix, s'était prononcée. Certes, au point de vue de la force et de la dignité du pouvoir exécutif, le résultat était heureux, et Louis-Napoléon aurait dû être le premier à s'en féliciter. Eh bien ! à travers ses compliments embarrassés, j'entrevoyais que son irritation était loin d'être apaisée. L'accord que ce vote semblait sceller entre son gouvernement et la majorité de l'Assemblée, bien loin de le satisfaire, contrariait ses secrètes pensées. Je ne serais même pas étonné que ce succès, qui semblait devoir consolider notre ministère, n'ait été précisément la cause réelle et décisive de sa chute, et qu'à partir de ce moment, Louis-Napoléon n'ait cherché, autour de lui, les éléments d'une nouvelle administration [1].

---

1. Dans tous les cas, il n'est que trop certain, et les événements qui ont suivi l'ont bien prouvé, que tout ce bruit fait pour assurer aux Romains un gouvernement libre n'était, pour lui, qu'un moyen politique de se poser en face du pays et de compromettre la majorité de l'Assemblée ; car, le jeu une fois joué, le Président, étant ressaisi par la chute du ministère de sa pleine liberté d'action, rien n'a été

Les dispositions de la majorité, dont nous avons déjà fait connaître les impatiences et les secrets mécontentements, l'encourageaient, d'ailleurs, dans cette pensée.

Le ministère était attaqué par les chefs de cette majorité, non ouvertement, il est vrai, c'est-à-dire à la tribune, et ce fut notre malheur, mais sourdement, dans les conversations des couloirs et dans les journaux du parti; on nous reprochait d'avoir trop de ménagements pour le parti républicain : c'était là le grand grief. M. Dufaure ne destituait pas tous les préfets et sous-préfets qu'on lui signalait comme étant restés fidèles à leurs opinions républicaines, et moi-même je conservais quelques magistrats du parquet entachés de cette opinion.

Importuné de ces attaques, je voulus en avoir le cœur net, et je priai M. le président de la République d'appeler MM. Molé et Thiers à une conférence à laquelle j'assisterais ; il y consentit : là, en sa présence, je déclarai à MM. Thiers et Molé que je n'ignorais pas ce qui se disait, dans leurs conférences, contre le ministère; qu'ils étaient parfaitement libres d'approuver ou d'improuver notre politique, et, qu'à cet égard, je ne me prévalais même pas des engagements qu'ils avaient pris auprès de moi, pour gêner le moins du monde leur liberté ; mais, qu'à côté de cette liberté d'attaquer tout ministère qui déplait, il y avait le devoir de le remplacer, et que je les savais trop profondément pénétrés des principes du gouvernement parlementaire pour admettre qu'ils ne fussent pas prêts à prendre eux-mêmes le pouvoir pour le diriger dans de meilleures voies. Ces messieurs, un peu surpris de cette brusque interpellation, se défendirent de toute

---

fait par lui ou ses nouveaux ministres; les négociations que nous avions entamées ont été même abandonnées.

idée d'opposition, se prétendant étrangers aux attaques dont je me plaignais, et déclarèrent qu'ils n'étaient nullement disposés à prendre le pouvoir. Le Président gardait le silence; mais après que nos interlocuteurs se furent retirés, resté seul avec lui, il me dit : *Croyez-vous*, Monsieur Barrot, *que, si M. Thiers vous eût pris au mot et avait consenti à devenir ministre, j'aurais consenti*, MOI, *à lui confier un portefeuille ?... Si vous l'avez cru, vous vous seriez étrangement trompé...*

Cette démarche n'eut et ne devait avoir aucun résultat; il était évident que M. Thiers surtout, car on m'a assuré que M. Molé n'avait pas un éloignement aussi prononcé que lui pour un portefeuille, était bien résolu à ne jamais devenir ministre de Louis-Napoléon ; il ne se rendait peut-être pas bien compte de ses propres sentiments, mais il eût été satisfait de diriger le ministère et de posséder la réalité du pouvoir, sans en avoir les responsabilités. Or, cette satisfaction, il ne m'était pas possible de la lui donner. Le jour où, dans l'opinion publique, j'aurais passé, à tort ou à raison, pour être l'instrument docile de M. Thiers, j'aurais perdu à l'instant même, non-seulement toute force morale et politique, mais toute considération ; j'aurais été complétement impuissant à remplir la difficile mission dont je m'étais chargé. Il est loin de ma pensée de lui adresser à ce sujet le moindre reproche ; je sais tout ce qu'a de délicat et de difficile, en tout temps, le rôle d'un homme politique obligé de soutenir un ministère qu'il ne dirige pas, et sur lequel il n'a aucune action régulière et forcée. J'avais eu précisément cette position, sous le gouvernement de Louis-Philippe, vis-à-vis de M. Thiers, lorsqu'il présidait le conseil, en 1840; les votes de mon parti faisaient sa majorité, et cependant, non-seulement je n'avais aucune part dans son ministère, mais je n'avais même, sur sa politique, qu'une influence de conseils fort douteuse. J'avais compris alors les difficultés de ce rôle, tout en le remplissant loyalement jusqu'au bout, et au grand péril de ma popularité. Mais je dois convenir que je n'aurais probablement pas pu le continuer longtemps encore, les exigences et les susceptibilités de mon parti ne me l'eussent pas, d'ailleurs, permis.

Je m'étais évidemment trompé de voie, en recourant à une explication personnelle avec les deux chefs du parti conservateur : il eût été beaucoup plus politique et plus décisif de m'adresser au parlement lui-même, et de provoquer un débat dans lequel ceux qui étaient mécontents de la marche du ministère auraient été solennellement provoqués à traduire leurs griefs à la tribune. Ils auraient été bien embarrassés de produire au grand jour la cause réelle de leurs mécontentements. Auraient-ils dit à M. Dufaure : Il y a, dans l'administration, tels préfets et sous-préfets notoirement républicains, et vous ne les destituez pas? Le ministre, avec sa gravité ordinaire, leur aurait répondu : « Reprochez-vous à ces fonctionnaires de l'incapacité dans leur administration, ou de la faiblesse vis-à-vis des agitateurs? Alors, vous avez raison, je suis coupable de les maintenir dans leurs fonctions ; mais, si vous n'avez à leur reprocher que leur opinion républicaine, vous me permettrez de trouver étrange un pareil reproche, sous une république, et de n'en tenir aucun compte. » Qu'auraient-ils pu répondre? L'immense majorité eût passé à l'ordre du jour, et l'orage qui se formait contre nous eût été probablement dissipé, au moins pour quelque temps.

Comme le Président jouait un double jeu, qui, du reste, lui a réussi, en même temps qu'il cherchait un conflit avec la majorité, qu'il me reprochait mes ménagements pour elle, il accueillait, il encourageait peut-être ses plaintes, ses griefs contre nous ; et il est bien certain que ce sont les dispositions des chefs de cette majorité qui le décidèrent à frapper le coup qu'il n'aurait jamais osé frapper, s'il n'eût su d'avance qu'il trouverait des approbateurs, sinon dans la généralité des membres de l'Assemblée, au moins dans quelques-uns de ses principaux meneurs.

Une autre circonstance vint faciliter cette intrigue. Les fatigues que j'avais éprouvées dans ces derniers débats avaient déterminé chez moi une rechute et m'avaient forcé de garder le lit à Bougival ; j'avais obtenu, non sans peine, de mon médecin, la permission de me lever pour le jour de l'installation de la magistrature, c'est-à-dire pour le 3 novembre ; le Président m'avait délégué l'honneur de le représenter dans cette imposante cérémonie, et j'aurais fait effort pour me transporter à Paris ce jour-là. Mes dispositions étaient faites et prises, j'avais même jeté sur le papier les quelques paroles que je me proposais d'adresser à la magistrature dans cette circonstance ; je me rappelle que je finissais mon allocution par ces mots : « Tous les gouvernements ont demandé à la magistrature des services ; le seul que notre gouvernement lui demande, c'est de faire respecter et triompher le droit partout et contre tous; contre lui-même au besoin, s'il avait jamais le malheur de s'en écarter. »

C'est pendant que j'étais retenu ainsi forcément loin du conseil et que, par conséquent, je n'avais plus avec le Président ces rapports de tous les jours et presque de tous les instants qui eussent inévitablement amené une explication entre nous, que l'intrigue se poursuivit.

Mon frère Ferdinand, que le Président avait placé auprès de lui comme secrétaire général de la présidence, en fut, je dois le dire, un des principaux agents. C'est lui qui fut chargé de servir d'intermédiaire entre le président de la République et les chefs de la majorité, et de recruter dans les rangs obscurs de la majorité de l'Assemblée des ministres qui convinssent au rôle qui leur était destiné; lui-même devait, dans cette combinaison, recevoir le portefeuille de l'intérieur et succéder à M. Dufaure : c'était bien hardi.

Il ne m'arrivait, dans ma retraite, que des bruits vagues de ces manœuvres, et cependant M. de Tocqueville, qui en avait été informé, m'écrivit à Bougival une lettre dans laquelle il me les signalait.

Je ne pouvais rien pour contrecarrer cette intrigue, et j'y aurais pu quelque chose, qu'en vérité je ne sais si je me serais même déplacé pour la déjouer ; j'étais physiquement épuisé, et moralement fort découragé. D'ailleurs, n'avais-je pas été au delà de mes engagements, et puisqu'on allait enfin me relever de ma rude corvée, ne devais-je pas m'en féliciter personnellement ?

Telles étaient mes impressions, lorsque je vis entrer chez moi ce même M. Edgard Ney, que le Président aimait à charger de ses missions importantes. En même temps qu'il me remettait une lettre du Président, il déposait sur mon lit une grande boîte dont il retirait les insignes du grand cordon de la Légion d'honneur.

Voici ce que contenait la lettre :

Vous connaissez depuis si longtemps les sentiments de haute estime et d'amitié que je vous porte, qu'il vous sera facile de comprendre combien je suis peiné de penser qu'il faut que je vous demande votre démission, comme je l'ai demandée ce matin à vos collègues. J'aurais bien désiré que vous voulussiez rester dans une nouvelle combinaison, car je ne pourrai jamais retrouver un talent aussi élevé que le vôtre, joint à un dévouement aussi pur; mais je sais que vous ne voulez pas vous séparer de vos collègues (il avait bien raison), et, dans les circonstances actuelles, je crois qu'il faut absolument que *je domine tous les partis*, en prenant des ministres qui n'en représentent aucun. Je regrette d'autant plus d'être conduit, par la force des choses, à cette décision, que j'aurais voulu que vous pussiez présider à la cérémonie du 3 novembre ; car là, comme partout ailleurs, on vous succède sans vous remplacer ; mais, d'après l'inquiétude qui se manifeste, il faut faire cesser tous les bruits qui se répandent, et, ce soir, je compte faire connaître à l'Assemblée, par un message, la liste du nouveau ministère.

Je sais, mon cher monsieur, que la meilleure récompense à vos yeux, pour les services éminents que vous avez rendus au pays, consiste dans l'estime et la reconnaissance générales ; mais je veux y joindre la mienne propre, en vous envoyant le grand cordon de la Légion d'honneur.

Recevez, etc.

LOUIS-NAPOLÉON.

Cette lettre n'avait rien qui pût m'émouvoir personnellement ; j'avais assez souvent offert ma démission pour être préparé à la recevoir ; mais je vis tout de suite sa portée politique. Je répondis immédiatement au Président que je le remerciais, en ce qui me concernait personnellement, de me délivrer enfin d'un fardeau que j'avais si souvent voulu déposer. Que j'étais très-reconnaissant des témoignages d'estime qu'il voulait bien me donner et du signe éclatant qu'il daignait y joindre, mais que pour toute faveur je lui demandais de me permettre de le refuser et de rester jusqu'au bout fidèle à moi-même et à mon pays. Que, quant à la résolution qu'il avait prise de dominer désormais tous les partis, je désirais plus que je ne l'espérais qu'il y réussît, dans la voie nouvelle où il entrait.

M. Edgard Ney remporta cette réponse et le grand cordon. J'ai su depuis qu'une série de décrets étaient préparés et devaient figurer dans le *Moniteur* du lendemain ; ils me faisaient successivement franchir tous les degrés de la Légion d'honneur, depuis le plus bas jusqu'au plus élevé. C'était là assurément un grand honneur et fort au-dessus des services que j'avais pu rendre ; quelques-uns trouveront peut-être qu'il y avait bien de l'orgueil à moi de le refuser, mais ils voudront bien me le pardonner, s'ils considèrent que cette distinction ne s'adressait qu'à moi personnellement, et qu'il n'était pas dit un mot de mes collègues dont elle me séparait avec éclat ; et que d'ailleurs la pensée de la nouvelle politique du Président se faisait déjà assez entrevoir dans la lettre qu'il m'écrivait pour que je dusse ne pas me soucier d'y donner, par mon acceptation, une adhésion même indirecte. Au surplus, il n'y a pas un seul de mes amis qui n'approuvât ma conduite dans cette circonstance.

Mais, si j'avais pu éprouver quelque regret d'avoir cédé à mon premier mouvement, ce regret se serait bien évanoui lorsque, le lendemain, mes collègues, MM. Dufaure et de Tocqueville, m'apportèrent à Bougival le message que le Président avait envoyé à l'Assemblée pour expliquer la pensée du changement de ministère, véritable manifeste dans lequel le successeur de Napoléon se montrait tout entier à découvert ; il y signifiait, au parlement, qu'il entendait désormais exercer le pouvoir sans intermédiaires sérieux. En introduisant ainsi dans le jeu des institutions républicaines le gouvernement purement personnel, il créait dans la Constitution un danger et une impossibilité de plus.

Voici ce message qui peut être considéré à juste titre comme le préambule de ce coup d'État dont l'opinion publique, ainsi que nous l'avons vu, commençait à se préoccuper.

MONSIEUR LE PRÉSIDENT,

Dans les circonstances graves où nous nous trouvons,

l'accord qui doit régner entre les différents pouvoirs de l'État ne peut se maintenir que si, animés d'une confiance mutuelle, ils s'expliquent franchement vis-à-vis l'un de l'autre. Afin de donner l'exemple de cette sincérité, je vais faire connaître à l'Assemblée quelles sont les raisons qui m'ont déterminé à changer le ministère et à me séparer d'hommes *dont je me plais à proclamer les services éminents, et auxquels j'ai voué amitié et reconnaissance. Pour raffermir la République menacée de tant de côtés par l'anarchie, pour maintenir à l'extérieur le nom de la France à la hauteur de sa renommée,* il faut des hommes qui, animés d'un dévouement patriotique à toute épreuve, comprennent la nécessité D'UNE DIRECTION UNIQUE ET FERME et d'une politique nettement formulée; qui ne *compromettent le pouvoir par aucune irrésolution;* qui *soient aussi préoccupés de ma propre responsabilité que de la leur, et de l'action que de la parole.* (Rumeurs diverses.) Depuis bientôt un an, j'ai donné assez de preuves d'abnégation pour qu'on ne se méprenne pas sur mes intentions véritables. Sans rancune contre aucune individualité, comme contre aucun parti, j'ai laissé arriver aux affaires les hommes d'opinions les plus diverses, mais sans obtenir les heureux résultats que j'attendais de ce rapprochement : au lieu d'opérer une fusion de nuances, je n'ai obtenu qu'une neutralisation de forces. L'unité de vues et d'intentions a été entravée, l'esprit de conciliation pris pour de la faiblesse. A peine les dangers de la rue étaient-ils passés, qu'on a vu les anciens partis relever leurs drapeaux, réveiller leurs rivalités et alarmer le pays en semant l'inquiétude. Au milieu de cette confusion, *la France, inquiète, parce qu'elle ne voit pas de direction, cherche la main, la volonté de l'élu du Dix-Décembre.* Or, cette volonté ne peut être sentie que s'il y a communauté d'idées, de vues, de convictions entre le Président et ses ministres, *et si l'Assemblée elle-même s'associe à la pensée nationale, dont l'élection du pouvoir exécutif a été l'expression.* (Bruit à gauche.) Tout un système a triomphé au 10 décembre, *car le nom de Napoléon est à lui seul un programme :* il veut dire, à l'intérieur, *ordre, autorité, religion, bien-être du peuple ;* à l'extérieur, *dignité nationale ;* c'est cette politique inaugurée par mon élection QUE JE VEUX *faire triompher, avec l'appui de l'Assemblée nationale et du peuple.* JE VEUX être digne de la confiance de la nation, en maintenant la Constitution que j'ai jurée. (Il commence par la méconnaître dans sa principale et peut-être unique garantie.) Je veux inspirer au pays, par ma *loyauté*, une confiance telle que les affaires reprennent et qu'on ait foi dans l'avenir. La lettre d'une Constitution a sans doute une grande influence sur les destinées d'un pays ; mais la manière dont elle est exécutée en exerce peut-être une plus grande encore. *Le plus ou le moins de durée du pouvoir contribue puissamment à la stabilité des choses*; mais c'est aussi par les idées et les principes que le gouvernement sait faire prévaloir que la société se rassure. *Relevons donc l'autorité sans inquiéter la vraie liberté*; calmons les craintes en domptant hardiment les mauvaises passions et en donnant à tous les nobles instincts une direction utile ; affermissons le principe religieux, sans rien abandonner des conquêtes de la Révolution, et nous sauverons le pays, malgré les partis et même les imperfections que nos institutions pourraient renfermer.

Louis-Napoléon.

L'émotion qu'un tel message ne pouvait manquer de produire dans le parlement avait été prévue. Aussi on eut bien soin de ne le lire qu'à la fin de la séance, et, aussitôt après cette lecture, de déclarer que la séance était levée, ce qui semblerait indiquer un certain concert entre l'auteur du message et le président M. Dupin. Le *Moniteur* dit que l'Assemblée se sépara dans une vive *agitation*, et cela se comprend.

Mes collègues, MM. Dufaure et de Tocqueville, se déclaraient, non sans raison, profondément blessés par ce message ; ils m'annonçaient la ferme résolution de demander, dans la séance du lendemain, des explications catégoriques sur les passages aussi injustes qu'injurieux qu'il renfermait à l'égard des ministres sortants.

Quoi ! disaient-ils avec une certaine amertume, c'est pour raffermir la République menacée par les partis et par l'anarchie, pour assurer l'ordre plus efficacement, pour maintenir le nom de la France à la hauteur de sa renommée que le Président déclare qu'il nous a donné des remplaçants; il nous impute donc d'avoir livré la République aux intrigues des partis et à l'anarchie, de n'avoir pas suffisamment défendu la cause de l'ordre, et d'avoir abaissé le nom et l'honneur de la France! Qu'après cela il veuille bien proclamer que nous avons rendu des services éminents, ce n'est qu'une contradiction de plus, mais qui laisse subsister le reproche dans toute sa force. Nous lui demanderons, à notre tour, qui a fermé les clubs, refréné par une législation vigoureuse les violences de la presse démagogique, qui a triomphé de l'insurrection du 13 juin? Vous prétendez que nous ne sommes pas parvenus à rendre la sécurité à la société; mais voyez le taux des rentes, la reprise générale des affaires, l'affluence des étrangers dans nos cités, la brillante Exposition dans laquelle vous signaliez naguère, et avec raison, un symptôme éclatant du retour de la confiance; voyez le calme parfait dans lequel se sont écoulés les deux mois de prorogation de l'Assemblée. Mais en voulez-vous un témoignage plus éclatant encore? c'est vous qui nous le fournirez par l'acte même que nous discutons. Auriez-vous eu, il y a dix mois, le courage et la confiance de signifier à l'Assemblée que désormais il ne doit plus y avoir qu'une seule direction et une volonté unique en France, volonté à laquelle ministres et représentants doivent se soumettre? Mais ce qui nous blesse plus encore, c'est ce reproche encore plus directement formulé dans le message d'*avoir* compromis le pouvoir par nos irrésolutions, *de nous être plus préoccupés de la parole que de l'action, et d'avoir plus songé à notre responsabilité propre qu'à celle du Président.* Dans quelle circonstance avons-nous donc hésité à armer le pouvoir, citez-en une seule? Depuis l'état de siége jusqu'à la répression la plus sévère et la plus prompte de toute violence, soit par acte, soit par parole, nous n'avons marchandé à la société aucune mesure capable de la défendre et de la rassurer. Ne sont-ce donc là que de vaines et stériles paroles? Oui, sans doute, nous avons beaucoup parlé, mais la tribune n'était-elle pas aussi un champ de bataille sur lequel se disputaient les destinées de la société? Et lorsque vous écriviez à notre président que tel discours avait sauvé l'ordre, ne reconnaissiez-vous pas que, dans la situation donnée, parler était agir? Et quant à votre responsabilité, l'avons-nous négligée, lorsque nous vous couvrions contre les irritations de l'Assemblée constituante que provoquaient vos défis imprudents; lorsque nous vous défendions contre les accusations et les outrages de la Montagne; lorsque nous revendiquions hardiment votre autorité contre les empiétements d'une Assemblée souveraine? Dans tous les cas, nous vous laissons aujourd'hui un pouvoir bien autrement affermi et respecté qu'il ne l'était avant notre ministère; et puis, qu'est-ce qui a pu vous autoriser à nous adresser cette accusation d'avoir abaissé le nom et l'honneur de la France? Est-ce lorsque nous avons signifié à l'Autriche, enivrée de sa victoire de Novare, d'avoir à s'arrêter dans sa course victorieuse, et de ne retenir, ni même occuper un seul pouce du territoire piémontais? Est-ce lorsque, nous interposant entre Rome et cette même puissance, nous lui avons interdit de se mêler des affaires de la papauté? Est-ce lorsque récemment nous forcions, par une démonstration hardie, la Russie et l'Autriche à retirer les menaces qu'elles adressaient à la Porte Ottomane à l'occasion des réfugiés hongrois et polonais? Est-ce par de tels actes que nous avons abaissé le nom de la France? S'il est une circonstance, où, par timidité ou par hésitation, nous avons manqué à ce qu'exigeait l'honneur ou même l'intérêt d'influence de la France, citez-la ! Mais si nous avons été toujours et en toute circonstance d'accord avec vous, quant à la politique extérieure ; si même, sur cette question si délicate de la nature de nos moyens d'action contre les résistances et les mauvais vouloirs de la cour de Rome, vous n'avez rien proposé dans le conseil qui n'ait été accepté et mis à exécution par nous, cessez d'adresser à des hommes de cœur un reproche qui les blesse dans ce qu'ils ont de plus cher, leur honneur ! Vous avez incontestablement le droit de renvoyer vos ministres, vous n'avez pas celui de les calomnier.

Mes amis étaient très-animés et très-résolus, et pour moi, je partageais trop leurs sentiments pour les dissuader ; je ne pouvais que regretter de ne pouvoir me trouver à leurs côtés dans cette discussion qui n'eût pas manqué d'être intéressante et surtout instructive, car il eût été bien difficile que la question constitutionnelle ne se posât pas ; et, sur cette question, l'opinion de MM. Dufaure et de Tocqueville, qui avaient mis tant de soin à faire ressortir, lors de la rédaction et de la discussion de la Constitution, le rôle important et décisif qu'était appelé à jouer un cabinet sérieusement responsable pour l'accord et la garantie mutuelle des deux grands pouvoirs de l'État, ne pouvait qu'avoir une grande autorité.

Chose étrange ! ce débat qui paraissait inévitable n'eut cependant pas lieu, et voici comment il fut évité. La liste des nouveaux ministres paraissait dans le *Moniteur* du lendemain, et elle était en parfait accord avec la pensée du message. On pouvait dire avec grande vérité que les ministres ne représentaient aucun parti ; à vrai dire, ils ne représentaient rien dans le parlement, et c'est à raison même de leur complète insignifiance politique que Louis-Napoléon les avait choisis.

C'était, au ministère de la guerre, M. d'Hautpoul[1],

---

1. La veille, il était venu me trouver à Bougival pour recevoir

général de division, membre assez obscur de l'Assemblée; aux affaires étrangères, M. de Rayneval, notre chargé d'affaires à Rome, qui n'accepta pas, et fut remplacé par le général Ducos de Lahitte; à la justice, M. Rouher, jeune représentant qui annonçait du talent, mais qui n'avait pas encore acquis de notoriété dans le parlement; aux travaux publics, M. Bineau; à l'instruction publique et en remplacement de M. de Falloux, M. de Parieu, autre jeune représentant, commençant seulement à se faire connaître, et au commerce, M. Dumas, savant chimiste, mais caractère effacé; aux finances, M. Fould; et enfin, comme ministre de l'intérieur, mon frère Ferdinand, qui avait la tâche, beaucoup trop lourde, de remplacer M. Dufaure.

Il n'y avait pas de président du conseil dans cette combinaison, ce qui allait de soi; car la pensée hautement annoncée de Louis-Napoléon était d'avoir des ministres et non un ministère.

Dans la séance du 4 novembre, M. le général d'Hautpoul présenta à l'Assemblée le programme de la nouvelle administration. Sur les affaires, il se bornait à quelques lieux communs, tels que ceux-ci: « Paix au dehors, garanties pour la dignité qui convient à la France, maintien énergique et persévérant de l'ordre au dedans, administration plus que jamais vigilante et économe des finances de l'État. » Assurément, rien n'était plus insignifiant et moins susceptible de discussion que de telles généralités. Du reste, pas un mot des véritables causes du changement du ministère. M. d'Hautpoul avait même grand soin, pour

---

mes dernières instructions avant de partir pour Rome où nous l'avions envoyé comme devant remplacer le général de Rostolan et M. de Corcelles tout à la fois; il joua fort bien son rôle et, pendant la longue conférence que nous eûmes ensemble, il ne me dit pas un mot qui me révélât l'intrigue dans laquelle il avait une si grande part.

décliner toute responsabilité dans ce changement, de déclarer que ce n'était qu'*après* et non *avant* la résolution constitutionnelle du Président qu'il avait été appelé à faire partie du nouveau ministère. Aucune allusion n'était faite aux reproches que le message du Président faisait retomber sur le ministère passé. Bien au contraire, M. d'Hautpoul déclara « que le nouveau ministère *chercherait*, dans le cabinet auquel il succédait, *plus d'un exemple glorieux du dévouement au pays et d'une intelligence élevée de ses intérêts.* » Et l'Assemblée lui répondait par des cris : Très-bien ! très-bien ! Il assurait la majorité que le *ministère n'était pas formé contre elle.* (Légères rumeurs.) *Mais qu'au contraire il développerait avec énergie ses principes, et que les antécédents de ses membres en étaient les sûrs garants*[1].

Autant le message du Président était hautain, autant le discours de son ministre était humble et soumis. Ce n'étaient plus ces fières paroles par lesquelles Louis-Napoléon revendiquait la soumission de ses ministres et de l'Assemblée à la volonté de l'élu du 10 décembre: ce n'était plus ce nom de Napoléon qui, à lui seul, était un programme ; ce n'était plus cette France qui, inquiète, agitée, cherchait partout la main et la volonté de son élu : c'était, pour les ministres remplacés, des éloges exagérés ; pour la majorité, une humble soumission. Le ministère, ayant vu la mauvaise impression produite par le message, s'était évidemment proposé d'adoucir cette impression et de désarmer les susceptibilités parlementaires soulevées par le manifeste insolent du Président; il y réussit, en fournissant un prétexte suffisant à ceux qui voulaient, à tout prix, éviter un débat : je dis un prétexte, car la question sérieuse que soulevait le message n'était ni dans les reproches plus ou moins justes adressés aux ministres sortants,

---

1. Voir le *Moniteur*, novembre 1849.

ni dans le plus ou le moins de docilité des nouveaux ministres à la majorité. Cette question était celle-ci : la Constitution avait placé dans un conseil des ministres, sans lequel le Président ne pouvait faire aucun acte quelque peu considérable de gouvernement, la principale et à dire vrai la seule garantie de l'accord et de l'équilibre des deux grands pouvoirs de l'État : le ministère, dans l'esprit de la Constitution, formait donc un véritable pouvoir intermédiaire, destiné à empêcher que les deux autres ne se choquent ou ne s'absorbent mutuellement ; c'était une véritable institution qui devait répondre du Président de la République au parlement et du parlement au Président ; fonction aussi importante que délicate, qui exigeait dans ceux qui étaient appelés à la remplir certaines conditions qui, bien que non écrites dans le texte de la Constitution, n'en étaient pas moins indispensables. La première de ces conditions était que les ministres constituassent un cabinet, c'est-à-dire, un être collectif ayant sa vie propre, sa responsabilité indépendante de celle du Président : or, cette première condition se rencontrait-elle dans une réunion de ministres qui n'avait pas même son président ?

La seconde condition était que les membres du cabinet eussent la confiance, tout à la fois, du Président de la République et de la majorité du parlement, non cette confiance qui peut naître de sympathies personnelles, mais celle que donne le sentiment d'une force qu'on doit respecter. Il faut de toute nécessité, sans quoi le rouage principal de la Constitution est brisé, que les ministres soient, par leurs antécédents, leur talent, leur caractère et même leurs influences et leurs relations politiques, assez forts pour avoir une action sérieuse sur les deux grands pouvoirs, sur le Président comme sur le parlement : sur le Président, pour le contenir s'il était tenté de mal user du pouvoir immense qu'il a dans les mains; sur le parlement, pour lui résister efficacement, si, comme toute assemblée politique, il était porté aux empiétements; sur tous les deux enfin, pour prévenir entre eux les conflits, et, s'ils ne peuvent les prévenir, pour les vider par leur intervention conciliatrice. Une fois ces prémisses admises, et il était difficile de les contester en présence des commentaires officiels de la Constitution, le message ne pouvait soutenir un instant la discussion, et le nouveau ministère était battu en brèche. Il eût suffi de demander à l'Assemblée si, en son âme et conscience, elle croyait que le nouveau ministère satisfît aux conditions que nous venons d'indiquer comme indispensables pour remplir le rôle que lui avait assigné la Constitution.

Quant au droit pour l'Assemblée de poser cette question et de la résoudre dans une adresse ou un ordre du jour motivé, nier un tel droit, c'eût été nier le droit et le devoir de cette Assemblée de veiller à l'exécution de la condition fondamentale de la Constitution. Dans notre organisation républicaine, aurait dit l'Assemblée, le ministère est une institution, ce n'est pas seulement l'instrument subordonné du pouvoir exécutif, c'est notre garantie contre vous-même; garantie que les intimations de votre manifeste rendent de plus en plus nécessaire. Or, nous le déclarons, cette garantie, nous ne la trouvons pas dans le ministère tel qu'il est constitué; vous parlez de rétablir la sécurité dans la société, mais pour cela il y a une première chose à faire, c'est de l'assurer dans le parlement, et cette sécurité, vos ministres ne nous la donnent pas.

Pour tenir un tel langage, il eût fallu dans l'Assemblée plus d'entente entre les différents partis qui la composaient, et surtout plus de cet esprit politique qui sait prévoir et prévenir; esprit dont elle a, jusqu'à la fin, montré qu'elle était complétement dépourvue : la suite ne le prouvera que trop.

Pourtant, il y eut un membre que le *Moniteur* ne nomme même pas ; je crois que c'était M. Desmousseaux de Givré, un de ces volontaires qui n'obéissent pas toujours au mot d'ordre des chefs ; il demanda à faire des interpellations :

1° Sur les causes qui avaient amené la dissolution de l'ancien cabinet ;

2° Sur la formation du nouveau ;

3° Sur la ligne politique que ce dernier entendait suivre.

Mais à peine le président eut-il annoncé ces interpellations que des voix nombreuses, parties des centres, s'écrièrent que M. d'Hautpoul y avait d'avance répondu : M. le président Dupin vint à l'appui de cette tactique, en faisant remarquer que la demande d'interpellation avait précédé les explications du ministre, qui la rendaient désormais sans objet. On m'a assuré que pendant ce temps quelques chefs de la majorité, en parcourant les bancs, disaient à leurs amis que ce qui se passait avait été convenu, et que tout s'arrangerait à la plus grande convenance de cette majorité.

C'est ainsi que la tentative d'interpellation dans une circonstance si grave, après les intimations du Chef du Pouvoir exécutif si hautaines et si menaçantes, n'eut même pas les honneurs d'une discussion : les ministres sortants ayant reçu une éclatante satisfaction de leurs successeurs, la majorité se croyant désormais en possession du pouvoir par des ministres qui se déclaraient ses humbles instruments ; la Montagne heureuse de n'avoir plus affaire à un ministère qui avait quelque force et le lui avait prouvé, tout le monde était satisfait, il n'y avait que la pauvre Constitution de menacée, mais qui donc s'en souciait ?

C'est dans ce moment que mes amis MM. Dufaure

et de Tocqueville pouvaient reconnaître combien ils s'étaient grossièrement trompés, lorsqu'à l'objection que je leur faisais contre ce duel obligé qu'ils organisaient par leur Constitution entre les deux grands pouvoirs, ils me répondaient qu'entre les combattants il y aurait toujours un tiers qui s'interposerait efficacement, et que ce tiers était ce ministère parlementaire et responsable qu'ils avaient eu le soin d'organiser avec des attributions considérables. Ils avaient oublié que le Président de la République avait le pouvoir de destituer les ministres qui le gênaient et de choisir pour les remplacer les hommes qui lui convenaient le plus; de manière que cette prétendue garantie était illusoire, puisqu'elle dépendait du caprice ou des calculs intéressés du pouvoir exécutif. Trop séduits par la théorie, ils ne s'étaient pas aperçus qu'en définitive, et dans la pratique, la garantie qu'ils prétendaient avoir trouvée dans l'existence d'un cabinet fort et responsable était nulle; et qu'en réalité le droit de mettre en accusation le Président, ou un coup d'État contre le parlement étaient les seuls moyens de vider les conflits inévitables qui s'élèveraient entre les deux pouvoirs rivaux : et c'est ce que la logique impitoyable des faits ne tarda pas à démontrer.

Un jour vint où M. Thiers s'écria douloureusement : L'empire est fait! C'était le 28 octobre qu'il aurait dû pousser ce cri, c'est-à-dire le jour où un ministère vraiment parlementaire, et en pleine possession de la majorité, avait été remplacé par des ministres, véritables commis subordonnés; c'est bien ce jour-là que la première assise du trône impérial avait été relevée.

Ainsi s'est terminée cette mission qui m'avait été imposée par une sorte de clameur publique et que le sentiment d'un grand devoir avait pu seul me déterminer à accepter : je ne m'étais dissimulé, en l'acceptant, aucune des difficultés, je dirais presque des impossibilités que j'y ai rencontrées: difficultés dans les choses, difficultés dans les personnes: dans les choses, j'étais chargé de faire fonctionner une Constitution dont j'avais moi-même signalé les vices: dans les personnes, je n'ai éprouvé, je dois le dire, aucune difficulté de la part de mes collègues et je n'ai eu qu'à me féliciter de leur loyal et puissant concours ; mais on a vu quelles dangereuses complications ont amenées, sous la Constituante, les défis imprudents du Président et de son entourage; et sous la Législative, les impatiences du parti conservateur; ce que je n'avais pu prévoir, ce sont ces incidents malheureux qui sont venus aggraver encore nos difficultés, et le plus considérable de tous a été incontestablement notre intervention à Rome, survenue lorsque l'ordre se rétablissait partout et que l'Assemblée constituante se résignait enfin à se retirer ; cette malheureuse expédition ranima sous cette Assemblée le foyer des passions démagogiques et nous valut le 13 juin avec toutes ses conséquences; elle nous valut, sous l'Assemblée législative, les irritations vraies ou simulées du Président, les mécontentements et les intrigues du parti conservateur, la dislocation d'abord et la dissolution ensuite du ministère, et cependant, lorsque je jette les regards sur toutes ces difficiles épreuves, sur toutes les crises périlleuses qui ont rempli ce double ministère de dix mois, je n'ai que des actions de grâces à rendre à la Providence d'avoir pu le traverser aussi heureusement.

Car, après tout, cette transition si redoutée de la Constituante à la Législative, qui avait été l'objet principal de ma mission, s'était accomplie, non certes sans de rudes combats, mais enfin sans conflit violent et sans recours à la force; et quant à celui des vices de la Constitution qui devait fatalement la faire périr, l'antagonisme des deux grands pouvoirs de l'État, j'étais parvenu, non sans peine, à éviter ou adoucir les luttes que chacun d'eux recherchait tour à tour, et qui plus d'une fois avaient menacé le pays de redoutables cataclysmes.

Ce sont là, je le sais, de ces services qui ne peuvent guère être appréciés que par quelques hommes vraiment libéraux et intelligents; ils n'ont pas assez d'éclat pour frapper les masses, et je n'ai été ni surpris ni blessé lorsque j'ai appris que la chute de mon ministère avait été accueillie par elles avec indifférence et même avec une certaine faveur. C'était, en effet, un changement de scène, et les peuples aiment assez la nouveauté; c'était aussi un coup d'autorité, et ils sont disposés à admirer ce qui ressemble à de la force : je ne suis même pas bien certain de n'avoir pas laissé derrière moi, dans cette rude carrière, quelques lambeaux de ma vieille popularité. Combien n'ai-je pas rencontré de ces braves gens qui s'étonnaient qu'un libéral comme moi eût accepté le pouvoir, et, l'ayant accepté, l'eût manié avec quelque fermeté; ils ne revenaient pas de leur surprise lorsque je fermais les clubs, imposais silence aux provocations violentes de la presse démagogique et livrais les insurgés à la justice répressive. C'est qu'il y a en France cette opinion presque générale qu'être libéral, c'est refuser toute participation et tout concours au pouvoir; combien d'illustrations patriotiques n'ont-elles eu d'autre fondement que le soin de se tenir éloignées de toutes les compromissions du pouvoir! Or, cette opinion n'est qu'un reste de ces temps de servitude où notre La Fontaine pouvait dire avec vérité : *Notre ennemi, c'est notre maître.* Chez un peuple libre, ce mot serait tout simplement absurde, car, lorsque le pouvoir est accompagné de la liberté, il devient l'affaire de tous en général et de chacun en particulier. Je ne sais si cela est encore bien compris en France ; pour moi, et malgré la mauvaise réputation que dix-huit années d'opposition m'ont faite, je ne l'ai jamais compris autrement : je n'ai jamais recherché le pouvoir comme satisfaction de vanité ; mais je ne me suis pas cru autorisé à le repousser lorsqu'il s'est présenté à moi comme un devoir et dans des conditions qui me permettaient de m'en servir pour le bien de mon pays. Aussi n'ai-je eu à le manier que deux fois dans ma vie et dans les circonstances les plus extrêmes. Je n'en ai nul regret, surtout si mon exemple pouvait corriger cette opinion erronée que je viens de signaler, et qui est un des grands obstacles à l'établissement solide de la liberté en France.

Quant à la perte de ma popularité, si, en effet, je l'ai perdue, dire que j'y serais insensible, ce serait me mentir à moi-même. Mais il y a quelque chose que je place toujours au-dessus de la faveur de l'opinion, c'est ma propre estime et les satisfactions de ma conscience ; la popularité n'est, après tout, qu'une force, et n'a de prix, comme toutes les forces, que pour être dépensée à propos et au profit du pays. Je crois avoir dépensé la mienne au profit, non-seulement de mon pays, mais de la société. Qu'importe le reste !...

Cependant, au milieu de cette indifférence publique, quelques témoignages de regrets et d'estime me touchèrent profondément : la Cour de cassation m'envoya une députation pour me porter l'expression de ses sentiments. Le premier président de la cour de Paris, M. Troplong, m'écrivit une lettre qui fait un étrange contraste avec sa conduite ultérieure à mon égard[1]. Le général Changarnier ne craignit pas de venir avec ses aides de camp et en grande tenue me

1. Plus tard et lors de ma présentation à l'Institut, c'est lui qui souleva au nom de l'Empereur une opposition qui fit de ma nomination une affaire d'État.

faire sa visite de condoléance à Bougival, et le nouveau ministre qui me remplaça dans la cérémonie d'inauguration de la magistrature, M. Rouher, s'exprimait ainsi en ouvrant la séance :

> Il manque ici, et plus que personne je le regrette, cet orateur illustre, cet athlète infatigable de la liberté, ce défenseur généreux de l'ordre, placé, il y a peu de jours encore, à la tête de la magistrature, et accompagné dans sa retraite par votre affection, votre estime, et la vénération de la France.

Mais un témoignage bien plus significatif, quoique plein d'amertume, ne tarda malheureusement pas à confirmer ces regrets intelligents, car, à peine le ministère que je présidais fut-il dissous, que les conflits que nous étions parvenus à éviter éclatèrent entre les deux grands pouvoirs de l'État, et qu'à la suite de ces conflits, le pouvoir parlementaire sombrait, et, avec lui, périssait la liberté politique en France, ou, du moins, subissait une longue éclipse.

Le 24 février, j'avais livré le dernier combat pour la monarchie constitutionnelle; le 28 octobre 1849 se fermait sur moi, au moins pour longtemps, l'ère du gouvernement représentatif et parlementaire en France.

Il me reste à retracer rapidement la fort triste histoire de cette agonie de la République, jusqu'au coup d'État du 10 décembre 1852!...

PIÈCES JUSTIFICATIVES

N° 1.

A Monsieur de Maleville.

Élysée, le 27 décembre 1848.

Monsieur le Ministre,

J'ai demandé à M. le Préfet de police s'il ne recevait pas quelquefois des rapports sur la diplomatie ; il m'a répondu affirmativement, et il a ajouté qu'il vous a remis hier les copies d'une dépêche sur l'Italie. Ces dépêches, vous le comprendrez, doivent m'être remises directement, et je dois vous exprimer tout mon mécontentement du retard que vous mettez à me les communiquer.

Je vous prie également de m'envoyer les seize cartons que je vous ai demandés ; je veux les avoir jeudi. Je n'entends pas non plus que le Ministre de l'Intérieur veuille rédiger les articles qui me sont personnels. Cela ne se faisait pas sous Louis-Philippe, et cela ne doit pas être.

Depuis quelques jours aussi je n'ai pas de dépêches télégraphiques ; en résumé, je m'aperçois que les ministres que j'ai nommés veulent me traiter comme si la fameuse constitution de Sieyès était en vigueur, mais je ne le souffrirai pas.

Recevez, Monsieur le Ministre, l'assurance de mes sentiments de haute distinction.

Louis-Napoléon Bonaparte.

N° 2.

A Monsieur Odilon Barrot, ministre de la justice, chargé de présider le conseil des ministres en l'absence du Président de la République.

MONSIEUR LE MINISTRE ET CHER COLLÈGUE,

Un grave dissentiment qui s'est élevé entre M. le Président de la République et moi me met dans l'impossibilité de continuer mes fonctions. Je dépose ma démission entre vos mains; veuillez la communiquer à M. le Président de la République.

Votre affectionné et dévoué collègue,

LÉON DE MALEVILLE.

P. S. Veuillez dès aujourd'hui même charger un de mes collègues, *par intérim*, du portefeuille de l'intérieur; je désire me retirer de fait immédiatement.

N° 3.

Paris, le 27 décembre 1848.

MON CHER BARROT,

En rentrant chez moi, je trouve l'insolente lettre dont je vous envoie copie : je ne me dessaisirai pas de l'original... On cherche un prétexte, on le trouvera, car je vous prie de présenter ma démission immédiate au Président de la République. Il a besoin d'une leçon et je me charge de la lui donner. Je ne consentirai jamais à violer un dépôt public confié à ma garde pour satisfaire à ses caprices, et les cartons demandés ne sortiront pas du Ministère tant que j'y serai. Je le crois *fou* après avoir lu sa lettre, et aucune puissance humaine ne me contraindra à le servir après l'impertinence qu'il s'est permise envers moi. N'essayez donc pas de me faire revenir sur ma détermination... ou je monte à la tribune pour tout dire à la face de mon pays. Remplacez-moi au plus vite et je consens à me taire... c'est presque un excès de dévouement auquel ma conscience me condamne. Croyez que je ne cède à aucun mouvement désordonné de colère ; il y a une heure que cette lettre est sous mes yeux et chaque minute ajoute à l'énergie de ma résolution. Votre devoir et celui de nos collègues est de rester, car aucun de vous n'a subi l'humiliation que j'étais si loin d'attendre, et que toute ma vie passée semblait devoir écarter loin de moi.

Adieu, mon ami, je souffre déjà de la douleur que vous allez éprouver ; je vous aime depuis que je vous connais ; ma démission vous place dans une situation déplorable... mais il est un bien qui m'a toujours soutenu dans toutes les épreuves que j'ai traversées : c'est le sentiment profond de ma dignité personnelle. Je ne le sacrifierai pas, car je ne serais plus bon à rien.

Tout à vous,

Léon de Maleville.

N° 4.

Paris, le 27 décembre 1848.

Mon cher ami,

Votre lettre me navre et j'espérais n'avoir plus de luttes cruelles à soutenir. Je ne peux plus reparaître devant cet homme, et croyez que la leçon que je lui donne vous servira plus que ma rentrée. Mais je n'entends pas me réfugier derrière cet abri. Je suis désormais impropre à la tâche que vous voulez m'imposer, accusez-moi de faiblesse, d'irritation ridicule, d'entêtement stupide... il m'est impossible de me vaincre moi-même sur ce point puisque vous ne m'avez pas vaincu. C'est par honneur que je n'ai pas voulu déserter mon poste cette nuit.... et, que Dieu me le pardonne ! je l'aimerais mieux que de rentrer au ministère à contre-cœur. Délivrez-moi aujourd'hui s'il vous reste quelque affection pour moi.

Suppliez Bixio, qui n'a pas les mêmes raisons que moi ; je viens de le lui demander comme un service personnel.

Tout à vous,

Léon de Maleville.

N° 5.

Paris, le 28 décembre 1848.

Monsieur le Président,

C'est avec un douloureux regret que nous venons déposer en vos mains nos démissions. En acceptant le pouvoir dans des conditions difficiles, nous n'avions été inspirés que par l'espoir de vous aider à réparer les maux de la patrie. Nous voyons, par la lettre que vous avez adressée à notre collègue M. Léon de Maleville, qu'il ne nous serait pas possible de réaliser cet espoir. Dans la forme, elle blesse notre dignité, dans le fond, elle méconnaît les devoirs que notre responsabilité nous impose.

Nous savions bien tout ce que la double responsabilité, encore imparfaitement définie, du Président de la République et de ses ministres, pouvait jeter d'embarras dans nos rapports officiels; nous comptions pour les surmonter sur notre déférence d'un côté, sur votre confiance de l'autre : Nous nous étions abusés — d'autres seront plus heureux et c'est notre vœu unanime.

Veuillez agréer, Monsieur le Président, l'hommage de notre profond respect.

Odilon Barrot, H. Passy, Léon Faucher, Bixio, E. Drouyn de Lhuys, A. de Falloux, V. de Tracy, Rulhière.

N° 6.

Démission Maleville — décembre 1848.

Lettre du président à M. Barrot.

Monsieur le Ministre,

J'ai été entièrement surpris et peiné en recevant la lettre que vous m'adressez au nom de vos collègues. Il m'est impossible d'accepter votre démission; ce serait une calamité pour le pays, et les intérêts de notre patrie doivent passer avant tout.

Je dois vous dire que je regrette profondément que les termes de ma lettre aient pu vous blesser. Rien n'était plus loin de ma pensée, car je suis plein de confiance pour vous et pour tous vos collègues. J'ai eu, à la vérité, un moment d'humeur hier en pensant qu'on ne me traitait pas peut-être comme le chef responsable de l'État, et j'ai manifesté à M. le Ministre de l'intérieur ce sentiment de déplaisir; mais, je le répète, si j'ai pu offenser M. de Maleville et le cabinet tout entier, je le déplore de toute mon âme, et j'espère qu'après cette explication il ne restera d'autres traces de ce différend que mes sincères regrets.

Recevez donc, monsieur le Ministre, pour vous et vos collègues, l'assurance de ma haute estime et de ma confiance.

Louis-Napoléon Bonaparte.

N° 7.

AU NOM DU PEUPLE FRANÇAIS,

Le Président de la République,

Arrête :

Art. 1er. M Bixio, ministre du commerce et de l'agriculture, est chargé par intérim du ministère de l'intérieur en remplacement de M. de Maleville dont la démission est acceptée.

Art. 2. Le ministre de la justice est chargé de l'exécution du présent arrêté.

N° 8.

Mon cher collègue,

Je n'avais consulté que mon dévouement et j'avais trop présumé de mes forces. Au dernier moment, les affaires de police, difficultés auxquelles je ne suis pas propre, se dressent devant moi comme un épouvantail. Il est encore temps de réfléchir et d'empêcher ce qui serait une faute pour moi, un affaiblissement pour vous. Mettez Lacrosse à l'intérieur, et laissez-moi aux travaux publics.

J'écris à Maleville pour qu'il retire l'arrêté, s'il l'avait envoyé au *Moniteur.*

A vous de cœur,

LÉON FAUCHER.

29 décembre 1848, minuit.

N° 9.

Lettres de M. Louis Bonaparte à M. Barrot.

Première lettre après l'échauffourée de Strasbourg pour lui demander de se charger de la défense du colonel Vaudrey.

Lettres nombreuses du fort de Ham au sujet de la demande qu'il adresse aux ministres d'abord, puis au roi à l'effet d'être mis en liberté pour aller voir son père malade. A plusieurs reprises cette phrase : « Le bonheur de respirer l'air de la patrie me console de la captivité. »

12 *Mars* 1848. — Envoie M. Persigny à M. Barrot, et le consulte sur la question de savoir s'il doit revenir à Paris et se mettre sur les rangs pour la députation.

1849. — Lettre où le président se dit résolu, malgré les objections de ses ministres, à nommer le général Changarnier grand officier de la Légion d'honneur, afin, dit-il, de montrer au pays et à l'armée, par un moyen constitutionnel, qu'il ressent les injures et les actes d'opposition de l'Assemblée.

1849. — Lettre où il se plaint qu'il se tienne un conseil chez M. Barrot, où certaines résolutions sont arrêtées, sans qu'il en ait connaissance. Cela nuit à sa considération et à celle du ministère.

1849. (Après les élections.)

MON CHER MONSIEUR ODILON BARROT,

Notre conversation d'hier soir, les circonstances graves dans lesquelles nous nous trouvons, tout m'oblige à m'expliquer bien clairement avec vous sur les choses et sur les hommes ; je ne peux pas laisser subsister un moment l'idée qu'une répugnance inconsidérée ou un caprice aurait pu dicter mes choix et inspirer ma conduite. Je peux me tromper, mais je ne me laisserai guider que par des considérations générales. Ces considérations, les voici : Je crois que la première nécessité du gouvernement c'est d'imprimer aux affaires une direction précise et énergique ; je crois qu'à l'intérieur il faut tout réorganiser et tout préparer pour soutenir avec avantage une lutte si elle se présente. Il faut choisir des hommes dévoués à ma personne même, depuis les préfets jusqu'aux commissaires de police. Il faut surveiller les actions de chacun afin de les empêcher de nuire : en un mot, tous ceux avec lesquels M. Dufaure a été au pouvoir, depuis Cavaignac jusqu'à Decoux ; depuis Marrast[1] jusqu'à Gervais de Caen. Il faut destituer la plupart des agents que M. Dufaure a nommés.

Il faut réorganiser partout la garde nationale dans un but militaire ; il faut enfin réveiller partout le souvenir non de l'empire, mais de l'empereur ; car c'est le seul sentiment au moyen duquel on peut lutter contre les idées subversives. Pour remplir ce but, je ne vois donc pas que M. Dufaure soit l'homme approprié à la situation ; cependant, comme je reconnais son ascendant sur l'Assemblée et son mérite, je serais heureux de le voir entrer dans le ministère, mais non à l'intérieur. A l'intérieur je veux un homme énergique et dévoué qui voie les dangers réels de la situation et non les dangers chimériques ; un homme qui voie un danger réel dans la conspiration des ennemis de la société et non dans le plus ou moins de pouvoir que l'on donne à ceux qui commandent la force armée. Ainsi donc, si M. Dufaure consent à entrer à un ministère quelconque, je serai très-reconnaissant ; mais sinon, non.

Maintenant, encore un mot pour vous prouver que je n'ai pas changé d'idée sur ce point. Dès le principe, j'étais opposé à l'adjonction de M. Dufaure. Les raisons que vous m'avez données m'ont convaincu ; mais je n'ai consenti à son entrée au ministère qu'autant qu'il ne serait pas à l'intérieur. J'ai exprimé cette idée bien arrêtée devant

---

1. Sur l'original de la lettre, le nom de *Marrast* est substitué à celui de *Lamartine*.

MM. Thiers et Molé il y a cinq jours, devant le conseil des ministres il y a trois jours ; et c'est dans ce but que nous avons imaginé de vous prier d'accepter un ministère sans portefeuille. Je n'ai fait aucune objection à cette combinaison, quoiqu'elle amoindrît un peu ma position ; mais cela m'est complétement égal. Aussi vous vous souviendrez que M. Thiers me disait devant vous il y a cinq jours qu'il convenait que c'était moi qui faisais tous les sacrifices. En effet, je ferai tous ceux que je croirai utiles à la chose publique, mais je n'irai pas au delà.

Je suis vraiment désolé de toutes ces difficultés, parce que je sais bien que je dois paraître, aux yeux des personnes qui ne voient pas les choses comme nous, plein de préjugés envers ceux que j'exclus, ou bien coupable d'ingratitude. Il n'en est pourtant rien ; mais je sens ma responsabilité, et j'ai profité de l'expérience des cinq derniers mois pour vouloir qu'avant tout les affaires marchent et marchent bien. Depuis cinq mois, les membres du cabinet actuel ont rendu au pays et à moi les plus éclatants services, et cependant il a manqué dans presque tous les ministères de direction et d'activité. Je désire que le ministère nouveau puisse unir la parole à l'action. Je vous ai bien franchement expliqué mes idées ; j'espère que cette confession n'altérera en rien les sentiments de haute estime et d'amitié que j'ai pour vous.

Signé : Louis-Napoléon.

FIN DU TOME TROISIÈME

TABLE DES MATIÈRES

Élection de Louis-Napoléon a la présidence de la République... 1
    Formation du ministère du 20 décembre 1848........ 30
    Coup d'œil sur la situation......................... 45
    Double commandement du général Changarnier....... 48
    Retrait du projet de loi Carnot sur l'enseignement..... 62
    Proposition Rateau................................. 67
    Fermeture des clubs. — Le ministère en minorité. — La garde mobile. — Crise dite du 29 janvier 1849.. 80
    Élection du vice-président de la République.......... 102
    Administration intérieure. — Organisation judiciaire... 127
    Révolution à Rome................................. 134
    Clubs. — Leurs excès. — Projet de loi qui les interdit. 160
    Loi électorale. — Budget........................... 171
    Budget. — Compte financier des dépenses du gouvernement provisoire................................ 178
    Intervention à Rome............................... 191
    Mission de M. de Lesseps. — Lettres. — Ordres du jour. — Nouveaux conflits.............................. 216
    Démission de M. Léon Faucher, ministre de l'intérieur.. 236
    Dernière crise de l'Assemblée constituante............ 245
    Conclusion. — Jugement porté sur l'Assemblée constituante.. 267

Assemblée législative................................... 273

Chapitre I. — Ses débuts. — Reconstitution du ministère.. 273
    — II. — Journée du 13 juin 1849................ 297
    — III. — Contre-coup de l'insurrection du 13 juin dans les départements................... 313

Chap.	IV. — Mesures législatives.....................	331
—	V. — Premiers symptômes de mésintelligence entre le Président et ses ministres............	359
—	VI. — Débats à la suite de l'occupation de Rome...	369
—	VII. — Prorogation. — Embarras de famille. — Résistance de la cour de Rome. — Lettre du Président à Edgard Ney..............	396

Renvoi du ministère........................... 472

Pièces justificatives................................. 495

Paris. — Impr. Viéville et Capiomont, rue des Poitevins, 6.

BIBLIOTHÈQUE-CHARPENTIER, 13, rue de Grenelle-Saint-Germain.

LE TOME SIXIÈME
DE L'HISTOIRE DES FRANÇAIS

DEPUIS LE TEMPS DES GAULOIS JUSQU'EN 1848

PAR

THÉOPHILE LAVALLÉE

CONTINUÉE DE 1848 A 1875 D'APRÈS LA MÉTHODE DE TH. LAVALLÉE

PAR M. FRÉDÉRIC LOCK

L'ouvrage complet forme six volumes, contenant :

Tome I. — Les Gaulois. — Les Francs. — Les Français jusqu'en 1328.
Tome II. — Les Valois (1328-1589).
Tome III. — Les Bourbons (1589-1789).
Tome IV. — Révolution. — Empire (1789-1814).
Tome V. — Restauration. — Monarchie constitutionnelle (1814-1848).
Tome VI. — Deuxième République. — Second Empire. — Troisième République (1848-1875).

Chaque volume se vend séparément 3 fr. 50

HISTOIRE DE NAPOLÉON Ier
PAR P. LANFREY
LES CINQ PREMIERS VOLUMES SONT EN VENTE
Chaque volume se vend séparément 3 fr. 50

PUBLICATIONS HISTORIQUES

ÉDOUARD LABOULAYE

LE PARTI LIBÉRAL, son programme, son avenir. 8e édition.	1 vol.
LA LIBERTÉ RELIGIEUSE, 4e édition.	1 vol.
L'ÉTAT ET SES LIMITES. 5e édition.	1 vol.
HISTOIRE DES ÉTATS-UNIS D'AMÉRIQUE (1620-1789). 5e édition.	3 vol.
QUESTIONS CONSTITUTIONNELLES.	1 vol.

P. LANFREY

HISTOIRE POLITIQUE DES PAPES. Nouvelle édition.	1 vol.
ÉTUDES ET PORTRAITS POLITIQUES. 3e édition.	1 vol.

JUNG

LA FRANCE ET ROME. Étude historique (17e, 18e, 19e siècles).	1 vol.

MIGNET

HISTOIRE DE MARIE STUART. 3e édition.	2 vol.
ANTONIO PEREZ ET PHILIPPE II. 3e édition.	1 vol.
MÉMOIRES HISTORIQUES. 3e édition.	1 vol.
NOTICES ET PORTRAITS HISTORIQUES. 3e édition.	2 vol.

CHARLES NODIER

SOUVENIR DE LA RÉVOLUTION ET DE L'EMPIRE.	2 vol.

Prix de chaque volume, 3 fr. 50 (franco par poste).

Paris. — Imp. Vieville et Capiomont, rue des Poitevins, 6.

www.ingramcontent.com/pod-product-compliance
Lightning Source LLC
Chambersburg PA
CBHW071715230426
43670CB00008B/1017